42,

rororo sport
Herausgegeben von Bernd Gottwald

Harald Krämer / Klaus Zobel

Marathon

Ein Laufbuch in 42,195 Kapiteln

rororo
Rowohlt

Neben vielen anderen gilt unser Dank Claudia Schink, Julius Hannappel, Thomas Steffens, Bernd Hollmann, Wolfgang Kucklick, dem Art Ensemble Sommer, Tiger & Flamingo und – last but not least! – unserem Freund und Sprachinquisitor Fritz K. Heering, der über die lange Strecke dabei war und uns zu guter Letzt über die Ziellinie geschleift hat.

Originalausgabe
Redaktionsassistenz Sven Brouwers
Veröffentlicht im Rowohlt Taschenbuch Verlag GmbH, Reinbek bei Hamburg, September 1995

Umschlaggestaltung Peter Wippermann / Jürgen Kaffer (Foto Uta Pippig: dpa)
Satz Minion und Franklin Gothic demi PostScript, QuarkXPress 3.3
Gesamtherstellung Clausen & Bosse, Leck
Printed in Germany
1990-ISBN 3 499 19437 6

Inhalt

Anhang

«Das Unglück der Menschheit rührt daher,
daß die Menschen nicht in ihren Zimmern
bleiben können.» *Blaise Pascal*

Warum Marathon? Warum heiraten?

Es gibt soziale Konventionen, deren Beliebtheit mit ihrer rationalen Begründbarkeit nichts, aber auch gar nichts zu tun haben. Angesichts astronomischer Scheidungsraten und einer entsprechenden Überflutung der westlichen Industrienationen mit frei vagabundierenden Singles ist die ungebrochene Heiratslust jüngerer Menschen einigermaßen irrational. Nicht weniger irrational ist es, ohne jeden äußeren Zwang von einem relativ beliebigen Punkt A zu einem mehr als 42 Kilometer entfernten Punkt B zu rennen. Aber wann hätte die Einsicht in die Irrationalität unserer (An-)Triebe uns je daran gehindert, ihnen nachzugehen oder hinterherzulaufen?

Da weder ein erkennbarer materieller Vorteil noch Sozialprestige oder erwähnenswerter Nachruhm als Motive für die frei gewählte Tortur in Frage kommen, muß man tiefer buddeln. Leistungsläufer sind hoch motiviert – keine Frage. Nach ihren Antrieben fragt man ebensowenig wie nach denen von Managern, Bischöfen oder Popstars. Sie alle haben etwas zu bieten – und für sie springt, materiell oder spirituell, eine ganze Menge heraus. Aber bei uns, der Herde der plus/minus Vier-Stunden-Läufer?

Mitläufer sind ähnlich spektakulär wie Mitesser. Mitesser kann man ausdrücken. Aber wie soll man ausdrücken, was Heerscharen von mittelmäßigen Laiendarstellern dazu bringen mag, 42 Kilometer Asphalt laufend oder trottend hinter sich zu bringen? Ob wir uns nach einem Dutzend Marathons von drei Stunden 52 Minuten auf drei Stunden 49 Minuten und 17 Sekunden verbessern: Danach kräht kein Hahn. Mitläufer sind und bleiben Anfänger.

So what? Wo der gesunde Menschenverstand nicht mehr hinlangt und die PR-Abteilungen der vom Laufboom profitierenden Firmen nur windschnittige Tautologien zum besten geben (Nike: they «just do it» – aber warum?), muß die Wissenschaft befragt werden. Der französische Philosoph *Jean Baudrillard*, selbst einer der verwegensten Verrückten vor dem Herrn, hat Marathon kurz und schnörkellos als Koketterie mit dem Selbstmord demaskiert: «Bei strömendem Regen, unter Hubschraubern und Beifallsstürmen, von Aluminiumkapuzen bedeckt und auf ihre Stoppuhren schielend, mit nackten Oberkörpern und verdrehten Augäpfeln, suchen sie den Tod, den Tod durch Erschöpfung.» Als Partybonmot klingt das sehr hübsch, taugt aber als Begründung für das Massenfaszinosum Marathon genauso viel wie das Erklären von Regen mit dem Herabfallen von viel Wasser. Wir mögen ja den Tod durch Erschöpfung suchen, aber wir finden ihn einfach nicht! Die wenigen Toten, die weltweit bei Marathonläufen zu beklagen waren, sind statistisch eine quantité négligeable, eine zu vernachlässigende Größe, verglichen mit den Bedauernswerten, die ihren letzten Schnaufer am Schachbrett oder beim Kegeln tun.

Natürlich gibt es eine einigermaßen plausible historische Erklärung für den Laufboom. Die Kurzfassung lautet so: Wir laufen, weil in den 50er Jahren die Verweichlichung seines militärischen Fußvolks den politisch-industriellen Komplex der USA zu beunruhigen begann. Die Forcierung körperertüchtigender Maßnahmen war nicht, wie man früher dachte, das spinnerte Ding einiger Zurück-zur-Natur-Vegetarier, sondern höchste Kommandosache. Bei der Aushebung zum Wehrdienst 1953 hatten sich von den 3,7 Millionen Einberufenen 1,7 Millionen als untauglich erwiesen (eine unter friedenspolitischen Gesichtspunkten begeisternde Relation). Im Korea-Krieg waren amerikanische Soldaten massenhaft den physischen Belastungen nicht gewachsen. Zudem alarmierte eine 1953 veröffentlichte Studie («Muscular Fitness and Health») die Öffentlichkeit: Amerikanische Kids wiesen im Vergleich mit japanischen und europäischen Kindern eine deutlich geringere körperliche Fitneß auf. «Physical Fitness» wurde jetzt zum erstenmal in der Geschichte der USA zu einer Frage, mit der sich in Friedenszeiten die höchsten nationalen Gremien befaßten. Vor allem Präsident Eisenhower propagierte «physical fitness» als Basis von «political correctness», nachdem er sich durch ein systematisches Joggingtraining von den Folgen einer Herzattacke erholt hatte.

Restlos zufriedenstellend ist aber auch der historische Ansatz nicht. Deshalb haben wir mit Biochemikerinnen und Chaostheoretikern, Kulturanthropologen, Leistungsphysiologinnen und Doktoranden deutscher Sporthochschulen gesprochen. Wir haben die Experten dieser unterschiedlichen Wissensbereiche gebeten, das vielschichtige Motivationsgemisch – «Ja, warum laufen Sie denn?» – durch Verfahren der Induktion und Deduktion, Isolation und Extrapolation in einer Formel darzustellen.

Ohne unbescheiden wirken zu wollen, sind wir der Ansicht, daß bei dieser interdisziplinären Spekulation ein bahnbrechender Durchbruch erzielt wurde, die noch junge Wissenschaft der Marathonologie als ernsthafte Disziplin zu etablieren. Denn herausgekommen ist eine Formel, deren Überzeugungskraft sich spätestens nach dem dritten Blick enthüllt. Urteilen Sie selbst!

$$M_{42,195} = \frac{(f-a)+(b+{}^1/_2\,fff+E_{Ki})-2(e-eS)}{(th+3rz)-\sqrt{nf}}$$

f = schiere Freude an sich selbst
a = Angst vor Krankheit und Verfall
b = Bewegungslust (verselbständigt)
fff = fit for fun
E_{Ki} = Abhängigkeit vom Endorphinkick
e = Ehrgeiz
eS = erotische Sublimierung
th = kein Geld für Therapie
rz = komplexe Störung der Raum-Zeit-Synchronisation
nf = neuronale Fehlschaltung

Harald Krämer & Klaus Zobel
Februar 1995

Der Marathon-Mann

Pheidippides, Philippides oder Wie alles anfing

Dustin Hoffman ist der Marathon-Mann. Wir alle haben ihn gesehen, wie er um das Wasserreservoir im New Yorker Central Park seine Runden drehte – ein Gejagter, der so gerne seine Ruhe hätte und doch aus einem Schlamassel in das nächste hineinläuft. Dustin Hoffman ist kein Mythos, sondern eine Celluloid-Legende: fiktiv, aber greifbar. So gut ist es um den historischen Läufer nicht bestellt, der die inspirierende Idee für den Lauf geliefert haben soll. Er lief, überbrachte die ersehnte Nachricht («freut euch, wir haben gesiegt») und starb – so soll es sich zugetragen haben. Das Ganze hat nur einen Haken – der antike Läufer ist ein rundum tragischer Held: «Er hieß nicht nur nicht Pheidippides, er ist nicht nur nicht von Marathon nach Athen gelaufen, er ist dort nicht nur nicht tot zusammengebrochen, es hat ihn nicht einmal gegeben. Er ist eine Erfindung viel später Geborener.»[1]

Marathon?

Tatsächlich ist der Marathon-Mythos nicht gesichert – aber das ist ja das Reizvolle an Mythen. Was aber ist im Jahre 490 v. Chr. wirklich passiert? Der persische Großkönig Darius hatte sein Heer nach Hellas mit dem Ziel gesandt, «Athen und Eretria zu verknechten und ihm die Einwohner als Sklaven vorzuführen» (Herodot, VI, 94). Der vertriebene athenische Tyrann Hippias, ein Überläufer klassischen Typs, führte nach der schnellen Zerschlagung des eretrischen Widerstands Darius' Kampftruppen in die Ebene von Marathon am Fuß des über 1100 Meter hohen Pentelikon-Gebirges, wo der Marmor für die Athener Repräsentationsbauten gebrochen wurde. «Nun war Marathon für einen Reiterkampf das günstigste Gelände in Attika, lag auch Eretria am nächsten. Dahin also führte Hippias, der Sohn des Peisistratos, die Perser.» (Herodot, VI, 102). Miltiades, der Feldherr der Athener, hatte angesichts der persischen Übermacht auf eine Strategie der offensiven Verteidigung gedrungen, anstatt sich hinter den Mauern der Stadt zu verschanzen. So zog der Befehlshaber Kallimachos mit knapp 10000 Hopliten, schwerbewaffneten Fußtruppen, in die Ebene, wo beide Seiten zunächst untätig verharrten, um ihre Kriegsstrategie zu überdenken. Für die Athener konnte es nur einen Zeitpunkt für einen erfolgversprechenden Angriff geben: den Moment, wenn die persische Armada ihre Zelte abzubrechen begann, um landeinwärts Richtung Athen zu ziehen. Dank der strategischen Finesse der Griechen und der Gunst der Götter wurde die Streitmacht der Invasoren vernichtend geschlagen. 6400 tote Perser blieben auf dem «Fenchelfeld» zurück (das vielleicht dem Dorf Marathon seinen Namen gab), der Rest war panisch geflohen. Die von einem Herold zu Hilfe gerufenen spartanischen Truppen trafen zu spät auf dem Schlachtfeld ein, weil sie aus religiösen Gründen bis zu ihrem Abmarsch eine halbe Mondphase warten mußten. Da aber nur sieben Schiffe der persischen Flotte zerstört worden waren und der Rest von der Bucht von Marathon aus um das Kap Sunion Richtung Athen zog, mußte das kleine athenische Heer zurückmarschieren, um die Stadt zu retten: im Marathontempo. «Während die Perser um Sunion herumfuhren, eilten die Athener, so schnell sie laufen konnten, wieder zur Stadt und trafen dort auch vor den Barbaren ein...» (Herodot). Dieser Lauf, schrieb Christoph Lang in seiner historischen Rekonstruktion, war der erste und echte Marathonlauf: Männer, in Sorge um ihre Frauen, Kinder und ihre Vaterstadt, marschierten bzw. liefen im Eiltempo von Marathon nach Athen.[2]

Unter den 192 athenischen Toten befand sich auch Kallimachos. Dieser Sieg für Athen und die junge Polis-Demokratie wird gern mit der Landung der Alliierten in der Normandie während des Zweiten Weltkriegs ver-

Dichtung und Wahrheit: Viele Wege führen von Marathon nach Athen

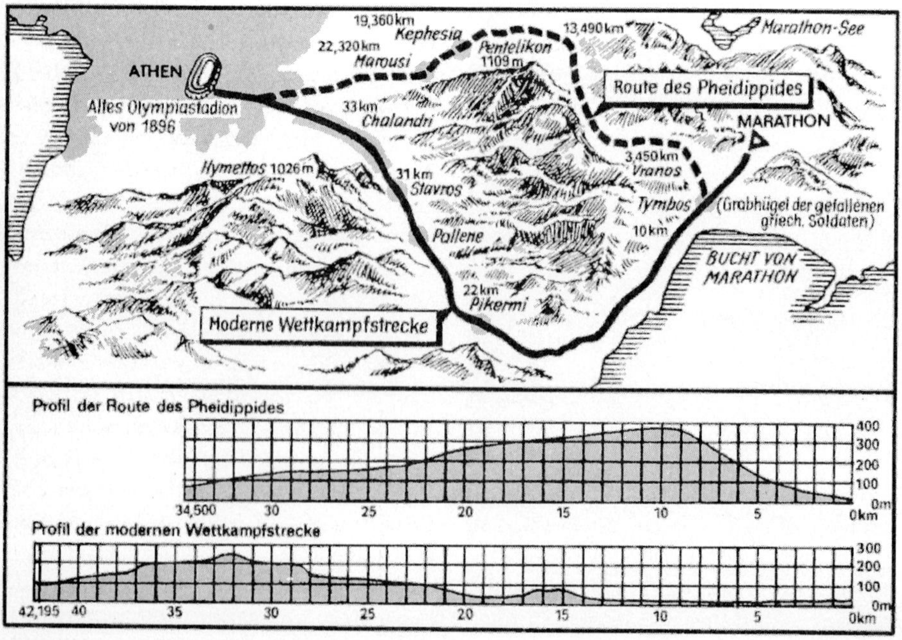

glichen – ein Vergleich, der jedoch heftig hinkt. Heute kündet ein neun Meter hoher Hügel, der Tymbos, an der Straße nach Athen von der heroischen Tat, dort, wo die Gebeine der Toten begraben liegen.

Die Legende erzählt, Miltiades habe einen lauferfahrenen Hopliten namens Pheidippides ausgeschickt, um den Athenern die freudige Kunde so rasch wie möglich mitzuteilen. Rund 40 Kilometer sei er über Stock und Stein gelaufen, übers Gebirge und durch die Ebenen. Mit den Worten «Freut euch, wir haben gesiegt!» sei er schließlich auf der Agora von Athen tot zusammengebrochen. Bei den zeitgenössischen griechischen Historikern findet sich nicht ein Hinweis, der diese Rührstory bestätigt. Herodot, der berühmteste griechische Historiker, wurde vermutlich sechs Jahre nach der Schlacht bei Marathon geboren. Wenige Jahre vor seinem Tod (425 v. Chr.) schrieb er die Geschichte der Perserkriege; ein sterbender Pheidippides taucht bei ihm nicht auf. Diese Episode hätte er sich ohne Zweifel nicht entgehen lassen, da er bei aller Liebe zu historiographischer Präzisionsarbeit Klatsch und Tratsch als Inspirationsquelle nicht abgeneigt war.

Spartathlon!

Historisch verbürgt ist dagegen ein Tagesläufer namens Philippides, jener Bote, den die Athener angesichts der furchteinflößenden Übermacht der Perser ausgesandt hatten, um die Spartaner zu Hilfe zu rufen. Nur: Die Strecke von Athen bis Sparta maß 1240 Stadien, also knapp 240 Kilometer. Zwar beträgt der direkte Weg von Athen über Eleusis, Korinth und Argos nach Sparta nur 180 Kilometer. Philippides mußte aber einen anderen Weg wählen, weil ihm – wie er den Athenern erzählte – in der Nähe des Berges Parthenios oberhalb von Tegea der Gott Pan begegnet sei. Pan habe ihm den Auftrag gegeben, «die Athener seiner Freundschaft zu versichern, worauf diese später dem Gott ein Heiligtum an der Burg errichteten»[3]. Diese Strecke konnte damals von einem trainierten Läufer ohne Zweifel innerhalb von zwei Tagen zurückgelegt werden. Eine Läufergruppe der Royal Air Force unter Commander John Foden rekonstruierte 1982 zusammen mit einigen Altertumswissenschaftlern die Strecke und legte insgesamt 252 Kilometer zurück. Nach 34 ½ Stunden erreichte John Scholten als erster das Ziel. (Die Londoner ‹Times› feierte damals den Lauf in einer Story mit der Überschrift «RAF vindicates Herodotus» – «Die Royal Air Force bestätigt Herodot.») Am 30. September 1983 wurde der Spartathlon zum ersten Mal durchgeführt, über eine Distanz von 245 Kilometer (Sollzeit: 36 Stunden). Diesen Lauf gewann der weltbeste Ultra Yannis Kouris in 21:53:42 h; 1984 stellte er den bis heute gültigen Streckenrekord von 20:25 h auf.

Diese Geschichte, die den heutigen Spartathlon, nicht aber den Marathonlauf zu begründen vermag, wird so oder ähnlich auch von anderen Historikern überliefert. Daß der Meldeläufer, der die Botschaft von Athen nach Sparta überbrachte, identisch mit dem war, der den «Marathontod» gestorben sein soll, ist mehr als unwahrscheinlich. «Dieser müßte dann in wenigen Tagen 245 Kilometer nach Sparta, wieder 245 Kilometer nach Athen, 35 Kilometer bis Marathon und 35 Kilometer zurück nach Athen gelaufen sein. Es kann als sicher angenommen werden, daß die Sieger nach der Schlacht einen Distanzläufer – dann nicht in Waffen – zur Verkündigung dieser frohen Botschaft nach Athen geschickt haben. Es ist unwahrscheinlich, daß dies Pheidippides war. Die Athener werden kaum nur einen Tagläufer zur Verfügung gehabt haben.»[4]

Der Mythos um den Marathon-Mann bot sich für militaristische Geschichtsklitterung förmlich an: Heldenhafter Soldat opfert sein Leben auf dem «Feld der Ehre» für sein Vaterland. Carl Diem, damals Generalsekretär des Deutschen Reichsausschusses für Leibesübungen, ein romantisierender Panhellene, schrieb 1918 in seinem «Läufer von Flandern»: «Bis zum Weltkriege gab es eigentlich nur einen Läufer, von dem man sprach. Das war der Läufer von Marathon. (...) Er erntete für seinen Lauf Weltruhm. (...) Nun ist der Marathonläufer (als Meldeläufer, d.V.) bei uns im Felde neu auferstanden. (...) Kein Geschichtsschreiber der Zukunft wird diesen Läufern, die an Pflichttreue und Aufopferung von niemandem, auch nicht vom weltberühmten Läufer von Marathon, übertroffen werden können, einen Ruhmeskranz winden. Ungekannt und ungenannt bluteten und starben sie, und ihr Wirken ist vergessen. Aber ihre Leistung trug dennoch Früchte.»[5]

Die Marathon-Legende, wie wir sie heute kennen, trat erst rund 600 Jahre nach der Schlacht von Marathon ans Licht der Welt. Plutarch (ca. 46–120 n. Chr.) erzählt sie in seinen *Ethika*; der Name des Kriegerläufers sei entweder Thersippos oder Eukles gewesen. Plutarchs Quelle war der Philosoph Herakleides Pontikos der Ältere, der zu exzentrischen Ausschmückungen neigte und nach Auffassungen des strengen Cicero ein Märchenonkel reinsten Wassers war. Aber erst Lukian (ca. 120–180 n. Chr.) legte ernsthaft Hand an die mythische Gestalt, taufte sie ein für allemal auf den Namen Philippides und dekretierte, dieser sei der Läufer gewesen, der den Athenern die Siegesmeldung aus Marathon überbracht habe. Ob Thersippos, Eukles oder Philippides: «Den bis zur Apotheose stilisierten Helden von Marathon mit einem Namen zu versehen und dadurch der Nachwelt zu erhalten, ist auf das Bedürfnis der Griechen nach konkreter Personalisierung zurückzuführen.»[6]

Lukians Berufung mag die eines Schriftstellers gewesen sein, sein Beruf aber war der eines Kanzleileiters in der Residenz des römischen Statthalters in Ägypten. Glaubt man den historischen Quellen der Altvorderen, verdankt sich der Ursprung unseres guten alten Laufklassikers dem Täuschungsmanöver eines phantasiebegabten Mannes, der seinen Job nicht verlieren wollte. «An einem Morgen schließlich unterlief Lukianos... ein Fauxpas. Vielleicht hatte der Poet nicht richtig ausgeschlafen oder war anderweitig durcheinander, jedenfalls begrüßte er seinen Herrn statt mit einem fröhlichen (römischen) ‹Guten Morgen› ausgerechnet mit der Abschiedsformel.»[7] Seinen Chef morgens mit «vale» statt mit «salve» willkommen zu heißen muß damals wohl eine ganz fürchterliche Verfehlung gewesen sein. Denn der Poet sah sich genötigt, eine recht wirre und geschwätzige «Verteidigungsschrift für einen Fehler beim Grüßen» aufzusetzen. In früheren Zeiten, so das Hauptargument seiner Intervention in eigener Sache, wären die Willkommens- und Abschiedsgrüße sehr frei gehandhabt worden: «Als erster aber, sagt man, habe der Tagesläufer Pheidippides, als er den Sieg von Marathon meldete, vor der Versammlung der um den Ausgang der Schlacht besorgten Archonten die Grußformel bei seinem Ausruf ‹Freut euch, wir haben gesiegt› in jenem Sinne verwandt und zugleich sein Leben ausgehaucht.»[8]

So weit seine Entschuldigung, und so weit auch die historische Basis der Legende: dünn – und ein wenig lächerlich. Ähnlich lächerlich wie das, was daraus geworden ist. Der Lauf war praktisch sinnlos, so wie auch unsere Marathons und Ultras absolut «sinnlos» sind – aber wen interessiert schon die «Sinnfrage»?

Anmerkungen

1 Dieter Eckart, in: F. A. Z. v. 24. 10. 87
2 Vgl. Christoph Lang, in: Spiridon 2/90
3 Hermann Bengtson: Die Olympischen Spiele der Antike, Zürich 1971, Spalte 1936
4 Karl Lennartz, in: condition 4/86
5 Carl Diem: Olympische Flamme. Das Buch vom Sport, Band 3, Berlin 1942, S. 1580
6 Yvonne Kempen: Krieger, Boten und Athleten. Untersuchungen zum Langlauf in der griechischen Antike, St. Augustin 1992, S. 105
7 Waldemar Cierpinski / Volker Lange: Meilenweit nach Marathon, Ost-Berlin o. J., S. 11
8 Zitiert nach: a. a. O., S. 11 f

«Ich bin doch nur ein Bauer, Madame!»
Spiridon Louis gewinnt den ersten olympischen Marathonlauf 1896

1884 hatte der deutsche Archäologe Heinrich Schliemann in der Ebene von Marathon mit den Ausgrabungen begonnen. Sechs Jahre später legten seine griechischen Kollegen den legendären Tymbos frei – jenen Grabhügel, unter dem die Gebeine der 490 v. Chr. im Kampf gegen die Perser Erschlagenen ruhten. Wir können heute kaum mehr ermessen, mit welcher Erregung damals auch jenseits des Bildungsbürgertums die archäologischen Exkursionen in Griechenland verfolgt wurden. Das lag ohne Zweifel auch an der schillernden Persönlichkeit Heinrich Schliemanns. Wissenschaftler und Universaldilettant, Visionär und Spieler – und ein begnadeter Propagandist in eigener Sache: So beschreibt ihn C. W. Ceram in «Götter, Gräber und Gelehrte». «Es gibt aber Lebensläufe, die sich superlativisch abspielen. Und ein solcher ist der Heinrich Schliemanns, dessen märchenhafter Charakter immer erstaunlicher wird...»[1]

1894, mitten in einer von antikisierendem Pathos erfüllten Periode, organisierte Baron Pierre de Coubertin (1863–1937) in der Pariser Sorbonne einen Kongreß, dessen erklärtes Ziel die Verbreitung der olympischen Idee und Propagierung des Amateurgedankens war. Als Austragungsort der ersten Olympischen Spiele der Neuzeit favorisierte der Baron Paris und das Jahr 1900, aber auf Vorschlag des Griechen Demetrios Bikilas bekam Athen bereits für 1896 den Zuschlag. Für Coubertin war Athen allenfalls ein «Testlauf». Aber daß dann die Generalprobe um so viel beeindruckender als die «eigentliche» Uraufführung ausfiel, machte dem Franzosen sehr zu schaffen. Als interessierter Beobachter war der 1832 im bayerischen Landau geborene Altertumsforscher Michel Bréal anwesend. Dem ersten Bulletin des neugegründeten Internationalen Olympischen Komitees ist zu entnehmen, daß er in seiner Tischrede das olympische Motto «Citius, altius, fortius!» (Schneller, höher, weiter) einer Interpretation unterzog. Aber das war nicht der eigentliche Grund seiner Anwesenheit. Bréal, der schon als 32jähriger in das renommierte Collège de France berufen worden war, hatte dem Komitee einen folgenreichen Vorschlag unterbreitet: «Wenn das Organisationskomitee der Olympiade in Athen geneigt wäre, in das Wettkampfprogramm den Lauf aufzunehmen, der die ruhmreiche Tat des Soldaten von Marathon wiederbelebt, würde ich gern den Preis stiften»[2]: eine silberne Vase.

Weshalb Bréal sein Herz an den Marathon verlor, läßt sich unschwer erraten. Auf einer Griechenlandreise hatte er auch die Ausgrabungsstätte in der staubigen Ebene von Marathon besucht und war «vom Atem der Geschichte angeweht» worden. Der Mythos des antiken Marathon-Manns hatte den sportiven Altphilologen völlig in den Bann geschlagen. Außerdem faszinierten damals die Leistungen der Berufsläufer, der sogenannten Pedestrianisten, eine ebenso sensationslüsterne wie wettlustige Öffentlichkeit: «Erinnert sei an die Stundenläufe des Indianermischlings Deerfoot und den Sechs-Tage-Lauf des Briten George Littlewood, der Ende 1888 im Madison Square Garden 1003 Kilometer in knapp 142 Stunden lief. Auch

Deutschland hatte in Fritz Käpernick einen bekannten Berufsläufer (1881 600 km von Berlin nach Wien in drei Tagen und 20 Stunden).»[3]

Coubertin zögerte aus mehreren Gründen, Bréals Vorschlag zu unterstützen. Die Vorstellung, auch der Sieger ‹seines› Laufes würde mit den Worten «Freuen Sie sich, Monsieur de Coubertin, ich habe gesiegt» ins Ziel sinken und seinen Geist aushauchen, konnte dem Baron nicht gefallen. Das wäre keine gute PR für die Reanimation eines Projekts dieser Größe und Bedeutung gewesen. Auf der anderen Seite aber war ihm bewußt, daß der Marathonlauf sich auf keinerlei historische Vorbilder bei den antiken Olympiaden berufen konnte. Die Griechen hatten als längste Laufstrecke den Lauf über 24 Stadien (rund 5000 Meter) gekannt. Dieser Langlauf (Dolichos), bei dem der Athlet eine Stadionlänge zwölfmal hin und zurück lief, ist seit den 15. Olympischen Spielen (720 v. Chr.) überliefert.

«... ein Fußlauf, genannt Marathon, über 48 Kilometer»

Dennoch waren die Berufsläufer der Antike gewohnt, wesentlich längere Strecken zurückzulegen, im Training und bei der «An- und Abreise», wie wir heute sagen würden. Ageos, der Langlaufsieger des Jahres 328 v. Chr., soll noch am gleichen Tage nach Argos zurückgelaufen sein, eine Strecke von mindestens 120 Kilometern, um die Sieges-

Auf den Spuren des «Klassikers»: Marathon-Europameisterschaften 1982

nachricht in seinem Heimatort persönlich und möglichst schnell zu verkünden.

Im IOC-Bulletin Nr. 3 vom Januar 1895 war der Marathon im (vorläufigen) Programm der Spiele als «Fußlauf, genannt Marathon, über eine Entfernung von 48 Kilometern, von Marathon nach Athen» annonciert. Bei genauerer Schätzung erwies sich diese Strecke als deutlich zu lang, so daß im «Programme détaillé» vom 15. 2. 1896 die Strecke auf «40 kilomètres» heruntergerechnet worden war.

Die 1896 gelaufene Strecke hatte mit dem Weg, den der historische Läufer – wie auch immer sein Name gewesen sein mag – einschlug, nichts zu tun. (Siehe Abbildung Seite 12.) Während Coubertin und die Seinen einen hügeligen, näher am Meer gelegenen Kurs zwischen dem Pentelikon-Gebirge und den Hymetos-Bergen wählten, führte die antike Strecke in das Gebirge hinein, bis zu dem berühmten Dionysos-Heiligtum, und von da steil abwärts zu den Athener Vororten Ekali, Efissia und Maroussi bis ins Olympiastadion. 1927/28 wurde diese Strecke auf Bitten des Internationalen Leichtathletik-Verbandes vermessen. Die dabei gemessenen 36,750 Kilometer hält der griechische Historiker Ioannides immer noch für gut zwei Kilometer zu lang. «Wäre 1896 die kürzere Strecke gelaufen worden», notierte der Sporthistoriker Karl Lennartz, «fehlte der Leichtathletik heute eine Besonderheit. 34 Kilometer können mit dem menschlichen Glykogenvorrat geschafft werden. Bei einer längeren Distanz muß das Problem der Umstellung zum Fettstoffwechsel bewältigt werden.»[4]

Daß der erste olympische Marathonlauf der Neuzeit einen griechischen Sieger haben mußte, stand für die laufbegeisterten Griechen außer Frage. Auf Siege in allen anderen Disziplinen hätten sie verzichtet, um einen ihrer 14 Marathonläufer als ersten ins Stadion einlaufen zu sehen. Dieses «patriotische Muß» zu organisieren war Oberst Papadiamantopoulos' vornehmste Aufgabe. Aus der großen Zahl flinker Boten, ausdauernder Hirten und schnell marschierender Soldaten suchte er die aus, die für die große Aufgabe geeignet schienen.

Historische Fotos zeigen Gruppen von trainierenden Läufern auf den Straßen rund um die Hauptstadt. Die Beilage «Le Jeux Olympique», das Infobulletin des Organisationskomitees, das mit der in Französisch erscheinenden Athener Zeitung *Messager d'Athènes* verteilt wurde, berichtete ausführlich von den Ausscheidungsläufen für das griechische Marathonteam. Die offiziellen Olympiaausscheidungen fanden am 22. März im Rahmen des Panhellenischen Sportfestes statt. Die Ergebnisse müssen für die Verantwortlichen unbefriedigend gewesen sein, denn einen Tag vor der Eröffnung der Spiele ließen sie noch einmal eine weitere Gruppe starker Läufer gegeneinander rennen. An diesem Tag lief Spiridon Louis eine Zeit, die ausreichte, ihn als einen unter 14 Landsleuten starten zu lassen.

Spiridon war das fünfte Kind der Bauern Klaomira und Athanasios Louis. Als Kind hatte er seinem Vater geholfen, in Athen Wasser aus seinem Heimatort Maroussi zu verkaufen. Später, in der Armee, war aufgefallen, wie schnell und ausdauernd er seine Botengänge erledigte. Als er sich beim Ersten Infanterie-Regiment meldete, erinnerte sich ein ehemaliger (Wasser-)Kunde an ihn, Oberst Papadiamantopoulos, machte ihn zu seiner Ordonnanz und förderte sein läuferisches Talent: Spiridon wurde abkommandiert, für die Ehre der Nation die olympische Goldmedaille (bzw. Bréals Silberkelch) zu erringen – was er dann auch tat.

Startnummer 1: Melpomene

Daß 1896 auch zwei Frauen die Marathondistanz bewältigten, ist historisch belegt. Der älteste Hinweis darauf findet sich in der Zeitschrift *Sport im Bild* vom 27. März 1896, die sich auf die erwähnte Beilage im *Messager d'Athènes* berief. Gesichert ist folgendes: Das Organisationskomitee hatte einer jungen Frau namens Melpomene den Wunsch, am olympischen Marathon teilnehmen zu dürfen, abgeschlagen. Daraufhin war sie – begleitet von mehreren Personen auf dem Fahrrad – Anfang Februar auf eigene Faust aufgebrochen und hatte die Strecke in rund viereinhalb Stunden zurückgelegt. Nach der Hälfte der Zeit machte sie eine Pause von zehn Minuten, um sich mit einigen Orangen zu erfrischen. Die Athener Zeitung *Akropolis* rügte die alten Herren im Organisationskomitee mit deutlichen Worten für die Abfuhr, die sie der schnellen Frau verpaßt hatten: «Das olympische Komitee verdient getadelt zu werden, da es unhöflich war, die Meldung einer Dame zurückzuweisen. Wir können der Betroffenen zusichern, daß keiner der Teilnehmer Einwände gehabt hätte.» Es dauerte noch 88 Jahre (1984 in Los Angeles), bis Frauen endlich einen olympischen Marathon bestreiten durften – und damit endlich einen Schritt weiter waren als Melpomene und ihre Geschlechtsgenossin. Denn einen Tag nach Spiridon Louis' umjubeltem Sieg lief die 35jährige Stamasia Potris (oder Stamatia Rovithi – die Quellen sind hier nicht eindeutig), eine Mutter von sieben Kindern, dieselbe Strecke in fünfeinhalb Stunden. Sie ließ sich ihre Startzeit offiziell bestätigen, als sie Marathon verließ, und in Athen bat sie einen Polizisten, ihre Ankunftszeit auf dem mitgeführten Papier zu bestätigen. Neben der patriotischen Begeisterung über den Sieg ihres Landsmannes trieb die ausdauernde Mutter noch ein eher privates Motiv über die staubigen Feldwege: die Hoffnung, der König werde von ihrer Leistung hören und einem ihrer Kinder zu einer Arbeitsstelle verhelfen. Ob diese Rechnung aufging, ist nicht überliefert.

Spiridon und Eleni

Am 10. April 1896, einem Freitag, starteten 18 (oder 19) Läufer auf die 40 Kilometer lange Strecke. Es war der fünfte Tag der Spiele. Nur vier Ausländer waren am Start: der Franzose Albin Lermusiaux, der Amerikaner Arthur Blake, der Australier Edwin Flack, der in Melbourne griechische Geschichte studierte, und der Ungar Gyula Kellner, der spätere Drittplazierte. Der deutsche Mannschaftsführer hatte Carl Galle, einem laufbegabten Fußballer vom FC Germania 88 Berlin, mit einer ungewöhnlichen Begründung Startverbot erteilt: Ihm werde «der gleißende Reflex des Sonnenlichtes auf den kalkweißen Landstraßen die Augen verderben».

Das aus weißem Marmor des nahegelegenen Pentelikos-Gebirges errichtete Panhellenische Stadion war mit 70000 Zuschauern zum Bersten gefüllt, und viele Tausende hatten sich auf den Hügeln in der unmittelbaren Nähe niedergelassen. Trotz der Übermacht der griechischen Läufer, allen voran der favorisierte Vasilakos, hatten sie großen Respekt vor den vier Ausländern, vor allem vor Edwin Flack, der auch bis Kilometer 33 hervorragend mithielt. Aber eben nur bis Kilometer 33; er gab wenig später auf.

Blake war schon zehn Kilometer früher nach einem wahren Aschenputtel-Drama ausgestiegen («rucke di gu – Blut ist im Schuh»), und Lermusiaux war nach 32 Kilometern zusammengebrochen. In der zweiten

Hälfte des Rennens hatte Spiridon Louis alle in Grund und Boden gelaufen. Wie auch die anderen erfrischte er sich hin und wieder mit kleinen Schlucken Wein. Die Geschichte, der Mann aus Maroussi sei gleich zweimal zu ausgedehnteren Drink-ins in schattigen Tavernen eingekehrt, muß aber ins Reich der Legende verwiesen werden.

Der Rest ist oft beschrieben worden. Treffend formuliert der Sporthistoriker Dr. Karl Lennartz: «Was in jener Stunde im Stadion vorging, ist die Feder zu schwach zu beschreiben»[5] – um dann seiner Feder freien Lauf zu lassen. Poetisch und mit wahrhaft überschäumender Phantasie schmückt Walter Mallmann in seiner Geschichte der olympischen Marathonläufe eine Episode um Louis' Liebeswerben aus. Just in dem Moment, so weiß es die Legende, als Spiridon Louis zum ersten Mal an seinen Sieg zu glauben begann, sah er am Wegesrand seine Angebetete Eleni samt ihrer Familie. Wir schalten jetzt um zur Live-Reportage unseres Reporters Walter Mallmann in Athen. Herr Mallmann, hören Sie uns? Er hört uns: «Eleni schaut in seine Augen und lächelt. Spiridon Louis dreht sich um. Hinter ihm ist noch keiner der Verfolger zu sehen. Er läuft auf Eleni zu, die ihm eine Orange gibt. Ihr Vater reicht ihm eine Flasche selbstgekelterten Wein. Er nimmt einen größeren Schluck. Tief blickt er in die Augen der Geliebten. Ein unbeschreibliches Glücksgefühl überkommt ihn. Er schreit auf vor Glück, wirft die Flasche weg und läuft dem Stadion zu…»[6] Nach 2:58:50 h erreichte Louis das Stadion, begrüßt von unbeschreiblichem Jubel. Auf seiner letzten Runde begleiteten ihn der Kronprinz und mehrere Prinzen. Mehr als neun Minuten später erreicht mit Vasilakos ein weiterer Grieche das Ziel.

Louis: «What a wonderful world?»

Ein ganzes Volk schwelgte in Glückseligkeit, und für eine kurze Zeit in seinem Leben war Spiridon Louis ein wichtiger Mann. Nach seinem großen Lauf auf den Straßen zwischen Marathon und Athen wurde in den Zeitungen eine «Ode an Spiridon Louis» abgedruckt, in der es hieß: «Die Berge erschallen bis Marathon: Griechenland ist auferstanden!»

Was war ihm nicht alles versprochen worden! Gesichert ist, daß er von seinem Heimatdorf ein winziges Stück Land erhielt, dazu noch eine kleine Rente, die 1937 – als Maroussi zahlungsunfähig war – vom Staat übernommen wurde. Dafür mußte der Held von 1896 aber erst einen Bitt- und Bettelbrief an den Diktator Metaxas richten. Jahre vorher war er wegen angeblicher Fälschung von Militärentlassungspapieren für 13 Monate in ein Athener Gefängnis geworfen worden. Spiridon Louis tat sich schwer – vor allem nach seinem Triumph. Aber er war ein bescheidener, zurückhaltender Mann. Mehr als einmal im Leben Glück haben zu wollen wäre ihm vielleicht vermessen vorgekommen. Ruhm, wußte er, ist vergänglich.

Auch später tat er, was von ihm erwartet wurde. 1936 führte er nicht nur die griechische Mannschaft vor den Augen des Reichskanzlers Adolf Hitler ins Berliner Olympiastadion, sondern ließ sich von diesem vorführen – nach allen Regeln nationalsozialistischer Kunst der Inszenierung von geschichtsträchtigen Symbolen. Die *Olympia-Zeitung* beschreibt hingerissen den weihevollen Moment, als der arme Bauer aus Maroussi vor den «Gröfaz» tritt: «In seiner Hand ist der schlichte Ölzweig aus dem Hain von Olympia. Vor vierzig Jahren gewann er den ersten Marathonlauf. Heute bringt er dem Schirmherrn der XI. Spiele den Gruß seiner Heimat... Der griechische Marathonsieger steht Auge in Auge mit Adolf Hitler. Ein paar Worte als Gruß, die edle Verbeugung eines Bauern, der Stolz im Antlitz Adolf Hitlers. Der schönste Augenblick der Eröffnungsfeier ist vorüber...»

Spiridon Louis starb am 27. März 1940.

Nicht alle IOC-Mitglieder waren davon überzeugt, daß der Marathonlauf auch weiterhin Bestandteil des offiziellen Programms der Olympischen Spiele sein sollte. Der Ungar Franz Kemény nahm in seiner Stellungnahme kein Blatt vor den Mund: «Schließlich möchten wir auch dem sogenannten Marathonlauf für die Zukunft nicht das Wort reden. Bei der ersten Gelegenheit und insbesondere in Athen war er vermöge der historischen Reminiszenzen wohl am Platze. Eine Wiederholung aber, mit unausbleiblicher Steigerung, müßte dann wohl in den Bereich des Hypersportes, der Fexerei und Reclame verwiesen werden.» Soll heißen: Einmal und nicht wieder. Aber es ist, wie wir wissen, anders gekommen. Die Fexerei hat sich durchgesetzt, vermutlich wegen der vielen Reclame. Marathon ist eben ein Hypersport.

Anmerkungen

1 C. W. Ceram: Götter, Gräber und Gelehrte, Reinbek 1967, S. 52

2 Zitiert nach Waldemar Cierpinski / Volker Kluge: Meilenweit bis Marathon, Ost-Berlin o. J., S. 13

3 Karl Lennartz, in: condition 5/86

4 ebd.

5 Karl Lennartz, in: condition 6/86

6 Walter Mallmann: Olympischer Marathon, Mainz 1993, S. 23

Komma Eins-neun-fünf!

Die Tragödie des armen Dorando Pietri 1908

42195 ist sicherlich irgendwo auch eine Telefonnummer. Aber seit dem Jahre 1908, als in London zum ersten Mal exakt zweiundvierzigtausendeinhundertfünfundneunzig Meter vom Start bis ins Ziel des olympischen Marathons zurückzulegen waren, gilt diese Zahlenkombination als Synonym für eine der größten sportlichen Herausforderungen in der Leichtathletik. 42,195 Kilometer = Marathon. Zweiundvierzig Kilometer klingt banal, profan; erst der «Komma 195»-Zusatz verleiht der Anstrengung den Hauch von Exklusivität, die Aura des Besonderen. Hier trennt sich die Spreu vom Weizen.

Der Olympia-Marathon 1908 in London kurz nach dem Start

Und seit jenem 24. Juli 1908, als die Tragödie um den kleinen schnauzbärtigen Pizzabäcker aus Italien ihren unerbittlichen Lauf nahm, wissen «alle, die es angeht»: Ein Marathonlauf wird erst auf den letzten, den allerletzten Metern entschieden. Nach dem alten Reglement, also der bis dahin üblichen Streckenlänge von 40 Kilometern, wäre Dorando Pietri, der Pizzabäcker aus dem Städtchen Carpi in der Emilia-Romagna, der strahlende Olympiasieger gewesen. Nach den neuen Regeln aber mußten gut zwei Kilometer mehr gelaufen werden. Der Italiener brach auf den letzten («Komma 195») Metern mehrfach zusammen und mußte disqualifiziert werden, nachdem ihm Offizielle unerlaubterweise aufgeholfen und ihn über die Ziellinie bugsiert hatten. Als Trost blieb ihm eine Audienz bei der «zu Tode gerührten» Königin Alexandra, ein üppiger Goldpokal und die Genugtuung, sich durch seinen öffentlichen Kollaps einen Platz im Olymp der unsterblichen Sportidole erlaufen zu haben.

Miles and more

Ohne Zweifel geht die Verlängerung der Marathondistanz nicht auf kabbalistische Zahlenmagie oder eine nach der Jahrhundertwende frisch erwachte Liebe zu krummen

Zahlen zurück. Der Sporthistoriker Karl Lennartz hat die Mythen und Legenden um die 42,195 Kilometer gegen den Strich gebürstet, indem er sie mit einer Fülle von historischen Quellen «abgeglichen» hat.[1] Nicht haltbar ist die Geschichte, derzufolge die ursprünglich mit exakt 42 Kilometern vermessene Strecke zwischen Schloß Windsor und dem Olympiastadion um 195 Meter habe verlängert werden müssen, weil sich die Prinzessin von Wales den Start von der Ostterrasse des Schlosses aus ansehen wollte – und ihr die Mühe eines längeren Fußmarsches nicht zugetraut werden konnte. Die neue Streckenlänge ist einer Mixtur aus historischen Zufällen und topographischen Gegebenheiten zu verdanken, garniert mit dem Desinteresse der IOC-Gremien an einer Normierung der leichtathletischen Disziplinen. Schon in der Ausschreibung war die Ostterrasse von Schloß Windsor als Startort festgelegt worden. Die Frage war vielmehr: wieso eigentlich 42 und nicht 40 Kilometer?

Das Vermessungsprotokoll der Spezialisten vom Polytechnic Harriers Club glänzte geradezu vor Präzision: «Meile 6, 154 Yards hinter ‹Crooked Billet›» hieß es da zum Beispiel. Doch es wies 26 und nicht 25 Meilen aus, obwohl sich die Engländer an der «amerikanischen Norm» (25 Meilen = 40,260 Kilometer) orientiert zu haben schienen. Eine Fußnote des Protokolls gibt Aufschluß über die königliche Logik des Additionsverfahrens. 25 Meilen maß die Strecke vom White-City-Stadion in Shepherd's Bush zur Barnespool Bridge in Eton. Da der Start von der besagten Ostterrasse der Königsresidenz bereits beschlossene Sache war, kam noch exakt eine Meile dazu. Jetzt mußte nur noch der Zieleinlauf vor die königliche Loge verlegt werden – plus 385 Yards –, und schon sind die bis heute üblichen 26 Meilen und 385 Yards bzw. 42,195 Kilometer zusammen!

Nach den Olympischen Spielen von 1908 zeigte sich schnell, daß die 42,195 Kilometer noch nicht als das neue Maß aller Dinge akzeptiert waren. Denn als das schwedische Organisationskomitee dem IOC bei dessen Luxemburger Session 1910 das Programm für die zwei Jahre später stattfindenden V. Olympischen Sommerspiele in Stockholm vorlegte, tauchte der Marathon wieder als Lauf über 40,2 Kilometer auf. Auch die Richtlinienkommission des 1912 gegründeten Internationalen Leichtathletik-Verbands (IAAF) und der für die Spiele 1916 in Berlin zuständige Deutsche Reichsausschuß für Olympische Spiele schrieben die 40,2 Kilometer wieder fest. Erst 1914 kam wieder Bewegung in die Sache, als beim IOC-Kongreß in Paris das griechische Mitglied Graf Merkati behauptete, die um zwei Kilometer längere Strecke sei authentisch, entspreche dies doch exakt der Strecke Marathon – Athen. (Das kann sich allenfalls auf die «Zwischenolympiade» 1906 bezogen haben, nicht aber auf 1896.)

Antwerpen, das wegen Ungarns unrühmlicher Rolle im Ersten Weltkrieg kurzfristig als Veranstalter der VI. Olympischen Spiele für Budapest eingesprungen war, sorgte noch einmal für ein Kuriosum: Dort mußte der Sieger 42,750 Kilometer hinter sich bringen. Soviel Chaos war dann aber selbst den bis dahin lax agierenden Richtlinienkommissaren der IAAF zuviel. Am 27. Mai 1921 dekretierte das «World Records Committee», einen Marathon zurücklegen heiße ab jetzt und für alle Zeiten, 42 Kilometer und 195 Meter (bzw. 26 Meilen und 385 Yards) zu bewältigen. So wurde es beschlossen, und so gilt es bis heute. Selbst die Klassizisten von Boston beugten sich vor soviel eiferndem Modernismus…

«Das Stadion schrillte vom hysterischen Schreien des Publikums ...»

Für Königin Alexandra lohnte sich das Hin- und Hergeschiebe von Meilen und Yards: So wurde sie zur Zeugin eines Schauspiels von unerhörter Dramatik. Als der Präsident der Britischen Olympischen Vereinigung, der 26. Lord Desborough of Taplow, am 24. Juli 1908 um 14.30 Uhr den Startschuß zum Marathon gab, ahnten die 56 Teilnehmer noch nicht, daß sie als Personal für den «dramatischsten Lauf in der Geschichte der Leichtathletik»[2] fungieren sollten: drei als Hauptdarsteller, der Rest als Staffage. Es war ein heißer Tag, schwül und windstill. Die Spitzengruppe lief viel zu schnell an, sowohl der Kanadier Tom Longboat, ein Onondaga-Indianer, der 1907 in Boston gewonnen hatte und für viele der Favorit war, als auch die englische Marathonarmada. Sie alle verschlissen sich durch ein für dieses Wetter ruinöses Tempo. Klug liefen die Amerikaner John Hayes, Alton R. Welton und Joseph Forshaw, die auf den letzten Meilen still und heimlich den Abstand zur Spitze verringerten. Das Rennen schien zu diesem Zeitpunkt entschieden. Der Südafrikaner Charles Hefferon hatte es nur noch mit dem kleinen Italiener Dorando Pietri zu tun, dem nicht eben der Ruf taktischer Klugheit vorauseilte. Aber «während Hefferon die 21. Meile in 6:32 lief, konnte Pietri sich auf einmal von 7:18 (20. Meile) auf 5:58 steigern. Diese Tatsache und der spätere Zusammenbruch auf der Bahn erklären wohl den Verdacht, der schon damals ausgesprochen wurde, daß sich Pietri wie 1904 Hicks mit Strychninsulfat oder etwas ähnlichem dopte.»[3] Damals war die Haltung zu leistungsfördernden Stimulanzien nicht eindeutig. Einerseits gab es in der Öffentlichkeit kritische Stimmen, die aus Fair-play-Gründen oder wegen medizinischer Bedenken die gängigen Aufputschmittel verdammten. Auf der anderen Seite existierte keine Dopingliste im heutigen Sinne – und wo es keinen definierten Dopingtatbestand gibt, kann es auch kein Doping geben. Die Tatsache, daß sich der Amerikaner Thomas Hicks 1904 in St. Louis mit einem abenteuerlichen Gemisch aus Strychnin, Brandy und gequirlten Eiern fast noch den «goldenen Schluck» verpaßt hatte, stieß zwar manchen Zeitgenossen übel auf, war aber kein Grund für eine Disqualifikation. (Die Betreuer gaben bereitwillig Auskunft darüber, wann sie ihren Schützlingen wieviel wovon verabreicht hatten.)

Was sich vor den Augen von 70000 konsternierten Zuschauern im White-City-Stadion abspielte, ist oft beschrieben worden. Dorando Pietri war vier Kilometer vor dem Ziel in der Nähe des Wormwood-Scrubbs-Parks nach einem erneuten energischen Zwischenspurt an dem Südafrikaner vorbeigezogen; auch Hayes hatte Hefferon mittlerweile passiert. Pietri lag mit deutlichem Vorsprung an der Spitze des Feldes, als er ins Stadion einlief. Die *Times* hat damals in ihrer Reportage das Elend des kleinen Italieners beschrieben: «Und endlich kommt er. Ein müder Mann, benommen, verwirrt, kaum noch bei Bewußtsein. In roten Shorts und weißem Trikot, seine Haare weiß vom Staub, taumelt er über die Bahn. Es ist der Italiener Dorando. Er schaut um sich, kaum wahrnehmend, wo er sich befindet. Nur das Wissen, daß er irgendwie mit verzweifelter Entschlossenheit die 200 Yards bis zum Zielband schaffen muß, hält ihn auf den Füßen. Noch 50 Yards, und er schafft selbst sie nicht. Er fällt auf die Bahn, steht wieder auf, taumelt einige Yards weiter und fällt wieder und wieder. Er kommt in die letzte Kurve, und das Ziel ist in Sicht. Doch seine geschlossenen Augen können es nicht sehen. Funktionäre sind um ihn herum, stützen ihn, bedrängen ihn und feuern ihn an. Wären sie nicht da, würde er hinfallen. Er kann nicht mehr gerade laufen und versucht noch einen erschreckenden, einer Parodie anmutenden Spurt und fällt wieder, zehn Yards vor dem Ziel. Er steht wieder auf, taumelt die letzten Schritte nach vorn und liegt ohnmächtig im Ziel.» Dem Reporter des *Corriere della Sera* schilderte er wenige Tage später sein Wanken zwischen Blackout und Halbkoma: «Ich weiß nicht, aber es kam mir vor, als sei ich betrunken. Ich sehe die Zuschauer nicht, doch ich rieche sie. Vor mir erkenne ich eine große Mauer und Fahnen auf einer Brücke. Das ist das Stadion. Mehr weiß ich nicht mehr.»[4] Für die letzten 350 Meter hatte Pietri fast zehn Minuten benötigt.

Per Kollaps zur Unsterblichkeit

Dieser Zieleinlauf, der mehr ein Zieleinfall war, hat Kolumnisten in aller Welt zu epischen Großtaten animiert. Variationen von «Dying Man Wins Olympic Marathon» kursierten in den amerikanischen Zeitungen[5] – mit der Folge, daß der Boston Marathon des darauffolgenden Jahres förmlich aus allen Nähten platzte. Panem et circenses. Blood, sweat and tears: Das Publikum wollte schließlich unterhalten werden.

Ein Foto ging damals um die Welt. Es zeigt den Stadionarzt Dr. M. J. Bulger, mit einer Flüstertüte in der rechten Hand, der Pietri stützt und dabei vom Streckenchef Jack Andrew assistiert wird. Sie bugsieren den fast bewußtlosen Mann aus Carpi über die Ziellinie, wo der Kriminalschriftsteller Sir Arthur Conan Doyle, der «Vater» von Sherlock Holmes und Doctor Watson, der Szene gebannt zusieht. Die amerikanische Mannschaftsführung legte umgehend Protest wegen unerlaubter Hilfeleistung zugunsten des Italieners ein. Die Disqualifikation stand außer Frage. John J. Hayes, ein Angestellter des New Yorker Kaufhauses Bloomingdale, wurde zum Sieger erklärt. Seine Zeit: 2:55:18 h.

Der offizielle Bericht der Rennleitung windet und wendet sich, um das eigene Versagen zu kaschieren. Pietri sei «nur gestützt worden» – als würde das an dem klaren Regelverstoß seitens der Offiziellen etwas ändern. «Es sah so aus, als würde er sterben, und dies in Gegenwart der Königin ...»[6] In Anwesenheit von Königinnen und anderen hochgestellten Persönlichkeiten sein Leben auszuhauchen war einfach unschicklich und protokollarisch nicht vorgesehen. (Vierzig Jahre später wiederholte sich im Londoner Olympiastadion die faszinierend-fürchterliche Episode. Nur war das Schicksal dem Belgier Etienne Gailly freundlicher gesinnt. Auch er erlitt vor den Augen der entsetzten Zuschauer einen Kollaps, fiel ein ums andere Mal hin, rappelte sich wieder auf – bis er wenige Meter vor dem Ziel von dem Argentinier Delfo Cabrera und auch dem Engländer Thomas Richards überlaufen wurde. Aber er konnte zumindest noch eine Bronzemedaille retten.)

Dorando Pietris Unglück entpuppte sich zumindest in finanzieller Hinsicht als großes Glück. Königin Alexandra lud ihn am nächsten Tag zur Audienz und drückte dem verdutzten Rekonvaleszenten einen Goldpokal in die Hand, und Sir Arthur Conan Doyle rief in der *Times* zu Spenden für den tapferen Mann auf, der dem Tod so knapp von der Schippe gesprungen war. Bemerkenswert war dieser Lauf aber noch in einer ganz anderen Hinsicht: Hier begann das Werbezeitalter im Sport. Die Firma Oxo trat sozusagen als Generalsponsor beim Marathon auf, und das in einer Penetranz, die schon richtiggehend modern wirkte. Sie war für die Verpflegung der Läufer zuständig, reichte aber zudem noch Eau de Cologne und Wasserschwämme. Den Athleten wurde Oxo in allen Formen, Farben und Konsistenzen aufgedrängt: Oxo-Athletenflocken, Oxo heiß und kalt, Oxo mit Soda, Reispudding, Rosinen, Bananen, Soda und Milch.

Pietri wurde bei seiner Rückkehr in Italien begeistert empfangen. Er tingelte als Profiläufer einige Jahre durch die USA; seine berühmten Duelle gegen John Hayes und Tom Longboat sollen 20000 Menschen in den Madison Square Garden gelockt haben. Die hohen Antrittsgelder und Gewinnprämien steckte Pietri zunächst in ein Hotel in seiner nördlich von Modena gelegenen Heimatstadt Carpi: Pizzabäcker wollte er in diesem Leben nie mehr sein. Nach dem Konkurs als Hotelier eröffnete er in San Remo 1923 eine kleine Autowerkstatt, die er bis zu seinem Tode 1942 betrieb. Obwohl viele Zeitungen seinen Tod gemeldet hatten, gelang es bei den Olympischen Spielen 1948 einem findigen Herrn, sich als Doppelgänger Dorando Pietris einige sorgenfreie Tage in London zu machen. Als der Schwindel dann aufflog, war der tragische Held von London ein zweites Mal tot. Dieses Mal endgültig.

Anmerkungen

1 Karl Lennartz, in: condition 1/87
2 Walter Mallmann: Olympischer Marathon, Mainz 1993, S. 48
3 Karl Lennartz, in: condition 3/87
4 Beide Zitate nach Walter Mallmann, a. a. O., S. 51
5 Tom Derderian: Boston Marathon, Champaign 1994, S. 46
6 Zitiert nach Karl Lennartz, in: condition 3/87

Heroen des Langlaufs I:
Paavo Nurmi, der große Schweiger

«Er gehörte zu den 20er Jahren wie Greta Garbo, Charlie Chaplin, Douglas Fairbanks und Rodolfo Valentino», schrieb Matti Hannus über seinen Landsmann, den «fliegenden Finnen». Paavo Nurmi faszinierte Generationen sportbegeisterter Menschen – ein Gott auf der Aschenbahn, dem trotz einer Niederlage gegen den phänomenal laufenden Dr. Otto Peltzer 1926 in Berlin der Nimbus der Unschlagbarkeit anhaftete. Bevor Finnland ihm ein bronzenes Standbild, gleich neben dem von Hannes Kolehmainen, am Eingang des Olympiastadions von Helsinki errichtete, war er längst in den Olymp der unsterblichen Sporthelden eingegangen. «Paavo Nurmi wurde bereits zu Lebzeiten sein eigenes Denkmal: Künstler hieben Nachbildungen seines Modellkörpers in Stein, gossen ihn in Bronze, verewigten ihn in Öl. Schiffe, Flugzeuge, Rennpferde, Windhunde erhielten seinen Namen.»[1]

Seine Faszination rührte von seinen Erfolgen auf der Bahn ebenso wie von der unterkühlten Art, in der er sie erzielte. Nurmi, der Mann mit der Stoppuhr. Der Präzisionsathlet. Die Laufmaschine. Anders als Zátopek, der berüchtigt für seine blitzschnellen «giftigen» Antritte und Zwischenspurts war, mit denen er seine Konkurrenten zu demoralisieren pflegte, rang Nurmi seine Gegner mit geradezu mathematischer Systematik nieder. Er schien immer zu wissen, mit welchem Rundenschnitt er seine Gegner schlagen würde. Einer seiner Konkurrenten beschrieb Nurmis taktische Genialität als «kalte Hinrichtung»: niedergemacht am Ende von der kühlen Präzision seiner Marschtabelle.

Von übertriebenen Emotionen bei der Ausübung seines Berufs hielt er wenig. Scherzen und Lachen, freundliche Wortgeplänkel mit anderen Läufern galten ihm als Zeitverschwendung, da sie ihn keine Sekunde

Paavo Nurmi beim 5000 m-Endlauf bei der Olympiade 1920 in Antwerpen

schneller ins Ziel brachten. Die Presse nannte ihn «den großen Schweiger». Reporter brachte er entweder zur Weißglut oder zur Verzweiflung. Er habe nichts zu sagen, teilte er lakonisch mit. Von Natur aus sei er eben schweigsam, und was solle man gegen seine Natur tun? Ein Nurmi-Lächeln einzufangen galt bei Fotografen als großer Moment in ihrer Karriere. Obwohl er ein scheuer und introvertierter Mann war, ein Asket von einschüchternder Disziplinierheit, lockte er doch, wo immer er antrat, Tausende, Zehntausende Menschen in die Stadien. Die Liste seiner Titel und Rekorde ist beeindruckend: sechs olympische Goldmedaillen in Einzelwettbewerben in Antwerpen 1920 (10000 Meter und Acht Kilometer Querfeldein, dazu die Silbermedaille über 5000 Meter), in Paris 1924 (1500 Meter, 5000 Meter, 10,650 Kilometer Querfeldein) und in Amsterdam 1928 (10000 Meter, dazu Silber über 5000 und 3000 Meter Hindernis). Außerdem drei olympische Goldmedaillen in Mannschaftswettbewerben (1920: Acht Kilometer Querfeldein, 1924: 3000 Meter Mannschaftslauf, 10,650 Kilometer Querfeldein). Er stellte 29 Weltrekorde über fast alle Mittel- und Langstrecken zwischen 1500 Meter und 20 Kilometer auf. «‹Wo liegt eigentlich dieses Finnland?», soll der Direktor einer großen amerikanischen Bank gefragt haben, als er 1925 über eine Anleihe von 30 Millionen Dollar an das kleine skandinavische Land mit entscheiden sollte. Die Antwort: ‹Das ist die Heimat von Paavo Nurmi, der in Madison Square Garden alle amerikanischen Läufer so besiegte, wie er wollte.› Die Antwort des Bankbosses soll gelautet haben: ‹Das muß ein fleißiges Land sein, die Anleihe ist bewilligt.›»[2]

Vom Januar bis Mai 1925 war der Finne quer durch Amerika getingelt, hatte bei 47 Hallen- und zehn Freiluftstarts nur zwei Niederlagen eingesteckt – und das bei 800-Meter-Läufen, die für ihn quasi zur Sprintkategorie zählten, wo sich der Einsatz der legendären Stoppuhr erübrigte. Schon früh zerriß sich die sensationswilde Presse das Maul über seine Geschäftstüchtigkeit – «Nurmi lief in allen amerikanischen Städten, vorausgesetzt, sie hatten eine Bahn und eine Bank» –, eine Häme, die wenige Jahre später seine unvergleichliche Karriere mit einem Schlag zertrümmern sollte.

Toverit: Freundschaft!

Schon als Junge eiferte Johannes Paavo Nurmi, der am 13. Juni 1897 im südfinnischen Loimaa bei Turku als Sohn eines Zimmermanns geboren wurde, seinem Idol Hannes Kolehmainen nach, der 1920 in Antwerpen seine Laufbahn mit einem Sieg im olympischen Marathon gekrönt hatte (2:32:37 h). Einige laufbegeisterte Jungen, unter ihnen der 12jährige Paavo, gründeten den Laufklub Toverit (russisch: Freundschaft). Drei Jahre später war er der «Freundschaft» entwachsen und begab sich unter die Fittiche des legendären Trainers Lauri Pikhala, der auch schon die Kolehmainen-Brüder zu Weltklasseathleten geformt hatte. Eine von Nurmis frühen Trainingsvarianten bestand in imaginären Wettläufen mit der Stadtbahn, der er hinterherrannte, um seine abendlichen Trainingskilometer nicht in völliger Dunkelheit herunterspulen zu müssen.

Berühmt machte ihn der Chronometer, die Stoppuhr, die ihm präzise Marschtabellen für seine Läufe lieferte. In der letzten Runde warf er sie dann auf den Rasen, weil sie ihren Dienst geleistet hatte und ab da nur noch hinderlich war. Manche führten seine Niederlage gegen den zähen Franzosen Joseph Guillemot im olympischen 5000-Meter-Endlauf 1920 tatsächlich darauf zurück, daß er im Finale auf seine Uhr verzichtet hatte. Aus diesem Fehler hatte Nurmi gelernt – er machte ihn nicht noch einmal.

«Der Mann ist unheimlich. Einen solchen Läufer hat es noch nie gegeben. Gegner auf der Aschenbahn scheinen für ihn nicht zu existieren. Er läuft sein Rennen ganz für sich, wie unter einer Glasglocke. Ob einer das Tempo verschärft oder verschleppt, berührt ihn überhaupt nicht. Er richtet sich allein nach seiner Stoppuhr, die er in der Hand hält. Ab und zu wirft er einen Blick darauf. Danach teilt er sein Rennen ein. Wie ein Automat. Verlangt die Uhr einen Weltrekord, dann läuft er ihn auch.»[3]

1924 hörten in Paris die Olympischen Spiele nur auf einen Namen: Nurmi. In sechs Tagen ging er siebenmal an den Start, gewann siebenmal und brachte fünf Goldmedaillen mit nach Hause. Zwischen den Endläufen über 1500 und 5000 Meter lag nicht einmal eine Stunde. Der Perfektionist Nurmi hatte am 19. Juni in Helsinki, wenige Wochen vorher, exakt auf diesen «Doppelschlag» hin trainiert. Um 19:05 Uhr lief er die 1500 Meter; um 20:10 Uhr die 5000 Meter – und über beide Distanzen Weltrekord. Legendenumwoben war der Querfeldeinlauf bei 36 Grad im Schatten, der als die «Sonnenschlacht von Colombes» in die Annalen der Leichtathletik einging. Nur 15 von 40 Teilnehmern erreichten das Ziel, einige – auch sein großer schwedischer Konkurrent Edwin Wide – mußten nach einem Hitzekollaps ärztlich versorgt werden. Nurmis kühler Kommentar zu den hinter ihm zusammengebrochenen Läufern war nicht einmal arrogant gemeint: «Schlecht trainiert.»

Fünf Goldmedaillen bei einer Olympiade schienen ein Rekord für die Ewigkeit zu sein – bis 1972 das amerikanische Schwimmwunder Mark Spitz auch diesen Rekord auf die Erde zurückholte. Nach damaligen trainingswissenschaftlichen Standards lebte und trainierte Nurmi unter professionellen Bedingungen. Aber seine Konzentration auf *alle* mittleren und längeren Distanzen, sein Wille, überall der Beste zu sein, verhinderte epochale Durchbrüche, wie sie dann durch die Beschränkung auf die 5000 und 10000 Meter Emil Zátopek gelangen. Nurmi im 3000-Meter-Hindernislauf 1920 in Amsterdam – das muß ein komischer Auftritt gewesen sein. Bar jeder Technik, aber im Wissen um sein großes Stehvermögen war er in das Rennen gegangen. Seine Hürdentechnik war so ausgereift, daß er der Länge nach in den Wassergraben schlug und dennoch wegen seiner enormen Schnelligkeit zwischen den Wasserfallen auf das Silbertreppchen klettern durfte. Von seinem Landsmann Toivo Loukola, einem Hürdenspezialisten, sah er aber nur die Hacken.

Von seiner Militärzeit behielt er die Vorliebe für Gewaltmärsche von bis zu 30 Kilometern bei, eine sicherlich wenig funktionale Form des Wintertrainings. Manfred Steffny zufolge arbeitete der 65 Kilogramm schwere Athlet «enorm viel an seinem Stil. So übertrieb er die Querarmarbeit, um einen langen, aus der Hüfte heraus kommenden Schritt zu erzielen. Auch sein betonter Fersenlauf auf der Bahn war nicht von Vorteil. Dennoch war der ästhetisch wirkende Laufstil Nurmis beispielhaft für eine Generation. Weniger schön, aber ökonomischer wäre Nurmi viel schneller gewesen. Auch sein Training entsprach nicht dem heutigen Niveau (Winterpause mit langen Märschen). Die Laufstrecken erreichten selten mehr als 20 Kilometer, die fünf bis sechs Tempoläufe über 400 Meter in 62 bis 65 Sekunden waren zu wenig aus heutiger Sicht. Allerdings waren die Laufbahnen damals in schlechtem Zustand, die Laufschuhe schwer, die sportmedizinischen Kenntnisse und die Bedeutung des Sportherzens wurden erst nach dem Zweiten Weltkrieg bekannt.»[4] Anders als Steffny beschreibt Adolf Metzner Nurmis Laufstil als «imponierend, aber nicht besonders ästhetisch. Er praktizierte einen zu großen Schritt und hatte deshalb etwas Sprunghaftes im Bewegungsablauf.»[5]

«Lebenslänglich»: das Ende einer großen Karriere

Der 29. Juli 1932 war ein schwarzer Tag für die internationale Leichtathletik und der Beginn der Tragödie des Paavo Nurmi. In Los Angeles wollte der mittlerweile 35jährige Ausnahmeläufer seine Karriere durch einen Sieg im olympischen Marathonlauf krönen und beenden. Er hatte konsequent auf dieses Rennen hin trainiert und galt als einer der großen Favoriten. Am 26. Juni 1932, bei der Qualifikation der finnischen Marathonläufer für das Olympiateam in Viipuri, hatte er einen Lauf über 40,8 Kilometer in vielversprechenden 2:22:038 h beendet, einen Kurzmarathon also, «wie er auch nach dem Genfer Beschluß der Internationalen Leichtathletik-Föderation (IAAF) in den nordischen Ländern noch häufig üblich war. Weshalb Nurmi die restlichen zwei Kilometer nicht laufen wollte, während sein Landsmann Armas Toivonen über die volle Strecke ging (2:35:50,2 h), kann man nur erraten. Vermutlich ging es Paavo Nurmi lediglich um eine Selbstbestätigung, denn die IAAF-Exekutive hatte seinen Amateurstatus bereits am 3. April 1932 aufgehoben.»[6]

Bis zum Schluß hatte niemand das für möglich gehalten, was die «Herren der Ringe» an diesem 29. Juli 1932, einen Tag vor Beginn der Olympiade, als Sanktion verhängten. Sie statuierten an Paavo Nurmi ein Exempel: Wegen Verstößen gegen die Amateurstatuten wurde Paavo Nurmi (und mit ihm der Olympiazweite von 1928 über 1500 Meter, der Franzose Jules Ladoumège) auf Lebenszeit disqualifiziert. (Auf ähnlich infame Weise wurde Jahrzehnte später das österreichische Skiidol Karl Schranz gedemütigt.)

Mit fünf gegen zwei Stimmen des IOC-Exekutivausschusses wurde die sportliche Karriere des Finnen beendet. Von dieser Demontage hat sich Nurmi nie mehr erholt. Federführend beteiligt an dem Beschluß war der amerikanische Dollarmillionär Avery Brundage, der 1928 zum Präsidenten der Amateur Athletic Union (AAU) und ein Jahr später zum Vorsitzenden des Nationalen Olympischen Komitees der USA gewählt worden war. Seit Jahren schon war bekannt gewesen, daß Nurmi (und nicht nur er) hohe Antrittsprämien kassierte. So hatte z. B. die Stockholmer Tageszeitung *Idrottsbladet*, die mit skandinavischer Nachbarschaftshäme den Finnen straucheln sehen wollte, gemeldet, Nurmi habe für seinen Zwei-Meilen-Weltrekordlauf (8:59,6 Minuten) vom 24. Juli 1931 in Helsinki 20 000 Kronen eingesteckt.

Infam an dem Beschluß von Brundage & Co. war dreierlei: 1. Die Prämienzahlungen bei vielen Leichtathletik-Assen waren seit langem bekannt. Im Fall des amerikanischen Sprinters Charles William Spedding, des zweimaligen Goldmedaillengewinners von 1920, der sich äußerst lukrativ zu vermarkten wußte, verbat sich Brundage jede Einmischung in inneramerikanische Angelegenheiten. 2. Wieso schlug das IOC einen Tag vor Beginn der Olympiade zu? Die Meldefrist war abgelaufen, die finnische Auswahl stand über 10 000 Meter und beim Marathon mit einem Läufer weniger da. Und was für ein Läufer! 3. Nurmi, das Sportidol der 20er und frühen 30er Jahre, war 35 Jahre alt, eigentlich schon ein Vorruheständler. Wieso ließ man ihn nicht noch diesen einen Marathon machen, um ihn dann seine Karriere standesgemäß beenden zu lassen? Statt dessen brachten sie einen Giganten um (wie es zeitgenössische Kommentatoren auf den Punkt brachten), verjagten ihn mit Schimpf und Schande aus den Stadien der Welt – unfähig, den virulenten Konflikt zwischen Amateuridealen und den Realitäten des modernen Sports anders als durch diesen groben Kraftakt anzugehen.

Die Prozedur, die zu Nurmis Ausschluß führte, war beschämend. Eine besonders unrühmliche Rolle spielte dabei der deutsche Leichtathletikverband in Person seines willfährigen Vorsitzenden Karl Ritter von Halt. Als das förmliche Denunziationsgesuch des Vizepräsidenten der IAAF, des Schweden Sigfrid Edström, bezüglich der Zahlung von 1500 Reichsmark an Nurmi bei einem 1500-Meter-Lauf im ostpreußischen Königsberg einging, parierte von Halt. «Eine Mark pro Meter!» empörten sich die Hüter der verlogenen Amateurethik und ihre deutschen Büttel. Horst Vetten schrieb 1972 in einer Reportage für den *Stern* über die Königsberger Fußangel, die Nurmi zum Verhängnis wurde: «Am Tage eines Sportfestes in Königsberg erschien das *Königsberger Tageblatt* mit einer Glosse ‹Wo ist das Geld?› Mit diesen Worten sei Nurmi aus dem Zug gestiegen, mokierte sich der Verfasser. Die Notiz kam dem damaligen Vizepräsidenten des Internationalen Leichtathletik-Verbandes, Sigfrid Edström, zu Gesicht. Edström begann zu recherchieren. Der SC Charlottenburg Berlin, wo Nurmi zuvor gestartet war, weigerte sich, belastendes Material zur Verfügung zu stellen. Bereits das galt als verdächtig. Aus Königsberg aber erhielten Olympias Sittenwächter Beweise dafür, daß Nurmi doppelt – für einen nicht mitreisenden Begleiter – kassiert hatte.»[7]

Als die Nachricht von Nurmis lebenslänglicher Sperre nach Helsinki drang, gingen die Bürger der Stadt voller Wut auf die Straße und forderten, sofort die bei einem schwedischen Werk georderten Straßenbahnwagen abzubestellen, dessen Direktor auf den Namen Sigfrid Edström hörte. Für die Finnen war die Ächtung ihres Nationalhelden null und nichtig; sie adelten ihn zum «Amateur der Nation». Bei seiner (mehr oder weniger offiziellen) Rehabilitierung durch die internationale olympische Bewegung 1952, als der 55jährige im Stadion von Helsinki das olympische Feuer entzündete, weinten viele Menschen hemmungslos Tränen der Rührung und des Zorns.

Am Ende blieb nur Bitterkeit

An diesem 29. Juli 1932 war in Paavo Nurmi etwas für immer zerbrochen. Alle Angebote von europäischen und amerikanischen Veranstaltern, als Berufsläufer sein Geld zu verdienen, lehnte er ab. Empört und demoralisiert durch den maßlosen IOC-Bannspruch, zog er sich völlig aus der Welt des Sports zurück. Mit einem Herrenausstattergeschäft auf der belebten Mikangata in Helsinki und als Immobilienmakler wurde er zu einem reichen Mann. Als ihm nach der Schmach von Los Angeles auch noch sein Körper die Treue aufkündigte – eine späte Rebellion gegen das jahrelange unerbittliche Diktat der Stoppuhr –, verfiel er immer mehr in Boshaftigkeit und Zynismus. «So, wie ich jetzt aussehe, bin ich kein Gegenstand des Interesses für die neue Zeit»[8], fuhr er alle an, die über ihn in der Presse berichten wollten.

Horst Vetten war einer der wenigen Sportjournalisten, die in Nurmis letzten Lebensjahren von ihm zu einem Gespräch eingeladen wurden. Er traf auf einen verbitterten alten Mann, der mit seinem Schicksal haderte: ein halbtauber, halbblinder und halbgelähmter Greis, der zum Pflegefall geworden war. «Alle Ärzte möchte ich tausendmal ermorden, Auge um Auge, ganz langsam. Ja, ich bin bitter geworden. Die Taubheit wäre zu ertragen, die Lähmung auch. Das Schlimmste ist die Blindheit... Aber im Rollstuhl würde ich nicht weiterleben.»[9] Wie versteinert im Groll auf sein Schicksal saß der alte Mann in seiner Wohnung in Helsinki und antwortete wutentbrannt auf die Frage, welchen Sinn sein Leben gehabt habe: «Gar keinen, ich war ein idiotischer Nichtsmacher. Sport ist Humbug. Medaillen sind nichts wert. Olympia ist Zirkus für Dreißigjährige. Einen Sinn hat nur die Kunst, die Wissenschaft, die Medizin... Sinn hat nur, was Jahrhunderte hält. Sport hält nicht.» Und Geld? «Geld, Geld, mein ganzes Geld gäbe ich für Gesundheit. Mein Geld habe ich nicht mit den Füßen, sondern mit dem Kopf verdient.»[10]

In der Nacht zum 2. Oktober 1973 starb Paavo Nurmi in Helsinki. Der große alte Mann des Laufsports soll einen sanften Tod gestorben sein.

Anmerkungen

1 Hamburger Abendblatt vom 12.7.1976
2 Hamburger Abendblatt vom 3.10.1973
3 Walter Umminger, Die Chronik des Sports. Dortmund 1990. S. 303
4 Manfred Steffny, in: Spiridon 6/1987
5 Adolf Metzner, in: Die Zeit vom 12.10.1973
6 Volker Kluge/Waldemar Cierpinski: Meilenweit bis Marathon, Berlin o. J., S. 46
7 Horst Vetten, in: Stern v. 26.3.72
8 Bild am Sonntag v. 12.9.71
9 Horst Vetten, in: Hamburger Abendblatt v. 12.7.76
10 Horst Vetten, in: Stern v. 26.3.72

5 Heroen des Langlaufs II:
Emil Zátopek, die «tschechische Lokomotive»

Zu seiner Zeit kannten ihn nicht nur alle, die sich auch nur entfernt fürs Laufen begeisterten. Selbst in unseren Kinderköpfen gab es eine kleine Ecke, wo neben den «Helden von Bern», Fritz Walter, Toni Turek oder Helmut Rahn, der große Emil Zátopek einen Ehrenplatz besaß. Nicht daß wir uns in irgendeiner Weise für Leichtathletik interessiert hätten, allenfalls der Stabhochsprung und der 100-Meter-Lauf haben da Gnade gefunden. Aber der schnelle Tscheche war in unserer Phantasie auf eine eigentümliche Weise präsent: er, der Anti-Stilist, die «Kampfmaschine».

Emil Zátopek: das war eine kunstvolle Inszenierung aus hartem Kampf und ehrlicher Arbeit, eine Mischung aus Schinderei, eisernem Willen und Effizienz. Er fügte sich perfekt in die Wiederaufbaueuphorie der 50er Jahre ein, gehörte zu deren kollektiven Mythen. Frage: «Wie kann man sich mit nur mittelmäßigem Talent ganz nach oben arbeiten?» Antwort: «Fragen Sie Zátopek!»

Nein, schön ist er nicht gelaufen. Aber das wollte er auch nicht; schnell wollte er sein, möglichst nie jemanden im Ziel vor sich haben – das war sein Programm. Eine stilistische Katastrophe – aber welch geniales Ergebnis! Niemand konnte so eindrucksvolle Grimassen schneiden wie er: wie das Leiden Christi in einer Inszenierung der Neuzeit. Mit gequältem, verzerrtem Gesicht hetzte Emil Zátopek Runde für Runde um die Bahn, der Kopf bedenklich hin und her schwankend, die Zunge in emsiger Rotation unterwegs, die Zähne kämpferisch gefletscht, die Schultern extrem hochgezogen, der Oberkörper in der Hüfte abgeknickt – so muß man sich diesen Mann bei der Arbeit vorstellen. Seine Extremitäten rotierten wie die Kolben einer Maschine, was ihm den Spitznamen «tschechische Lokomotive» einbrachte. Er lief wie ein Sträfling, hinter dem alle Wächter dieser Welt her sind, um ihn wieder dorthin zurückzubringen, von wo er ausge-

Emil Zátopek beim Olympia-Marathon 1952 in Helsinki

brochen war. «Aber hätte ich lächeln sollen und deswegen verlieren?» fragte er später lächelnd.

Zátopek wurde am 19. September 1922 als sechstes Kind eines mährischen Schreiners in Kaprivnice geboren. Er absolvierte eine Ausbildung bei den Bata-Schuhwerken in Zlin, machte das Abitur und begann mit dem Chemiestudium, das er aber wegen des Kriegsausbruchs abbrechen mußte. Linhard, sein Ausbilder in der Schuhfabrik, war ein begeisterter Läufer und trieb «seine Jungs» an, bei einem Straßenlauf durch die Straßen von Zlin mitzumachen und für Bata Ehre einzulegen. Emil fand das albern, jammerte und wehklagte über Knie- und andere Beschwerden. Da aber der Betriebsarzt den Kopf schüttelte – «nichts zu finden!» – und er nicht als Simulant und Feigling dastehen wollte, lief Zátopek mit, wurde Zweiter – und hatte Blut geleckt: «Die Leute klatschten und jubelten mir zu. Das machte mir Spaß.»[1] Als er seine Lust an regelmäßigem Training und Wettkämpfen entdeckt hatte, entschied er sich für eine Laufbahn in der tschechischen Armee. Dort, glaubte er, werde er unendlich viel Zeit fürs Training haben. Ein Irrtum, wie sich schnell herausstellte. In der ersten Zeit fand, wenn überhaupt, Training nur abends, in der Dunkelheit statt. «‹Halt!› herrschte ihn einmal eine Wache an. ‹Halt – oder ich schieße!› – ‹Schieß nur, du Esel›, gab Emil im Laufen zurück, ‹wie willst treffen in der Dunkelheit?›»[2]

«Wie Zitrone»

«Personifiziertes Antitalent» hat ihn der Sportjournalist Robert Hartmann einmal genannt. Weder seine robuste Figur noch seine Bewegungsästhetik prädestinierten ihn für eine Karriere als Langstreckler. Das Pfund, mit dem Emil Zátopek wuchern konnte, war sein ungeheuer starker Wille und eine eigentümliche Vorstellung davon, wie sein Training auszusehen hatte. Als er eingesehen hatte, daß ihm für die 1500-Meter-Distanz Grundschnelligkeit und Spurtstärke fehlten (jahrelang mühte er sich vergeblich, die Vier-Minuten-Marke zu unterbieten), stieg er konsequent auf die längeren Strecken um. Die 10 000 Meter sollten sein Markenzeichen werden, hier erlief er sich den Mythos der Unbesiegbarkeit. Als er dann im Alter von 25 Jahren mit 3:52,8 Minuten seine Bestzeit über die 1500-Meter-Strecke erzielte, lag er auf einem Niveau mit dem Allroundtalent Paavo Nurmi (3:52,4 Minuten). Doch über 5000 Meter war er eine halbe Minute, auf 10 000 Meter eine ganze Minute schneller als «der große Schweiger» – und das waren auch in den 50er Jahren schon Welten.

Zátopek trainierte ausschließlich auf der Bahn. Während andere das schwedische Fahrtspiel oder die finnische Kombination aus schnellem Bahntraining und langen Dauerläufen in der Natur bevorzugten, absolvierte er jahraus, jahrein sein immenses Pensum auf der Bahn. Er zertrümmerte seine Lieblingsdistanz in viele 200- und 400-Meter-Intervalle, immer und immer wieder: «ein teuflisches, selbstverzehrendes Training» (Manfred Steffny). Was in den Autowerkstätten Henry Fords unter dem Namen «Taylorisierung der Arbeit» die Intensität und das Volumen der Produktion enorm gesteigert hatte, setzte er in Fließbandarbeit auf der Bahn um. Waldlaufen mache ihn faul; die Crux sei, daß die Bäume zwar Jahresringe, aber keine Kilometermarkierungen trügen. Und das war für ihn das einzig Wichtige: zu wissen, wie viele Runden in welcher Geschwindigkeit er «runtergerissen» hatte. Wer und was auch immer Zátopek von der Richtigkeit dieser eigentümlichen Variante von Intervall-Training überzeugt haben mochte: Er ließ sich von keinem in seine Trainingsgestaltung hineinreden, blieb immer sein eigener Trainer. Trotz aller brutalen Systematik war er ein Gefühlsläufer; anders als Nurmi lief er ohne Stoppuhr. «Da war so eine wissenschaftliche Assistentin aus Prag, die stoppte wochenlang meine 400-Meter-Zeiten. Ich guckte gar nicht in ihre Listen, denn ich lief immer auf der Außenbahn, ich weiß nicht, was sie mit den Zeiten anfangen konnte.»[3]

Diese Kunst der Zerlegung langer Strekken in winzige Häppchen war, summa summarum, ein Fegefeuer härtester Belastungen. Die eigentümliche Ekstase, die aus der extremen Monotonie des Herunterspulens immer gleicher kurzer Strecken resultierte, war genau auf den Prager zugeschnitten, denn sie führte für damalige Verhältnisse zu unglaublichen Trainingsumfängen für Langstreckler unterhalb der Marathondistanzen. 20 Trainingskilometer täglich waren das Minimum, ein eher lauer Arbeitstag; in intensiven Vorbereitungsphasen kam er leicht auf 35 und mehr Kilometer am Tag. Zu seinen legendären Trainingsmarotten muß auch sein avantgardistisches Outfit gezählt werden. Adidas und Nike hätten mit ihren ultraleichten Laufschuhen und den knallbunten Laufshirts und -hosen an Emil wenig Vergnügen gehabt. Er lief immer in seinem alten Trainingsanzug – und wenn er darin schwitzte wie ein Büffel. Er zog mit Vorliebe übergroße Laufschuhe mit mehreren Lagen dicker Socken und im Winter auch mal Militärstiefel an. Was mich nicht umbringt, macht mich stark. Sich «wie Zitrone» auszupressen, bis er nicht mehr wußte, wo hinten und wo vorne war, das scheint Emil Zátopek geliebt zu haben. Er hatte etwas von einem absolut verrückten Söldner an sich – und war doch einer der lustigsten Burschen auf der Laufstrecke, bekannt für seine lockeren Sprüche und beliebt als Anekdotenerzähler.

1952: die Zátopek-Olympiade

Am gleichen Tag wie Emil Zátopek, am 19. September 1922, war in Uherste Radice Dana Ingerová als Tochter eines Regierungsbeamten zur Welt gekommen. Anders als der Schreinersohn Emil wuchs sie in recht behüteten Verhältnissen auf. Nach dem Abschluß ihres Studiums in Prag wurde sie Sportjournalistin und arbeitete als Redakteurin bei der Wochenzeitung *Ruch*. Auf dem Sportplatz – wo auch sonst? – lernte sie Emil kennen. Er rannte wie ein Berserker, spulte sein brachiales Pensum ab, und Dana warf den Speer weiter als jede andere Frau in der Tschechoslowakei. Mit 25 Jahren heirateten sie, und bei den Olympischen Spielen 1952 in Helsinki holte das «Unternehmen Zátopek» innerhalb einer Stunde zwei Goldmedaillen: im 5000-Meter-Lauf und im Speerwurf. Auch bei den Europameisterschaften 1954 in Bern heimsten sie am gleichen Tag ihre Goldstücke für die heimische Vitrine ein. Ein Paar unter einem glücklichen Stern, das sich, gebannt von der Magie seiner Glückszahlen, im Gleichschritt durchs Leben bewegte.

Nachdem Zátopek am 20. Juli 1952 in Helsinki im 10000-Meter-Lauf einmal mehr Alain Mimoun, seinem ewigen Schatten, die Hacken gezeigt und in 29:17 Minuten die Goldmedaille gewonnen hatte, war die Spannung vor den 5000 Metern vier Tage später um so größer, hatte doch der Solinger Herbert Schade kurz vor den Spielen die Weltbestzeit gebrochen. «Alain Mimoun würde mich nicht besiegen, der hatte sich daran gewöhnt, hinter mir Zweiter zu werden, aber Herbert Schade war mein Favorit.» Schade lief die ersten vier Kilometer so gleichmäßig, als würde er von Nurmis Präzisionsuhr geleitet. Auf den letzten beiden Stadionrunden überstürzten sich dann die Ereignisse. Die Führung wechselte dauernd zwischen Schade, Mimoun, Zátopek und dem Briten Christopher Chataway, der dann eingangs der Zielgeraden stürzte und den Weg für den furiosen Endspurt der anderen freimachte. Zátopek (14:06,6 Minuten) – Mimoun – Schade lautete der Einlauf dieses dramatischsten Laufwettbewerbs der Spiele von Helsinki. Kaum war er wieder bei Puste, entwendete ihm Dana kurzerhand den goldenen Talisman: «Da hatte ich nun die ‹finftausend Mätr› gewonnen und wollte mit der Medaille zum Ausgang. Da kam Dana, schnappte sich die Goldmedaille. Die bräuchte sie als Glücksbringer. Das hat geholfen. Innerhalb von einer Stunde hatten wir zwei Goldmedaillen.»[4]

Als Amateurphilosoph und Anekdotenproduzent war Zátopek ebenso begnadet wie als Läufer. Sein lakonisches Statement «Vogel fliegt, Fisch schwimmt, Mensch läuft» gehört zu den oft zitierten Axiomen des modernen Sports, ist von gleich eherner Konsistenz wie Sepp Herbergers Lehrsätze vom Ball, der rund, und vom Spiel, das – im Prinzip – 90 Minuten lang ist. Eines der berühmtesten Geschichtchen Zátopeks ist die Anekdote aus seinem legendären Olympia-Marathon 1952, als er im Duell mit dem englischen Favoriten Jim Peters und dem Schweden Gustaf Jansson das «Zitronenproblem» zur Frage von Sein oder Nichtsein deklarierte. Eine Synthese seiner diversen Erzählversionen lautet ungefähr so: «Bis zur Wende ging es ja locker, wie ein Trainingslauf... aber jetzt noch mal 21 Kilometer? Soll ich aufgeben? Unsinn, ich muß die Strecke sowieso zurück. Außerdem gibt es so schöne Dinge bei den Verpflegungsstationen: Obst, Kaffee, Tee. Davon haben jedoch nur die Letzten was; die haben ja Zeit genug. Ich habe mich lieber etwas beeilt, nur hingesehen... Die Helfer boten Jansson die eine Hälfte einer Zitrone an und mir die andere. Jansson nahm seine. Ich hatte Angst. Ich dachte, ‹vielleicht sollte ich sie fressen, Emil›, denk ich mir, ‹du bist du, hier krieg ich die Zitrone umsonst und sofort noch dazu. In Prag bei uns muß ich anstehn in langer Schlange dafür.› Lieber abwarten, ob ihm die bekommt. Wenn er schneller läuft, freß ich bei der nächsten Verpflegungsstation drei davon.»[5] Ohne Wasser und ohne Zitrone kam Zátopek nach 2:23:03,2 h ins Ziel – mit mehr als zweieinhalb Minuten Vorsprung vor dem Argentinier Reinaldo Gorno und Gustaf Jansson. Zátopeks einziges spezifisches Marathontraining hatte übrigens unter Anleitung des tschechischen Cheftrainers Karel Knenicky und seines marathonerfahrenen Mannschaftskameraden Jaroslav Sourek darin bestanden, die Füße flacher aufzusetzen und sein intuitiv eingeschlagenes Lauftempo deutlich «herunterzukochen» – «... in den zwei wettkampffreien Tagen versuchte ich, mich im langsamen Laufen zu verbessern!»

1954 war für Zátopek ein großes Jahr. Er intensivierte sein Training, lief noch mehr 400-Meter-Intervalle (bis zu 100 auf der Bahn!) und griff schließlich in einem unvergessenen Lauf den zwölf Jahre alten Weltrekord von Gunder Hägg an. Mit 13:57,2 Minuten war er eine Sekunde schneller als der Schwede. Aber wenige Wochen später unterlag er bei den Europameisterschaften in Bern dem Sowjetrussen Wladimir Kuz, der den alten Weltrekord um sechs Zehntelsekunden verbesserte. Dafür hielt sich der Mann von Dukla Prag auf der 10000-Meter-Strecke schadlos: Mit 28:54,2 Minuten blieb er als erster Mensch unter der magischen 29-Minuten-Marke.

Als er bei den Olympischen Spielen 1956 in Melbourne noch einmal nach den Sternen im Marathonhimmel greifen wollte, war er längst über seinen Leistungszenit hinaus. Er belegte einen ehrenvollen sechsten Platz und freute sich mit dem «ewigen Zweiten», dem algerischen Franzosen Alain (eigentlich: Alel O Kacha) Mimoun, daß dieser auf dem Siegertreppchen endlich einmal ganz oben stehen durfte. «Zátopek wußte, daß er im Grunde ein 10000-Meter-Läufer war. Für 5000 Meter war er zu langsam und stilistisch nicht ausgereift, für Marathon war er zu schwer und – das konnte er damals nicht wissen – vollkommen falsch trainiert. Denn bei nur fünf Prozent benötigter anaerober Kapazität im Marathonlauf ist ein Intervalltraining als Haupttrainingsmittel völlig verfehlt. 38mal gewann Zátopek zwischen 1948 und 1954 einen 10000-Meter-Lauf, er war in dieser Zeit unbesiegt. Die endlosen Intervall-Runden hatten ihn immun gemacht gegen den 25-Runden-Wettkampf, der viele Läufer allein schon durch die Zahl der Runden psychisch fertigmacht.»[6] Später wußte der große alte Mann der tschechischen Leichtathletik natürlich selbst, daß seine Form von Intervalltraining eine leichtfertige Art war, mit seinen physischen Ressourcen umzugehen, dazu ineffizient als Vorbereitung für den Marathonlauf. Aber was heißt das schon angesichts der Erfolge Zátopeks? «Ich habe immer ein bißchen ‹gespinnt›, habe immer etwas im Gehirn gehabt über Training. Das war damals notwendig, denn alle Ausländer hielten ihre Methoden geheim. Viele wollten aus mir einen Stilisten machen, aber ich habe ihnen etwas gepfiffen.»[7] Daß die «Lauf-Lokomotive» kein Freund von Gymnastik war, wurde allen klar, die ihn beim Training oder vor Wettkämpfen beobachteten. «Soboka (tschechisch: Hund) betreibt doch auch keine Gymnastik, und wie schnell kann er laufen! Wenn er aufwacht, dehnt und streckt er sich nur ein wenig und jagt im nächsten Augenblick einer Katze nach. Ich mache es wie Soboka.»[8]

Genosse Schwejk

Seine zahllosen Schwejkiaden täuschen leicht darüber hinweg, daß der zähe Tscheche immer auch ein Mann mit Prinzipien war, ein «enfant terrible», der zu seinen unbequemen Meinungen öffentlich stand. So hing, darf man Zátopeks Äußerungen glauben, seine Teilnahme an der Olympiade von Helsinki am seidenen Faden. Als er erfuhr, daß der 1500-Meter-Meister seines Landes, Stanislav Jungwirth, zu Hause gelassen werden sollte, weil sein Vater als politischer Gefangener im Gefängnis saß, «erpreßte» er die tschechische Verbandsführung – die nicht zu Unrecht von ihrem Star mindestens zwei Goldmedaillen erwartete – mit einem Ultimatum: Entweder fliegt Jungwirth in der gleichen Maschine wie Zátopek selbst – oder die Olympischen Spiele 1952 finden ohne beide Athleten statt! Kurz vor dem Abflug brachte ein Polizeiwagen Jungwirth zum Flughafen...

Im Prager Frühling ließ er sich vom Reform-Elan der demokratischen Sozialisten um Alexander Dubcek anstecken, unterzeichnete das «Manifest der 2000 Worte» und trat bei Kundgebungen auf dem Wenzelsplatz offen gegen den Terror der stalinistischen Geheimpolizei und den übergroßen Einfluß der Sowjetunion auf. «Ich war immer ein Freund der Russen. Und ich habe auch zu Hause bei unseren Jugendorganisationen immer versucht, diese Freundschaft zu erhalten. Doch sie haben alles selbst kaputtgemacht.»[9] Unmittelbar nach der Invasion der Warschauer-Pakt-Truppen hatte er über freie Rundfunkstationen das IOC aufgefordert, die Sowjetunion und ihre Satellitenstaaten von den Olympischen Spielen 1968 in Mexiko auszuladen. Ein Journalist der *Welt* fragte Zátopek, warum er diese Position wenige Wochen später korrigiert habe. «Es war», meinte Zátopek, «ein spontaner Aufruf gewesen. Die Idee eines Augenblicks der Wut. Ich dachte mir, was hier geschieht, ist doch viel schlimmer als das, was man Südafrika vorwirft; und Südafrika ist von den Spielen ausgeschlossen worden. Doch wie das mit spontanen Ideen ist: Man überlegt oft nicht lange genug die Konsequenzen.»[10]

Nach der Niederschlagung der tschechischen Reformkommunisten durch die geballte Macht der Warschauer-Pakt-Truppen wurde der Genosse Emil aus der Partei und der Oberst Zátopek aus der Armee geworfen und durfte sich fortan als Hilfsarbeiter bei einem Bohrtrupp bewähren. «Habe doppelt soviel verdient wie als Oberst», bemerkte er lakonisch. Emil strauchelte hin und wieder, aber er stürzte nie. Im Juli 1971 machte er einen Kotau vor seinen heimischen Machthabern, indem er, die demütigenden Prozeduren des «Kritik und Selbstkritik»-Rituals erduldend, öffentlich bedauerte, «einer dieser gefährlichen Leute (gewesen zu sein), die tatsächlich Öl in die Flammen gossen, die so leicht zu einem Großbrand und einer Gefahr für die sozialistische Welt hätten werden können. Ich kann mir jetzt vorstellen, daß es eine Katastrophe gegeben hätte, wenn die im erwähnten Appell enthaltenen Vorschläge verwirklicht worden wären.»[11] Natürlich hatte ihm da jemand souffliert, aber gesagt hatte Emil Zátopek diese dummen Sätze selbst, und mit ihnen rehabilitierte er sich halbwegs. Nun brauchte er nicht mehr in der Erde nach Mineralwasserquellen zu buddeln, sondern durfte sich wegen seiner Sprachgewandtheit in der Dokumentationsabteilung des Sportkomitees der CSSR die letzten Kronen fürs Rentenalter erarbeiten. Der Bürger Zátopek hat sich für diese Dummheit des Abschwörens lange geschämt. 1990 leistete er Abbitte, als er in dem bekannten «Fragebogen zur Person» den kleinen, mutigen Dichterfürsten und späteren Staatspräsidenten Václav Havel zu seinem «Helden in der Wirklichkeit» erkor.

Heute kümmert sich der rüstige alte Herr in dem schönen Häuschen im hügeligen Prager Vorort Troja mit Inbrunst um den Garten, mit Dana an seiner Seite. Wie er als Laufaktiver mit seinen Trainingsmitteln (und seiner Gesundheit) nicht zimperlich umging, ist er auch bei der Gartenarbeit in der Wahl der technischen Hilfsmittel nicht übermäßig wählerisch. Als ihm einmal beim Jäten der Hackenstiel brach, arbeitete er kurzentschlossen einen Speer um; er hatte schließlich zu arbeiten. Es war der Speer, mit dem Dana 1952 in Helsinki olympisches Gold für die Zátopeksche Ehrenvitrine gewonnen hatte. In einer Hinsicht konnte Dana zufrieden sein, bestätigte doch der flotte Gatte mit diesem Vandalenakt ihre felsenfeste Überzeugung, daß regelmäßiger Bierkonsum jeden Mann charakterlich schwäche und verdumme. Denn Zátopeks Lebenselixier bestand aus Bier und Brot, Brot und Bier. Ganz dumm, Emil! Daß er im Alter auch lockere zehn Kilogramm um Bauch und Hüften zulegte, dürfte die gestrenge Dana natürlich auch auf die Hopfen-und-Malzhaltige Verführung zurückgeführt haben. Das amüsierte ihren Emil natürlich königlich. Bei ausgewachsenen Männern sei das halt so. «Höhe unter Kontrolle, Breite nicht»[12], lachte er dann.

Anmerkungen

1 Robert Hartmann: Die großen Leichtathletik-Stars, München 1993, S.170

2 Sports 1 / 1987

3 Manfred Steffny, in: Spiridon 6 / 1982

4 Robert Hartmann, a. a. O., S. 175 f.

5 Zitate aus condition 9 / 1992 und Robert Hartmann, a. a. O., S. 176

6 Manfred Steffny, a. a. O.

7 Westfälische Rundschau vom 24. 12. 1965

8 W. Umminger, Die Chronik des Sports, Dortmund 1990, S. 498

9 Nach: Munzinger-Archiv / Sportarchiv, Stichwort: Emil Zátopek

10 Die Welt vom 17. 10. 1968

11 Zit. nach: Robert Hartmann, a. a. O., S. 176

12 Sports 1 / 1987

6

Der Klassiker

Geschichten aus der Geschichte des Boston Marathon

Boston ist anders. Kein anderer der großen Marathonläufe kann auf eine solche Tradition zurückblicken, hat ein so unvergleichliches Publikum und eignet sich besser für eine exemplarische Geschichte dieses Sports. Traditionell am Patriot's Day gelaufen, nennen ihn die Amerikaner liebevoll «The Mother of Marathon». «Weilt man in dieser europäischsten aller amerikanischen Großstädte, scheint es, als sei wegen des Marathons Feiertag und nicht umgekehrt. Wo sonst in der Welt, nein, bestimmt nicht in New York, dieser City der Narzißten, besteht eine solche Verbindung der Bevölkerung zum Marathon? In Boston weiß man, wovon man spricht, es ist nicht jene amerikanische Begeisterung, die einen mit großen Augen fragen läßt: ‹Wie viele Meilen laufen die denn?› In Boston heißt es: ‹Wo schaust du dir das Rennen an?›»[1] Diese emphatischen Sätze schrieb Thomas Steffens vor gut zehn Jahren in *Spiridon* – im Kern stimmt dies immer noch.

Wie alles anfing

Wir schreiben Montag, den 19. April 1897. Eingekeilt zwischen Reportern und Offiziellen der Boston Athletic Association (BAA), steht Tom Burke an der Straße vor Metcalf's Mill in Ashland/Massachusetts und wartet darauf, nach seinen beiden Sprint-Trium-

phen bei den Olympischen Spielen von 1896 ein weiteres Mal Laufgeschichte zu schreiben. Exakt um 12:19 Uhr schickt er mit einem «Go!» das Feld der 18 Läufer auf die Strecke. Zehn der gestarteten Athleten kamen ins Ziel. Mit 2:55:10 h gewann der Lithograph John J. McDermott vom New Yorker Pastime AC in neuer Weltbestzeit das Rennen, zehn Sekunden schneller als Spiridon Louis 1896 bei seinem legendären Lauf von Marathon ins marmorne Panathinaikos-Stadion an der Akropolis. An diesem Tag wurde in Boston eine Tradition eröffnet, die einzigartig in der Welt des Marathonsports ist – eine Tradition, ohne die dieser Sport wohl nie seine marginale Rolle überwunden hätte. Der Boston Marathon ist der älteste kontinuierlich ausgetragene Marathon. Er findet seit fast einem Jahrhundert am Patriot's Day am 19. April statt bzw. an dem Montag, der diesem historischen Datum am nächsten liegt. Patriot's Day ist in Massachusetts ein Feiertag. Er erinnert an die erbitterten Schlachten von Lexington und Concord vor den Toren von Boston am 19. April 1775, einem Markstein in der Geschichte der Befreiung Amerikas von der Hegemonie der britischen Kolonialisten, zwei Jahre nach der «Boston Tea Party» des Jahres 1773.

Die 1887 gegründete BAA war eine reiche Organisation, die für einen Leichtathletik-Verein außergewöhnlich luxuriös residierte. Hier traf sich Bostons «old money», Sportbegeisterte aus alteingesessenen Bostoner Familien. Hier war schon früh Sport mit Politik verflochten. Das von der BAA verfochtene rigorose Amateurprinzip war ein Amalgam aus aristokratisch-elitären Ansichten und ehrenwertem Idealismus, eine Mischung, deren Explosivkraft sich dann Anfang der 80er Jahre in dem Streit um die Einführung von Antritts- und Preisgeldern zeigte. Fasziniert von dem ersten olympischen Marathonlauf der Neuzeit, schufen die alten Herren des BAA den Boston Marathon als amerikanische Antwort auf die europäi-

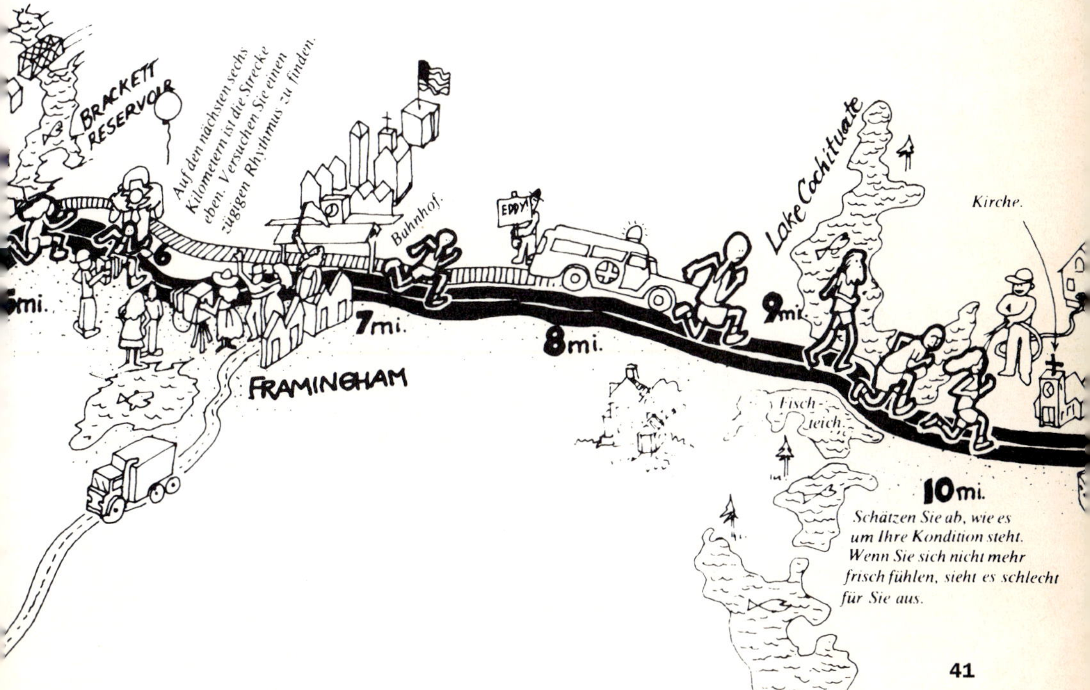

sche Herausforderung. Marathon – Menschen überschreiten für ein großes Ziel die Grenzen ihrer Kraft und wachsen über sich hinaus: Wo anders als in den USA hätte diese Haltung Massen elektrisieren können?

Schon die ersten Läufe in Boston waren «big events». Waren es zunächst Zehntausende, säumten 1909 bereits 300000 Zuschauer die Strecke – eine unvorstellbare Zahl für ein Laufereignis von zunächst nur lokaler Bedeutung.

In seinem Buch «Boston Marathon. The History of the World's Premier Running Event» (Champaign / USA 1994, Human Kinetics Publishers) hat Tom Derderian diesem Laufklassiker ein Denkmal gesetzt. Derderian, der in seinen besten Jahren selbst unter 2:20 h lief, hat eine kenntnisreiche und amüsante Studie verfaßt, der dieses Kapitel einen Großteil seiner Geschichten und Informationen verdankt. Sein Witz und Hang zu lakonischem Understatement machen diese 600seitige Studie zu einem wahren Lesevergnügen. Ein vergleichbares Buch über Marathon gibt es im deutschen Sprachraum nicht – aber einen vergleichbaren Lauf haben wir ja auch nicht zu bieten.

Im Zeichen des Einhorns

Das Rennen **1909** ging als «The Inferno» in die Geschichte des Boston Marathon ein: ein Hitzerennen, das die Sensationslust der riesigen Zuschauermassen anstachelte. Das Martyrium Dorando Pietris im olympischen Marathonlauf am 24. Juli 1908 in London zog wie ein Magnet die Menschen auf die Straßen, als wäre ihnen ein Tribünenplatz bei einer mittelalterlichen Hinrichtung offeriert worden. In Führung liegend, hatte der kleine italienische Pizzabäcker aus Carpi dem schwülen Wetter Tribut zollen müssen und war, mehr tot als lebendig, von wohlmeinenden Helfern über die Ziellinie geschleift wor-

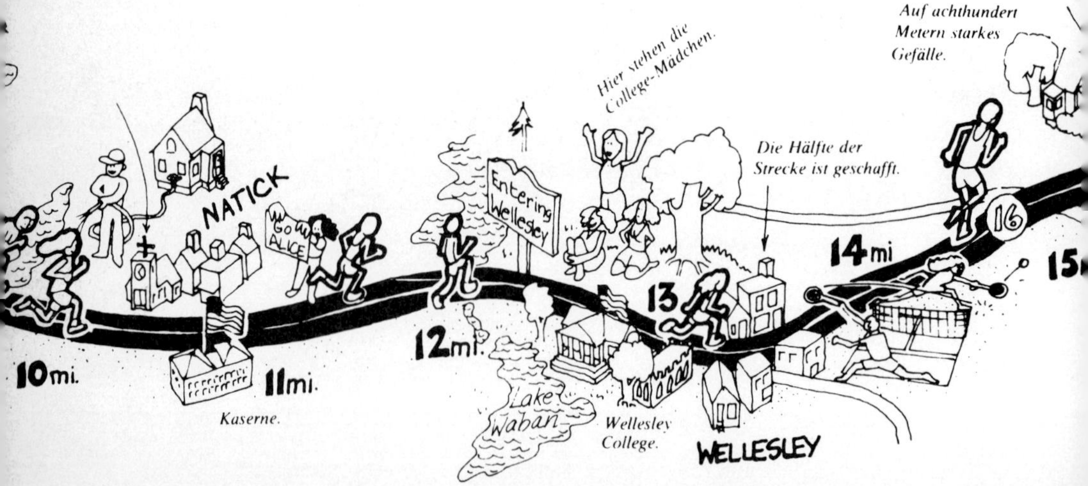

den. Amerikanische Leitartikler suhlten sich lustvoll in allerlei Variationen von «Dying Man Wins Olympic Marathon», obwohl klar war, daß Pietri weder gestorben noch zum Sieger gekürt worden war. Der Protest der amerikanischen Mannschaftsführung hatte zur Disqualifikation Pietris geführt und Johnny Hayes nachträglich die Goldmedaille gebracht.

Die Öffentlichkeit gierte nach aufregenden Stories über Männer, die sich freiwillig der Tortur einer solch extremen Distanz unterwarfen. 1911 gab die Mecca Cigarette Company eine Kollektion von Sammelbildern (‹runner cards›) mit 150 verschiedenen Athleten heraus. Mittlerweile gab es Hunderte von Marathons in den USA. Der *Boston Globe* bemühte in seiner Ausgabe vom 18. April 1909 sogar die Poesie. In einem elfstrophigen Gedicht wurden nacheinander die Heroen aus (fast) aller Herren Länder besungen, die sich am nächsten Tag durch die Straßen ihrer Stadt kämpfen wollten. Nur die weise alte *New York Times* hatte in ihrem Editorial vom 24. Februar 1909 die Verrücktheit dieses Spektakels gegeißelt und folgerte aus den ihr bekannten medizinischen Befunden, Marathon laufe auf ein Gemetzel mit suizidaler Zielsetzung hinaus. Gefährlich, absurd, lächerlich – ein vernichtendes Urteil. Über 40 Kilometer bei Wind und Wetter zu rennen sei vorsätzliche Ruinierung der Gesundheit. Körperliche Bewegung solle immer sowohl dem «business» als auch dem «pleasure of life» untergeordnet sein, man lebe schließlich im 20. Jahrhundert. Trotz dieser groben Schelte gingen 1909 164 Todesmutige an den Start; Tote wurden später im Rennbericht übrigens nicht verzeichnet. Mit Henri Renaud gewann in 2:53:36 h ein klassischer ‹Nobody›, von dem ansonsten nur überliefert ist, er habe ein bißchen «goofy» ausgesehen.

Daß im fernen Europa ein Krieg tobte, wurde der amerikanischen Marathonszene zum ersten Mal **1915** bewußt. Der Kanadier

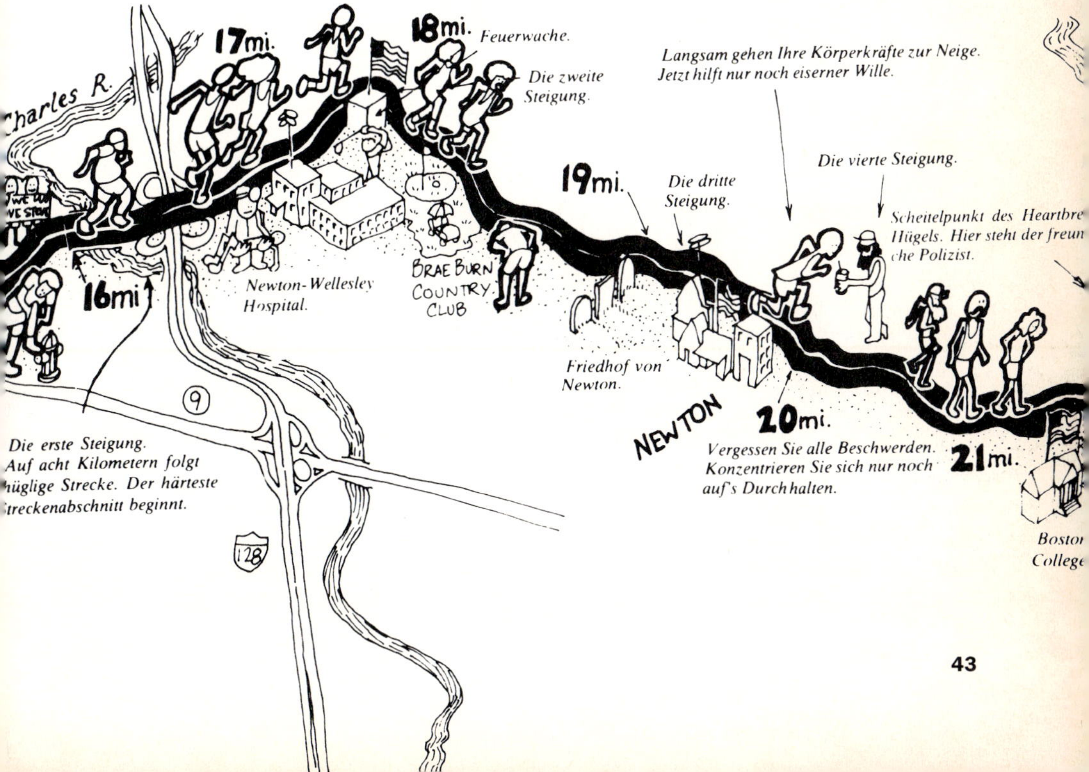

Jimmy Duffy hatte 1914 in Boston gewonnen, ein Lebemann, der sich nach der Ziellinie zuerst eine Zigarette und dann ein Bier griff. Duffy, seit September 1914 Soldat in der kanadischen Armee, hatte sich mit dem 16. Bataillon vor der belgischen Stadt Ypres eingegraben, dort, wo Giftgas erstmals als Kriegswaffe eingesetzt wurde. Bei einer mitternächtlichen Aktion setzte die deutsche Armee Blendgranaten ein, um die kanadischen Infanteristen wie Hasen abzuschießen. Als Marathonläufer war Duffy gelaufen, als ginge es um sein Leben. Hier ging es wirklich ums nackte Leben. Vor Ypres verließ Jimmy Duffy das Glück, das er als Läufer so oft gehabt hatte: Der Kanadier starb im Kugelhagel der deutschen Infanterie.[2]

In einem unbeholfenen Anflug von Patriotismus reagierte die BAA **1918** auf die Entsendung amerikanischer Truppen nach Europa. Der Boston Marathon in seiner traditionellen Form wurde ausgesetzt und statt dessen ein Mannschaftsmarathon mit je zehn Teilnehmern veranstaltet, die in voller militärischer Montur und Staffelstab je zweieinhalb Meilen zu bewältigen hatten – ein blamables Spektakel, haarscharf am Rande einer Lachnummer. Dafür hörten die erstplazierten der 14 angetretenen Teams auf so illustre Namen wie das Camp Devens Divisional Team (Platz 1) oder 302nd Infantry (Platz 2).

1927 deuteten, nach Jahren der ökonomischen Prosperität und kultureller Bewegung («the jazz decade»), alle Zeichen auf Sturm. Der «Schwarze Freitag», der Zusammenbruch der New Yorker Börse, warf seinen Schatten voraus. Eine immigrantenfeindliche Stimmung machte sich breit, die in der von schweren Unruhen begleiteten Hinrichtung von Sacco und Vanzetti im August 1927 kulminierte. Paranoide Furcht vor bolschewistischer Subversion und Attacken der Suffragetten gegen Bastionen männlicher Macht prägten das Klima im Land – und eine geradezu sagenhafte (und oft verfilmte) Ge-

THE BOSTON GLOBE—FRIDAY, APRIL 20, 1928

HENIGAN BEING CONGRATULATED BY C. F. GORMAN OF DORCHESTER CLUB

ELIGIBLE FOR THE OLYMPIC TEAM ON THEIR SHOWING IN THE MARATHON

DeMar wins again with______

ARNOLD GLOVE-GRIP SHOES

$10

The CONTINENTAL

Boylston Street Store

Open Saturday Evenings

DE MAR ON JOB TODAY, BUT DIDN'T RUN TO WORK

Marathon Victor Plans to Compete in Several Races —Sure to Be on Olympic Team

TWO ARRESTED IN WATERTOWN RAID

MILLIONAIRES MADE BY STOCK MARKET MEET

Matthew C. Brush Among Those at Dinner to W. C. Durant, About to Sail For Europe

FILES WRIT AGAINST MAYOR McGRATH

Seeks Removal of Mr Dunn as Quincy Auditor

Boston: Eine ganze Stadt liebt ihren Marathon (Boston Globe v. 20. 4. 1928)

setzlosigkeit in den amerikanischen Großstädten. Es waren die Jahre, in denen Al Capone und andere schwerbewaffnete Könige der Straße die Polizei nach Strich und Faden narrten.

John Miles, der Sieger des Boston Marathon von 1926, zählte auch 1927 zum engen Kreis der Favoriten. Vater Miles wollte seinem Sohn einen kleinen Vorteil durch einen leichteren Schuh verschaffen. Mit einem Rasiermesser schabte er alles an Material herunter, was er für überflüssig hielt – und das war sehr viel. Vier statt neun Unzen wogen Johnnys «Flügelschuhe» nach dem väterlichen Eingriff nur noch. Federleicht und papierdünn. In der Euphorie, mit Leichtigkeit unter 2:20 h zu bleiben, hatte John Miles seine «magic shoes» kein einziges Mal praktisch getestet. Und so nahm das Unheil seinen Lauf. Miles junior verlor die Zehennägel an beiden Füßen, blutende Scheuerflächen und Blasen machten schnelles Laufen unmöglich. Aus und vorbei. Wieder einmal gewann der Mann, den der *Boston Globe* als «the superman of marathon runners» gefeiert hatte, Clarence DeMar, den ganz Amerika respektvoll «Mr. de Marathon» nannte. 1935, als John A. Kelley – mit über 60 Starts in Boston neben DeMar *die* legendäre Figur des Klassikers – zum ersten Mal siegte, lief auch er in Spezialschuhen, die ein 70jähriger Engländer namens Samuel T. A. Robbins (S. T. A. R.) in Handarbeit gefertigt hatte. Seine S. T. A. R.-Streamlines waren wahre Wunderwerke in einer Zeit, als Sportschuhe auf reine Haltbarkeit hin produziert wurden: Scheuermittel, Reibeisen, Blasenwerfer, die unzählige Läufer zur Aufgabe zwangen.

1932 gab es den einzigen deutschen (bzw. deutsch-amerikanischen) Sieg in der Männerkonkurrenz. Paul de Bruyn, Jahrgang 1907, hatte nach seiner Mechanikerlehre als Matrose auf Schiffen der Norddeutschen Lloyd Dampfschiffahrt die Welt gesehen, hatte auch auf dem Segelschiff von «Seeteufel» Graf Luckner für die Karibik angeheuert. 1930 musterte er ab und blieb schließlich in New York hängen, wo er als «Mädchen für alles» Anstellung im Hotel Wellington fand. Er habe, sagte de Bruyn einmal, als Matrose vier üble Jahre erlebt, weil er davon zwei betrunken gewesen sei. Karl Lennartz hat in seinem Artikel zum 85. Geburtstag des später in Florida lebenden Läufers dessen eigenartige, aber für damalige Selfmade-Athleten nicht untypische Trainingsprinzipien beschrieben: «Morgens und abends marschierte er je sechs Meilen von seiner Wohnung ins Hotel und zurück. Dabei trug er Militärstiefel, die er durch Bleiplatten zusätzlich erschwerte. Insgesamt sollen es elf Pfund gewesen sein. In der Mittagspause lief er die 28 Treppen in seinem Hotel rauf und runter und abends noch sechs Meilen im Central Park.»[3]

Tarzan und der Herzensbrecher...

1936 verpaßte der Narraganseth-Indianer Ellison Myers Brown, genannt «Tarzan», dem Rassismus der weißen Aristokratenpresse einen Denkzettel ganz eigener Art, als er in 2:33:40 h souverän siegte. Es war das Jahr, in dem Jerry Nason vom *Boston Globe* den dritten Hügel von Newton «Heartbreak Hill» taufte, der nach rund 31 Kilometern zu bezwingen ist. Für die einen ist er ein Nichts, sie realisieren ihn erst, wenn er schon hinter ihnen liegt. Für andere wird er zum «Herzensbrecher», der Kraft und Moral endgültig bricht und wo nur die Mobilisierung von nackter Willenskraft noch helfen kann. In Linda Barnes' Krimi «Marathon des Todes» wird der gefürchtete Streckenabschnitt präzise beschrieben. (Das hat sicherlich damit zu tun, daß die Autorin genau hier ihren Heckenschützen plaziert.) «Das als *Heartbreak* bekannte Teilstück des Rennens bestand eigentlich nur aus drei Hügeln, drei sanften Steigungen auf einem drei Meilen langen Abschnitt der ansonsten bergab führenden Strecke von Hopkinton zum Meer. Es war seine geographische Lage im Rennen, die dieses Teilstück zu einem echten Killer machte. Es kam nach zwanzig Meilen, zu einem Zeitpunkt, an dem die meisten Läufer gerade anfingen, ‹gegen die Wand zu laufen›, auf die körperliche und psychische Barriere des Schmerzes zu stoßen, die jeder Marathonläufer kennt und fürchtet.»[4] Das Streckenprofil ist ausgesprochen anspruchsvoll. Von Hopkinton über Framington, Natick, Wellesley bis Newton geht es im wesentlichen bergab, dann von Kilometer 25 an bergauf bis zum «Herzensbrecher» – und dann wieder bergab bis ins Zentrum von Boston. «An diesem Rhythmuswechsel, an dem unökonomischen Bergablauf sind sie gescheitert, die Bikila Abebes und Grete Waitz', die so uneinholbar weit vorn lagen.»[5]

«Sag mir, wo sind sie geblieben?»

In dem bis dahin schnellsten Rennen unterboten 1953 mit Keizo Yamada (2:18:51 h), Veikko Karvonen und Karl Gosta Leandersson gleich drei Läufer den Streckenrekord. Die Reaktionen schwankten zwischen «Fabelzeiten» bis «da stimmt was nicht». John

A. Kelley, der Sieger von 1935 und 1945, wollte einfach nicht glauben, daß jemand anderthalb Meilen auf Clarence DeMar bei dessen schnellstem Lauf gewonnen haben könnte. Jerry Nason, der Spezialist unter den Spezialisten, traute den Yamada & Co solche Zeiten durchaus zu: Eine ganz neue Generation von Marathonern sei herangewachsen, die nur eine Sprache sprächen: «S-P-E-E-D». Eigentümlich war, daß niemand auf die Idee kam, der Kurs könne zu kurz sein. Wo Start und Ziel doch gleich geblieben waren: Wie sollte da Strecke abhanden gekommen sein? Aber genau das war passiert, es fehlten sage und schreibe 1183 Yards. Einfach verschwunden. Addierte man gut viereinhalb Minuten zu den besten Zeiten der letzten Jahre, ergab sich, daß einzig Antti Viskari und J. J. Kelley 1956 tatsächlich unter der magischen 2:20 h-Grenze geblieben waren.

Des Rätsels Lösung, die **1957** einer ungläubig staunenden Öffentlichkeit präsentiert wurde: Ständige Straßenreparaturen hatten die Yards geschluckt, indem autofeindliche Kurven nach und nach begradigt worden waren. Den Läufern war bei ihren jährlichen Streckenvisitationen nichts aufgefallen, was nicht verwundert, weil dieses ‹Schleifen› der Strecke sich ja über Jahre erstreckt hatte. Gegen den Aufschrei vieler, die sich gegen die Relativierung der schnellen Zeiten der Vorjahre wehrten, setzte der BAA-Direktor Walter Brown das nonchalante Statement: «If a marathon race is supposed to be at a distance of 26 miles 385 yards, then let's race it at the distance.» Klartext: Wenn überall auf der Welt ein Marathon 42,195 Kilometer lang ist, dann auch in Boston. In diesem ersten «regulären» Rennen gewann J. J., der jüngere Kelley, in der «legitimen» Streckenrekordzeit von 2:20:05 h.

Skandal um Bobbi und Kathy

Die 60er Jahre waren das Jahrzehnt, in dem sich, wie Derderian spöttisch anmerkt, die Nation an der Frage der Haarlänge spaltete, in dem die Morde an J. F. und Robert Kennedy und Martin Luther King, der Vietnam-Aufruhr an den Universitäten, Timothy Learys LSD-Propaganda und die «Woodstock Nation» die Leute polarisierten. Es waren diese Jahre, in denen Frauen zum ersten Mal Marathongeschichte in Boston schrieben. **1966** hatte sich Roberta Louise Gibb («Bobbi»), versteckt hinter Büschen in Hopkinton, in den Marathon hineingeschmuggelt – inoffiziell, ohne Startnummer – und hatte unter mehr als 500 Teilnehmern schließlich in 3:21:40 h den 126. Rang belegt. Bobbi, eine hübsche Blondine mit sehr eigenen Prinzipien, war, Jahrzehnte nachdem Frauen im Alleinflug den Atlantik überquert und den Ärmelkanal durchschwommen hatten, die erste Frau, die das Wagnis Boston Marathon einging. «First Gal to Run Marathon» – ihr gehörten die Schlagzeilen, obwohl auch bei den Männern Ungeheuerliches passiert war, ein sportliches Pearl Harbour, wie der Kommentator des *Boston Globe* anmerkte. Vier Japaner, allen voran Kenji Kimihara (2:17:11 h), hatten die ersten Plätze belegt und die amerikanischen Asse düpiert.

Ein Jahr später, **1967**, hatte der Boston Playboy Club seine Bunnies angeboten, um die müden Recken an der Ziellinie zu begrüßen und an die schönen Dinge des Lebens zu erinnern. Natürlich war da Jock Semple vor, einer der Gralshüter über Moral und Amateurstatus. Aber Frauen waren auch so das beherrschende Thema dieses Laufes. Bobbi Gibb hatte diesmal gar nicht erst den Versuch unternommen, ein offizielles Startticket zu bekommen. Stetes Wasser höhlt den Stein, war ihr Prinzip. Für sie war Laufen ein

Weg zurück zur Natur, ein meditatives Erlebnis, «like being wild again. It is basic.» Kathrine Switzer war da aus einem anderen Holz geschnitzt. Ihre Teilnahme war von vornherein als Provokation geplant.

Kathy Switzer wollte offiziell und mit Startnummer im Rennen sein – und dazu mußte sie die Regeln brechen. Schon vorher war sie als Mitglied des Leichtathletik-Teams der Syracuse University in reinen Männerrennen gelaufen, und schon damals hatte sie sich über die Prüderie ihrer Kommilitonen hinwegsetzen müssen. Ihren Coach Arnie Briggs hatte sie herumgekriegt, sie als «K. V. Switzer» zu melden. Als dann Jock Semple nach einigen Meilen endlich realisiert hatte, daß es sich bei Mr. Switzer wohl um eine Frau handelte, schoß er wie ein Berserker auf sie zu und schrie sie an: «Raus aus meinem Rennen und her mit der Nummer!» Jetzt bewährte sich ihre Vorsichtsmaßnahme, den Hammerwerfer Tom Miller als Bodyguard an ihrer Seite zu haben. «Big Tom the hammer thrower», ein Kerl von einem Mann, rempelte ihr den Weg frei, und Kathy lief weiter, eingeschüchtert, aber standhaft. (Die Bilder dieser «Freistileinlage» gingen um die Welt.) Kathy Switzers Mut und ihre Konsequenz machten den Weg frei, so daß Frauen 1972 endlich in Boston antreten konnten: offiziell, mit Startnummer, Zeitnahme – und Respekt. Wenige Jahre später konnte sich kaum jemand noch an die Zeit erinnern, als der Boston Marathon eine reine Männerbewegung gewesen war.

«Boston Billy» und die Jahre amerikanischer Dominanz

1975 war das erste große Jahr von Bill Rodgers, das erste von vielen großen Jahren. Die Troika Frank Shorter – Bill Rodgers – Alberto Salazar sorgte dafür, daß nach Leonard Edelen, der 1963 in Cheswick mit 2:14:28 h Weltbestzeit gelaufen war, anderthalb Jahrzehnte lang wieder amerikanische Marathoner den Ton angaben. (Von Joan Benoit wird noch zu sprechen sein.) «Home town kid» Rodgers galt lange als der Hippie unter den Langläufern. Daß er Ambitionen hatte, in der Weltspitze mitzumischen, sah man ihm beim besten Willen nicht an. Um dem Kriegsdienst zu entgehen, mußte er einen Job in einem «non profit»-Bereich annehmen. In dieser Zeit sumpfte er herum, rauchte, trank, gab das regelmäßige Training auf und kultivierte die selbstgewählte Armut – kurz: Er versuchte sich an dem für die Woodstock-Generation typischen Balanceakt zwischen Rebellion und Ziellosigkeit. Seine Arbeit im Peter Bent Brigham Hospital mit gesundheitlich schwer angeschlagenen Menschen krempelte sein Weltbild gründlich um. Als er dann noch in Boston seine alten Kumpel Amby Burfoot Jr., den Sieger von 1968 und späteren Herausgeber von *Runner's World*, John Vitale und Jeff Galloway sich die Seele aus dem Leib rennen sah, war sein Entschluß gefaßt: zurück ins Training mit dem Ziel, Berufsläufer zu werden. In seinem selbstbemalten T-Shirt mit der Aufschrift «Boston GBTC» und der Startnummer 14 stürmte «Boston Billy», dessen größter Erfolg bis dahin der 3. Platz bei der Cross-WM in Rabat gewesen war, 1975 mit Strecken- und amerikanischem Rekord ins Ziel: 2:09:55 h. Der hohe Favorit Ron Hill kam über den 5. Rang nicht hinaus. Anfang der 80er Jahre, als er den Boston Marathon bereits vier Mal gewonnen hatte, war der Lokalmatador zum mehr als gut verdienenden Laufprofessional geworden. Er besaß das Bill Rodgers Running Center samt Zweigstellen, hatte einen 65000-Dollar-Kontrakt mit *The Runner*, einen Werbevertrag mit Puma, der ihm pro Jahr rund 100000 Dollar einbrachte, und er konnte problemlos Antrittsgelder von 20000 Dollar fordern. «Du hast ungefähr vier oder fünf Jahre, wo du wirklich riesige Perspektiven hast.» Die Gefahr, wie «Tarzan» Brown in der Gosse zu enden, arm und ausgezehrt, hatte der Exhippie und Exrebell auf uramerikanische Weise gebannt. Als Emil Zátopek Bill Rodgers in dessen Haus in einem reichen Vorort Bostons besuchte, muß er sich die Augen gerieben haben angesichts dessen, was mit «bloßem Laufen» zu verdienen war.

Rosie Ruiz' großer Auftritt

1980 boykottierte auch die amerikanische Sportführung die Olympischen Spiele von Moskau wegen der sowjetischen Intervention in Afghanistan. Bill Rodgers, der 1979 noch zusammen mit Joan Benoit von Präsident Carter zum Dinner ins Weiße Haus geladen worden war, gehörte zu den schärfsten Gegnern des Boykotts. Er kritisierte dermaßen scharf die Politik der US-Regierung, daß anonyme Anrufer ihm drohten, er werde beim Boston Marathon nicht weit kommen, für den er statt des erhofften Moskauer Marathons gemeldet war: «Bill Rodgers will never make Coolidge Corner alive.» Rodgers trotzte, mit Wut im Bauch, den Drohungen – und gewann seinen vierten Titel.

Dieses Jahr ging in die Annalen des Sports durch Rosie Ruiz' unrühmlichen Versuch ein, sich durch ein Täuschungsmanöver den Siegeslorbeer zu erschleichen. Ruiz, in Havanna unter dem Namen Maria Rosales aufgewachsen, kam 1961 in die USA. Zweimal hatte sie sich Operationen unterzogen, um einen gutartigen Tumor aus ihrem Gehirn entfernen zu lassen. Bereits ihre Teilnahme am New York City Marathon hatte sie sich mit der Behauptung ermogelt, im finalen Stadium an einem Gehirntumor zu leiden. In New York scheint sie überhaupt nicht mitgelaufen zu sein; trotzdem «qualifizierte» sie sich mittels einer Urkunde und einer Zeit von 2:56:29 h für Boston. Als später die beiden Fotoagenturen, die alle Teilnehmer des New York Marathons fotografiert hatten, ihr gesamtes Fotomaterial überprüften, war Rosie Ruiz auf keinem Bild zu entdecken: weder am Start noch auf der Strecke, noch beim Zieleinlauf.

Am Start des Boston Marathon in Hopkinton soll sie immerhin gesehen worden sein, durchs Ziel kam sie auch – aber wo war sie zwischendurch? Wie auch immer: Schon im Ziel waren viele Insider sicher, daß *diese* Frau in *diesem* Zustand unmöglich soeben die 42,195 Kilometer absolviert haben konnte. Kein schweißnasses Trikot mit den typischen Salzverkrustungen, keine Speichelspuren am Mund oder die typische Anspannung der Beinmuskulatur nach mehr als zwei Stunden extremer physischer Belastung. Immerhin zeigte die Uhr mit 2:31:56 h die drittbeste Marathonzeit, die bis dahin je von einer Frau gelaufen worden war – und Mrs. Ruiz wirkte alles andere als austrainiert. Außerdem war Jacqueline Gareau aus Montreal und Patti Lyons die ganze Zeit über signalisiert worden, daß sie deutlich an der Spitze des Feldes lagen – und beide waren von niemandem mehr überholt worden. Trotzdem dauerte es sieben bittere Tage, bis Jacqueline Gareau zur Siegerin erklärt wurde. Mittlerweile waren Rosie-Ruiz-Witze zum neuen Volkssport geworden: «Hast du gehört, daß Rosie Ruiz ein Buch schreibt? Es beginnt mit Seite 425.» Sie selbst bestritt immer, sich illegal ins Feld geschlichen zu haben, und sah sich als Opfer einer monströsen Verschwörung. Aber Rosie Ruiz hatte offensichtlich ein schweres Problem: ein schwarzes Loch in ihrer Erinnerung. Sie sollte auch weiterhin wenig Glück im Leben haben. Nach Scheckbetrügereien, Diebstählen und Kokainverkäufen wurde sie mehrfach vor Gericht gestellt und auf Bewährung verurteilt.

Eine Weltrekordlerin aus dem Nike-Labor

1981 galt Joan Benoit, die Boston-Siegerin von 1979, als unschlagbar. Vom Bowdoin College in die Forschungslaboratorien von Nike in Exeter / New Hampshire gewechselt, war Laufen zum totalen Dreh- und Angelpunkt ihrer Existenz geworden. «Nike City» – das war eine Welt für sich: Arbeit, Freunde, Training, Lauf-High-Tech zum Anfassen. Aber auch wenn Joan Benoit in Boston nicht übertrainiert an den Start gegangen wäre, gegen die blonde Neuseeländerin Allison Roe hätte sie an diesem Tag nicht den Hauch einer Chance gehabt. Eine Frau, die von der Natur mehr als großzügig ausgestattet worden war: intelligent, schön und mit einer Fülle sportlicher Talente gesegnet – das «cover girl» des Marathon der frühen 80er Jahre. Ein Reporter feierte sie hymnisch als «the Renaissance woman of running». Ähnlich überschlagen sich heute amerikanische Gazetten zu Charme und Schönheit von «sweet Uta Pippig».

Für **1983** schien bei den Frauen die Prognose klar zu sein: Roe, die mittlerweile in New York die Weltbestzeit auf 2:25:28 h verbessert hatte, vor Benoit. Diese war aber beim Oregon Track Club Marathon in Eugene 2:26:11 h gelaufen. Sie hatte ihre Grundschnelligkeit verbessert, ohne sich, wie in früheren Jahren, der Gefahr des Übertrainings auszusetzen. Nike-Spezialisten hatten auch herausgefunden, daß Benoit herausragende VO_2-max-Werte besaß: 79 Milliliter Sauerstoff-Verarbeitungskapazität pro Kilogramm Körpergewicht in einer Minute, der höchste bis dahin bei einer Frau gemessene Wert. Joan Benoit lief in Boston mit 2:22:43 h eine phänomenale Weltbestzeit, während Allison Roe nach 17 Meilen mit schweren Krämpfen ausstieg. Sie lief, geplagt von heftigen Rückenproblemen, nie mehr so schnell wie in New York. Dennoch profitierte sie als Repräsentantin der neuseeländischen Tourismusbehörde und PR-Vorzeigefrau von Onitsuka Tiger Athletic Shoes (später Asics) von ihrer kurzen, aber erfolgreichen Marathonkarriere.

1984 gewann Joan Benoit den ersten olympischen Marathonlauf der Frauen in Los Angeles überlegen in 2:24:52 h vor Grete Waitz, Rosa Mota und Ingrid Kristiansen. Welch erlesenes Feld beim olympischen Frauen-Debüt im Marathon! Im Oktober 1985 gewann Joan Benoit den Chicago Marathon in der bis heute zweitschnellsten Zeit (2:21:21 h). Nach Trainingsausstieg und Kinderpause hat sie sich wieder im Marathon-Zirkus zurückgemeldet; ihr erklärtes Ziel ist die Teilnahme 1996 in Atlanta.

«Ausgetrocknet wie ein Kartoffelchip ...»

Alberto Salazar, **1982** *der* Held von Boston, hatte mit seiner Familie Cuba verlassen. In Wayland / Massachusetts aufgewachsen, waren der Boston Marathon und sein Idol Bill Rodgers ganz in der Nachbarschaft. Bereits bei seinem ersten Marathon in New York lief er 2:09:41 h – das bis dahin schnellste Debüt eines «Rookies». Mit provozierender Lässigkeit hatte der Jungstar diesen sensationellen Einstand vorausgesagt. Sein überragendes Talent stellte er mit der in New York gelaufenen neuen Weltbestzeit von 2:08:13 h, dem zweiten Platz bei den Cross-Weltmeisterschaften in Rom und der fünftschnellsten je gelaufenen 10000-Meter-Zeit unter Beweis. In Boston rang er den großen Stilisten Dick Beardsley nach einem atemberaubenden Finish um ganze zwei Sekunden nieder. 2:08:52 h zu 2:08:54 h. (1988 fehlte Juma Ikangaa eine einzige Sekunde auf den Kenianer Ibrahim Hussein – 2:08:44 h zu 2:08:43 h –, um sich endlich in die Siegerliste des Klassikers eintragen zu können!) Während Salazar nach dem Ziel völlig dehydriert zusammenbrach, nach Auskunft des Rennarztes «ausgetrocknet wie ein Kartoffelchip», und mit mehreren Litern Nährlösung und Eis aufgepäppelt werden mußte, gab Beardsley munter Interviews.

Salazars übergroßes Selbstbewußtsein ließ ihn Raubbau an seinen körperlichen Reserven treiben und eine der glanzvollsten Marathonkarrieren abreißen. Zwar gewann er viermal hintereinander in New York, aber die 2:08:13h, die Weltbestzeit von 1981, wurden ihm wieder aberkannt – die Strecke war 155 Meter zu kurz gewesen. Nach Boston, blickt er heute zurück, «ging es mit mir bergab. 1983 und 1984, in der Vorbereitung auf den Olympiamarathon in Los Angeles, hatte ich zwölf Erkältungen in zwölf Monaten. Mein Immunsystem war zusammengebrochen. Es ging mir zeitweise so schlecht, daß ich während meiner Arbeit einschlief.»[6] Zwölf bittere Jahre mußte Alberto Salazar Lehrgeld bezahlen, aber dann gelang ihm ein sensationelles Comeback mit seinem Sieg beim südafrikanischen Comrades-Marathon 1994 von Durban nach Pietermaritzburg über 86,7 Kilometer, das ebenso unerwartet kam wie Salazar-typisch war. Mittlerweile als Coach und Repräsentant bei der «Nike Family» tätig, war kein PR-Gag des Laufschuh-Branchenführers, als Salazar zur Eröffnung einer Nike-Niederlassung in Südafrika – und in den Meldelisten des Comrades-Ultra auftauchte. Stilistisch ist er sich in einem Detail treu geblieben: den «Salazar-Shuffle», hervorgerufen durch seine typische Einwärtsdrehung des Schwungbeines, tanzt er immer noch auf dem Asphalt.

Money makes the world go round...

1984/85 wurden endgültig die Weichen für die Abkehr vom weltfremden Amateur-Ideal gestellt, das die Verantwortlichen des Boston Marathon wie das Allerheiligste verteidigten. Für die verdienten Veteranen des Klassikers, Will Cloney, Jock Semple und Tony Notagiacoma, war ein Umdenken in Richtung Professionalisierung kaum mehr möglich: «It is a tradition we should keep.» Zur ehrenwerten Tradition zählte auch, daß den Topläufern weder die Übernahme der Reisekosten noch die Hotelunterbringung angeboten worden war. Unterstützt wurde die BAA darin durch so einflußreiche Kolumnisten wie Jerry Nason vom *Boston Globe*. Aber Amby Burfoot, der Herausgeber von *Runner's World*, polemisierte immer wieder gegen den Konservativismus der Altherrenriege. Seit 1983 der Mischkonzern Beatrice als erster Großsponsor im amerikanischen Straßenlaufzirkus auftrat und eine knallharte Geldkonkurrenz zu New York aufzog

(«Star Wars» titelte 1985 *The Runner*), hatte der Chicago-Marathon einen Etatposten von 350 000 Dollar für die Verpflichtung der weltbesten Marathoner angesetzt. Es gab durchaus ein finanzielles Potential in Boston, alle sahen es – nur die Verantwortlichen des BAA nicht. Nach dem 84er Rennen warf Renndirektor Tim Kilduff, der aus der PR-Arbeit der Bank of New England kam, entnervt das Handtuch.

1985 war ein fatales Jahr in der Geschichte des Boston Marathon: ein absoluter Tiefpunkt. Außer Geoff Smith trat niemand an, der zur engeren Weltspitze zählte. Die Stars liefen in Rotterdam (Carlos Lopes – 2:07:11 h, neue Weltbestzeit), Hiroshima (Ahmed Saleh – 2:08:09 h) und London (Steve Jones – 2:08:16 h). Boston war abgehängt, für Gelindo Bordin, Orlando Pizzolato, Juma Ikangaa und all die anderen uninteressant. Ein Start in Boston hieß für die Asse der Szene, ihre Energien zu verschleudern, die sie viel einträglicher bei ihren zwei, maximal drei großen «payraces» (Rennen mit lukrativen Antritts- und Siegprämien) einsetzen konnten. Das Rennen drohte zu einem Ereignis von bloß lokaler Relevanz abzusinken.

Die Rettung für den Boston Marathon und die BAA nahte **1986** in Gestalt einer bedeutenden Bostoner Finanzinstitution, der John Hancock Insurance Company (einem der zehn größten Lebensversicherungskonzerne der Welt). Der Konzern hatte zwar am Copley Square einen 62stöckigen Turm errichtet, knapp höher als das Prudential Center, war aber ansonsten mit nichts anderem mehr aufgefallen, bis er auf dem hart umkämpften Versicherungsmarkt zunehmend in die Defensive geriet. David D'Alessandro, der neue Chef der PR-Abteilung, hatte den richtigen Riecher. Was lag näher, als John Hancock das Image des schläfrigen Riesen zu nehmen und sich die Aura eines modernen Unternehmens zuzulegen, als sich zum Hauptsponsor der altehrwürdigen Institution des Boston Marathon zu machen? D'-Alessandro verstand, wie Thomas Steffens sarkastisch anmerkte, vom Marathon soviel wie ein Huhn vom Gitarrespielen. Mehr mußte er aber auch nicht wissen. Der Sponsorvertrag sah zunächst zehn Millionen Dollar für eine Laufzeit von zehn Jahren vor und wurde 1989 mit einer geringfügig aufgestockten Garantiesumme bis 2003 verlängert. Tatsächlich dürfte das Netto-Engagement der Verantwortlichen im John Hancock Tower weit höher liegen. Wo andere bedeutende Läufe kaum in der Lage sind, fünf bis zehn Topleute zu verpflichten, müssen es bei Hancock, die Boston *und* New York sponsern, gleich zwanzig sein.

Der große Coup gelang mit der Verpflichtung des Australiers Robert de Castella, der dann auch in der großartigen Zeit von 2:07:51 h vor einem erlesenen Feld (Art Boileau, Orlando Pizzolato, Bill Rodgers, Arturo Barrios, Joe Kipsang) gewann. Was sich auf de Castellas Bankkonto unter dem Vermerk «Boston» ansammelte, ließ selbst die (wenigen) Großverdiener der Branche vor Neid erblassen:

30 000 Dollar: Siegprämie
25 000 Dollar: Prämie für den Streckenrekord
5000 Dollar für eine Zeit unter 2:10 h
75 000 Dollar für «personal services» gegenüber der John Hancock Insurance Company bei sogenannten «clinics» (Pressekonferenzen, PR-Events)
75 000 Dollar: zusätzlich ausgehandelt für den Fall eines Sieges (und er siegte ...)
30 000 Dollar: Mercedes-Benz plus Barschecks von adidas (Schuhe und Trikot) und Mazda (Trikotwerbung)
150 000 Dollar: garantierte Antrittssumme für 1987!

«Im Grunde war man in diesem Jahr nicht Zeuge des 90. Boston Marathon, sondern des ersten John Hancock Marathon.» (Thomas Steffens)

Zum ersten Mal wurde der Boston Marathon **1988** mit Guy Morse von einem professionellen Renndirektor gemanagt: von einem Mann, der aus der harten Schule der Prudential Company kam und den Solidität, kühles Finanzgebaren und organisatorisches Geschick auszeichnen. Nun machte sich ein Fanatismus ganz anderer Art breit, nachdem Cloney & Co. jahrzehntelang alle Entscheidungen aus dem Bauch und mit dem Herzen gesteuert hatten.

Am 8. März 1988 starb John Duncan Semple, den ganz Boston einfach Jock nannte: ein schottischer Hitz- und Querkopf, konservativ und traditionsverliebt, wenn es um mehr als kosmetische Eingriffe an seinem «Baby» ging. Seinen Lauf den kühlen Strategen marktwirtschaftlicher Rationalität in den Rachen zu werfen kam für ihn nicht in Frage. Als Läufer (1930 Siebter in Boston), Trainer, Renndirektor oder Betreiber eines Massagestudios: Egal, wo er war und was er machte, er war immer für Boston unterwegs. Als er einmal gefragt wurde, ob er sich erklären könne, weshalb sogar Läufer aus Europa zum Boston Marathon anreisten, fragte Jock zurück: «Weshalb liebst du deine Frau?»

Wenige Jahre vorher war eine andere «Liebesgeschichte» zu Ende gegangen, als die Ärzte dem Schriftsteller Erich Segal, dem Autor der weltberühmten «Love Story» und ambitionierten Marathonläufer, mitteilten, daß er seine Laufkarriere wegen einer Nervenschädigung mit Lähmungserscheinungen unverzüglich beenden müsse. «Wenn man mir gesagt hätte, ich würde nur noch drei Stunden leben, so wäre ich unverzüglich zu einem Lauf aufgebrochen», hatte er Journalisten wehmütig erzählt. «Solange ich lebe, werde ich in Boston laufen» – diese Maxime sollte für sein ganzes weiteres Leben gelten, so wie sie für den legendären John A. Kelley mit seinen über 60 Teilnahmen in Boston galt. Der Lauf ist zu Ende, das Leben geht weiter.

Anmerkungen

1 Thomas Steffens, in: Spiridon 5/84
2 Tom Derderian, Boston Marathon. The History of the World's Premier Running Event, Champaign/USA 1994, S. 69
3 Spiridon 11/92
4 Linda Barnes, Marathon des Todes, Reinbek 1993 (rororo 3040), S. 77
5 Manfred Steffny, Die schönsten Marathonstrecken der Welt, Berlin 1992, S. 23
6 Alberto Salazar, zit. nach: Runner's World 8/94
7 Thomas Steffens, in: Spiridon 5/87

Boston 1994
Uta Pippig und Cosmas N'Deti setzen Glanzlichter

«Die Zeiten ihres Lebens» – so überschrieb die amerikanische *Runner's World* ihre Reportage über den 98. Boston Marathon 1994. Nur das Tüpfelchen auf dem i fehlte: der Weltrekord. Zum ersten Mal seit Jahren gerieten die Weltbestzeiten von Ingrid Kristiansen (2:21:06h) und Belayneh Densimo (2:06:50h) wieder in Gefahr. Ganze 39 Sekunden trennten Uta Pippig nach ihrem phänomenalen Lauf von der «magischen Marke» der Norwegerin.

Die Bedingungen waren ideal, das Wetter wie bestellt: kühl, trocken, niedrige Luftfeuchtigkeit und ein starker seitlicher Rükkenwind – «ein Jahrhundertwetter» (Thomas Steffens). Bei Uta Pippig überschlug sich die amerikanische Sportpresse schon vor dem Lauf förmlich: «500-Watt-Charme», blendendes Lächeln, kornblumenblaue Augen, Sex-Appeal in blond – und «dennoch» unglaublich schnell... (Daß die Berlinerin mit Zweitwohnsitz in Boulder, Colorado, momentan der Marathonstar schlechthin ist, unterstreicht ihr spektakulärer Abgang von adidas. Bereits Ende letzten Jahres wurde Uta Pippig mit Reebok in Verbindung gebracht. Für 250000 Dollar pro Jahr, wurde gemunkelt, werde sie in Zukunft das Reebok-Logo präsentieren. Der Vertrag schien unter Dach und Fach, als Nike-Boß Phil Knight Pippig als neuen Star im hochkarätigen Nike-Ensemble vorstellte. Um den Coup perfekt zu machen, mußte Nike Reeboks Verhandlungsführer, den Promotion-Manager Mark Bossardet, im Doppelpack gleich mit einkaufen. Rund 300000 Dollar jährlich läßt sich der Turnschuhkonzern aus Beaverton, Oregon, die Dienste von «sweet Uta» kosten.

Für die achtundzwanzigjährige Medizinstudentin hatte es wenige Tage vor dem Start nicht gut ausgesehen. Sie hatte in Boulder ein knochenhartes Höhentraining absolviert. Im März war sie mit täglich drei Trainingseinheiten bis zu 290 Kilometer wöchentlich gelaufen. Kaum aus der Höhe von 2700 Metern im Flachland von New England eingetroffen, wurde sie von einer fiebrigen Erkältung umgeworfen. Uta Pippigs Glück war, daß sie rechtzeitig wieder auf die Beine kam, weil in Boston traditionell montags gelaufen wird – und daß sie wachsam und abwartend ins Rennen ging. Als nach 28 Kilometern das hügelige Gelände von Newton nahte, suchte sie die Entscheidung – und am Heartbreak Hill waren ihre schärfsten Konkurrentinnen Elana Mayer und Walentina Yegorowa endgültig geschlagen. Uta Pippig lief in 2:21:45h die drittschnellste je von einer Frau gelaufene Zeit und steigerte ihre eigene Bestzeit um glatte viereinhalb Minuten. 70000 Dollar Siegprämie, 25000 Dollar für einen neuen Streckenrekord und diverse üppige Schecks ihrer Sponsoren belegen eindrucksvoll, daß ein Sieg in Boston nicht nur für den Nachruhm eine feine Sache ist.

Das hochkarätig besetzte Männerfeld lief an diesem Tag den schnellsten Marathon aller Zeiten. Zwei Läufer bis auf wenige Sekunden an Densimos Weltbestzeit heran (N'Deti 2:07:15h, Andres Espinosa 2:07:19h), sieben Läufer unter 2:09h, elf unter 2:10h: an diesem 18. April 1994 ist in Boston Marathongeschichte geschrieben worden.

Statistik und Paranoia

Was sind die hyperschnellen Bostoner Zeiten wert, gelaufen unter perfekten Witterungsbedingungen und auf einer Strecke, auf deren Punkt-zu-Punkt-Kurs Rekorde nach den rigorosen Richtlinien des USA Track and Field-Verbandes und der Association of International Marathons (AIMS) vom Dezember 1979 nicht anerkannt werden dürfen? Die Gründe für den «irregulären» Charakter des Bostoner Kurses: Zu starkes Netto-Gefälle von 144 Metern (erlaubt ist nach dem Reglement ein Meter pro Kilometer); Hopkinton–Boston ist eine West-Ost-Strecke, bei der Start und Ziel weiter als 30 Prozent der Renndistanz auseinanderliegen und die deshalb für starken Rückenwind «anfällig» ist, weil die für New England typischen Winde meist in der gleichen Richtung daherfliegen wie der Marathontroß.

Gegen die objektivistische Haarspalterei der Statistiker von Ken Youngs National Running Data Center liefen viele amerikanische Athleten Sturm und verbrannten ihre Mitgliedsausweise. Alle, die jemals das «heilige Pflaster» in Boston unter ihre Füße genommen haben, wissen, daß die Steigungen in den Newton Hills bis Kilometer 32 genau dann kommen, wenn im Marathon die entscheidende Phase beginnt – «the wall», «die Mauer». Was heißt da leichte Bergabstrecke? Bill Rodgers, Alberto Salazar und viele andere mokieren sich über die Objektivitätsfanatiker, deren digitalisierter Verstand unfähig sei, die besondere Aura eines Marathonlaufs auch nur zu erahnen. Marathon wird nun einmal unter Bedingungen veranstaltet, die von Wind und Wetter, von Anstiegen und Gefällen, von weicheren oder kantigeren Streckenprofilen geprägt sind. Nichts gegen präzise Vermessungskontrolle[1]. Das manische Bedürfnis aber, Leistungen auf Punkt und Komma vergleichbar zu machen, vergißt, «daß der Marathon ebensosehr ein Fest wie ein Rennen ist».[2] Und wo wird nach so scharfen Kriterien gewichtet und gerichtet wie in den USA? «Wie steht es mit Zeiten, die in Rotterdam erzielt wurden, wo die Strecke windgerecht umgedreht wurde, der spätere Sieger so lange im Windschatten der Tempomacher lief, bis der Wind von hinten kam? Und wie sieht es beim Wien-Marathon aus, wo der spätere Sieger austreten mußte, daraufhin vom Rennleiter einen Tempomacher zugeordnet bekam, der ihn wieder an die Spitzengruppe heranführte?»[3]

15. April 1996: der Boston Marathon wird 100

In einem Gespräch mit *Runner's World*-Herausgeber Amby Burfoot stellte Guy Morse, der Renndirektor des Boston Marathon, die überragende Bedeutung des Jubiläumslaufs im April 1996 für die Marathonwelt ebenso heraus wie die großen organisatorischen Probleme, die von den Verantwortlichen dann zu bewältigen sein werden. Boston ist seit Jahrzehnten ein Elitelauf mit rigiden Qualifikationszeiten, die zuletzt bei 2:50 h für Männer bis 39 Jahre und 3:20 h für die gleiche Alterskategorie bei den Frauen lagen. Diese Zeiten mußten im gleichen Jahr oder im Jahr vorher gelaufen worden sein und per Fotokopie einer Urkunde glaubhaft gemacht werden. Schätzungen zufolge wollen bei dem «Jahrhundertlauf» rund 50 000 Läuferinnen und Läufer dabeisein – eine für das Organisationskomitee völlig illusorische Zahl. Als Limit sieht Morse maximal 25 000 Teilnehmer, was aber eine völlig andere Organisation des Starts im engen Hopkinton notwendig machen würde. Für 1994 hatten sich 7000 regulär qualifiziert, 2000 weitere kamen wegen ihres Engagements für wohltätige Zwecke dazu – und dann noch die rund 3000 «Inoffiziellen», die das Elite-Ambiente des Laufs ein Stück weit demokratisieren, also solche wie Bobbi Gibb in den sechziger Jahren, die ohne Startnummer dabei sind und «zufällig» am gleichen Tag von Hopkinton ins Stadtzentrum von Boston laufen. «Bei 25 000 Teilnehmern würde sich die Dimension des Rennens verdoppeln.»[4] Mittlerweile rechnen die Organisatoren bereits mit 30 000 Läuferinnen und Läufern. Denn wer die – für das Jubiläum gesenkten – Qualifikations-Standards in den Altersklassen in der Zeit vom 1. 1. 1995 bis zum 11. 3. 1996 erbringt, ist für den Ostküsten-Klassiker automatisch qualifiziert. Es soll ein Rahmenprogramm geboten werden, wie es noch bei keinem Lauf-Großereignis zu sehen war. Alle noch lebenden Gewinner von früher sollen nach Boston eingeladen werden, und die olympische Flamme soll von «the 100th Boston» ihre leuchtende Spur durch die USA legen: Denn auch die Olympischen Sommerspiele werden 1996 in «Coca Cola City», in Atlanta, ausgetragen. Nur Zufall, Glück und Geld – oder liebt Gott Amerika tatsächlich so sehr, wie die Amerikaner schon immer behauptet haben?

Anmerkungen

1 Vgl. die informativen Anmerkungen von Ali Schneider, der jahrelang als Renndirektor des München Marathons und Vermesser der AIMS mit der komplizierten Materie befaßt war, über die Schwierigkeiten einer Normierung von Straßenlaufstrecken (z. B. über den Präzisionsverlust von Vermessungen bei fließendem Verkehr), in: Der Läufer 4/91.

2 Tom Derderian, a. a. O., S. 535

3 Thomas Steffens, in: Runner's World 6/94

4 Guy Morse, in: Runner's World (USA) July 1994

«Wir sind die Rennsteigläufer...»

Haferschleim und sozialistische Patina beim DDR-Traditionslauf

8

«...von nah und fern vereint. Wir sind schon um die Erde und um den Mond gerannt. Im gleichen Trab, bergauf, bergab, bergauf, bergab, und wird die Luft auch knapp.» So besingt ihn der Thüringer Bergfreunde-Chor aus Schmalkalden. Der Rennsteiglauf ist seit einigen Jahren nicht ein Lauf, sondern mehrere Läufe: Seine Hauptdistanzen sind der Halbmarathon von dem Wintersportzentrum Oberhof nach Schmiedefeld, der Marathon von Neuhaus nach Schmiedefeld und der Supermarathon über 66,5 Kilometer von Eisenach nach Schmiedefeld. Dieser ist Teil der Telekom-Europacupwertung, deren Dreierwertung noch die 100 Kilometer von Biel und den Cross auf der Schwäbischen Alb enthält. Außerdem werden mehrere Wanderstrecken angeboten, die längste darunter über 55 Kilometer von Blankenstein nach Neuhaus.

Der Rennsteiglauf war der größte und bedeutendste Lauf der DDR und wurde nach der Wende ein gesamtdeutsches Laufereignis. Für den Laufjournalisten Werner Sonntag ist er «der schönste und interessanteste deutsche Ultralauf».[1] Schon bevor er ein die Ost- und Westpassagen des thüringischen Rennsteigs verbindender Lauf wurde, der die Grenze samt Todesschußanlagen mehrfach kreuzte, war er ein Politikum. Unter der Führung seines Präsidenten Manfred Ewald hatte der Deutsche Turn- und Sportbund (DTSB) nichts unversucht gelassen, den wegen seiner grenzüberschreitenden Ausstrah-

lung «gefährlichen» Lauf zu marginalisieren, finanziell zu sabotieren oder mit dem Argument, die DDR brauche keinen zweiten Wasalauf, die Veranstalter an die Kandare zu nehmen. Damals gab es für westdeutsche Crossläufer und -läuferinnen zwei Möglichkeiten, auf den Spuren des Reformpädagogen GutsMuths durch Thüringen zu laufen: entweder legaler Start über das Hamburger Reisebüro Hansatourist als «Kontingentausländer» oder via Einschmuggeln durch DDR-Freunde, was ein wenig den Ruch von Subversion hatte. Ein Grund für die Ausgrenzung des immerhin größten Laufereignisses der «ersten sozialistischen Republik auf deutschem Boden» durch den DTSB lag in der Konkurrenz zur staatlich verordneten Meilen-Laufbewegung. So trug z. B. noch der 3. GutsMuths-Rennsteiglauf den offiziellen Titel «50-Meilen-GutsMuths-Gedenklauf». Ein DDR-Spezifikum: Eine Meile war nicht eine angelsächsische Meile, sondern die aktuelle Jahreszahl, z. B. 1975, in Metern.

Es wird kolportiert, der oberste Sportherr der DDR, Manfred Ewald, sei auf den Rennsteiglauf nie gut zu sprechen gewesen, mußte er doch auf dem Weg zu seiner Datsche wegen einer Straßensperrung am Rennsteig einmal eine geschlagene Dreiviertelstunde seiner kostbaren Freizeit opfern. 1984 startete der 13. GutsMuths-Rennsteiglauf noch mit DDR-typischen Parolen im Schlepptau: «Unser Beitrag zur Stärkung der Republik und Sicherung des Friedens – Hohe Leistungen in der Sportstafette DDR: 35.» Friedenssichernd waren die «laufenden» Ost-West-Dialoge allemal, aber der inneren Stabilität der DDR-Republik waren sie eher abträglich. Zu offensichtlich war für alle, die auf dem Rennsteig die Schönheit der thüringischen Landschaft genießen wollten, der Kontrast zwischen den Parolen im Plaste & Elaste-Land und den sicht- und vor allem riechbaren Umweltkatastrophen. Eine der trostlosen Blüten der SED-Propaganda: «Der Begriff Waldsterben ist eine journalistische Erfindung vor allem der westlichen Medien. Der Wald stirbt nicht, er verändert sich.»

Der Rennsteig: Geschichte pur

Josef Viktor von Scheffel hat den Rennsteig in seinem Gedicht als deutschen Bergpfad besungen, der die Städte flieht und zum Kamm des Waldgebirges hinaufzieht: «Was Men-

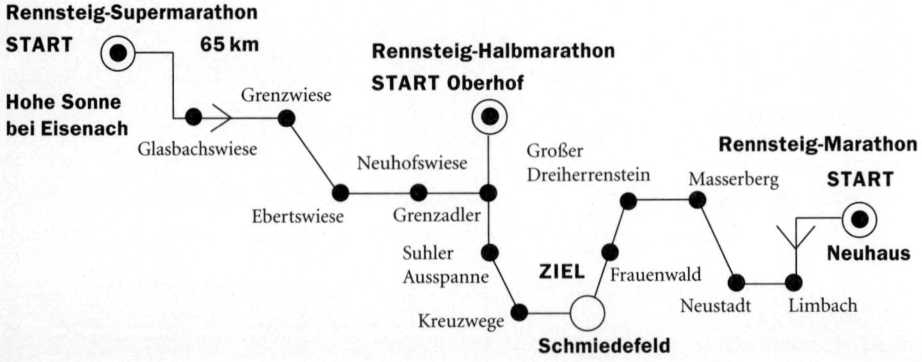

schen trennt, das muß sich auch verbinden.» Ob Willy Brandt hier für seinen Jahrhundertsatz ein wenig abgekupfert hat? Der 1330 erstmals urkundlich erwähnte Weg über die Bergrücken des Thüringer und Frankenwaldes erstreckt sich über 168 Kilometer von der Werra bis zur Saale, von Hörschel nach Blankenstein. Noch heute tappen die Sprachforscher im dunkeln, weil sich das Wort Rennsteig etymologisch weder von «Rain» (Grenze) noch von «Renniweg» (schmaler Lauf- oder Reitweg) ableiten läßt. Die Heimatforscher des GutsMuths-Rennsteigvereins wissen, daß die Jahrhunderte über das thüringische Mittelgebirge hinweggegangen sind und vielerlei Spuren hinterlassen haben, die sich nicht alle auf einen Nenner bringen lassen. War der Rennsteig «ein Jagdpfad der Urbevölkerung, ein Stieg- und Gebirgsübergang bronze- und eisenzeitlicher Erzsucher, war er Kundschafterweg, als sich Hermanduren im Salzbogen mit Chatten schlugen, war er eine fränkisch-thüringische Gaugrenze, war er Leitsaum der Völkerwanderung oder ein Limes der Germanen, als die Römer vordrängten? Eines war er wohl mit großer Wahrscheinlichkeit: ein Grenzweg. Dreizehn sogenannte Dreiherrensteine erinnern an die politische Zerrissenheit Thüringens.»[2]

Überliefert ist auch, daß der spätere Geheimrat Johann Wolfgang von Goethe, angelockt von den Reizen Frau von Steins, öfter auf Schusters Rappen die Hügellandschaft um Weimar durcheilte.

Bahnbrechend für die kartographische Erfassung des Rennsteigs in seiner Gesamtlänge war die fünftägige Wanderung Julius von Plänckners im Jahre 1830, der als Geograph, Straßenbauer und Offizier in Diensten des Herzogtums Gotha stand. Ergebnis seiner legendären Wanderung war eine Panoramakarte, die noch bei den ersten sportlichen Angriffen auf den Rennsteig eine verläßliche Routenbeschreibung vorgab. 1906 fand ein Skirennen vom Großen Inselberg bis Oberhoff statt, und 1913 bewältigte der Eisenacher Max Raebel die 168 Kilometer von Blankenstein nach Hörschel in 32:45 h bei einer Übernachtung.

Aus der Nazizeit, die auch in Thüringen keine 1000 Jahre dauerte, ist wenig bekannt, außer daß auf dem Donnershauk der Bau eines Adolf-Hitler-Turmes und vor allem eines gigantischen Truppen-Aufmarschfeldes «verhindert» wurde – auch durch Intervention der Gralshüter des Rennsteigvereins. Genaueres gibt die Festschrift des Vereins nicht preis.

Rennsteig-Supermarathon 65 km

Verpflegung bei km 19,5 / Grenzwiese; km 29,8 / Ebertswiese; km 37,5 / Neuhofswiese; km 46,6 / Grenzadler; km 56,0 / Schmücke; km 65 / Schmiedefeld. Getränke bei km 10,5 / Glasbachswiese; km 53,0 / Suhler Ausspanne; km 60,0 / Kreuzwege

Rennsteig-Marathon

Verpflegung bei km 20,0 / Rennsteigwarte Masserberg; km 29,0 / Neustadt; km 39,5 / Frauenwald; Ziel Schmiedefeld; Getränke bei km 7,7 / Limbach; km 34,5 / Großer Dreiherrnstein

Rennsteig-Halbmarathon

Verpflegung bei km 12,0 / Schmücke; Ziel Schmiedefeld; Getränke bei km 8,0 / Suhler Ausspanne

55 km-Wanderung

Verpflegung und Getränke; Rodacherbrunn, Brennersgrün, Ziegelhütte, Kalte Küche und Neuhaus

35 km-Wanderung

Verpflegung: Ebertswiese, Neuhofswiese, Ziel Oberhof. Getränke: Possenröder Kreuz

1973: der erste Rennsteiglauf

Dr. Hans-Georg Kremer, Sportwissenschaftler an der Universität Jena und Präsident des im Juni 1990 gegründeten Trägervereins, gehörte zu den Orientierungsläufern der Sportgemeinschaft Lokomotive Weimar, die 1970 von einem «superlangen Crosslauf» im Thüringer Mittelgebirge zu phantasieren begannen. Aus der fixen Idee wurde die Gewißheit, den Rennsteig bzw. seinen auf DDR-Territorium liegenden Teil laufend bewältigen zu können. Da in der DDR weder ernährungsphysiologische noch trainingswissenschaftliche Grundlagen für Unterfangen dieses Kalibers vorlagen, experimentierten sie bei immer häufigeren und längeren Trainingseinheiten «am lebenden Objekt». Als größtes Problem stellte sich das Fehlen präziser Spezialkarten heraus. Diese waren von den Militärs als geheim deklariert worden, weil in ihnen die Grenzanlagen samt Todesstreifen deutsch-gründlich erfaßt waren.

Die laufbegeisterten Studenten puzzelten sich aus tausendundeiner Quelle die Grobversion einer Streckenkarte zusammen, und im Juni 1971 starteten sie zu ihrem Testlauf wie die Jungen Pioniere zu einer Schnitzeljagd. Ein vollbepackter Motorroller Marke Simson begleitete sie von der Hohen Sonne bei Eisenach bis nach Neuhaus, ihrem Zielort. Weil ihr Quartier in der Jugendherberge von Masserberg «platzte», mußten sie die ursprünglich für zwei Tage vorgesehenen 60 Kilometer bis Neuhaus «in einem Ritt» bewältigen. Hans-Georg Kremer, von Schüttelfrost und Fieber arg mitgenommen, mußte aussteigen, aber die anderen kamen durch.

Im Mai 1973 kam es dann zum ersten öffentlichen Rennsteiglauf mit vier Unentwegten. Verlustmeldungen: keine. Zwar kamen die jungen Herren nachher nur kriechend die Treppen rauf und runter, aber es gab keinen Zweifel: Neuauflage im nächsten Jahr. 1974 kam schon ein Trüppchen von 14 Läufern zusammen – und 1975 kam der große Schock. Rund 1000 Laufenthusiasten und Wanderer wollten teilnehmen. Der DTSB war alarmiert, und die Organisation des Laufes drohte zu kollabieren. Ab 1975 begann die erfolgreiche Einbeziehung der heimatverbundenen Sportvereine der Orte entlang des Rennsteigs. 1976 übernahm die SG Beerberg-Goldlauter mit dem rührigen Bernd Will an der Spitze die Gesamtleitung des Laufes.

GutsMuths!

Seit 1974 hört der Lauf auf den wenig eingängigen Namen GutsMuths-Gedenklauf (später: GutsMuths-Rennsteiglauf). Professor Dr. Willi Schröder von der Friedrich-Schiller-Universität Jena hatte angeregt, den großen philanthropischen Pädagogen Johann Christoph Friedrich GutsMuths (1759–1839) zum Namenspatron des Crosslaufes zu machen. GutsMuths war Lehrer an der Salzmann'schen Erziehungsanstalt in Schnepfenthal am Rennsteig. Christian Gotthilf Salzmanns Pädagogik gründete in der Maxime, «daß es schwer sey, daß eine glückliche und starke Seele in einem schwaechlichen Körper wohnen und wirken könne»[3]. Gymnastische Übungen an der frischen Luft, um den Körper zu stärken, den Geist zu erfrischen und die Seele zu erfreuen: Das galt in Schnepfenthal, und so wurde gewandert, gesprungen, geworfen, getanzt – und viel gelaufen, bergauf und bergab. In seiner Schrift «Gymnastik für die Jugend» (1793) notierte GutsMuths: «Wir streben bei diesen Übungen nach Gesundheit, nicht nach Vernichtung derselben. Eine der strengsten Übungen für den Körper ist das anhaltende lange Laufen. Es kommt aber alles nur darauf an, daß man allmählich zu Werke geht, um den jungen Leuten Kraft in die Beine und Schenkel zu bringen, die sie nie durch Stillsitzen erlangen werden.» Daß GutsMuths auch das Zeug zum großen Humoristen besaß, beweist die Lektüre seines «Kleinen Lehrbuchs der Schwimmkunst», wo messerscharfe Ursachenforschung betrieben wird: «Meiner Meinung nach ist das Ertrinken bisher eine Mode, weil das Schwimmen zu wenig bekannt gemacht worden ist.»[4] Ganz genau so ist es.

Die Ideen des Aufklärungspädagogen GutsMuths und der Lauf durch die thüringische Landschaft passen auf das schönste zusammen. Aber der Zahn der Zeit nagt auch am philanthropischen Idyll: So heißt es mittlerweile – money makes the world go round – Telekom-Supermarathon und Erdgas-Halbmarathon, und die AOK hat der 15-Kilometer-Wanderung ihr Kürzel verpaßt. Quo vadis, GutsMuths?

«Gut Runst!»

Das ist auf dem Rennsteig traditionell Gruß und Schlachtruf und zugleich der Name eines beliebten thüringischen Bieres. Ein anderes DDR-typisches Stärkungsmittel, von westdeutschen Läufern zu Unrecht belächelt, ist zum inoffiziellen Symbol des Rennsteiglaufs geworden: der an den Verpflegungsstationen gereichte Haferschleim. Den Ästheten schlägt er auf den Magen, den anderen gilt er aus ernährungsphysiologischen Gründen als Leib-und-Magen-Speise: «Bei jeder Gelegenheit verteidige ich den Haferschleim aus der DDR-Zeit. Er ist eine wirkliche Alternative zur Banane, eine leicht zu resorbierende Zufuhr allmählich aufzunehmender Kohlenhydrate – keine Überflutung, sondern ein dauerhaftes Tröpfeln, wissenschaftlich mit Untersuchungen von Skilangläufern belegt.»[5] Daß noch kein Sponsor für den stärkenden Trunk aufgetrieben werden konnte, ist verständlich, solange man ihn als Haferschleim vermarktet und nicht z. B. als «Rennsteig»- oder «Gutsmuthsflocken».

In den späten 80er Jahren war das Interesse an dem DDR-Traditionslauf dermaßen gewachsen, daß das Organisationsteam die Teilnehmerzahl reglementieren mußte. Das kleine Schmiedefeld wurde von Zehntausenden von Läufern und Zuschauern überschwemmt. «Die Startkarten wurden gehandelt wie Bananen. Es entstand ein richtiger Schwarzmarkt, die Tickets wurden in den Zeitungen zum Kauf angeboten», erzählt der Präsident des Rennsteigvereins. Nach der Wende schrumpfte das Teilnehmerfeld auf die Hälfte zusammen. Kremer und seine Crew mußten Sponsoren an Land ziehen, um nicht die Segel streichen zu müssen. Außerdem mußten sie, wie die *F.A.Z.* zufrieden notierte, «den Lauf von der Patina der sozialistischen Ideologie befreien».

Daß der Rennsteiglauf nach wie vor zu den beliebtesten Läufen zählt und ständig in den Top Ten, der (inoffiziellen) Hitliste der schönsten deutschen Langläufe, zu finden ist, hat viel mit der Gastfreundschaft der Menschen in den Dörfern und Kleinstädten am Rennsteig zu tun, ihrer Großzügigkeit, Begeisterung und auch Wetterfestigkeit. Bei jedem Wetter pilgern sie mit Kind und Kegel an die Straßen und begleiten «ihre» Rennsteigler in einer riesigen Autokarawane zu den spektakulärsten Punkten der Strecke, zwingen sie durch ihre Präsenz förmlich zum Durchhalten. (Von den Hunderten von Betreuern aus den Sportvereinen, die mit Spaß und Freude dabei sind, sagte H.-G. Kremer einmal: Wer als Helfer dabeigewesen sei, den werde man nie mehr los.) «Man müßte sich teilen können, um an allen markanten Punkten gleichzeitig zu sein. Die Verpflegungsstellen, die halbe Strecke, der höchste Punkt, der steilste Hügel, der engste Pfad, der dunkelste Wald... es gibt sie zu Dutzenden, die Highlights dieses Rennens, die dort schlicht mit ‹Höhepunkte› bezeichnet werden, ich weiß.»[6] Viele Rennsteig-Liebhaber behaupten steif und fest, es gebe in Deutschland keinen anderen Lauf, bei dem so viele heitere, entspannte Gesichter zu sehen seien.

Traditionell war der Rennsteiglauf Kontrastprogramm zum Staatssport der DDR, trotz aller Anstrengungen ein Freiraum für die Athleten, sich jenseits normierter Strukturen sportlich zu betätigen und zu vergnügen. Er war und ist ein Volkslauf, der seinen Namen verdient. Viel von seinem Charme und seiner Lebendigkeit hat er sich bis heute erhalten. Daß in einer Zeit, wo Großveranstaltungen ohne Sponsorenhilfe zum Tod durch finanzielle Auszehrung verdammt sind, etwas von dem familiären Touch und den liebenswürdigen DDR-Bizarrerien verlorenging, konnte nicht ausbleiben. «Freilich», konstatiert Werner Sonntag etwas wehmütig, «damit ist der Lauf atmosphärisch nivelliert, er unterscheidet sich äußerlich kaum noch von anderen Läufen dieser Art. Die spezifische Atmosphäre von einst hat sich verflüchtigt. In die typische DDR-Nostalgie, die Trauer über einen Verlust an sozialer Intimität und Sicherheit, ist auch der Rennsteiglauf einzubeziehen.»[7] Am Rennsteig war es selbstverständlich, daß Arbeitslose, Vorruheständler und andere, die unter erheblichem materiellem Druck lebten, einen Rabatt eingeräumt bekamen: Sozialpakt Ost im Kleinformat.

Die Veranstalter haben sich auch mit einem bemerkenswerten Umweltkonzept profiliert. Das betrifft nicht nur Details wie kompostierbare Bestecke oder das Ausloben besonderer Sponsorengelder für umweltfreundliches Mitmachen, sondern vor allem die Bereitschaft, einzelne Streckenabschnitte wegen Aufforstungsmaßnahmen oder der Brutzeiten von Vögeln zu verlegen. Neben dem 1993 vom Landessportbund Thüringen verliehenen «Umweltpreis» war die Auszeichnung mit dem UNESCO-Preis für Körpererziehung und Sport, den Dr. Kremer und sein Geschäftsführer Volker Kittel 1990 in Ottawa entgegennahmen, das schönste Kompliment, das dem GutsMuths-Rennsteiglauf gemacht werden konnte.

Schwarzweiß-Berichterstattung

Daß die Elite der Ultraläufer und -läuferinnen den Weg ins thüringische Mittelgebirge antritt, hängt wesentlich mit der sportlich anspruchsvollen Strecke zusammen. Ob die Lennartz-Geschwister, Charly Doll oder der überragende Sieger von 1994, Kasimierz Bak: beim Zieleinlauf in Schmiedefeld vorn dabeizusein, zählt in der Szene. Auch Rollstuhlfahrer haben einen Teil des Rennsteigs schon mit Bravour gemeistert: einen Halbmarathon, der zur Hälfte über Teer- und zur anderen Hälfte über Wald- und Schotterwege führt.

Eine peinliche Entgleisung war in der Zeitschrift *condition* nach dem Lauf von 1994 zu lesen, als zum ersten Mal zwei junge Kenianer beim Halbmarathon an den Start gegangen waren. Während die 19jährige Jane Ekimat die Frauenkonkurrenz in 1:18:30 h nach Belieben dominierte, verlief sich Simon

Koskei im deutschen Wald (was vor ihm auch schon den «alten Hasen» Charly Doll, Burkhart Lennartz und Dietmar Knies passiert war) und wurde trotz läuferischer Überlegenheit «nur» Zweiter. Die bloße Präsenz von schwarzer Haut im weißen Thüringen schien dem Berichterstatter unschicklich – oder wie sonst ist das folgende zu verstehen? «Mit der Verpflichtung der Kenianer haben sich die Organisationen keinen Gefallen getan. Irgendwie passen sie bei einer richtigen [!] Volkslaufveranstaltung, bei der kaum bekannte Namen der nationalen und internationalen Elite am Start sind, nicht so recht ins Bild und nehmen den Einheimischen, von denen der GutsMuths-Lauf lebt, nur die guten Plazierungen weg. So saßen die beiden auch völlig unbeachtet vor dem VIP-Zelt, wie bestellt und nicht abgeholt. Sie konnten einem schon fast leid tun.»[8] Wohlgemerkt: Hier ist von *einer* Kenianerin und *einem* Kenianer die Rede, und schon fühlt der Autor sich «irgendwie» bedrängt, verfolgt, umzingelt. Und diese schwarzen Athleten nehmen den Einheimischen – nein, nicht ihre Wohnungen, Arbeitsplätze oder Ehepartner! – weg, aber immerhin die guten Plazierungen. Selbst das trifft nur auf Jane Ekimat zu, weil Simon Koskei noch nicht einmal den richtigen Weg durch den original deutschen Wald fand... Bedenkt man, wie deutsche Veranstalter händeringend und scheckschwingend möglichst viele der afrikanischen Lauftalente für ihre Stadtläufe und Marathons zu verpflichten suchen, läuft dieses Plädoyer für farbliche Entmischung bei «richtigen» Volkslaufveranstaltungen auf offenen Rassismus hinaus.

Der flotte Dreier oder 168,3 Kilometer Rennsteig

Für die Unentwegten und Geschichtsbewußten gibt es nach dem Einstampfen von Grenze und Grenzanlagen die Möglichkeit, den Rennsteig an drei Tagen in seiner ganzen ehrfurchtsgebietenden Länge zu durcheilen: Am Tag vor dem Supermarathon von Hörschel an der Werra bis zur Hohen Sonne bei Eisenach und danach zum Langen Kanten, und einen Tag nach dem «Monsterlauf» die restlichen 55 Kilometer von Blankenstein nach Neuhaus, laufend, gehend, auf jeden Fall zu Fuß. Für Hans-Georg Kremer, der mehr als 20 Jahre mit dem Lauf über den Rennsteig verwachsen ist, ist ein Lebenstraum in Erfüllung gegangen: «Nur wer die gesamten 168,3 Kilometer gesehen hat, kann die ganze Schönheit des Rennsteigs nachvollziehen. Durch liebliche, sanfte Täler bei Hörschel, auf dem Kamm des Mittelgebirges von der Hohen Sonne bis zum Schwalbenhaupt, dann weiter über die weit auslaufenden Hochflächen des Thüringer Schiefergebirges bis in den Frankenwald bietet der Rennsteig unterschiedliche Landschaften – verschiedene Flora und Fauna, auch andere Mundarten und Menschenschläge.»[9]

Anmerkungen

1 Werner Sonntag, in: Runner's World 5/94
2 Ronald Lutz, in: sport special/condition 6/91
3 Zitiert nach: Faszination Rennsteiglauf, Gera 1992, S. 111
4 Ebd. S. 116
5 Werner Sonntag, a. a. O.
6 Michael Kunst, in: condition 6/91
7 Werner Sonntag, a. a. O.
8 condition 7–8/94
9 LaufZeit 6/93

Physiologische Grundlagen der Ausdauer

Marathon – eine Stoffwechsel-Disziplin

An seiner Ausdauer hat's nicht gelegen. Daß ihn auf der Laufstrecke nichts und niemand aufhalten kann – daran hatte der Held aus Sillitoes Erzählung *Die Einsamkeit des Langstreckenläufers* nie einen Zweifel. Das morgendliche Laufen durch die frostklirrende Landschaft rund um das Borstal, die Besserungsanstalt, in die man ihn und andere jugendliche Delinquenten gesteckt hatte, war die einzige Freiheit, die «sie» ihm gelassen hatten. Wenn er in aller Herrgottsfrühe klappernd vor Kälte losläuft, fühlt er sich wie der erste Mensch. Er ist der Sprößling einer Familie, für die Laufen im Mittelpunkt ihres Lebens stand: Weglaufen vor der Polizei, Weglaufen vor all den Schwierigkeiten, über die man im Leben stolpern kann. Aber genutzt hat ihm seine beeindruckende Ausdauer im entscheidenden Augenblick auch nichts: «Ich bin schon immer ein guter Läufer gewesen, mit einem langen Schritt und auch schnell, das einzig Dumme war nur, wie schnell ich gerannt bin..., es hat mich nicht gebremst, mich nach dem Ding in der Bäckerei von den Bullen kriegen zu lassen.»[1]

Soviel zur Ausdauer in der Fiktion. Die reale Ausdauer – das verdeutlicht ein Streifzug durch die leistungsphysiologische Fachliteratur – kann erworben werden. Aber um sie zu *verstehen*, kommt man um einen kleinen Exkurs in die (Un-)Tiefen der Biochemie nicht herum.

Slow twitch, fast twitch...

Die Grundlage jeglicher sportlichen Betätigung ist die Produktion und Nutzung von Energie. Im Muskel und seinen Zellen wird die aus der Nahrung gewonnene, in Form von Glykogen und Fetten gespeicherte chemische Energie in mechanische umgewandelt. Die chemisch gebundene Energie dieser Betriebsstoffe wird mit Hilfe von Sauerstoff vollständig zu Kohlendioxyd und Wasser abgebaut. Die optimale Energiebereitstellung regelt sich nach drei Prinzipien: Art, Ausnutzung und Kontrolle der Energie. Der Körper muß in ausreichender Menge über den jeweils richtigen Brennstoff verfügen.

Die Marathondistanz weist gegenüber allen anderen Laufstrecken eine Besonderheit in der Energiebereitstellung und -verwertung auf. Als Betriebsstoffe stehen hauptsächlich Kohlenhydrate und Fette zur Verfügung. Die in der Muskulatur und Leber als Glykogen (Speicherform von Glukose/Zucker) gespeicherten Kohlenhydrate allein reichen für einen Marathon nicht aus. Im Gegensatz dazu stellt Fett eine kaum zu erschöpfende Energiereserve dar. Die Leistungsfähigkeit eines Läufers ist u. a. von der Geschwindigkeit abhängig, mit der die Energie transportiert und umgewandelt werden kann. Die Energiefrage stellt sich für einen Sprinter und einen Langstreckenläufer unterschiedlich dar. Der Sprinter muß in kürzester Zeit viel chemische Energie in mechanische umwandeln. Sein Problem ist nicht das absolute Energievolumen, sondern die schnelle Energieumsetzung. Für den Langstreckenläufer dagegen stellt sich in erster Linie das Problem der Energiemenge, um die Marathondistanz bewältigen zu können. Im Ausdauersport hängt der Erfolg von der Fähigkeit ab, die Energieerzeugung über Stunden in einem optimalen Bereich zu halten. Dazu werden im Muskel verschiedene Energiesysteme und Brennstoffe genutzt. Man unterscheidet zwei Muskelfasertypen: FT (Fast-Twitch)- und ST (Slow-Twitch)-Fasern, die sich unterschiedlich schnell bewegen können.

Die Muskeln «enthalten drei verschiedene Systeme, die die für Bewegungen nötige Energie unterschiedlich bereitstellen: 1. Das ATP-KP-System (anaerob-alaktazides System), 2. das Milchsäuresystem (anaerob-laktazides System), 3. das Sauerstoffsystem (aerobes System)»[2]. Jede Muskelfaser verfügt über alle drei Systeme, aber nur die Energieform ATP (Adenosintriphosphat) kann die Muskelkontraktion bewirken. ATP ist ihre unmittelbare Energiequelle, ihr Vorrat reicht maximal für eine Sekunde. Diese drei Energiesysteme dienen dazu, zusätzliches ATP bereitzustellen. Das ATP-KP-System besteht aus ATP und KP (Kreatinphosphat), das zum Wiederaufbau des ATP verwendet wird. Der KP-Vorrat im Muskel reicht, «eine Menge ATP zu resynthetisieren, die für weitere vier bis fünf Sekunden Energie bereitstellen kann»[3]. Dieses System, das Energie sehr schnell liefern kann, arbeitet anaerob, also ohne Sauerstoff. Es «startet» zu Beginn eines Laufs, bevor der Energiefluß über den aeroben Stoffwechsel, also auf Basis von Sauerstoff, in Gang kommen kann. Kurzstrecken-Sprinter können ihre hohe Leistung nur dank dieser Energiespeicher (ATP, KP) erzielen. Diese Form der Energiebereitstellung erfolgt ohne Sauerstoffverbrauch und Milchsäureproduktion und wird *anaerob-laktazid* genannt. Die Speicherkapazität ist nur in geringem Maße trainierbar und in erster Linie von der Muskelmasse abhängig.

«Das Milchsäuresystem verwendet Kohlenhydrate als Brennstoff, primär in der Form von in den Muskeln gespeichertem Glykogen. Der Abbau von *Muskelglykogen* wird *Glykogenolyse* genannt. Die Glykogenolyse führt zu einem Prozeß mit dem Namen *Glykolyse*, bei dem ATP schnell produziert werden kann, allerdings nicht so schnell wie beim Abbau von KP.»[4] Bei länger dauernden Belastungen wird Energie durch den Abbau von Glukose ohne Sauerstoff (anaerobe Glykolyse) bereitgestellt, denn die Zeit reicht nicht, um ausreichend Sauerstoff in die Zellen zu schleusen. Da Glukose ohne Sauerstoff nicht vollständig abgebaut werden kann, entsteht Laktat, das Salz der Milchsäure. Dies

Hamburger Feuerwehr bei Löscharbeiten

kann zur Übersäuerung der Muskelzellen führen. Diese *anaerob-laktazide* Energiebereitstellung ist äußerst unökonomisch, denn sie liefert nur fünf Prozent der Energie pro Glukoseeinheit im Vergleich zur Verbrennung mit Sauerstoff. Die beiden beschriebenen Verbrennungsformen – das ATP-KP-System und das Milchsäuresystem – werden als *anaerober Stoffwechsel* bezeichnet.

Alle, die lange Strecken laufen, wissen, wie sich eine Übersäuerung «anfühlt»: Die Beine werden schwer und schwerer. Sie senden an die oberste Schaltzentrale im Gehirn nur noch eine Botschaft: Laß gut sein. Es reicht für heute – genug gequält. «Die Muskeln vergrößern sich unaufhaltsam und erstarken, um daraufhin zu verspröden und zu erhärten. Die Muskeln werden Steine... Das magnetische Feld der Erde versucht seine gesamte Kraft an dem bald eisenschweren Körper. Den ganzen Läufer zieht es zu Boden... Die Erde greift nun ungehemmt den Körper an.» (Claudia Schink)

Die «anaerobe Schwelle»

Das Sauerstoffsystem verbrennt zur Erzeugung von ATP hauptsächlich Kohlenhydrate und Fette. Das wichtigste Kohlenhydrat ist die Glukose. Die wichtigste bei körperlicher Belastung verbrannte Fettart sind die sogenannten freien Fettsäuren. Das Sauerstoffsystem liefert ATP langsamer als die beiden anaeroben Systeme, dies aber über einen längeren Zeitraum in größeren Mengen. Kohlenhydrate sind effektiver als Fette, aber ihre Speicherfähigkeit ist im Gegensatz zu den Fettreserven begrenzt. «Obwohl das Sauerstoffsystem für Ausdauerdisziplinen geschaffen ist, kann also die begrenzte Bereitstellung von optimalem Brennstoff die Leistungsfähigkeit einschränken.»[5] In den verschiedenen Sportarten scheint der Erfolg an den Muskelfasertyp gekoppelt zu sein. Beide Muskelfasertypen müssen ATP als unmittelbare Energiequelle für Muskelkontraktionen verwenden, aber die Geschwindigkeit, mit der ihre ATP-Speicher wieder aufgefüllt werden, ist unterschiedlich. Beide Muskelfasertypen sind in der Lage, alle drei energiebereitstellenden Systeme zu nutzen, aber die schnellen FT-Fasern greifen primär auf das ATP-KP- und Milchsäuresystem zurück, während die langsamen ST-Fasern vor allem das Sauerstoffsystem nutzen. Jedes dieser Systeme braucht ein geeignetes Versorgungs- und Unterstützungssystem, um optimal zu funktionieren. Das wichtigste ist das aus Herz und Blutgefäßsystem bestehende *kardio-vaskuläre System.* Zusätzlich muß eine ausreichende Versorgung mit verschiedenen Vitaminen und Mineralien gewährleistet sein.

Bei geringer Belastungsintensität oder Leistung, also der pro Zeiteinheit geleisteten Arbeit, gelangt genügend Sauerstoff in die Zellen. Die Energie wird dabei vorwiegend aus Kohlenhydraten gewonnen, die vollständig zu Wasser und Kohlendioxyd abgebaut werden und daher den Organismus nicht belasten. Bei längeren Ausdauerleistungen muß zusätzlich Energie aus den Fetten bereitgestellt werden. Die höchste Belastung, bei der die Sauerstoffaufnahme und der -verbrauch gerade noch im Gleichgewicht (steady state) sind, wird als *anaerobe Schwelle* bezeichnet. Es ist der Punkt, an dem die Sauerstoffaufnahme nicht mehr zunimmt und das Laktatniveau im Blut gerade noch stabil gehalten wird: Laktatproduktion und Laktatabbau halten sich die Waage. Jede weitere Steigerung der Belastungsintensität erhöht den Laktatwert und führt damit absehbar zum Abbruch bzw. zur Reduzierung der Belastung. Eine Erhöhung der anaeroben Schwelle ermöglicht dagegen eine Steigerung der Geschwindigkeit bei einer mittleren Belastung und eine Zunahme der Fett- gegenüber der Kohlenhydratverbrennung bei gleicher Geschwindigkeit. Damit kann die Belastung über einen längeren Zeitraum durchgehalten werden. «Die Annahme, daß nach Überschreiten der anaeroben Schwelle alle Energie vom anaeroben Stoffwechsel bereitgestellt wird, ist ein häufig verbreiteter Irrtum.»[6] Die Übergänge zwischen den verschiedenen Systemen der Energieerzeugung sind fließend.

Der Mann mit dem Hammer an der Wand im Tal des Todes...

Wird ein Wettkampf mit zu hohem Tempo angegangen, kommt es ungefähr ab Kilometer 30 zu dem Phänomen, das als «die Wand», «der Mann mit dem Hammer» oder ähnlich rabiaten Metaphern umschrieben wird. Spätestens ab hier vollzieht sich Laufen jenseits der Sinnfrage. Die Glykogenvorräte sind frühzeitig erschöpft, und die Fette können wegen des höheren Sauerstoffverbrauchs nur bei deutlich reduziertem Tempo erschlossen werden. Deshalb soll man von Beginn an unter der anaeroben Schwelle laufen, um frühzeitig einen großen Teil der Energie aus dem Fett zu gewinnen und die Glykogenvorräte über die gesamte Strecke verteilt zu nutzen. Ein Marathonlauf in drei Stunden würde bei ausschließlicher Glukose-Verbrennung 540 Gramm Glukose benötigen. Dies übersteigt das Speicherungsvermögen des Organismus. Eine Glukoseaufnahme während des Laufens kann dieses Defizit auch nicht ausgleichen, da die verminderte Durchblutung des Magen-Darm-Traktes den schnellen Transport der Nährstoffe zu den Muskeln verhindert. Natürlich ist es angenehm, sich zwischendurch einen Müsliriegel oder ein Stück Banane zu gönnen. Aus ernährungsphysiologischer Sicht haben wir es hier mit einem Placebo-Effekt zu tun. Aber schließlich ist es der Glaube, der Berge versetzt und unsere müden Füße durch die Ebenen trägt.

VO_2 max

Beim Marathonlauf werden 70 bis 85 Prozent der maximalen Sauerstoffaufnahme beansprucht. Diese wird auch als VO_2 max oder *aerobe Kapazität* bezeichnet. Sie gibt an, wieviel Sauerstoff der Körper maximal aufnehmen und verarbeiten kann. Wird dieser Wert durch spezifisches Training gesteigert, verbessert sich auch die Leistung entsprechend. Entscheidend für das Laufen ist nicht der absolute, sondern der relative, auf das Körpergewicht bezogene Wert. Die VO_2 max, die durch Training um bis zu 25 Prozent gesteigert werden kann, ist abhängig vom Herzvolumen und dem Grad der Sauerstoffverwertung. Die beiden wichtigsten leistungsdefinierenden Faktoren sind das Herzminutenvolumen (die Blutmenge, die das Herz pro Minute bewältigen kann) und die *arterio-venöse Sauerstoffdifferenz* (der Unterschied zwischen arteriellem, mit Sauerstoff gesättigtem und venösem, mit Kohlendioxid angereichertem Blut). Man stelle sich eine Eisenbahn vor, die dem Herz-Kreislauf-System entspricht. Die Waggons werden in der Lunge mit sauerstoffreichem Blut gefüllt, in die Muskelzellen transportiert und dort entladen. Da dort die Ladung, der Sauerstoff,

Günter Herburgers Medizin-Repetitorium

Ob Günter Herburger eher ein laufender Dichter oder ein dichtender Läufer ist, wurde im Feuilleton gelegentlich bissig debattiert. Zwischen «Lauf und Wahn» (1988) und «Traum und Bahn» (1994) liegen sechs Jahre und viele Läufe. Der Poet der langen Wege ist älter, melancholischer geworden. Aber zwei Markenzeichen von Herburgers Prosa sind unverändert geblieben. Seine Hundephobie (was eine liebenswürdige Untertreibung seiner Tiraden gegen frei laufende grobe Hunde und deren oft noch gröbere Halter ist) – und seine Vorliebe für bizarre Exkursionen ins Reich der Medizin.

Muskulatur, Atmung oder Nervensteuerung werden beschrieben, als seien wir mit einer Kamera im Körper unterwegs. Lustvoll läßt er uns in die Welt der Noradrenalin-, Laktat- und Retikulozytenwerte eintauchen. Wir wandern auf den verschlungenen Pfaden der Herzfrequenz zum DBI-Peptid, einer imposanten Verschlingung von 150 Aminosäuren. Wir dürfen uns glücklich schätzen, wenn uns durch die rechtzeitige elektrochemische Flutung von Nervenzellen im bistabilen Bereich der Präschock erspart bleibt und wir nur ein mittelschweres Paget-von-Schroedter-Flattern im Adrenalingestöber überstehen müssen …

Daß Calcitoninpeptide wie Meteoriten in die Gefäßwände einschlagen und Knochenblitze in den Knien durch Selbsthypnose vertrieben werden können, wundert uns schon längst nicht mehr. Und auch die Dibbuks, unter denen wir uns Schmerzteufelchen der hartnäckigsten Sorte vorzustellen haben, haben auf Dauer keine Chance. Denn unser Körper – so lernen wir – ist ein selbsteuphorisierendes System mit wundersamem Regenerationspotential. (Stichwort: Endorphine, jene körpereigenen Opiate, die der Dichter etwas verstiegen zu «körperautonomen Kokainen» umdeutscht.)

Wer solche schrägen Töne liebt, ist bei dem Münchener Laufpoeten bestens aufgehoben. Zu Risiken und Nebenwirkungen einer solchen Medizinal-Prosa brauchen Sie aber weder Ihren Arzt noch Ihren Apotheker befragen. Auch sie werden Ihnen nicht helfen können.

nicht vollständig absorbiert wird, kehren die Waggons mit einer Restfüllung zur Ladestation, der Lunge, zurück. Die Zuggeschwindigkeit entspricht der Herzfrequenz und die Größe der Waggons dem Schlagvolumen der rechten Herzkammer.[7]

«Jedes Prozent Zunahme an VO_2max ergibt eine Verbesserung der Zehn-Kilometer-Zeit um 15 bis 25 Sekunden», schreibt der Kolumnist der *Runner's World*, Dr. Owen Anderson. «Liegt Ihre VO_2max zehn Prozent unter ihrem möglichen Maximalwert, so bedeutet dies, daß Ihre Bestzeit über zehn Kilometer drei bis vier Minuten langsamer als möglich ist. Die VO_2max nimmt beträchtlich zu, wenn Sie Ihr wöchentliches Laufpensum allmählich von ungefähr 40 Kilometer auf 70 bis 80 Kilometer erhöhen. Eine von Dr. David Costill, dem Leiter des Human Performance Laboratory der Ball State University in Indiana, durchgeführte Studie läßt darauf schließen, daß ab einem wöchentlichen Trainingsumfang von 130 Kilometern die VO_2max abflacht.»[8] Die anaerobe Schwelle läßt sich somit als der Prozentsatz der VO_2max beschreiben, der über einen längeren Zeitraum ohne Übersäuerung der Muskeln durchgehalten werden kann.

In Ruhe befindet sich der Körper mit seinen Funktionssystemen in einem Gleichgewichtszustand. Durch höhere sportliche Belastungen wird dieses Gleichgewicht gestört und führt im Verlaufe mehrerer Wochen zur Anpassung. Zunächst wird die motorische Steuerung in der Muskulatur verändert und der Laufstil flüssiger. Die Muskeln vergrößern ihre Energiespeicher in Abhängigkeit von Intensität und Dauer der Trainingsreize, und die Muskelfaserfläche wächst. Im Muskel selbst wird die Anpassung durch energetische Engpaßsituationen in Gang gesetzt. Der weitere Verlauf der Energiebereitstellung wird bestimmt durch den Trainingszustand, die Belastungsdauer und gewählte Laufgeschwindigkeit. Ein wirksames Stoffwechseltraining steigert den Anteil der Fettsäurenverbrennung im Muskel, der hilft, Glukose zu sparen. Erfolgreiche Marathonläufer mit einer Endzeit von etwa 2:10h sind in der Lage, 60 Prozent ihres Energiebedarfs aus der Verbrennung von Fettsäuren und den Rest aus der Kohlenhydratverbrennung zu realisieren. Die maximale Laktatkonzentration beträgt dabei nur zwei bis drei mmol/l im Blut nach 42 Kilometern. Der entscheidende Weg, Langstrecken schneller zu laufen, besteht also in erhöhter Fettverbrennung.

Anmerkungen

1 Alan Sillitoe: Die Einsamkeit des Langstreckenläufers, Zürich 1975, S. 5ff.
2 Melvin H. Williams: Rekorde durch Doping? Aachen 1990. S. 28
3 ebenda, S. 29
4 ebenda, S. 30
5 ebenda, S. 32
6 Dr. Hanspeter Probst, in: Der Läufer 9/90
7 Vgl. Dr. Hanspeter Probst, a. a. O.
8 Dr. Owen Anderson, in: Runner's World Februar/März 1994

Was man weiß, was man wissen sollte ...
Das Marathon-Training

«Du könntest fragen:
Wie oft soll ich laufen?
Wichtig ist, Kraft und Ausdauer zu erlangen,
bis du mühelos läufst,
im Vergleich zu damals,
beim ersten Versuch.
Darum laufe oft genug
– ob täglich oder viermal in der Woche –,
daß Kraft und Ausdauer
bleiben und wachsen.
Aber laufe nicht so oft,
daß eine Last daraus wird.»[1]

Mehr als 42 Kilometer ‹am Stück› zu laufen ist eine Leistung, die ohne Vorbereitungen nicht bewältigt werden kann. Trainingsmethoden (z. B. Dauer- und Wiederholungsmethode) und Trainingsprinzipien (Intensität und Dauer der Belastung) gehören zu einem systematischen Leistungsaufbau, der hier nur angerissen werden soll. Dazu gibt es ausführliche Trainingsanleitungen und -pläne.[2] Wir beziehen uns auf den Vorschlag von Bruce Tulloh[3] als eine von mehreren Möglichkeiten, sein Training zu strukturieren. (Der komplette Trainingsplan ist in den Heften 7, 8 und 9/1994 von *Runner's World* abgedruckt.) Ein Großteil der Läufer braucht zwischen 3:30 und 4:00 Stunden bis zum Ziel. Beispiel: Berlin-Marathon 1994. Dort erreichten von 16121 Startern 12426 das Ziel. Davon liefen 3911 eine Zeit unter 3:30, 4163 beendeten den Marathon in einer Zeit zwischen 3:30 und 4:00 Stunden.[4] Der Trainingsplan nach Bruce Tulloh verlangt ein zeitintensives Training in einer relativ kurzen Periode von nur 13 Wochen und zielt auf eine Endzeit von 3:30 Stunden. Der Wochenumfang beträgt durchschnittlich 75 Kilometer. (Tulloh war 1962 Europameister über 5000 Meter und trainiert heute den britischen Marathon-Weltcupsieger Richard Nerurkar.)

Trainingsplan

DL	Dauerlauf
Langsamer DL	Puls unter 70–75 % der maximalen Herzfrequenz
Ruhiger DL	Puls etwa 75 % der maximalen Herzfrequenz
Lockerer DL	Puls etwa 75–80 % der maximalen Herzfrequenz
Zügiger DL	Puls etwa 80–85 % der maximalen Herzfrequenz
Tempodauerlauf	Puls etwa 85–95 % der maximalen Herzfrequenz
Maximale Herzfrequenz	Zur Ermittlung der persönlichen maximalen Herzfrequenz nimmt man am Ende eines Laufes über 3000–5000 m Länge in schnellstmöglichem Tempo, am besten nach einem Schlußspurt, den Pulswert.
Steigerungen	Läufe über eine Strecke von 50–100 m, dabei das Tempo kontinuierlich bis zum Sprint steigernd, zur Verbesserung der Laufkoordination
Fahrtspiel	Tempowechsel nach Gefühl

Woche 1 (Umfang 70–75 km)

Mo 8 km ruhiger DL

Di 10 km, zwischendurch Sprints über 200 m (Trabpause 400 m nach jedem Sprint)

Mi 10 km, locker beginnen, später zügig

Do Bergaufläufe: 3 km einlaufen, 10 x 40 sec schnell bergauf (bergab traben), 3 km auslaufen

Fr Ruhetag oder 5 km ruhiger DL

Sa 6 km ruhiger DL

So Halbmarathon-Wettkampf mit Ein- und Auslaufen

Woche 2 (Umfang 73 km)

Mo 8 km ruhiger DL

Di 10 km ruhiger DL, bei guter Verfassung am Schluß steigern

Mi Tempoläufe in 10-km-Renntempo: 3 km einlaufen, 3 x 1,5 km (5 min Trabpause), 3 km auslaufen

Do 12 km ruhiger DL, am Schluß einige Steigerungen

Fr 5 km ruhiger DL

Sa 8 km Fahrtspiel, wechselndes Tempo nach Gefühl mit einigen Sprints

So 20 km lockerer DL. Vorsicht!

Woche 3 (Umfang 76 km)

Mo 8 km ruhiger DL

Di Tempoläufe im 21,1-km-Renntempo: 2 km einlaufen, 3 x 10 min, 2 km auslaufen

Mi 6 km ruhiger DL

Do 10 km lockerer DL mit einigen Steigerungen

Fr Ruhetag

Sa 2 km einlaufen, 5 km zügig, 2 km auslaufen

So 30 km langsamer DL. Nehmen Sie sich Zeit, und versuchen Sie, zwischendurch zu trinken

Woche 4 (Umfang 80 km)

Mo 8 km ruhiger DL

Di 10 km ruhiger DL, bei guter Verfassung am Schluß steigern

Mi 2 km einlaufen, 10 km schnell (Testlauf; Zeit stoppen), 2 km auslaufen

Do 10 km Fahrtspiel, wechselndes Tempo mit schnellen 200–300-m-Abschnitten

Fr 8 km ruhiger DL

Sa 6 km Jogging

So Halbmarathon-Wettlauf mit Ein- und Auslaufen

Woche 5 (Umfang 72–75 km)

Mo 8 km ruhiger DL

Di 10 km zügiger DL

Mi 10 km, erst langsam beginnen, dann 12 x 30 sec schnell (60 sec Trabpause)

Do Tempoläufe im 10-km-Renntempo: 2 km einlaufen, 4 x 1500 m (5 min Trabpause), 2 km auslaufen

Fr Ruhetag

Sa 8 km, davon 5 km zügiger DL

So 25–28 km DL (locker bleiben)

Woche 6 (70–77 km)

Mo 8 km ruhiger DL

Di 8 km ruhiger DL, anschließend einige Steigerungen

Mi 15 km, davon 10 km im geplanten Marathontempo

Do 10 km, erst langsam beginnen, dann 12 x 30 sec schnell (60 sec Trabpause)

Fr Ruhetag oder 5 km langsamer DL

Sa 10 km lockerer DL

So 18–20 km lockerer DL oder 15-km- bzw. Halbmarathon-Wettkampf

Woche 7 (Umfang 78 km)
Mo 8 km ruhiger DL
Di 10 km mit 6 x 45 sec schnell (3 min Trabpause)
Mi 12 km im geplanten Marathontempo
Do 10 km langsam beginnen, am Schluß schnell
Fr Ruhetag
Sa 8 km ruhiger DL, anschließend einige Steigerungen
So 30 km langsamer DL

Woche 8 (Umfang 85 km)
Mo 8 km langsamer DL
Di 12 km lockerer DL
Mi Bergaufläufe: 2 km einlaufen, 14 x 30 sec schnell bergauf (bergab traben), 2 km auslaufen
Do 12 km zügiger DL
Fr 5 km langsamer DL
Sa 10 km lockerer DL
So Halbmarathon-Wettkampf

Woche 9 (Umfang 67–70 km)
Mo 8 km ruhiger DL
Di 8 km ruhiger DL
Mi 10 km ruhiger DL
Do 10 km Fahrtspiel, wechselndes Tempo nach Gefühl
Fr Ruhetag
Sa 6 km lockerer DL
So 25–28 km langsamer DL

Woche 10 (Umfang 90–95 km)
Mo 10 km ganz nach Gefühl
Di 12 km leichtes Fahrtspiel, wechselndes Tempo nach Gefühl
Mi 15 km, davon 12 km zügiger DL
Do Tempoläufe im 5-km-Renntempo: 3 km einlaufen, 10 x 400 m (1 min Trabpause), 3 km auslaufen
Fr 8 km ruhiger DL mit einigen Steigerungen
Sa 5 km ruhiger DL
So 32–35 km – der letzte lange Lauf vor dem Marathon!

Woche 11 (Umfang 75–80 km)
Mo 8 km ruhiger DL
Di 14 km Fahrtspiel, wechselndes Tempo nach Gefühl
Mi 10 km ruhiger DL
Do 15 km, davon 10 km im geplanten Marathontempo
Fr Ruhetag oder 5 km ruhiger DL
Sa 6 km ruhiger DL, anschließend Steigerungen
So 25 km lockerer DL; wenn Sie sich noch frisch fühlen, evtl. ein Halbmarathon-Wettkampf

Woche 12 (Umfang 72–77 km)
Mo 8 km ruhiger DL
Di Tempoläufe im Halbmarathon-Renntempo: 2 km einlaufen, 4 x 1500 m (3 min Trabpause), 2 km auslaufen
Mi 12 km lockerer DL
Do Tempoläufe im geplanten Marathontempo: 2 km einlaufen, 2 x 5 km, 2 km auslaufen
Fr Ruhetag oder 5 km ruhiger DL
Sa 2 km einlaufen, 6–8 km zügig, 2 km auslaufen
So 15 km; simulieren Sie Ihre Vorbereitungen auf den Marathon!

Woche 13 (Umfang uninteressant)
Mo 8 km ruhiger DL
Di 3 km einlaufen, 2 km im geplanten Marathontempo, 2 km auslaufen
Mi 12 km lockerer DL
Do 5 km ruhiger DL in Wettkampfkleidung und -schuhen
Fr Ruhetag
Sa 4 km Jogging
So MARATHON

Niemals bei Beschwerden ein Trainingsprogramm mit Gewalt durchziehen. Im Zweifel etwas langsamer. Das einfachste Mittel gegen Überforderung ist die Fähigkeit, sich beim Laufen unterhalten zu können. Hecheln heißt: Runter mit dem Tempo! Das optimale Training besteht im Wechsel von Belastung und Pausen. Pausen im doppelten Sinn: als Intervall während des Laufs und als Regenerationsphase zwischen den wöchentlichen Läufen. Ausdauer wird durch zwei Trainingsformen erworben: durch reines Ausdauertraining und Wiederholungstraining, Wechsel von Lauf- und Geh- oder Trabintervallen. Die Pausen zwischen den Belastungen sollen so gestaltet werden, daß die wichtigsten in der Laufphase beanspruchten Organsysteme wieder vollständig erholt sind. Die Anzahl der Wiederholungen, die Häufigkeit und Länge der Pausen richten sich nach dem Erholungsbedarf. Bei geringfügigen Sehnen- und Muskelschmerzen muß man nicht unbedingt aussetzen. Eine deutliche Reduktion von Trainingsumfang und -intensität ist manchmal der bessere Weg, eine leichte Zerrung ausheilen zu lassen. Ruhetage während harter Trainingsphasen können Wunder bewirken. In den letzten acht Wochen vor dem Marathon sollten vier lange Läufe von über zwei Stunden absolviert werden. 14 Tage vor dem Rennen nur noch locker laufen, versäumte Trainingseinheiten lassen sich nicht mehr aufholen.

«Zu niedrige oder zu hohe Reize verlieren ebenso ihre Wirkung wie Standardbelastungen.»[5] Die Basis für jede Leistungsverbesserung ist die Ausdauer, die sich erst nach Überschreiten einer bestimmten Intensitätsschwelle bemerkbar macht. Wer schon mehrere Jahre läuft, sollte sein Training deutlich steigern. Das heißt nicht «auf Teufel komm raus» nur noch *lange* Einheiten, sondern *verschiedene* Einheiten laufen, Strecken ändern, den Rhythmus von Tempo- und ruhigen Dauerläufen häufiger durchbrechen. Denn im Laufe der Zeit gewöhnt sich der Körper an das Training und «spielt mit», ohne sich in Richtung eines höheren Leistungsniveaus anzupassen. Wirksames Training muß, so ungesund das klingen mag, das biologische System stören; erst dadurch paßt sich der Körper auf mehr Ausdauer und Schnelligkeit hin an. «Erst wenn plötzlich alles anders wird, wenn du plötzlich 25 statt 15 Kilometer, wenn du statt 10 Kilometer Jogging 5 x 1000 Meter Wiederholungsläufe abziehst, ist die Revolution in deinem Körper da. Dann klingen alle Alarmglocken. Dann wachen selbst die müdesten Hormone und Enzyme auf... Und die Systeme wachen besonders gut auf, wenn du ihnen vorher Zeit gelassen hast, sich mal ein paar Wochen auszuruhen.»[6] Bei der Vorbereitung eines Marathons müssen zwei Fähigkeiten des aeroben Stoffwechsels ausgebildet werden: die aerobe Kapazität, um die Wettkampfstrecke, und die aerobe Leistungsfähigkeit, um die Wettkampfgeschwindigkeit durchzustehen.

«Laufen lernt man vornehmlich durch Laufen.»[7] Das Laufen langer Strecken in langsamem Tempo (van Aakens LSD-Prinzip: long slow distance) fördert paradoxerweise auch die Schnelligkeit. Tempoläufe sollte man niemals schneller als im Renntempo absolvieren. Das wäre unökonomisch und würde durch Übersäuern der Muskulatur zur Verringerung der Leistungsreserven führen. Der Dauerlauf in ruhigem Tempo dagegen baut wegen des Gleichgewichts von Sauerstoffzufuhr und -verbrauch (steady state) Reserven auf. Der Sinn des Intervall-Prinzips (Wechsel von Belastungs- und Erholungsphasen) im Lauftraining ist, mehr Gesamtkilometer ohne Ermüdung zurückzulegen. Der Wechsel von Langlauf- und Tempotraining sollte in Anteilen von 20:1

bis 40 : 1 der Streckenkilometer angelegt sein. Wer ein deutlich höheres Leistungsniveau erreichen will, muß sich im Training in differenzierter Weise höher belasten. Die notwendige Anpassung des Körpers wird nur dadurch erlangt, daß die Trainingsreize eine bestimmte Intensitätsschwelle überschreiten. Dies geschieht durch Erhöhung der Trainingshäufigkeit (Trainingseinheiten pro Woche), des Trainingsumfangs (längere Trainingseinheiten) und der Trainingsintensität (Lauftempo). Ein leicht wahrnehmbarer Trainingseffekt ist die Senkung des Ruhepulses.

Die Regenerationsphase dient dazu, Trainingsreize leistungssteigernd zu verarbeiten. Da der Organismus auf Dauer keine lineare Belastungserhöhung verträgt, soll das Training einem zwei- bis dreiwöchigen Belastungszyklus folgen. Die Belastung wird wöchentlich gesteigert, um am Ende des Zyklus eine Entlastungswoche folgen zu lassen. Ausgleichssportarten wie Schwimmen und Radfahren sowie Sauna und Massage wirken dabei unterstützend.

Jede Trainingseinheit sollte mit einem Abwärmprogramm beendet werden. Nach jeder harten Belastung mehrere Minuten locker auslaufen. Als Alternative zum monotonen Auslaufen kann man hin und wieder 20 bis 25 Sekunden dauernde flotte Steigerungsläufe dranhängen. Nach dem Training sollten unbedingt einige Dehnungsübungen durchgeführt werden, da sie zur schnelleren Regeneration der Muskulatur beitragen.

Eine der ältesten Trainingsmethoden ist das schwedische *Fartlek* (Fahrtspiel oder Spiel mit dem Tempo), das Abwechslung in den Ausdauer-Alltag bringt. Es wurde von dem schwedischen Trainer Gösta Olander entwickelt, der im bergigen Jämtland ein Trainingscamp samt Musterstrecke einrichtete. Von ihm betreute Athleten wurden Olympiasieger im Langstreckenlauf, Skilang- und Eisschnellauf. Die wichtigste Orientierungshilfe beim Fahrtspiel ist das Gefühl; eine Uhr würde beim Laufen nur stören. Olanders Rundkurs verlief über ständig wechselnde Böden (Wald- und Sandböden, Wiesen und steinige Untergründe) und Streckenprofile (Steigungen und Gefälle). Dadurch werden die Organe und Muskeln der Läufer variabel belastet. «Im modernen komplexen Training setzt man möglichst viele wechselnde Reize ein. Beim Fahrtspiel hat man im Idealfall alles auf einmal.»[8] Bisher wurde es wegen der schwierigen Dosierung nur erfahrenen Läufern empfohlen. Aber mit dem Herzfrequenzmesser lassen sich die Belastungen richtig steuern, wenn die durchschnittliche maximale Herzfrequenz bekannt ist. Steffny empfiehlt das Fahrtspieltraining für Einzelläufer, die 45 Minuten und schneller über zehn Kilometer laufen. Das Training sollte ein- bis zweimal die Woche stattfinden sowie zwischen 70 und 90 Minuten dauern. «Fahrtspiel ist ein Training mit lustvoller, individueller Belastung.»[9]

Die letzte Phase vor dem Marathon

Der letzte lange Lauf in ruhigem Tempo (zwei Stunden und mehr) liegt jetzt zwei bis drei Wochen zurück. Zwei Tage vor dem Start legt man einen Ruhetag ein. Am Tag vor dem Lauf trabt man noch einmal locker vor sich hin; eine halbe Stunde sollte reichen. Kohlenhydratreiche Kost (Nudeln, Reis, Kartoffeln) bestimmen den Speiseplan in den letzten Tagen vor dem Marathon. Am Abend vorher gönnt man sich ein kohlenhydratreiches Essen auf der Pasta-Party, dem «Gourmet-Ereignis» vor dem Wettkampf. Eine unruhige Nacht vor dem Start ist kein Grund zur Panik. Wichtiger ist ein ruhiger Schlaf in der vorletzten Nacht. Drei bis vier Stunden vor dem Start einige leicht verdauliche Häppchen essen: keine Experimente. Regelmäßig und in kleinen Portionen verdünnte Säfte und vor allem Wasser trinken. Das wär's dann eigentlich.

Die Anreise sollte so geplant sein, daß die Startunterlagen in Ruhe abgeholt werden können. Die Kenntnis des Standorts der Toiletten hilft, am nächsten Morgen unnötige Aufregung zu vermeiden: Tausende von Marathonläufern und -läuferinnen können davon ein (gequältes) Lied singen. Für einige mag es wichtig sein, die Strecke vorher abzufahren. Auf jeden Fall sollte man sich das Streckenprofil auf der Karte anschauen, um die kritischen Streckenabschnitte zu kennen. Wichtig ist zu wissen, ab welchem Kilometer es welche Getränke gibt. Der Tag vor dem Wettkampf sollte nicht dazu genutzt werden, sich stundenlang auf der Marathonmesse die Beine in den Bauch zu stehen und beim ausgiebigen Stadtbummel einen Teil der mühsam aufgebauten Kondition zu verpulvern.

Wettkampfschuhe und -socken sollten ausreichend eingelaufen sein, um Blasen während des Rennens zu vermeiden. Vor dem Start werden die empfindlichen Brustwarzen abgeklebt, ebenso empfindliche Stellen an den Füßen, z. B. an den Zehen oder unter der Fußsohle. Um das Wundscheuern der Innenseiten von Oberarmen und Oberschenkeln zu vermeiden, sollte man sich mit einer Creme (z. B. Hirschtalg, Ringelblumensalbe) einreiben, die sehr langsam in die Haut einzieht.

Checkliste für das Marathon-Reisegepäck[10]:

Laufschuhe
Heftpflaster
Fahrkarte/Bahncard
Schnürsenkel
Creme: Vaseline, Ringelblumensalbe, Massageöl
Ausweis
T-Shirt
Wettkampfsocken
Sicherheitsnadeln
Startunterlagen
Wettkampftrikot/Netzhemd
Sonnenschutz (Creme/Mütze)
Geld/Kleingeld
Wettkampfhose
Kälteschutz (Handschuhe/Mütze)
Uhr
Trainingsanzug
Schwamm
Zwischenzeiten
Pullis
Handtuch/Seife
Unterwäsche

Nach dem Marathon jede intensive Dehnung der Laufmuskulatur vermeiden. Am Folgetag unbedingt die Laufmuskeln lockern und dehnen. Die nächsten 10 bis 14 Tage keine intensiven Trainingseinheiten absolvieren und den Laufumfang um mindestens 20 Prozent reduzieren. Binde- und stützgewebsschonende Sportarten wie Schwimmen, Radfahren und Roller-Skating als Alternative zum Laufen wählen. Ausreichend schlafen, sich ausgewogen ernähren und gleichmäßig trinken. Sauna, Bäder und Massagen fördern die passive Regeneration.

Anmerkungen

1 Fred Rohe: Zen des Laufens, Boltersen 1991
2 Vgl.: Manfred Steffny. Marathon-Training. 11. Aufl., Mainz 1993
3 Bruce Tulloh. Marathontraining. In: Runner's World. 7/94, 8/94 + 9/94
4 Vgl.: Die Berlin-Marathon-Organisation (Hg.) 21. Berlin-Marathon 25. September 1994, S. 12
5 Waldemar Cierpinski. Meilenweit bis Marathon. Berlin 1989, S. 150
6 Peter Greif, in: Spiridon 7/90
7 Vgl.: Ernst van Aaken. Das van Aaken Lauflehrbuch. Aachen 1993
8 Manfred Steffny. Fahrtspiel als Allround-Training, in: Spiridon 2/94
9 Steffny, ebenda
10 condition 10–11/94, S. 22–23

«Uffgebbe hab ich nie»

Julius Hannappel

Nein, aufgegeben hat er noch nie. Julius Hannappel, genannt Jule, ist eine hessische Lauflegende. In Sulzbach kennt ihn jedes Kind. «Unser Jule» – das ist der freundliche ältere Herr, der bei Wind und Wetter auf Schusters Rappen unterwegs ist, meist begleitet von einem Trüppchen Gleichgesinnter. Allen, die in Südhessen dem Langlauf verfallen sind, ist er ein Begriff. Unendlich viele hat er «durchs Sportabzeichen geschleppt»[1]; und zweimal pro Woche hält er beim Lauftreff des OSC Hoechst mit Charme und aufmunternden Worten gerade die auf Trab und bei Laune, die von der Natur nicht mit begnadeten Läuferfiguren gesegnet wurden oder deren fortgeschrittenes Alter es nahelegte, eine etwas ruhigere Kugel zu schieben. Ob Verkäuferin oder Hoechst-Aufsichtsrat, Schulbub oder 65jährige Großmutter, die zum ersten Mal in ihrem Leben Laufschuhe anzieht: Jule kümmert sich fürsorglich um die Langsamen, die Nachzügler. Ankommen ist wichtiger als flink sein: «Ich sag allen: Tut langsam. Nur langsam.» Bei Stadtmarathons sammelt der berühmt-berüchtigte «Besenwagen» am Ende des Feldes alle auf, die nicht mehr können. In seinem Lauftreff ist er der «Besenwagen». Jule läuft meist am Schluß der Gruppe, damit niemand verlorengeht und alle wieder heil ankommen, egal wie schnell.

Der große Ernst van Aaken (88) und der kleine Julius Hannappel (90)

Eine Legende mit kleinen Macken

Als wir uns mit Julius Hannappel zu einem Plausch unter Marathon-Verrückten verabredeten, dachten wir eigentlich nur an einen kleinen Abstecher von der Frankfurter Buchmesse. Es wurde eine Begegnung. Wir trafen einen Menschen, dessen Heiterkeit und Lebensfreude ein ganz eigenes Charisma geschaffen haben, einen Menschen, in dessen Nähe man sich wohl fühlt. Wir ahnten schon, wer und was da auf uns zukommen würde. Wenige Wochen vorher war in der *F. A. Z.* in der Rubrik «Frankfurter Gesichter» ein einfühlsames Porträt des Laufveteranen erschienen. Dort hieß es: «Die Legende wohnt im Vorderhaus unten links im zeitlosen Braun dieser Volks-Wohnzimmer, denen die Gemütlichkeit mit dem Furnier übergezogen worden ist. Die Legende ist klein, hat O-Beine, Plattfüße, dritte Zähne und acht Kilo über Normal; die Legende ist also auch nur ein Mensch und sieht aus, wie Menschen aussehen mit 65. Nur – Julius Hannappel ist 81.»[2]

Was man nicht mit Worten beschreiben kann, sondern sehen und vor allem hören müßte: Jule ist ein Spektakel, eine Explosion auf hessisch. Auch wenn er hin und wieder Sätze einstreut wie: «Ich spreche eigentlich sehr wenig, bin ziemlich mundfaul.» Jule kann stundenlang hinreißend erzählen, fabulieren wie am Schnürchen – und das in seinem wundervollen urhessischen Dialekt.

Am schönsten sind die atemberaubenden Sprünge, zu denen Jule immer wieder ansetzt, das assoziative Hin und Her, das aus vermeintlichen Nebensächlichkeiten ein Bündel Geschichten zaubert. «Ja, ich werd älter, ich bau langsam ab – ich merk das. Zum Beispiel Zahlen und Namen sind bei mir Null! Ich bin Frühaufsteher: jeden Morgen um Viertel nach sechs. Man wird ja leicht faul, wenn man viel Zeit hat. Man wird empfindlicher, wenn man älter wird, der Organismus arbeitet nicht mehr so. Mein Hausarzt, selbst ein ehemaliger Marathonläufer, hat mir gesagt: Julius, ich will dich nicht zum Säufer machen, aber trink ab und zu mal einen Klaren. Der Mann hat recht. Unser Organismus geht mit der Jahreszeit. Grünzeug aus dem Garten brauchen wir auch...» Und ehe man sich versieht, ist er plötzlich bei der Kirche und ihren sozialen Pflichten im Laufe der Jahrhunderte gelandet, wendet mit einer kurzen Drehung dann zu den alten heidnischen Kulten, die im Osterfest noch lebendig seien, lacht dann plötzlich und fragt: «Versteht ihr mich?»

Mein erster Marathon

Bei Kaffee und köstlichem selbstgemachtem Petzkuchen – «Ihr Männer, geniert euch nicht, putzt das Zeug weg!» – erzählt der gelernte Bäcker, dessen berufliches Leben sich aber fast ausschließlich in der Rechnungsabteilung der Hoechst AG abspielte, wie er zu seinem ersten Marathon kam. «Es war der 18. September 1949. Ich hatte morgens beim Waldlauf schon einige Kilometer hinter mir, als man mir von diesem Marathon erzählte, der am gleichen Nachmittag in Bornheim stattfinden würde. Ich wohnte damals in Frankfurt-West. Ich bin nach Hause gelaufen, hab das Fahrrad gepackt, ab nach Bornheim – und bin da den Marathon gelaufen. Ich hatte doch keine Ahnung, was das war. Meine Schuhe waren aus Leder, ganz dünn und mit einem bißchen Stoff oben drauf. Ging's mir dreckig! Ich hatte danach eine Reaktion wie ein Amboß – lacht nicht! (lacht schallend) An der langen Chaussee von Frankfurt nach Hoechst mußte ich an jedem zweiten Baum halten, um mich zu erholen, so kaputt war ich. Ich hab keinem was gesagt; aber es war lehrreich.»

In späteren Jahren wurden nicht nur die Laufschuhe besser. Sein Leben lang war Hannappel ein begeisterter Sportler gewesen; er schwamm leidenschaftlich gern, und er hatte schon früh das Laufen für sich entdeckt. Aber erst im Seniorenalter wurde er in seinen jeweiligen Klassen «Weltspitze». Die Etikettierungen mag Jule überhaupt nicht; das seien ja nur «Äußerlichkeiten».

Die Liste seiner Leistungen und Titel ist beeindruckend:

- 157 Marathons
- 29 100-Kilometer-Läufe, davon allein 25 mal in Folge den Klassiker von Biel, zuletzt 1989 (Bestzeit: (8:06h). Vor seinem ersten Hunderter in Biel, als ihm die Pumpe vor Aufregung raste, «stand am Start so 'ne stämmiche Frau, ungefähr so breit wie hoch, und die hatte die Medaille vom Vorjahr um. Ich dachte: Wenn die Frau das geschafft hat, schaffst du das auch...»
- Cross-Weltmeister der Senioren 1983 über eine 10,3 Kilometer lange Strecke auf Puerto Rico
- WM-Silbermedaillen über 10000 Meter und Marathon
- dreimal Weltbestzeit über 100 Kilometer in seiner Altersklasse
- zig deutsche Meistertitel im Seniorenbereich, von den hessischen Titeln gar nicht zu reden.

Und wenn wir schon dabei sind: Neben dem Deutschen Sportabzeichen in Gold und der Deutschen Sportkrone in Gold mit fünf Brillanten hat er als Blutspender an Ehrennadeln alles abgeräumt, was verliehen wurde: in Silber und Gold, mit und ohne Ehrenkranz.

DLRG-Lebensrettungsmedaillen, -urkunden und -wimpel hat er in Legionsstärke im heimischen Wohnzimmerschrank gehortet. Überhaupt war Jule – das muß einmal öffentlich gesagt werden – einer der größten Lebensretter vor dem Herrn. Seine bevorzugten Rettungsreviere waren der Main und die Oder. Als Lebensmüder mit Hang zum reißenden Wasser hatte man dort schlechte Karten; Jule war einfach überall, in Laufschuhen oder auf dem Fahrrad, unterwegs. Jule rettete, was zu retten war. Als er die Frau eines jüdischen Arztes aus Bad Soden, die sich beim Schwimmen übernommen hatte, aus dem Wasser zog, kam der wackere Lebensretter, der in gewisser Weise noch zartgrün hinter den Ohren war, in eine heikle Situation. «Ich war grad erst 18. Wir waren keine bösen Buben – aber ich mußte der Frau einfach den BH uffreiße, damit sie zur Atmung kommt.» Das hat er dann auch getan, und die Frau lebt heute steinalt in London.

In einer Laudatio zu seinem 75. Geburtstag findet sich unter dem Datum vom 25.8.1932 folgender hübscher Eintrag, der durch den unbedingten Wunsch nach Präzision ebenso glänzt wie durch eine avantgardistische Syntax: «Lebensretter vor dem Tode des Ertrinkens im Main beim Gauturnfest in Okriftel und in Folge weitere sechsmal.»

«Es gibt eine Vorsehung»

Mit diesen Worten leitete Hannappel eine Episode ein, die am 22. August 1942 begann und ziemlich exakt ein halbes Jahrhundert später endete. Es ist eine dieser Geschichten, die einem einen Schauer über den Rücken jagen können, so schön und unheimlich sind sie. Eines Abends, ziemlich spät sei es schon gewesen, habe er einen Anruf von einem Mann erhalten, der geschäftlich in der Ge-

gend zu tun hatte. Dieser lud ihn zum Essen in ein Hotel in Bad Soden ein: es gebe noch eine alte Rechnung zu begleichen. Er möge doch bitte zusagen. Jule, neugierig und abenteuerlustig wie immer, willigte ein. Als sie an einer roten Ampel standen, forderte ihn der Unbekannte auf, den im Handschuhfach liegenden Brief zu öffnen. «Der gehört samt Inhalt Ihnen.» Der Inhalt: fünf nagelneue Tausendmarkscheine. Jule: «Sind Sie so freundlich, mich aussteigen zu lassen...» So begann ein langer Abend, in dessen Verlauf Hannappel allmählich die Erinnerung an diesen besonderen Tag im Kriegssommer von 1942 zurückkam. Er hatte – lacht da jemand? – wieder irgendwen aus den Fluten der Oder gezogen und so lange mit Wiederbelebungsmaßnahmen traktiert, «bis der wieder einigermaßen schnaufte». Der junge Mann hatte sich immer bei seinem Retter bedanken wollen; aber in den Kriegswirren verlor er Hannappels Spur. Ein halbes Jahrhundert später passierte das Unglaubliche. Als dieser nun nicht mehr ganz so junge Mann bei einem Symposium in Turin (Jule: «Wißt ihr, was ein Symposium ist? Das ist eine Veranstaltung, wo viel gequatscht wird.») abends beim Wein mit einigen Kollegen zusammensaß, fiel auf einmal im Zusammenhang mit der jährlichen Mühsal, das Sportabzeichen zu schaffen, der Name Hannappel. Hannappel? «Ich bin aus dem Krieg gekommen – und Ihr Name war weg. Ohne Sie hätte ich all das Glück in meinem Leben nicht erlebt. Meine Familie, meinen Beruf – und überhaupt mein Leben.»

«Als hätte jemand seine Hand über mich gehalten...»

Wer Julius Hannappel zuhört, spürt sofort, daß Lauf- und Lebensgeschichte untrennbar ineinander verwoben sind. Wer sich für den erfolgreichen Läufer Hannappel interessiert, ohne sich von Jules Erzählungen in einen Strudel von Menschen, Orten und Ereignissen hineinziehen lassen zu wollen, sollte lieber gleich zu Hause bleiben. Mehr als eine Tabelle mit dürren statistischen Daten – wann, wo, wie schnell und zu welchen Titeln gelaufen? – käme dabei nicht heraus. Wenn Jule abends allein in seiner Sulzbacher Wohnung sitzt und bei einem Glas Wein («nie mehr als zwei am Abend») seine Fotoalben durchblättert, blättert er in seinem Leben, umgibt er sich mit den Geschichten und den Menschen, die sein Leben sind. Er hat alle Großen des Langlaufs in Deutschland gekannt – wie Arthur Lambert und Dr. Ernst van Aaken –, und er kennt natürlich die anderen «Schlachtrösser» wie Rolf Brokmeier oder Alfred Pohlan alias «Tarzan», deren Konkurrenz um den Titel des «Mannes mit den meisten gelaufenen Marathons» er mit mildem Spott kommentiert. «Tarzan», den vitalen Münchener im Tigerdress, hält er für ein ausgesprochenes Schlitzohr: «Der ist beim Zählen nicht ganz ehrlich. Der läuft mit seiner Tiecherhose und immer nackt obe druff, und wenn der einen zehn Kilometer langen Waldlauf macht, ist das für den auch schon ein Marathon. Der hat den Rolf Brokmeier ganz schön verarscht.» Aber was soll's – das sei doch eh nur für die Gaudi...

Er sei, meint Jule, als Glückspilz durchs Leben «gedabbelt», habe oft mehr Glück als Verstand gehabt. Während der Nazizeit schmuggelte er einen Kaplan, der kurz vor der Verhaftung stand, über die Grenze. Auf dem Rückweg wurde er selbst geschnappt und «ab ins Kittchen» verfrachtet, wo er mehrere Wochen in Einzelhaft saß. Verstoß gegen das «Heimtücke-Gesetz» nannte sich das bei den willfährigen Juristen im Tausendjährigen Reich. Er erzählt, daß er erst Monate später von der Explosion des Luftschiffs «Hindenburg» beim Landeanflug in Lakehurst / USA im Mai 1937 erfahren habe – dermaßen rigoros sei er von den Nazis weggesperrt worden. Solche Geschichten, sagt er, wird man nie mehr los.

Dann sein schlimmer Unfall im September 1989, mit dem ein Teil seiner sportlichen Pläne hinfällig wurde. Eine Frau hatte mit ihrem Auto an einer Kreuzung den kleinen Mann übersehen. Er wurde so schwer verletzt, daß er erst zwei Tage später im Krankenhaus wieder aufwachte. «Als hätte jemand seine Hand über mich gehalten! Anderthalb Jahre war mein Kopf nicht in Ordnung, aber ich hab das verschwiegen.» Zu gerne wäre er noch einmal in seiner Altersklasse gelaufen, «aber nach dem Unfall war nichts mehr zu machen.»

Auch wenn er nicht noch einmal in seinem geliebten Biel starten wird – für Jule gilt auch weiterhin: einmal gelaufen, immer gelaufen. Er ist und bleibt der Laufpädagoge mit den tausend kleinen Tips, die schon so unendlich vielen Läufern und Läuferinnen durch die Mühen der Ebene geholfen haben. Eine kleine Auswahl: «Mit Bedacht die Strümpfe anziehen, da darf keine Falte drin sein. Ich sagte: keine! Schuhe eine halbe Nummer größer kaufen – oder wollt ihr lieber warten, bis sich die Fußnägel erst blau färben und dann abfallen? Ich teile mir alle Läufe in drei Drittel ein, merkt's euch gut. Das ist ganz raffiniert.» Über die Wichtigkeit von Schweiß für die Wärmeregulation des Körpers und die Funktion der roten Blutkörperchen für den Sauerstofftransport werden wir im Vorbeigehen ebenso aufgeklärt wie über Dr. van Aakens These, daß der Mann zwar stärker, die Frau aber härter und daher für den Ultralanglauf geradezu prädestiniert sei. Einer verblüfften Journalistin der *Frankfurter Rundschau* verriet er einmal kurz und bündig das Geheimnis einer gesunden Ernährung: «Ich ess des Zeuchs aus meim Gadde, grad so, wie's die Natur bringt, und nett so dicke Rippscher.»[3] Daß er sich hin und wieder auch ein Rippchen oder ein zierliches Stück Buttercremetorte oder zwei genehmigt, gesteht er kokett ein. Die «acht Kilo über Normal» kommen, Laufen hin oder her, ja nicht aus dem Nichts.

Bundesverdienstgekreuzigt

Am 11. Mai 1983 wurde Julius Hannappel in einer als «schlicht» beschriebenen Feierstunde im Spiegelsaal des Sulzbacher Bürgerhauses das «Bundesverdienstkreuz mit irgendwas» überreicht. Da hat einer sein Leben lang Freude am Laufen gehabt und unzähligen anderen Freude am Laufen geschenkt – und hat sich damit «besondere Verdienste um Volk und Staat» der Bundesrepublik Deutschland erworben. So hat jeder sein Kreuz zu tragen. Weihevolle Worte waren noch nie seine Sache, und so klingt seine Version der erstaunlichen Tatsache, daß ausdauerndes Laufen zu den staatstragenden und volkserzieherischen Beschäftigungen gezählt wird, erfrischend unpathetisch: «Der Bürgermeister hatte mich eingeladen, um mir zu sagen, ich bekäme das Bundesverdienstkreuz. Da bin ich ja auf den Arsch gefallen.» Am meisten Kopfzerbrechen machte die Dankesrede, die das erlauchte Publikum von ihm zu erwarten schien. Jule war zwar Bäcker, Rechnungsprüfer, Blutspender, Lebensretter und Läufer – doch als Rhetoriker ist er nicht geboren worden. Aber Hannappel wäre nicht Hannappel, wenn er nicht ständig etwas zum Lachen produzieren würde. Statt sich zu spreizen, überließ er seinem Unterbewußtsein die Regie – mit großem Erfolg. «Ich wollte natürlich frei reden. Die ersten zwei, drei Sätze, haben wunderbar geklappt, aber dann ist bei mir etwas ganz Komisches abgelaufen. Ich dachte, ich würde noch denken, aber ich hab weitergeredet: ‹Jule, das klappt nicht mehr, du mußt den Zettel rausholen.› Das haben die alle gehört, wie ich das laut gedacht habe. Die haben getrampelt vor Vergnügen.»

Von all seinen großartigen Läufen beeindruckte uns sein Jubiläumsmarathon am meisten: Am 28. September 1980 lief er in Hanau-Rodenbach mit der Startnummer «100» die Strecke exakt in der «Schnapszeit» von 3:33:33 h herunter. 2:22:22 h zu laufen war ihm nicht gegeben; für 4:44:44 h war er noch bestimmt 20 Jahre zu jung. So präzise pflegt Jule seine Jubiläen zu feiern.

Es war ein schöner und lustiger Sonntagnachmittag in Jules Wohnzimmer, als die Zeit über dem nimmer endenden Reigen von Geschichten und Geschichtchen verflog. Nur einmal reagierte er verdutzt, auf unsere Frage nämlich, ob er verheiratet gewesen sei. «Verheiratet? Ich? Glücklich sogar! Da»– er zeigt auf ein Foto – «mein jüngster Sohn, wie wir zusammen den Frankfurt-Marathon laufen. Ja, der ist ein prima Kerl.»

Ein prima Kerl – das ist auch Julius Hannappel. Sein warmes Lachen, seine Freundlichkeit und sein Witz machen ihn zu einem der liebenswertesten Menschen, die man treffen kann, wenn man in Sachen Laufen unterwegs ist. «Es war der Mensch Julius Hannappel», schreibt Jürgen Dahlkamp in seinem verschmitzten Porträt, «der grundgütige, gutmütige, der gute Mensch von Sulzbach, eine Art lebendig gewordenes ‹Trimm dich fit›-Männchen»[4], der sich so viele Freunde geschaffen hat.

Julius Hannappel läuft heute seltener und kürzer, aber er läuft und läuft und läuft. Mitläufer zu sein ist ihm heute genug – Vorläufer war er lange genug. Nur eines will er niemals sein, solange seine Füße in Laufschuhen stecken: Letzter. Denn den Letzten beißen die Hunde.

Anmerkungen

1 Alle Zitate, falls nicht anders ausgewiesen, entstammen unserem Gespräch mit Julius Hannappel in Sulzbach am 9. Oktober 1994

2 Jürgen Dahlkamp, in: F. A. Z. v. 27. 8. 94

3 Martina Propson-Hauck, in: FR v. 17. 9. 94

4 Jürgen Dahlkamp, a. a. O.

12

Der Fuß. Der Schuh. Der Lauf.

Nachrichten von der Schnittstelle Mensch / Erde

Wir schreiben das Jahr 1868. In seinem Labor brütet ein Tüftler namens Heinrich Franck, wie wohl aus den drei Komponenten Leder, Segeltuch und metallenen Ösen eine völlig neue Art von Schuh zusammenzusetzen sei. «Umgeben von geheimnisvollen Töpfen und armdicken Reagenzgläsern, aus denen rote und grüne übelriechende Dämpfe aufsteigen, formte ein Mann ein Fußkleid aus Leder und Tuch, das leichter war als alles herkömmliche feste Schuhwerk und doch – anders als die Sandale der römischen Gladiatoren – Rist und Ferse fest umschloß. Nach vollbrachter Schöpfertat zog sich der Forscher seine Erfindung an und machte einen zaghaften Selbstversuch: Es war ein kleiner Schritt für Herrn Franck und ein großer für die Menschheit. Der erste Turnschuh berührte die Krume des Erdbodens.»[1] So oder ähnlich mag es sich zugetragen haben.

Viel Zeit ist seit Heinrich Francks abendlichen Bastelstunden vergangen. Ein Jahrhundert danach war es immer noch möglich, in ein Geschäft zu gehen und nach einem «Turnschuh zum Laufen» zu fragen. Damals konnte man kaum einen Fehler machen. Es gab ein Modell für das Training und ein anderes für den Wettkampf. Breitfüßlern wurde Puma empfohlen und Menschen mit schmaleren Füßen adidas. Der Gegenwert für die Treter landete aber fast immer in Herzogenaurach, bei einem der Dassler-Brüder. So einfach war das. Die Schuhe bestanden – wie zu Herrn Francks Zeiten – nach wie vor aus den Zutaten Leder, Segeltuch und Metallösen. Die dämpfende Mittelsohle war noch unentdeckt. Entsprechend malträtiert waren die Bänder, Sehnen, Gelenke und Muskeln nach harten Trainingsläufen.

Ein Gebrauchsgegenstand als futuristisches Projekt

Heute werden uns Laufschuhe, wie Thomas Kosinski in *sports* spöttisch anmerkt, als «ergonomisch geriffelte Trittlandschaften», als eine «Kreuzung von High Tech und Big Mac» präsentiert. Und wie diese neumodischen Teile aussehen! Manche stehen lauernd vor uns wie kleine, grellbunte bucklige Tiere. Gefährliche Flanken, rasante Wölbungen, hinter denen Kraft, Dynamik und Aggressivität zu stecken scheinen. Andere bauen sich elegant wie Models vor uns auf: laszive Formen, blendend gestylt, verführerisch und begehrenswert.

Die Werbetexter von adidas bis Saucony spielen auf: High-Tech-Vokabular mischt sich mit lyrischen Tönen. Laufschuhe sind

Schuhe neuester Bauart: auf Herz und Lunge geprüft

längst zu Ikonen der Fitneßkultur geworden. Daß es von Anglizismen wimmelt – «Earn them», «Just do it», «Built to make you better», «Race your pace» –, wäre noch auszuhalten. Man ist ja MTV-gestählt und auch ansonsten nicht von gestern. Fotofinish, Serve-and-volley, Rebreak, sudden death: das kennen wir. Aber muß man wirklich wissen, was Kinetic Wedge, Encap und C-cap, Cantilever, laterale cross pieces, blown rubber forefoot pieces und Hytrelkompressionen sind und worin der Unterschied zwischen Alpha- und Theta-Gel besteht? Monostretchzungen können sensible Kundinnen und Kunden vielleicht noch mit erotischen Finessen und Flexgrooves mit Tanzritualen in Tekkno-Discos assoziieren – und völlig danebenliegen. Aber spätestens bei exoskletalen Werten und Carbon rubber heel plug ist dann Schluß.

Aus all diesen Verheißungen hat Dirk Scheuring, Lästermaul der Musikzeitschrift *Spex*, fünf eherne «Regeln für den Sneakerkauf» destilliert: «1. Wenn der Schuh nicht vom Fuß fällt, bedeutet das keineswegs, daß er paßt. 2. Lassen Sie es bei zwei bis drei Farben pro Paar gut sein. 3. Glauben Sie dem Verkäufer kein Wort. Sportartikel-Hersteller halten regelmäßig Seminare ab, bei denen sie all die Vokabeln weitergeben, die sich Marketing-Abteilungen für die kommende Saison ausgedacht haben. Rechnen Sie damit, daß jedes dieser Worte den Preis der Schuhe um hundert Mark erhöht. 4. Glauben Sie nicht, daß Spitzensportler diese komisch aussehenden Schuhe freiwillig anziehen. Sie tun das für viel Geld. 5. Just do it. But – don't overdo it.»[2] Just do ist – nur wie, wenn ich wirklich einen Laufschuh brauche, der optimal dämpft, stützt, führt, mich finanziell nicht ruiniert und eventuell sogar noch nett aussieht?

Dämpfen, stützen, führen: die Quadratur des Kreises?

Natürlich gibt es keinen Königsweg zum richtigen Schuh. Wir haben versucht, aus der Fülle von Prospektmaterial und Laufschuhtests Informationen herauszufiltern, die uns helfen können, den High-Tech-Verkäufern die richtigen Fragen auf die zu schnellen «Antworten» zu stellen. Mag sein, daß es für die allermeisten Füße verschiedene taugliche Modelle gibt. Dann sollten wir aber auch mit einem von diesen den Laden verlassen – und nicht mit einem Schuh, dessen Wert darin besteht, der «letzte Schrei» von irgendwas bzw. irgendwem zu sein.

Der Bodenkontakt beim Laufen besteht aus drei Phasen: Landephase – Stütz- oder Standphase – Abstoßphase. Aus diesen leiten sich die Anforderungen an einen Laufschuh ab. Zunächst müssen die Aufprallkräfte reduziert werden. In der zweiten Phase muß der Fuß gestützt und stabilisiert werden, um ein übermäßiges Ausbrechen nach innen (Überpronation) oder außen (Übersupination) zu verhindern. In der dritten Phase muß der Schuh ein möglichst rundes Abrollen des Fußes in die Abstoßbewegung durch Ballen und Großzehe ermöglichen. Dämpfen – Stützen – Führen sind die elementaren Kriterien bei der Kunst, einen guten Schuh zu bauen.

Schätzungen gehen davon aus, daß von den gut zehn Millionen Läuferinnen und Läufern in Deutschland 40 bis 50 Prozent an Überlastungserscheinungen leiden – eine überraschend hohe Zahl, wo doch Dauerlaufen als eine der gesündesten sportlichen Aktivitäten gilt. Aber die Menge der Schritte und die Masse des Gewichts machen es. Für die Marathondistanz benötigt man mehrere zehntausend Schritte. Beim Laufen erreichen die Kraftspitzen – je nach Fallhöhe und Fallgeschwindigkeit des Fußes, Laufstil und Gewicht – mindestens das Zwei- bis Dreifache des Körpergewichts pro Schritt. Bei einem 75 Kilogramm schweren Läufer müssen also rund 5000 bis 6000 Tonnen aufgefangen und umgesetzt werden. Wegen der abrupten Sprung- und Abstoppbewegungen erhöhen sich bei Sportarten wie Basketball oder Tennis die Werte auf das Sechs- bis Achtfache des Körpergewichts. Viele Überlastungsreaktionen gehen auf eine Kombination aus muskulärer Dysbalance, mangelnder Koordination (Laufstil), unzureichender Trainingsmethodik (z. B. Übertraining) und schlechtem Schuhwerk zurück. Nicht nur der Laufuntergrund (Schotter, Asphalt, Sand, federnder Waldboden), auch die Laufgeschwindigkeit beeinflußt die Belastung des komplexen Systems aus Gelenken, Muskeln, Bändern und Sehnen. Während sich beim Faktor Gewicht die Belastung linear erhöht (doppeltes Körpergewicht = doppelte Belastung), wächst sie beim Lauftempo im Quadrat (doppeltes Tempo = vierfache Belastung).

Daher leuchtet die Bedeutung gut gedämpfter Schuhe sofort ein, da sich die Aufprallschocks wellenförmig über die Fuß- und Hüftgelenke auf das gesamte Skelett des Läufers ausdehnen. Der Biomechaniker Ned Frederick beschreibt plastisch, daß bei der Umsetzung der Vertikalkräfte in der Bodenberührung viel mehr passiert, als mit bloßem Auge zu sehen ist: «Wenn wir vom Fußaufprall sprechen, so ist es in Wirklichkeit der ganze Körper, der auf den Boden auftrifft. Beim Aufprall entsteht eine Schockwelle, die mit Schallgeschwindigkeit (also mit 330 Metern pro Sekunde) durch das Muskel-Skelett-System jagt.»[3]

Zeigt her eure Füße!

Die meisten Billigmodelle, zu denen gerade viele Laufanfänger greifen, dürften eigentlich nur mit dem Etikett «Fragen Sie vorher Ihren Arzt oder Orthopäden!» verkauft werden. Die möglichen Beschwerden: Achillessehnenreizungen, Bänderdehnungen, Ermüdungsbrüche, Rückenstauchung, Ischiasschmerzen. Wie sehr das Muskelgewebe geschädigt wird, haben Bluttests mit Läufern ergeben, die nach einer 30minütigen intensiven Laufbandübung einen bis zu 400 Prozent erhöhten Myoglobinspiegel aufwiesen. Das Myoglobin, ein Eiweißbestandteil des Muskels, konnte vermutlich durch kleinste Risse (Mikrotraumen) aus dem Muskel ins Blut «wandern». Auch die Hämolyse – das Platzen von roten Blutkörperchen unter der Ferse beim Aufprall – wird durch die Qualität der Dämpfung beeinflußt.

Bedeutsam ist die Fähigkeit des Laufschuhs, den Stoß, d. h. die Kraftspitzen beim Aufprall auf den Boden, zu reduzieren. Dies ist eine Frage von Millisekunden, wie Studien des Asics-Forschungsinstituts in Kobe, Japan, belegen. Der Stoß bei der ersten Kraftspitze «erfolgt sehr schnell, d. h., das Maximum ist bereits nach 10–20 Millisekunden erreicht. Entscheidend ist neben der Kraft, die mindestens das Zwei- bis Dreifache des Körpergewichts beträgt, die extrem kurze Zeitdauer. Die beteiligte Muskulatur hat in dieser kurzen Zeitspanne keine aktive Kontraktionsmöglichkeit. Deshalb wird dieser erste Stoß auch passive Kraftspitze genannt. Dem festen Sitz im Fersenbereich kommt hier große Bedeutung zu. Fehl- bzw. Ausweichbewegungen werden verhindert.»[4]

Unabhängig davon, ob man Vorfuß-, Mittelfuß- oder Fersenläufer ist: Die Dämpfung muß stimmen. Von zehn Läufern setzen sieben mit der Ferse auf. Dagegen bevorzugt das

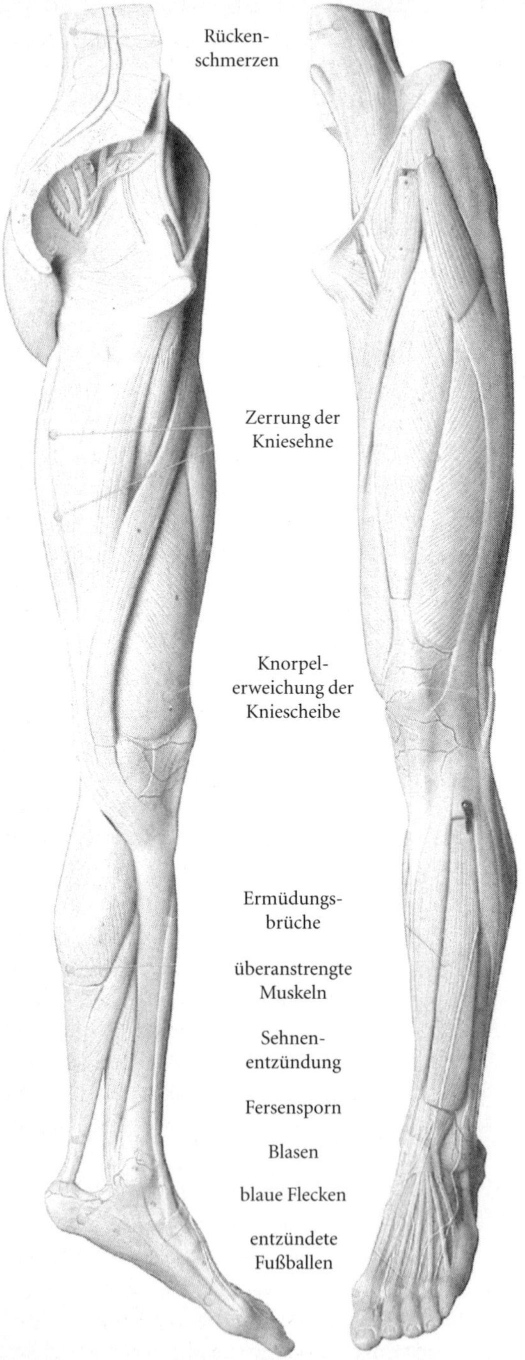

Nach wie vor ist Selbstverschulden die wesentliche Ursache von Sportunfällen. Die richtige Einschätzung der eigenen körperlichen Möglichkeiten und Grenzen sowie die aufmerksame Wahrnehmung von Körpersignalen können die Grundlage für lebenslanges und verletzungsfreies Laufen bilden. Um die möglichen Gefährdungen und Verletzungen zu vermeiden, sollte jeder sich bewußt sein, daß der Körper keine Maschine ist, die ununterbrochen auf Hochtouren gehalten werden kann.
Quelle: New Balance

Gros der Topathleten das Mittelfuß- und Ballenlaufen – aber was heißt das schon für uns normale Trotter und Jogger? Aus biomechanischer Sicht haben alle Laufstile ihre Vorzüge und Nachteile, wie Tom Clarke, der ehemalige Leiter des Nike-Forschungslabors, betont: «Bis jetzt gibt es noch keine Forschungsergebnisse, aus denen hervorgeht, daß das eine oder das andere sicherer ist. Bei jedem der beiden Stile gibt es Probleme. So wird beim Fersenläufer die Wucht des Aufpralls nach vorn zu den Mittelfußköpfchen hin verlagert. Der Ballenläufer nun landet so, daß der Wadenmuskel als Schockdämpfer wirkt, indem er den Aufprall abfängt. Die Belastungen von Achillessehne und Fuß sind dabei enorm.»[5]

Hochgeschwindigkeitsaufnahmen unter Laborbedingungen haben gezeigt, daß Läufer sich in ihrem Laufstil dem Dämpfungsgrad ihrer Schuhe anpassen, so daß die Aufprallkräfte bei härteren und weicheren Schuhen kaum differieren. Beim Tragen eines härteren Schuhs werden intuitiv die Knie ein wenig gebeugt, um die Schläge abzumildern. Genau dieses Auspendeln von Belastungen läßt aber bei starker Ermüdung nach – mit der Folge, daß die Aufprallschocks in aller Härte auf das empfindliche Knochen-Muskel-System durchschlagen.

Dämpfer aus EVA und PU

Die technische Umsetzung des Problems, die enorme kinetische Aufprallenergie zur Vermeidung von Verschleiß und Verletzungen zu reduzieren, ist von Hersteller zu Hersteller verschieden. So unterschiedlich aber die Materialien, Techniken und Namen auch sein mögen: Das Problem der Dämpfung dürften alle großen Anbieter von Laufschuhen im wesentlichen zufriedenstellend gelöst haben. Die meisten Mittelsohlen, die das Kernstück der Schuhdämpfung darstellen, bestehen aus zwei Materialien, EVA und PU.

EVA (Ethyl-Vinyl-Acetat) ist ein geschäumter Polymer-Kunststoff, der flexibel, leicht und zunächst auch recht dämpfungsintensiv ist. Er läßt sich in den verschiedensten Härtegraden herstellen; man erkennt EVA-Teile der Zwischensohle an ihrer etwas aufgerauhten Oberfläche. Die Lebensdauer dieses Materials nimmt mit der Zeit deutlich ab, weil die in dem Kunststoff eingeschlossenen Milliarden kleiner Luftbläschen nach und nach platzen. Die Aufprallschocks erwärmen die EVA-Schäume, machen sie weicher. Dadurch wird die Mittelsohle komprimiert, verhärtet sich, Dämpfung und Stabilität lassen nach. Auch druckgeschäumter Kunststoff auf EVA-Basis (z. B. Phylon von Nike), der nach dem Ausschäumen unter Hitze noch einmal unter hohem Druck gepreßt wird, verbessert die Dämpfungseigenschaften nur minimal. Bei schwereren Läufern (über 75 Kilogramm) wird die Dämpfung relativ rasch «zusammengetreten». Deshalb findet Phylon praktisch nur bei Schuhen Verwendung, die extrem leicht sein müssen, also bei Wettkampfschuhen oder Spikes.

PU (Polyurethan) ist schwerer als EVA, besitzt eine wesentlich dichtere Zellstruktur, ist dadurch widerstandsfähiger gegen vorzeitige Kompression und Materialermüdung. Ihm fehlt dadurch aber die gute «Rückfederung» qualitativ hochwertiger EVA-Schäume.

Diese Rückstellfähigkeit hat aber nichts mit dem legendenumwobenen «Energy Return System» zu tun: einer Energierückgabe, die man sich vereinfacht als einen winzigen Trampolineffekt vorstellen kann. Benno Nigg, der Direktor des Laboratoriums für

Biomechanik an der University of Calgary in Alberta, hat die These von der Energierückgewinnung, d. h. die angebliche Umformung der Aufprallenergie in eine Vorwärtsbewegung, als Märchen aus Tausendundeiner Werbung demaskiert. Mitte bis Ende der 80er Jahre haben die meisten Schuhhersteller sich in Versprechungen über die ihren Produkten innewohnenden magischen Kräfte geradezu überboten. Turntec etwa wagte sich bei seinem «Road Warrior Supreme» besonders weit vor. Die im Fersenbereich implantierten Gummistäbchen würden – so die Ankündigung – bis zu 30 Prozent der Aufprallenergie in Vorwärtsschub transformieren. Reebok sprach dem hochelastischen Hytrel in seinem «Mentor ERS» große Vorschubwirkungen zu: auch das ein Traum von Marketingspezialisten, der durch die Studien führender biomechanischer Institute schon damals widerlegt war und auch bald still ad acta gelegt wurde. «Der Beitrag der Energie, die von einer Zwischensohle zurückgestellt wird, ist verglichen mit der Kraft, die die Beinmuskulatur in der Abstoßphase entwickelt, vergleichsweise winzig und für eine Leistungssteigerung unbedeutend. Hinzu kommt, daß dieser winzige Beitrag bereits nach einer Zeit von ca. einer Hundertstelsekunde zurückgestellt wird, wo doch die Abrollbewegung des Fußes ca. zwei Zehntelsekunden dauert, erst also nach einer späteren Zeit von Nutzen wäre. Außerdem ist es zur Zeit noch nicht möglich, die ‹gespeicherte› Energie vom Rückfußbereich in den Vorfußbereich zu übertragen, wo sie beim Abstoß unter Umständen sinnvoll wäre.»[6] Biomechaniker formulieren das Problem eher umgekehrt: Laufschuhe sollen die beim Aufsetzen freiwerdende Energie so wenig wie möglich vernichten. Genau das aber ist bei den butterweichen Modellen der Fall.

Pronation und Supination

Es gibt weder einen richtigen Laufstil noch gibt es einen Normalfuß. Im Angebot sind Spreizfüße, Spitzfüße, Senkfüße, Knickfüße, Hohlfüße und Kreuzungen aus ihnen. In seinem «Fuß & Schuh-Ratgeber» hat Jürgen R. Sülzbrück die häufigsten Abweichungen vom (nicht allzu häufigen) Normalfuß beschrieben:

Hohlfuß – die Fußform, bei der das Mittelfußgewölbe bzw. der sogenannte Rist übermäßig stark ausgeprägt ist. Diese Fehlstellung ist nur schwer zu kompensieren. Im Abdruck sind nur Vorderfuß und Ferse zu sehen. Läufer mit Hohlfuß neigen zur Unterpronation. Obwohl Hohlfüße nur bedingt dämpfungsfähig sind, brauchen sie gut gedämpfte Schuhe.

Knickfuß – eine Muskel- und Bänderschwäche im Fuß, die beim Übergang von der Rückfußbelastung in den Vorderfuß voll wirksam wird. Bei einem zu weichen Schuhaufbau wird der Knickfuß durch den Schuh verstärkt. Ein Knickfuß, an dem der Rückfuß nach innen abgesenkt ist, verstärkt die Tendenz zur Überpronation.

Senkfuß – meistens in Verbindung mit einem Knickfuß auftretend und leicht erkennbar am «vollen» Abdruck, weil das Längsgewölbe nicht ausreichend entwickelt ist. Ursachen sind meist eine Überbeanspruchung durch Übergewicht oder eine X-Beinstellung. Stabile Fersenkonstruktionen und mediale Stützelemente müssen für kontrollierte Bewegung sorgen.[17]

Um so wichtiger ist es, vor dem Kauf eines Laufschuhs durch eine zumindest grobe Laufstilanalyse – besser wäre ein Laufbandtest – zu ermitteln, ob man zu übermäßiger Pronation (Abknicken nach innen) bzw. übermäßiger Supination (extreme Belastung des äußeren Fußrands) neigt. Denn die

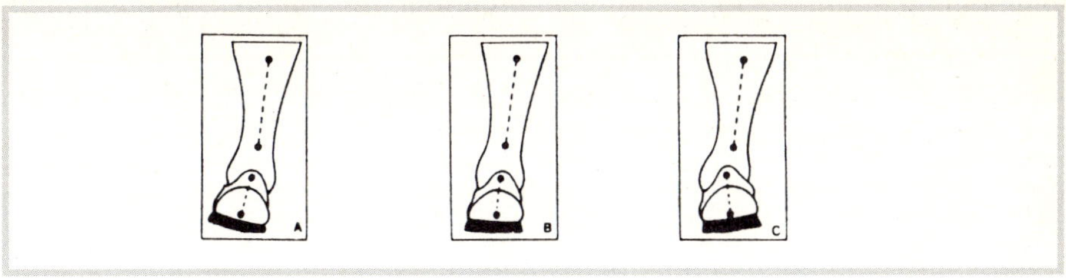

Stellung beim Aufsetzen – neutrale Phase – einwärts gedrehte Stellung

Schuhe – wenn es keine Allroundmodelle der untersten Preiskategorien sind – unterscheiden sich beträchtlich in der Stabilität, insbesondere der Rückfußstabilität in der Stütz- oder Standphase: eine labile Position, in der das gesamte Körpergewicht auf dem Fuß lastet. Und es kann keinen Schuh geben, der gleichermaßen Pronierern wie Supinierern hilft.

Pronation – das muß angesichts der babylonischen Begriffsverwirrung deutlich gesagt werden – ist ein natürlicher Teil des Bewegungsablaufs, ein anatomisch funktioneller Dämpfungsmechanismus. In der Re-

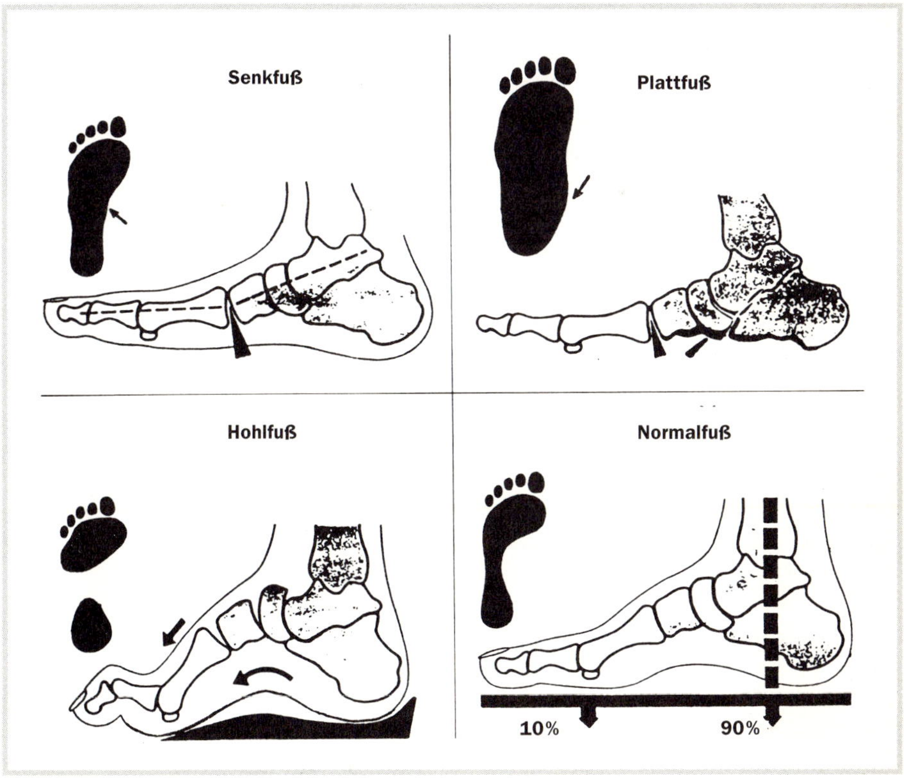

gel setzt der Fuß mit dem lateralen (äußeren) Teil der Ferse auf, kippt in der Bewegung über den Mittelfuß nach innen und bewegt sich zum Zehengrundgelenk hin, von dem aus die Abstoßphase erfolgt. Die Achsenstellung des oberen Sprunggelenks ermöglicht in Verbindung mit der Wadenmuskulatur und den kräftigen Bandstrukturen die Kontrolle der Pronation. Nicht nur auf den Pronationswinkel zwischen Fersenbein und Sprungbein kommt es an, sondern auch auf die Geschwindigkeit der Einknickbewegung. Sie muß herabgesetzt werden. «Die Überpronation ruft eine Innenrotation des Unterschenkels hervor. Dies führt vor allem zu Überbelastungen im Kniegelenk. Weitere Beschwerdeformen sind Knieschmerzen an der Innenseite, Schienbeinkantenschmerz, Achillessehnenreizung, Fersensporn und Ermüdungsbruch.»[8]

Forschungen im Human Performance Laboratory an der University of Calgary in Alberta (Kanada) unter Leitung von Prof. Benno Nigg haben zu überraschenden Ergebnissen geführt. Pronation ist in hohem Maße eine individuelle Größe, entzieht sich also starrer Festlegung. «Individuelle Faktoren entscheiden, namentlich das individuelle Übertragungsmuster von Fersenbeinrotation in Unterschenkelrotation, ob eine vorgegebene Pronation zu Überlastungen des Kniegelenks und anderen Strukturen führt oder nicht. Ein derartiges Kriterium (für eine Früherkennung von Überpronation, d. V.) könnte die Form des Fußlängsgewölbes sein. Generell konnte nämlich eine Beziehung zwischen der Höhe des Längsgewölbes und der Größe der Bewegungsübertragung vom Fersenbein auf den Unterschenkel nachgewiesen werden.»[9]

Bei der *Supination* ist die Bewegung nach außen, auf den äußeren Fußrand gerichtet. Echte Supination, also reines Außenrandlaufen, dürfte überaus selten sein. (Als genialer Übersupinierer galt übrigens der britische Mittelstreckler Sebastian Coe.) Statt von Übersupination sollte in der Regel von Unterpronation gesprochen werden, also einer Störung der natürlichen, dämpfenden Pronationsbewegung.

Schuster, bleib bei deinen Leisten!

Der Schuh muß den normalen Bewegungsablauf vor allem in dem Moment unterstützen, wenn die Ferse vom Boden abhebt und der Abdruck über den Ballen und den großen Zeh erfolgen soll. Die Längsstabilität des Fußes muß gesichert werden, andererseits muß die vordere Sohlenkonstruktion (z. B. durch Flexkerben) hinreichend flexibel für eine harmonische Abrollbewegung sein.

Wichtig für ein ausbalanciertes Verhältnis zwischen Dämpfung und Stabilität ist neben der Machart (durchgehende Brandsohle, Mokassin oder eine Kombination aus beidem) vor allem die Leistenform. Eigentlich dreht sich beim Bau eines Schuhs alles um den Leisten, denn auf ihm wird er geformt und erhält seine spezifische Form. Der Leisten ist ein Gebilde aus Holz, Metall oder Kunststoff, das nach fußmorphologischen Anforderungen gefertigt wird. Er legt den Grundriß des Schuhs fest, definiert seine Paßform und Stützfunktion. Eugen Brütting, der Pionier des Laufschuhbaus in Deutschland – ein Schuster von altem Schrot und Korn, dessen Firma EB Sport International Ende der 60er Jahre zusammen mit dem australischen Trainer Arthur Lydiard den legendären «Road Runner» schuf –, betonte wie kein anderer die Relevanz eines anatomisch perfekten Leistens: «Würde man anstelle der Einheitsleisten paßgerechtere, fußgerechtere Leisten verwenden – so wie ich das mein ganzes Leben versuchte –, so könnte man auf viele äußere Hilfskonstruktionen verzichten, und gleichzeitig hätten die Läufer weniger Probleme.»[10]

Längst kann man nicht mehr von einem Einheitsleisten sprechen. Eines der Kriterien bei Laufschuhtests ist die Funktionalität der Leistenform. Gerade Leisten bieten eine hohe Stabilität und Standfestigkeit (sind also für Überpronierer geeignet), weisen aber wenig Dynamik und Flexibilität auf; auf der anderen Seite des Spektrums garantiert der gebogene Leisten höchste Laufdynamik und Bodenhaftung, bietet dafür aber so gut wie keine Innenstütze. Am verbreitetsten dürften Schuhe sein, die auf einem leicht gebogenen Leisten gefertigt wurden.[11]

Nike ist dazu übergegangen, seine Sneaker auf einem asymmetrischen Leisten zu entwickeln, weil der herkömmliche an der breitesten Stelle des Fußes meist zu schmal geschnitten ist. Dazu zwei Anmerkungen:

1. Fuß ist nicht gleich Fuß: «Die Skandinavier haben lange und kräftige, die Mitteleuropäer lange, aber schlankere, und die Südeuropäer kleine und zierliche Füße. Der Durchschnitt der Amerikaner hat einen fleischigeren Fuß als wir in Mitteleuropa und benötigt dafür mehr Weite.»[12] Auch die Längenverhältnisse von Vorder- und Rückfuß differieren stark. Ob die Festlegung auf einen asymmetrischen Leisten wirklich *die* Antwort auf die Vielfalt der Fußformen ist, darf bezweifelt werden.

2. New Balance ist die einzige Firma, die seit Jahren mit bemerkenswerter Konsequenz daran festhält, jedes ihrer Modelle in mehreren Weiten – fünf für Männerschuhe, drei für Frauenschuhe – zu produzieren.

Manfred Steffny weist zu Recht darauf hin, daß übermäßigem Pronieren und Supinieren nicht allein mit dem passenden Schuhwerk begegnet werden sollte. Gravierende stilistische Fehler (z. B. der Watschelschritt: die Füße werden V-förmig nach außen weggedreht) müssen durch Arbeit am Laufstil korrigiert werden, ansonsten nutzt auch der beste Treter wenig. Jede(r) kann lernen, die äußere oder die innere Seite des Fußes stärker zu belasten – je nach orthopädischem Befund. Die richtige stilistische Korrektur bei Überpronierern sieht so aus: «Man macht außen Druck, verstärkt das Laufen auf der lateralen Seite, um die zu frühe Einwärtsneigung zu verhindern. In solchen Fällen hilft eine medial verstärkte Sohle mit einem härteren Shore-Grad. Ist die Laufsohle innen abgelaufen, mitunter sogar regelrecht abgeschliffen, dann wird die Neigung nach innen weiterhin verstärkt. Man gerät auf die schiefe Ebene. Der Schuh gehört sofort ausrangiert.»[13]

Laufschuhtest: Qual der Wahl oder Wahl der Qual?

Mittlerweile kann es sich offensichtlich keine der etablierten Laufzeitschriften mehr leisten, ihren Leserinnen und Lesern ohne jährliche Laufschuhtests und ständige Produktinformationen unter die Augen zu treten. Der auffallend zurückhaltende Ton und die «pluralistische» Aufmachung haben sicher noch andere Gründe als die Abhängigkeit von den Anzeigengeldern der Branchengiganten von adidas bis Nike.

1967 war in der amerikanischen Zeitschrift *Distance Running News* der erste Laufschuhüberblick zu finden, bei dem nur die Marken Puma, adidas, New Balance und Tiger vertreten waren. Diese «shoe surveys» waren mit der Reduktion auf Kurzbeschreibungen und Preise zu rudimentär, um auf das Kaufverhalten der noch kleinen Käufergemeinde in den USA Einfluß zu haben. Das änderte sich, als 1975 die *Runner's World* trotz enger Testparameter die getesteten Schuhe in eine Rangfolge von eins bis dreißig brachte: Unmittelbar nach Erscheinen dieser Ausgabe geriet der Laufschuh-Markt in Bewegung – und *Runner's World* unter Beschuß: «Viele Verbraucher orientierten sich nun beim Sportschuhkauf an den Testergebnissen von *Runner's World*. Dies bewirkte drastische Verschiebungen von Marktanteilen in der Sportschuhbranche. Aufgrund der starken Resonanz auf die jährlichen Schuhtests sah *Runner's World* sich gezwungen, die Testverfahren gründlich zu überdenken und zu objektivieren. Die wirtschaftlichen Folgen der Testergebnisse legten es nahe, daß schlecht abschneidende Firmen juristische Wege beschreiten würden, um die wirtschaftlichen Einbußen einzuklagen. Man erkannte, daß nur der Einsatz von wissenschaftlich fundierten und objektiven Tests einer unabhängigen Institution gerichtlichen Folgen vorbeugen konnte. Als Ansprechpartner für solche Tests boten sich Forscher aus dem relativ jungen Wissenschaftszweig Biomechanik an.»[14]

Die Testkriterien sind nach wie vor fragwürdig. Stiftung Warentest setzt weniger auf die praktische Erprobung an den Füßen erfahrener Läuferinnen und Läufer als auf vermeintlich objektivierbare Daten und Kennziffern. Dafür bezieht sie regelmäßig Prügel von den Spezialisten aus dem Fachhandel, den Orthopäden und der Industrie. Kriterien wie das Dämpfungsverhalten in Form der Rückprallelastizität (nach DIN 53512 bzw. ISO 8307) oder die Wasserdampfdurchlässigkeit (DIN 5333) mögen für isolierte Materialtests in industriellen Produktionsprozessen unerläßlich sein, taugen aber bei komplexen Einheiten wie Laufschuhen überhaupt nicht. Für den Testprofi Carl-Jürgen Diem, der seit Jahren in seriöser Fuß- und Kopfarbeit die Palette der Schuhnovitäten testet, ist die «Aufnahme dieser Prüfung um so unverständlicher, da die Stiftung Warentest bereits 1985 auf die Unsinnigkeit des Prüfungsverfahrens in bezug auf Sportschuhe hingewiesen ... wurde»[15]. Das Biomechanik-Labor der Pennsylvania State University testete bis 1981 im Auftrag von *Runner's World* mit Hilfe biomechanischer Verfahren Schuhe auf Dämpfung, Pronationsstabilität, Abriebeigenschaften usw. In den 80er Jahren machte die Schuhtechnologie dann einen weiteren großen Sprung nach vorn, als die Giganten der Branche wie Nike, adidas, Asics und Reebok riesige Budgets für ihre eigenen Forschungsabteilungen bereitstellten.

Eigentlich ist für uns Läuferinnen und Läufer bestens gesorgt. Hunderte verschiedener Modelle stehen zur Auswahl; sogar Schuhe mit blinkendem Rücklicht gegen die Gefahren, die in der Dämmerung auf uns warten. Ob wir Hohl-, Knick- oder Senkfüßler sind oder gar zu der statistischen Minderheit ohne fußpathologischen Befund gehören: Passende Schuhe gibt es für uns alle. Gut gedämpft (und doch beschwingt), sicher gestützt und geführt: Hatten wir uns nicht immer schon vorgenommen, so durchs Leben zu gehen – dem Ziel entgegen. (Auch wenn Nike uns mit seinem kühnen Slogan «There's no finish line» am falschen Punkt dämpft ...) Für alles ist gesorgt. Nur laufen müssen wir noch selbst.

Anmerkungen

1 Wolfgang Höbel: Profil Neurose. Die Geschichte des Turnschuhs, in: Süddeutsche Zeitung Magazin v. 31.7.92
2 Dirk Scheuring, in: Die Woche v. 4.11.93
3 Technisches Booklet, The Architecture of Sport Shoes, Nike Deutschland, Weiterstadt o. J.
4 Asics Schulungsscript, Asics Europe GmbH, Neuss o. J.
5 Technisches Booklet, a. a. O.
6 A. a. O.
7 Jürgen R. Sülzbrück, in: shape up 2/94
8 Asics Schulungsscript, a. a. O.
9 Dr. Beat Hintermann, in: Der Läufer 6/94
10 Zitiert nach: condition 3/94
11 Vgl. z. B. Dieter Lang, in: Runner's World, deutsche Ausgabe, Okt./Nov. 93
12 Carl-Jürgen Diem/Dieter Lang, in: condition 10/92
13 Manfred Steffny, in: Spiridon 3/93
14 Ewald Heinig: Sportschuhtechnologie zwischen Wissenschaft und Werbung, in: Wilhelm Kleine (Hg.), Langlauf in der Kritik? Aachen 1987, S. 86f.
15 Zitiert nach: condition 7–8/93

Kratzer auf einem amerikanischen Traum

Der Nike-Report

Der Aufstieg Nikes vom Marketinghobby zweier Lauffreaks der Woodstock-Generation zum größten Sportartikelhersteller der Welt ist aus demselben Holz geschnitzt wie der unausrottbare Mythos vom Tellerwäscher, der es zum Millionär bringt. Die Nike-Erfolgsstory ist ebenso unfaßbar wie uramerikanisch.

Phil & Bill

1957 lernten sich in Eugene der Mittelstreckenläufer Phil «Buck» Knight und sein Coach Bill Bowerman an der University of Oregon kennen. Es war das Aufeinandertreffen zweier genialer Einzelgänger, deren Kreativität völlig unterschiedlichen Begabungen entsprang. Bevor Bowerman zu einem der großen Inspiratoren der amerikanischen Joggingbewegung wurde, mußte er durch das Fegefeuer der Laufschule Arthur Lydiards, den viele für den brillantesten Langlauftrainer halten, den es je gab. Bowerman war auf Einladung Lydiards nach Neuseeland gereist, um mit seiner Mannschaft an der Southern Hemisphere's Track Season 1962/63 teilzunehmen. Die Amerikaner hatten der neuseeländischen Staffel den 4x1-Meilen-Weltrekord abgenommen; die «Kiwi-Boys» wollten auf heimischem Boden Revanche nehmen. Aber wichtig sollte dort für Bowerman nicht das Abschneiden seines College-Teams beim Kampf um das schnellste Staffelholz werden. Lydiard motivierte seinen Trainerkollegen aus Eugene, der trotz Übergewichts von seiner Fitneß überzeugt war, sich an seinem Jogging-Training «Drei Wochen Laufen nach Lydiard» zu beteiligen. Immer wieder wurde er an den giftigen Steigungen im Gelände von Älteren überholt, die mühelos an ihm vorbeitrabten («Come on, laddie, you're flagging!»), und bald wußte er, was von seiner Kondition zu halten war. Was Lydiard intuitiv richtig machte, wußte der amerikanische Universitätsprofessor trainingswissenschaftlich zu untermauern. Als er Neuseeland verließ, war

Phil Knight, Marketingprofi und Nike-Boß

er um einige Kilo ärmer und eine faszinierende Idee reicher. Zurück in Eugene, propagierte Bowerman systematisches Joggingtraining, bald schon mit überraschendem Erfolg. Bereits beim dritten Treffen strömten mehrere hundert Laufbegeisterte zusammen, um in den Redwoods von Oregon etwas für ihre Fitneß zu tun.[1] Bowerman war klar, daß die damals benutzten Laufschuhe völlig dysfunktional waren und bei intensiverem Training das komplizierte System von Bändern, Sehnen, Gelenken und Muskeln schwer belasteten: schwach in der Dämpfung und Stützung, schwammig in der Führung des Fußes. Eine Revolutionierung des Laufschuhbaus lag in der Luft. Bowerman begann, mit Laufschuhen neuen Typs zu experimentieren – und begab sich auf die Suche nach einem Partner, mit dem er seine Ideen umsetzen konnte.

Phil Knight, der in seiner aktiven Zeit ein passabler Meilen-Läufer gewesen war, hatte mittlerweile sein Betriebswirtschaftsstudium an der Stanford University mit einer Diplomarbeit abgeschlossen. Ihr Thema: Wie kann die Dominanz deutscher Sportschuhhersteller auf dem US-Markt gebrochen werden? Noch präziser: Welche Strategie muß verfolgt werden, um adidas den Platz an der Sonne streitig zu machen? Die Antworten des jungen Betriebswirtschaftlers: Konkurrenzfähige Produkte müssen erstens preiswert, zweitens technisch hochwertig sein und drittens aggressiv vermarktet werden. Ein Schuß strategisches Marketing, eine Prise Back-to-the-roots-Pathos, und fertig war das Grobgerüst eines Konzepts, das zu einer der unglaublichsten Erfolgsgeschichten des US-Kapitalismus nach dem Zweiten Weltkrieg werden sollte. Nike entwickelte sich zu einem Musterbeispiel von intelligentem Marketing. Einer der ersten großen

Bill Bowerman, Trainer und Laufschuhkonstrukteur

Coups von Knight und Bowerman war der Kauf der Rechte an dem «Swoosh»-Logo, jener stilisierten Schwinge, die von der Kunststudentin Carolyn Davidson für einen Wettbewerb entworfen worden war. Ganze 50 Dollar kosteten die Rechte an dem Logo, das wenig später zu den berühmtesten Warenzeichen der Welt zählen sollte. Die Nike-Slogans «Just do it» und «There's no finish line» sind längst in die Alltagssprache eingegangen.

Aber das war 1962 noch Zukunftsmusik, als Knight nach Japan flog, um den Vorstand der Firma Onitsuka Tiger (später: Asics Tiger/asics) von seinen Ideen zu überzeugen. Er kam mit einer Exklusiv-Option für den Import und Export von Tiger-Schuhen zurück nach Eugene. Unter dem Firmennamen Blue Ribbon Sports (BRS) dümpelte die Phil-Billy-Corporation bis 1964 hart am Rande des Konkurses, bis Bowermans «Boston»-Schuh BRS zum ersten Mal in die Gewinnzone brachte. 1969 erwirtschafteten sie mit 20 Angestellten bereits 300000 Dollar. Der Anfang war gemacht, was auch die «Tiger» in Japan mit einer Mischung aus Freude und Argwohn registrierten.

Die Siegesgöttin verläßt den Tiger

«Wegen Meinungsverschiedenheiten», wie es in einer Hausmitteilung Nikes karg heißt, trennten sich Anfang der 70er Jahre die Wege der «Tiger» und der Newcomer aus Oregon. «Am Anfang», sagte Phil Knight, «hatten wir bloß einen Haufen Hoffnungen, aber nicht einmal einen Namen.»[2] Der war bald gefunden; angeblich überkam er einen Angestellten in einem Traum, in dem zufällig auch die griechische Siegesgöttin Nike herumflatterte. Das mag zwar ähnlich wundersam klingen wie die unbefleckte Empfängnis der Jungfrau Maria, ist aber zumindest ein hübscher Einfall.

Bereits im ersten Geschäftsjahr erzielte die junge Firma einen Umsatz von 1,96 Millionen Dollar. Bowermans Erfindung der legendären «Waffelsohle» leitete eine Revolution in der Laufschuhentwicklung ein. Die Ära der flachen, unprofilierten Treter war unwiderruflich vorbei. Was Nike immer schon von der sportiven Plumpheit von Puma und adidas unterschied, war ein Werbekonzept, dessen Wirkung auf einer Mischung aus Respektlosigkeit, Witz und Unberechenbarkeit beruhte. In seiner «Waffel-Anzeige»[3] erklärte Nike seiner Kundschaft, daß bahnbrechende Ideen genauso am heimischen Küchentisch wie im High-Tech-Labor geboren werden können: «Was unterscheidet jemanden, der beim Anblick eines Waffeleisens an heiße Kirschen und Sahne denkt, von jemandem, der dabei einen Laufschuh im Kopf hat? Wahrscheinlich eine ähnliche Kleinigkeit wie Genie und Wahnsinn. Der Trainer Bill Bowerman jedenfalls hatte die Idee, Gummi statt Pfannkuchenteig in ein Waffeleisen zu füllen, und erfand damit eine bessere Sohle für einen besseren Laufschuh. Diesen nannte er den ‹waffle trainer›, und daher hat die Nike-Waffle-Außensohle auch heute noch ihren Namen. Bei Nike bestimmten schon immer die Läufer, wo es langgeht...» Verblüffend einfach. Einfach verblüffend.

Innovative Produktpolitik und aggressives Marketing: Auf diesen Prinzipien beruhte von Anfang an Nikes Strategie der Marktinfiltration. Der rumänische Tennisstar Ilie Nastase war der erste Topathlet, den Knight unter Vertrag hatte. Viele andere folgten: Jimmy Connors, John McEnroe, Steve Prefontaine, Henry Rono, Joan Benoit, Lisa und Yobes Ondieki – und natürlich Bo Jackson und Michael «Air» Jordan, die «Unsterblichen» auf dem amerikanischen Sportolymp. Der phänomenale Erfolg der «Air Jordan»-Kollektion ab 1986 beendete die erste schwere Krise in der Geschichte von Nike. Der Schatten jenes «Schwarzen Freitags» im Jahre 1985 lastete lange auf dem «Alternativkonzern», als dieser zehn Prozent seiner Belegschaft in die Arbeitslosigkeit entließ.

Erfolg und Profit explodierten bei Knight & Friends mit der Einführung des Air-Dämpfungssystems, das genau zu dem Zeitpunkt zur Stelle war, als sich damit durch den unerwarteten Aufschwung der Joggingbewegung in den USA ungeheuer viel Geld verdienen ließ.

1977 hatte der Erfinder Frank Rudy, nachdem er erfolglos bei andern Schuhfirmen Klinken geputzt hatte, den Nike-Machern seine Idee vorgestellt, Gas in eine Membran einzuschäumen und so Laufschuhe höchst effizient zu dämpfen. 1978 wurde der «Tailwind» als erster Schuh mit dem Air-Dämpfungssystem auf den Markt gebracht. Physikalisch beruht sein Effekt auf einem einfachen Prinzip: «Nikes Airsohlen enthalten keine Luft! Denn die kleinen Moleküle der Luft (Sauerstoff, Stickstoff) würden, ähnlich wie in einem Fahrradreifen, allmählich entweichen, da sie zu klein sind und die ummantelnde Folie durchdringen könnten. Die sehr reißfeste, kälte- und witterungsbeständige Urethan-Folie wird mit einem temperaturunabhängigen Gas gefüllt, dessen Molekularstruktur ca. viermal größer ist als die der Luft, was ein Entweichen verhindert.»[4] Auf diesem Prinzip beruhen bis heute alle erfolgreichen Nike-Modelle der letzten 15 Jahre: vom «Air Pegasus» (1983), Nikes erfolgreichstem Schuh überhaupt, über den «Air Max»

Der Nike World Campus in Beaverton / Oregon

(1987) und seine diversen Varianten bis zum «Air Huarache» (1991). Die Unterschiede betreffen im wesentlichen das größere Dämpfungsvolumen (zwei Air-Sohlen im Vorfuß- und Fersenbereich), die «Sichtbarkeit» der Dämpfung durch ein Fenster (Schnickschnack: als «visible technology» vermarktet), neue Schnürsysteme und alternative Paßform (Verzicht auf die Fersenkappe, Ersetzen des Lederschafts durch eine Kombination von elastischem Neopren mit weichem Lycra-Stoff).

Zwischen Hybris und Kitsch: der Nike-Tempel

Der Nike-Gründer Phil Knight, mittlerweile ein sportlicher Mittfünfziger, gilt als schrulliger Charismatiker. Der Gegensatz zwischen ihm und anderen Charakterdarstellern in der Welt des großen Geldes könnte schriller nicht ausfallen. Mit seinen roten Haaren, Bart, Oakley-Sonnenbrille und Nike-Käppi sieht er aus wie eine Kreuzung aus Fred Lebow und Boris Becker. Er gilt als der einzige Millionär in Oregon, der von seinen Angestellten Geld pumpt, ohne je daran zu denken, es ihnen zurückzugeben. Seine Kleidung ist Gegenstand zahlreicher Anekdoten. So erschien er zu einem Empfang für Senator Bob Dole aus Kansas zwar in Schlips und Kragen, dafür aber ohne Socken und in Sneakers eigener Fabrikation mit offenen Schuhbändern. Fast standesgemäß also. Wer sich's leisten kann…

Die ganze Widersprüchlichkeit, die in dem milliardenschweren Turnschuhkonzern und seinem «Sonnenkönig» Phil Knight steckt, ist noch am ehesten zu ahnen, wenn es um «Pre» geht, Steve Prefontaine, dem in Nikes gläserner Firmenzentrale ein kapellenähnlicher Bau «geweiht» ist. Es ist «das Allerheiligste in Beaverton – Lourdes und Klagemauer in einem. Benannt wurde es nach einem langhaarigen schnurrbärtigen Mittelstreckenläufer aus Eugene, Oregon, namens Steve Prefontaine. Die auf der Rückseite des Gebäudes aufgestellte Bronzestatue zeigt ihn, mit Sergeant-Pepper-Koteletten und langem, wehendem Haar, auf die Ziellinie zustürmen. Für Nike-Gründer Phil ‹Buck› Knight war Steve Prefontaine das Symbol jener Ära, ein Jim Morrison der Leichtathletik. Und genau wie der Sänger der ‹Doors› kam Prefontaine jung ums Leben – 1975 bei einem Autounfall. Er war 24 und hätte im Jahr darauf bei den Olympischen Spielen starten sollen. ‹Für viele Amerikaner war er der größte Mittelstreckenläufer überhaupt, für mich war er weit mehr›, sagte Knight kürzlich in einem Werbevideo. ‹Pre war ein Rebell, ein aus der Arbeiterklasse stammender unerschrockener Bursche voller Stolz und Mumm. Pres Geist ist Eckpfeiler und Seele des Geschäfts.›»[5]

Der Exzentrik des Hausherrn entspricht auch die architektonische Konzeption der Nike-Zentrale in Beaverton, zehn Meilen westlich von Portland im US-Staat Oregon. Der Nike World Campus besteht aus durch Arkaden verbundenen Gebäuden, die nach Heroen des amerikanischen Sports benannt sind. Man entspannt sich bei Kaffee und Kuchen in der «Joan Benoit Cafeteria», bringt die Kids im «Joe Paterno Day Care Center» unter, um dann seinen Körper im «Bo Jackson Sports and Fitness Center» rank und schlank zu halten. Sport ist bei Nike Religion. Nur wer ständig an der Vervollkommnung seines körperlichen Outfits arbeitet, hat hier eine Chance. Rauchen ist verpönt. Wer dennoch erwischt wird, muß vermutlich für den Rest seines Lebens zur Strafe mit adidas-Tretern herumrennen…

Nike in Beaverton: Das ist die Forschungsabteilung mit ihren faszinierenden High-Tech-Maschinen (Aufprall- und Abriebtester, elektronische Fußvermesser), wo die biomechanische und anthropometrische Grundlagenforschung für die Schuhe der Zukunft betrieben werden; das sind die Design-Workshops, die Abteilung für strategisches Marketing und das Gehirn des Unternehmens: Phil Knight. Natürlich gehören zum Nike World Campus auch eine eigene Klinik, Kaufhaus, Wäscherei, chemische Reinigung und Coiffeursalons zum Standard, den Nike seinen Mitarbeitern bietet. Nike als Gegenwelt: Besonders deutlich wird die Koketterie mit «innen» und «außen» an dem rund um den Campus verlaufenden Erdwall («the berm»), der täglich von zahllosen Nike-Angestellten als Laufstrecke genutzt wird. «The berm» funktioniert im Prinzip genauso wie die Bannmeile in Washington, konstituiert das Innen / Außen-Bewußtsein, das Nike den Ruf eines elitären Unternehmens eingebracht hat.

Der Preis dieser Firmenkultur – «Wir, die große Nike-Familie» – ist die unbedingte Loyalität mit den Zielen des Unternehmens und den Mitteln, die Nike zur Umsatz- und Profitsteigerung einsetzt. Und an dieser Front ist der Koloß mit der stilisierten Schwinge jüngst arg unter Druck geraten. Die sorgsam gepflegte Corporate Identity (sanft, ökologisch, weltoffen, sozial verantwortlich) hat im Zusammenhang mit der aufgeregt geführten öffentlichen Diskussion um Nikes Engagement in asiatischen Billiglohnzonen Risse bekommen. In Beaverton läuteten alle Alarmglocken, als sich das Geschäftsergebnis des Jahres 1993 / 94 abzeichnete. Zum zweitenmal in der Firmengeschichte zeigte die Umsatzkurve dramatisch nach unten: Rückgang um vier Prozent auf 3,8 Milliarden Dollar. 1993 war ein hartes Jahr für Nike. Michael «Air» Jordan, die lebende NBA-Legende, verließ die Chicago Bulls, um sich als Baseballspieler einen weiteren Kindheitstraum zu verwirklichen. Reebok, dem Hauptkonkurrenten auf dem US-Markt, gelang mit der Verpflichtung von Shaquille O'Neal, dem neuen Basketball-Megastar der Orlando Magic, der große Wurf. Vieles spricht dafür, daß Nike damit nicht nur einer der besten Basketballer der NBA, sondern auch eines der spektakulärsten Entertainment-Talente der 90er Jahre durch die Lappen gegangen ist. «Shaq Attaq» vermarktet sich glänzend, ob als Rap-Sänger, als Filmheld oder eben als Reebok-Mann.

Die boomende Fitneß- und Sportswear-Branche, die Nike in den letzten Jahren eindeutig dominiert hat, ist an ihre Grenzen gestoßen. Starke Zuwächse sind nicht mehr zu erwarten, wie auch Peter-Alexander Rapp, der Marketing-Chef von Nike Deutschland, weiß: «Das Geschäft mit Sportartikeln entwickelt sich aus der Sicht von Nike von einem neuen Wachstumsmarkt mehr und mehr zu einem mit harten Bandagen ausgetragenen Verdrängungswettbewerb.»[6]

adidas? adidas!

adidas schien aufgrund gravierender Managementfehler, konservativer Produktpolitik und einer kläglichen Werbestrategie endgültig auf die Verliererstraße abgedrängt. In den Jahrzehnten, nachdem Herzogenaurach fein säuberlich zwischen Adolf und Rudolf Dassler in die Territorien adidas (südlich der Aurach) und Puma (nördlich der Aurach) aufgeteilt worden war, hatte «magic Adi» immer die Nase vorn. Fußball-Weltmeisterschaften und zahllose olympische Medaillen waren mit dem «Drei-Streifen-Dekor» an den Füßen gewonnen worden, und mehr als 1000 Weltrekorde wurden in Schuhen Marke adidas erzielt. «What a Dassler!» staunte die Presse in aller Welt über den unglaublichen Siegeszug des fränkischen «Sportschuhs mit Ösenstreifen» (so die präzise Formulierung bei der Geschmacksmusteranmeldung 1949). Das war spätestens 1987 vorbei, als mehrere tausend Menschen in der größten Demonstration, die Herzogenaurach je erlebte, durch den Ort zogen und dabei die tadellos gereimte Parole skandierten: «Hemden, Hosen dreigestreift – Arbeitnehmer eingeseift!» adidas hatte sich zu Tode gesiegt, der Tanker war unbeweglich geworden. Der Siegeszug der Jogging- und Fitneßbewegungen in den USA signalisierte, wie sehr adidas mit seiner Fixierung auf schweißtreibenden Männersport die finanziell lukrativen Entwicklungen im Freizeitbereich verschlafen hatte. adidas = Fußball + Spikes + miefige Turnhallen + das erregende Flair von Bundesjugendspielen. Während Nike und Reebok begannen, auch den europäischen Markt mit ihrer Botschaft von Vitalität, Kraft und Sex aufzurollen, hatte sich adidas urdeutsch verschanzt, als bliebe die Zeit für immer stehen.

Als dann noch der windige Finanzspekulant Bernard Tapie, seines Zeichens Politiker, Bankrotteur und Expräsident von Olympique Marseille, als Mehrheitseigner einstieg, schien «das deutsche Denkmal adidas» *(F. A. Z.)* endgültig zu zerbröckeln. Doch dann passierten mehrere kleine Wunder gleichzeitig, die dazu führten, daß in Herzogenaurach wieder die berechtigte Hoffnung auf bessere Zeiten einkehrte – und Nike und Reebok durch adidas unerwartet unter Druck gerieten.

Im April 1993 übernahm Robert Louis-Dreyfus – mit einer kapitalkräftigen Aktionärsgruppe im Rücken – adidas von Bernard Tapie. Der glücklos agierende Vorstandschef Rene Jäggi wurde abgelöst. Der neue starke Mann bei der Drei-Streifen-Firma wurde Steffen Stremme, der durch die systematische Verringerung des Billigpreissegments zwar den Umsatz stark kappte, dafür aber den Ertrag wieder in zweistellige Millionenhöhe schnellen ließ. Eine Kapitalspritze von 200 Millionen Mark für die Umsetzung zukunftsträchtiger Ideen vergrößerte den Aktionsradius beträchtlich.

Stremme und sein Marketingmann Eric Stamminger kreierten mit einer gigantischen Marketingoffensive einen neuen Modetrend, statt wie üblich hinterherzuhecheln: Streetball, eine ‹weichgespülte› Version des amerikanischen Ghetto-Basketballs für deutsche Hinterhöfe, «Basketball light» (drei gegen drei auf einen Korb) mit einer eigenen Mode: knielange Schlabbershorts, knöchelhohe Sneakers und Käppi. Dazu Rap und HipHop bis zum Abwinken. Der Kommentar des adidas-Pressesprechers ist von dankenswerter Offenheit: «Wir wollen mit Streetball die 12- bis 20jährigen erreichen, weil sie Meinungsführer sind. Kinder sind äußerst konsumfreudig.» Will heißen: Ehe sich Eltern von ihren MTV-geschulten Kids durch monatelanges Nörgeln und Quengeln an den Rand des Nervenzusammenbruchs bringen lassen, kaufen sie ihnen für ein paar schlappe Hunderter das Streetball-Outfit zusammen.

Streetball war eine Kampagne von oben, ebenso der adidas-Predator Cup, das Pendant im Straßenfußball. Dagegen ist die Renaissance der alten, in Herzogenaurach längst ausrangierten adidas- und Puma-Treter der 70er Jahre ein Geschenk des Himmels. Nicht geplant, nicht erahnt – und um so begeisterter aufgenommen.

Design – Nikes strategisches Potential

Zwar hat Nike die Aerobic-Welle verschlafen, spielt aber in ihren angestammten Revieren (zu denen Fußball *noch* nicht gehört) nach wie vor die erste Geige. Das liegt daran, daß Design ihre zentrale Geschäftsstrategie ist. Von Design im weitesten Sinne hängen Leben und Tod der Firma ab, behauptet Phil Knight. «Nikes Stab von 160 Vollzeitdesignern ist mit Talent geradezu aufgeladen. Aus allen Sparten werden Top-Designer herangezogen, unter ihnen Brian Stewart von IDEO, der sich Nikes Advanced Product Engineering anschloß, um an bahnbrechenden Konzepten für die Zukunft zu arbeiten; Steve McDonald von frogdesign und Esprit; Tinker Hatfield, der Hauptdesigner der Firma, ein gelernter Architekt; und der Designveteran Trip Allen.»[7]

Daß Nike nicht in der Lage war, rechtzeitig den Ideen von Timberland, Reebok oder Saucony (die Orientierung am «Teenie-Approach») etwas Eigenes entgegenzusetzen, liegt in der Logik des Erfolgs selbst. Nike wuchs schneller, als es der Entwicklung seiner wichtigsten Abteilungen guttat. «Die Geschäfte der Firma verdoppelten sich Anfang der 90er Jahre; zwei Drittel der Beschäftigten sind seit 1986 in die Firma eingetreten. Das Unternehmen bietet jeweils 850 Produkte für alle Jahreszeiten an. Das Resultat ist gnadenloser Druck, nur 90tägige Produktionszyklen mit Personalwechseln nach der Hälfte der Zeit. Dies hinterläßt, wie es jemand aus der Nike-Administration ausdrückt, ‹einen Haufen Leichen›.»[8] Ob das von Phil Knight und Mark Parker etablierte Kriseninstrumentarium der «Quick Striker» – blitzschnellen strategischen Entscheidungen auf höchster Konzernebene – tatsächlich die erhoffte Wirkung zeitigen wird, wird sich zeigen.

Nike oder Ikarus?

Es war am Heiligabend 1994, als die *taz* unter der Überschrift «Das Märchen vom sozialen Schuh» einen Artikel über Nikes Geschäftspraktiken in asiatischen Billiglohnländern veröffentlichte. An diesem Punkt ist der Konzern überaus empfindlich, weil er sein Öko- und Sozialimage bisher gut in klingende Münze umzusetzen wußte. Im rabiaten Verdrängungswettbewerb auf dem amerikanischen Markt haben sich viele bedeutende Firmen, wie Levi's Jeans, Reebok, die Postversandkette Sears und Nike, einen werbewirksamen «Verhaltenskodex» auferlegt, mit dem sie sich und ihre Zulieferfirmen auf die Einhaltung von Mindeststandards bei Löhnen, Arbeitsbedingungen und Umweltschutz verpflichteten. Geschäft mit Moral kompatibel zu machen – diese Selbstverpflichtung läuft in der Regel auf die Quadratur des Kreises hinaus.

Levi's fühlte sich 1992 zur Unterwerfung unter den Kodex genötigt, als ruchbar geworden war, daß ein Zulieferer auf der unter US-Recht stehenden Pazifikinsel Saipan chinesische Zwangsarbeiter beschäftigte. Seit 1992/93 steht auch Nike unter Beschuß. Erst machte ein Artikel in *Harper's* das Unternehmen nieder, dann zog das CBS-Nachrichtenmagazin *Street Stories* nach: 99 Prozent der jährlich verkauften 90 Millionen Paar Nikes würden unter erbärmlichen Bedingungen von Frauen produziert.

Die 27 Teile, aus denen ein Nike-Sneaker durchschnittlich besteht, können mit elektronisch gesteuerten Stanzen geschnitten und auch vernäht werden; für die feinen Rundungen bedarf es aber nach wie vor der Qualitätsarbeit menschlicher Hände. Und diese Hände sind nicht in Beaverton zu Hause. «Trotz der hehren Gesundheitsparolen auf dem Firmen-Campus hat Nike sich gesundgestoßen, indem sich viele krank schuften. Ein Großteil der Sneakers wird in einer heruntergekommenen Boomtown vor den Toren Djakartas in Indonesien hergestellt. In Amerika müßte Nike seinen Arbeitern 6,94 Dollar die Stunde zahlen, in der firmeneigenen Sung-Hwa-Fabrik sind nur vier Cents Stundenlohn fällig. Damit unterschreitet man sogar die Berechnungsgrundlage des bescheidenen indonesischen Existenzminimums.»[9] Zur Senkung der Lohnstückkosten schien Nike jahrelang jedes Mittel recht. Auf der Jagd nach immer profitableren Produktionsstätten durchkämmten sie ganz Südostasien. Anfang der 80er Jahre verlegten sie die Produktion nach Taiwan und Südkorea, nachdem die Schuhproduktion in den USA, Europa und Japan der Firma zu teuer geworden war. «Dann, vor etwa fünf Jahren, als die Löhne und der gewerkschaftliche Organisationsgrad sowohl in Korea als auch in Taiwan stiegen, vergab Nike fast die Hälfte der Produktion nach Indonesien, China und Thailand – und hinterließ häufig Arbeitslosigkeit», beschreibt Marijke Smit vom Amsterdamer Zentrum für Forschung über Multinationale Konzerne (SOMO) die Logik der Produktionsverlagerungen.[10] Obwohl Nike nach wie vor die paternalistische, entwicklungsfördernde Rolle seiner Präsenz in Südostasien beschwört, sprechen neuere Studien eine andere Sprache. Recherchen des indonesischen Büros der US-Gewerkschaft AFL-CIO zufolge können dem Konzern in allen entscheidenden Punkten (Mindestlohn, Mehrarbeit, Beschäftigung von Kindern, Frauenrechte) Verstöße nachgewiesen werden – trotz «Verhaltenskodex». Der Gewerkschafter Jeff Ballinger, der lange für AFL-CIO in Djakarta arbeitete, bestätigte das: «In Wirklichkeit verschlechterte das Erscheinen von Nike und anderen übernationalen Schuhfirmen die Situation, weil sie den Mindestlohn in den höchsten gezahlten Lohn verwandelten.»[11] Vermutlich sind Nikes Methoden um keinen Deut rüder und inhumaner als die ihrer Konkurrenten auf dem Sportschuh-Weltmarkt. Als die Herzogenauracher ihre Schuhproduktion in die CSSR verlagerten, taten sie das aus dem gleichen Kalkül wie die Nike-Manager.

«Nike comes down to earth» überschrieb das Magazin *International Design* 1994 seine Reportage über den Turnschuhkonzern. Frei übersetzt: Der Lack ist ab. Wie die zukünftigen Ausflüge in höhere Umsatzgefilde enden, wird von Phil Knight in der Nike-Zentrale in Oregon entschieden – und von Millionen Käuferinnen und Käufern in der ganzen Welt. Wie heißt es so schön in einer Nike-Anzeige: «Das Prinzip des Karma ist einfach. Was du säst, das wirst du ernten. Deine Taten von heute bestimmen dein Leben von morgen. Ursache und Wirkung. Verlieren kann nur, wer nichts wagt.» [12] Just do it.

Anmerkungen

1 Vgl. Roland Kimmerle: Jogging. Zur Entstehung und Entwicklung einer kollektiven Bewegung im Sport, in: Sportwissenschaft, Heft 1987/2
2 Der Stern 21/94
3 Runner's World v. Mai 1994, S. 7
4 Technisches Booklet «The Architecture of Sport Shoes», Nike – Deutschland, Weiterstadt o. J.
5 Männer Vogue 5/94
6 w + v 42/94
7 International Design (I. D.) März/April 1994
8 Ebd.
9 Männer Vogue 5/94
10 taz v. 24. 12. 94
11 Eba.
12 Nike-Anzeige «Instant Karma»

Wo der Schuh drückt

Gespräch mit Ulf Lunge («Lunge Laufladen», Hamburg)

Ihr habt jahrelang die ganze Laufschuh-Palette von asics bis Puma geführt. Wann und warum habt ihr dann einen eigenen Schuh gemacht?

Ulf Lunge: Geträumt hatten wir schon seit über zehn Jahren, einen eigenen Schuh zu konstruieren. Wir haben in der Entwicklung von Schuhen lange mit adidas, New Balance, Nike zusammengearbeitet und versucht, unser Know-how einzugeben. Es war frustrierend, daß nicht das dabei herauskam, was wir wollten. Allenfalls einzelne Details wurden übernommen. Ein Beispiel: Wir hatten Tips gegeben, eine Innen-Pronationsstütze auf Stiftbasis zu entwickeln. Im Endeffekt sind die bis zu den Löchern gekommen – und haben die Stifte vergessen. Der Schuh war auf der Innenseite noch weicher; wir sind fast umgefallen. Es hat zeitlich nicht mehr gelangt, bis zur Messe die Stifte fertigzustellen, und so kam der Schuh nur mit den Löchern auf den Markt.

Auf welcher Ebene habt ihr mit adidas zusammengearbeitet? Gab es eine Entwicklungsgruppe?

Ulf Lunge: Wir haben mit der Entwicklungsabteilung bei adidas, die sich Business Unit Running nennt, zusammengearbeitet und unser Know-how kostenlos zur Verfügung gestellt. Einfach aus Spaß, einen Schuh zu verwirklichen, den wir nachher auch gerne verkaufen, einen Schuh, der wirklich gut ist und unseren Ansprüchen gerecht wird.
Unsere Überlegung war: Welches sind die wichtigsten Kategorien, die zudem auch noch von den Herstellern schlecht besetzt sind? Wir haben uns zunächst den relativ schlanken bis normal breiten Fuß vorgenommen, der ein hohes Stütz- und Dämpfbedürfnis hat. So haben wir den ersten Schuh, den *Hanseat*, konstruiert. Unser zweiter Schuh, der *Cyrus*, war auf noch mehr Dämpfung und etwas breitere Paßform ausgelegt und hat eine noch höhere Stützwirkung bekommen. Damit war er auch überaus erfolgreich. Diese Entwicklung werden wir fortsetzen. Der nächste Schuh soll auf den breiten Fuß von Läufern mit höherem Gewicht hin konstruiert werden. Wir werden versuchen, alle wichtigen Kategorien zu besetzen. Dann können wir auch auftreten und sagen: Wir sind eine Marke, wir haben eine Lösung für alle anzubieten. Im Moment müssen wir noch etwas vorsichtig sein. Unsere Schuhe sind nur für bestimmte Fußtypen das Optimum. Wenn Leute mit dem *Hanseat* oder *Cyrus* laufen möchten, müssen wir erst prüfen, ob ihre Füße dafür geeignet sind. Ansonsten raten wir ab.

Für wen sind eure Schuhe geeignet?

Ulf Lunge: Einerseits Knick-Senk-Füßler, Leute mit orthopädischen Problemen, offensichtliche Überpronierer. Andererseits schnelle Läufer mit schlankem Fuß. Wir haben uns zunächst einmal die engagierten Läufer vorgenommen. Sie sind die Meinungsbildner in der Laufszene, die am leichtesten mit Technik zu überzeugen sind. Wir haben nur eine Chance, wenn wir besser sind als die anderen.

Kannst du etwas zur technischen Konstruktion eurer Schuhe sagen?

Ulf Lunge: Wir arbeiten – und darauf sind wir besonders stolz – im Kern der Zwischensohle mit Neopren-Schaum, einem dauerelastischen Schaum auf Kautschukbasis. Das verspricht eine dauerhafte Dämpfung für mehr als 2000 Laufkilometer, auch bei schwergewichtigen Läufern.

Die Erfahrung von *Lunge*-Läufern zeigt, daß wir selbst über 2000 Kilometer und über 90 Kilogramm hinaus im Vergleich eine sehr gute Dauerhaftigkeit haben. Und dabei ist unser Schuh viel leichter. Er wird gerne auch als komfortabler Wettkampfschuh eingesetzt. Wir arbeiten zudem sehr eng mit den Orthopädietechnikern Stolle und Hermes zusammen. Wenn jemand ein Rezept hat, vermitteln wir ihnen den Auftrag für eine Einlage; wir machen nur die Vermessung und geben das dann weiter. Für Leute ohne Rezept haben wir ein eigenes Einlagensystem entwickelt, das mit einer orthopädischen Einlage vergleichbar ist. Es besitzt einige Vorteile, da es eher präventiv gedacht ist. Unsere Einlage kann man auf Dauer tragen, da sie stärker auf die Unterstützung der Muskulatur des Fußes setzt. Wir orientieren uns an Einlagen für Kinderschuhe – also eine sanfte Einwirkung, ohne den Läuferfuß zu schwächen. Außerdem ist unsere Einlage viel preiswerter als eine orthopädische Einlage und kann auch sofort mitgenommen werden.

Wollt ihr irgendwann auch in verschiedenen Weiten produzieren und Schuhe für Frauen machen?

Ulf Lunge: Wir belegen jetzt schon Platz 12 oder 13 bei den beliebtesten Frauenschuhen, obwohl wir gar keine Frauenschuhe haben! Das liegt daran, daß wir in kleinen Größen bauen (bis herunter zu Größe 6) und unsere Schuhe so schlank sind. Das ist ein großer Erfolg, denn wir haben wirklich nur 30 Händler in Deutschland. Das ist nichts im Vergleich zu Nike in Deutschland, die haben 1500 oder mehr Vertragshändler – und trotzdem immerhin Platz 12, noch vor Puma und Le Coq Sportif. Wir wollen insgesamt die Größen nach unten hin abrunden, aber eben nicht durch spezielle Frauenschuhe, denn es gibt auch bei Frauen schlanke und breite Füße.

Aber wir werden Schuhe in großen Breiten bauen, da wir der Meinung sind, daß mit einer größeren Breite meist auch ein höheres Gewicht verbunden ist, und deshalb werden wir den ganzen Schuh darauf einstellen, nicht nur die Weite.

Seid ihr bei der Produktion des Hanseat *und* Cyrus *ein großes finanzielles Risiko eingegangen?*

Ulf Lunge: Ja, ein extremes Risiko. Das Ganze ist noch nicht rentabel.

Für mich ist es schwer vorstellbar, daß die «Lunge-Bruderschaft» auf dem Markt der Großfirmen eine wirkliche Chance hat. Haben die etablierten Firmen wie adidas, Puma oder Nike auf euch reagiert?

Ulf Lunge: Wir haben immer noch ein sehr gutes Verhältnis zu diesen Firmen, daran hat sich nichts geändert. Klar: Wir werden kritisch beäugt, und vielleicht wird auch was abgeguckt. Wir sind ein Mitbewerber mehr am Markt, und das ist für die Großen überhaupt kein Problem.

Bis wir eine ernsthafte Konkurrenz darstellen, haben wir noch einen weiten Weg vor uns. Unser Ziel ist es, spezielle Schuhe zu bauen. Wir gehen bewußt nicht in große

Schuhhäuser mit unserem Sortiment, sondern nur in kleine Laufläden mit hoher Beratungskompetenz. Natürlich könnten wir unsere Schuhe in viel breiterem Rahmen anbieten. Das wollen wir aber nicht, weil wir befürchten, daß unsere Schuhe ohne intensive Beratung verkauft werden, also an den falschen Fuß geraten. Und das fällt dann wieder auf uns zurück.

Welche Läden verkaufen eure Schuhe?

Ulf Lunge: Läden, deren Verkäufer ausgebildet und kompetent sind, Läden, die eine Laufbandanalyse machen können und eine ganze Menge von Füßen, Schuhen und Laufen verstehen.

Gibt es eigentlich Möglichkeiten, Schuhe zurückzuschicken, wenn ihr euch einmal im Einkauf vertan habt?

Ulf Lunge: So etwas kommt vor, obwohl wir in der Regel nur Schuhe einkaufen, von denen wir hundertprozentig überzeugt sind. Mag sein, daß wir uns mal irren. Wenn wir zu viele haben, dann liegen die halt einen Monat oder zwei länger, das macht nichts. Nur im modischen Bereich ist das schwieriger. Wir arbeiten mit den Firmen sehr gut zusammen, können also auch mal was zurückgeben, oder wir tauschen im Fachhandelskreis. Inzwischen haben wir überhaupt keinen Lagerdruck mehr.

Wo laßt ihr eure Schuhe herstellen?

Ulf Lunge: Wir haben einen koreanischen Produzenten kennengelernt, der in Deutschland mal ein Fachgeschäft besuchen wollte. Der ist extra von München nach Hamburg geflogen und hat sich unsern Laden mit seinem Chefingenieur angeschaut. So etwas hatte er noch nie gesehen. Und dann haben wir ihn gefragt, ob es nicht möglich wäre, mit ihm zusammen einen Schuh zu bauen. Seitdem arbeiten wir gut zusammen.

Ich habe die Laufzeitschriften nach Stellungnahmen zu den Lunge*-Schuhen durchgeguckt. Seid ihr nicht ein bißchen enttäuscht, wie wenig Resonanz es bei den Laufschuh-Tests gab?*

Ulf Lunge: Das kann ich erklären. Als wir mit dem Schuh rauskamen, waren wir auch in den Tests vertreten. In der *Runner's World* haben wir gut abgeschnitten. Die Kritik in der *LaufZeit* hat sich die eigenartige Optik unserer Schuhe vorgeknöpft. «Ein besonders häßlicher Schuh» oder so was in der Art hieß es da. Aber seine Technik und Funktionalität haben auch sie gelobt. Unser wirklicher Test ist das Urteil unserer Kunden, und die sind hoch zufrieden. Diejenigen, die den Schuh tragen, empfehlen ihn weiter. Darauf setzen wir.

Du hast in einem Interview einmal ziemlich rüde auf die Frage reagiert, weshalb euch modische Accessoires nicht interessieren. Wäre es sehr teuer, zusätzlich ein bißchen Schick reinzubringen?

Ulf Lunge: Wir haben nicht eben viel Zeit auf Schick verwandt. Heute sind wir realistischer. Wir wollen eine attraktivere Optik kreieren. Das wird beim nächsten Schuh besser werden, und bei Nachproduktionen werden wir die Farbe ändern.

Also keine puristische Haltung?

Ulf Lunge: Nein. Wir werden versuchen, sowohl dezente Schuhe zu bauen als auch optisch attraktive. Über unsere Kontakte zur

Kunsthochschule werden wir ganz andere Schuhe machen können. Design gehört dazu, wir waren da sehr blauäugig.
Unsere beiden aktuellen Schuhe verkaufen sich dennoch gut. Wir werden schon zum Ende des Jahres mindestens noch einen neuen dazunehmen.

Laßt ihr die alten Modelle dann neu produzieren?

Ulf Lunge: Ja. Die bleiben im Programm, so wie sie sind. Sie werden nur neu gestylt. Es kann durchaus sein, daß der *Hanseat* ganz in Grau bleibt. Es ist möglich, daß er etwas andere Grautöne bekommt, die eleganter aufeinander abgestimmt sind. Ansonsten wird der *Cyrus* wohl eine neue Farbe bekommen.

Kannst du als Laufschuhhändler etwas zu den Trends sagen, die in den letzten Jahren die Diskussionen bestimmten, z. B. adidas' «Torsion-Prinzip» oder «Pump» von Reebok?

Ulf Lunge: Die zentrale Idee dahinter ist natürlich, daß man in der Werbung etwas als sensationelle Innovation herausstellen kann. Es ist nicht damit getan, zu sagen: «Black box», das ist der Schuh, nun kauft den mal. Die Leute wollen wissen, was das sensationell Neue daran ist und weshalb. Das Ganze muß einen Namen haben und möglichst spektakulär sein. Ich bin der Meinung, daß die meisten dieser Neuerungen mehr Schaden als Nutzen bringen und ein Torsion-Stab nicht unbedingt in den Schuh gehört. Wenn man sich anguckt, wie Läufer auf gerader Strecke die Füße bewegen, dann folgt der Rückfuß immer dem Vorfuß. Die Abweichungen, die es zwischen diesen Bewegungen gibt, werden durch die normale Tordierbarkeit eines Schuhs ausgeglichen, ohne Probleme. Man kann schadlos auf den Stab verzichten.

Und das Prinzip der aufblasbaren Kammern?

Ulf Lunge: Luftkissen sind vom Prinzip her eine interessante Technik, weil sie dauerelastisch sind. Wie praktikabel sie sind, wird sich zeigen. Ich glaube, daß man durch eine Luftkammer keine gute Pronationsstütze erreicht, indem man die Luftkammer entsprechend hart füllt. Denn irgendwo gibt sie doch nach, und genau das darf sie nicht. So hart kann man sie gar nicht füllen. Eine Stützwirkung ist mit Luft nicht zu realisieren. Außerdem wird die Sohle dadurch sehr steif und störanfällig.

Mit wie vielen verschiedenen Materialien arbeitet ihr bei der Sohle?

Ulf Lunge: Wir haben zwei bzw. drei verschiedene Materialien, aber diese in ungefähr acht verschiedenen Härtegraden. Das ist außergewöhnlich, sonst sind meist nur drei üblich. Je komplizierter das alles ist, desto teurer ist es auch. Dennoch war diese technische Differenziertheit die Voraussetzung, mit einer eigenen Kollektion zu starten. Es hat sich gelohnt.

«Die Landschaft umhüllt den Läufer wie ein Meer»

Marathon – eine Meditation

Sonntag, 13. September 1992: Der Aktionskünstler Mic Enneper begibt sich auf die Marathondistanz. Aufbruch: bei Kilometer 0. Ankunft, Ziel, Erlösung: bei Kilometer 42,195. Anknüpfend an frühere Arbeiten, als er mit Erde, Steinen und anderen Elementen Skulpturen schuf und auf diese Weise Landschaften künstlerisch neu formte, verfolgte er hier das Ziel, den Marathonlauf als Bewegungsskulptur darzustellen. «Der absolvierte Lauf dient... nicht der Her- oder Fertigstellung eines real erfahrbaren und visuell anschaulichen Objekts, sondern der Lauf selbst war sein eigener Sinn und sein Objekt: Die kinetische Skulptur des Marathon wurde errichtet (...) Durch einen bestimmten Anfang und ein festgesetztes Ende definiert sich die Form der Skulptur. Der Künstler bewegt sich als Laufender während einer bestimmten Dauer über einen bestimmten Weg. Die zurückgelegte Strecke gleicht einer Zeichnung, der Weg in der Landschaft einem Strich auf dem Papier: Linie und Landschaft zusammen ergeben eine Komposition.»

Was so eigenartig klingt und auf den ersten Blick alle gegenüber moderner Kunst grassierenden Vorurteile herauskitzelt, entpuppt sich als ein beeindruckendes Experiment. Ennepers Lauf steht in der Tradition experimenteller Performances von Konzeptkünstlern, die mit kargen Mitteln die Rückbesinnung auf die Grunderfahrungen menschlicher Existenz ausdrücken: auf Raum und Zeit.

So begannen etwa im März 1988 die Künstler Ulay und Abramovic «The Great Wall Walk», eine Wanderung über die Chinesische Mauer. Sie starteten von beiden Enden der Mauer, jeder allein und beide aufeinander zugehend. «Die Sichtbarkeit der Chinesischen Mauer bis hin zu auf dem Mond sich aufhaltenden Astronauten hatte den Anstoß zu dem Projekt gegeben: Das Wandern als die Abmessung der Landschaft mit dem eigenen Körper dauerte sechs Monate. In dieser Zeit sprachen die beiden Künstler nicht. Wesentlicher Gehalt der Performances von Ulay / Abramovic war die Demonstration des Schmerzes. Der Schmerz ist Teil der Existenz und untrennbar mit ihm verknüpft... Indem der Körper sich der Zeit ausliefert, begleitet von einem sehr wachen und aufnahmebereiten Bewußtsein, wird die Seele extrem verwundbar.»[1]

Die Grenzerfahrungen in der Selbstwahrnehmung von Menschen, die sich extremen körperlichen Anstrengungen wie Marathon, Ultraläufen oder Extrembergsteigen aussetzen, werden in Claudia Schinks Text «Der Marathon. Eine Vermessung» (Sommer 1992) herausgearbeitet. Vielleicht ist es gerade dieser völlig andere Zugang, das Desinteresse an der sportlichen Dimension von Marathonläufen, der die Radikalität ihres literarischen «Kopfmarathons» ausmacht. (Wir geben im folgenden mehrere Kapitel aus dem Text wieder.)

Hier spüren wir, daß körperliche Extrembelastungen wie ein Abtauchen in Tiefenschichten unseres Bewußtseins sind und uns mit den zentralen Fragen unseres Lebens in Berührung bringen: Einsamkeit, Eros, Körperbilder, Altern, Schmerz, Leidenschaft, Sehnsucht, Tod. Aber selten genug nehmen wir wahr, was dann in uns und mit uns passiert. Diese Ahnungen von Tiefen in uns und Weiten jenseits von uns sind Erlebnisse, die zum Wichtigsten zählen, was wir beim Marathon über uns und unser Leben lernen können.

«Die Erde greift nun ungehemmt den Körper an»

In 42 Kapiteln nähert sich Claudia Schink dem «Phänomen Marathon»: ein Parforceritt von den physiologischen Essentials zu den metaphysischen Blitzen im Kopf und zurück, vom Start bis zum Ziel. 42 Kilometer, 42 Einschnitte. Der Start. Der Aufbruch. Der Kilometer. Die Landschaft. Der Atem. Der Glaube. Die Wahrnehmung. Der Muskel. Der Boden. Die Kraft. Die Bewegung. Der Wille. Die Geschwindigkeit. Das Bein. Die Orientierung. Die Temperatur. Die Entfernung. Das Blut. Die Gedanken. Der Schweiß. Die Strecke. Der Durst. Der Himmel. Die Einsamkeit. Die Nerven. Der Rausch. Der Blick. Die Hoffnung. Die Anstrengung. Die Zeit. Die Hitze. Die Schwere. Die Sinnlosigkeit. Der Schmerz. Die Reduzierung. Die Endlosigkeit. Die Schwäche. Die Leere. Der Körper. Die Gefühllosigkeit. Die Überwindung. Das Ende. Der Sieg.

Herausgekommen ist eine poetische Reflexion über den Lauf als Lebens-Lauf: eine Marathon-Meditation.[2] Der Text ist karg und spröde, sperrig – und doch auf eigentümliche Weise schön. Er spiegelt die Härte und Sinnlosigkeit extremer Anstrengungen ebenso wie die uns fort- und weitertragenden Gefühle von Leichtigkeit und Trance.

Claudia Schink: Die Entfernung

16

Die Aufgabe des Marathonläufers liegt in der Überwindung der gesetzten Entfernung. Die Entfernung bezeichnet das räumliche Maß zwischen zwei *auseinanderliegenden* Orten. Für den Läufer reduziert sich der gesamte Raum auf den die beiden Orte trennenden Zwischenraum. Dabei bildet der zurückzulegende Weg, die Entfernungsstrecke, nicht die kürzeste Luftlinie. Die Räumlichkeit des Marathon beweist sich in der Entfernung und der entsprechenden Ausrichtung des Läufers. Die Entfernung zwischen seiner Position und dem Ziel begreift der Läufer nicht als Abstand oder Längenmaß. Die Entfernung erfährt durch die Aktivität des Läufers eine Verringerung. Dabei empfindet der Läufer seine Tätigkeit des Laufens als eine Näherung an das Ziel, indem das Ziel sich ihm nähert. Während die gesamte Marathonstrecke als Entfernung gleichbleibend ist, vermindert sich das Raumvolumen zwischen dem Läufer und seinem Ziel.

Entfernung heißt, daß etwas sich in der Ferne verbirgt. Das Verbergen beschränkt sich nicht auf die Sichtbarkeit. Das optisch Nahe ist dem Läufer zum Verschwinden fern. Der Fußboden, den der Läufer benutzt, um sich seinem Ziel zu nähern, bleibt seinem Bewußtsein ferner als das Ziel selbst, das er vor seinem inneren Auge trägt, obgleich der Boden *unter seinen Füßen* ist und ihn bereits jetzt mit dem Ziel verbindet, da der Boden als Strecke eine direkte Beziehung zum Ziel unterhält.

Die Entfernung scheint dem Läufer in jedem Augenblick unendlich zu sein. Die Kilometermarke 30 oder der Zielpunkt versinken ihm in gleicher Weise hinter dem Horizont der Unendlichkeit. Die Entfernung zum Ziel liegt im Ungewissen, während der bereits beschrittene Weg als bekannt erinnert wird. Doch auch die überwundene Wegstrecke zieht sich im Bewußtsein des Läufers zu einer unbekannten Größe zusammen.

Der Läufer bleibt den meßbaren Längenergebnissen gegenüber blind. Er flüchtet von dem Ort, an dem er sich gerade befindet, zu einem anderen Ort, an den er sich wünscht.

Die Entfernung dient dem Läufer lediglich zu deren Beseitigung, um den Zustand der Nähe zu erreichen und an den gewünschten Ort zu gelangen. Seine Geschwindigkeit drängt auf die Überwindung der Entferntheit. Der Läufer schätzt den Abstand zwischen seiner Ortslage und dem Zielpunkt nicht im Längenmaß, sondern im Zeitmaß. Dieses Messen ist ein Erwägen und Abschätzen einer etwaigen Dauer bis zum Ziel. Die Entfernung von einer Stunde erscheint ihm als etwas Gerundetes, nicht Lineares. Das Ziel hingegen wird als ein bestimmter Zeitpunkt anvisiert.

Entsprechend seiner körperlichen Verfassung erscheint dem Läufer der noch zu bewältigende Wegabschnitt von einer Ferne zu sein, die dem tatsächlichen Abstand nicht gemäß ist. Es kommt zu einer *paradoxen Entfernungsempfindung*, indem das Ziel bei realer Nährung doch weiter entfernt, ja unerreichbar zu sein scheint, während es zu Beginn des Laufes eine relative Nähe beanspruchte.

Die Strecke

Die Strecke ist ein Einschnitt in die Umgebung. An ihren Längsseiten ist sie mit der Landschaft verbunden.

Die Kilometerzahl bezeichnet eine Distanz zwischen zwei Punkten. Der Läufer verbindet diese Punkte durch die Strecke, die er zurücklegt. Er läuft eine imaginäre Linie. Der Läufer ist als Bewegter in den Raum und in die Zeit gerichtet. Er verbindet die Punkte über den Weg der Zeit, sein Bewußtsein urteilt «weit» oder «nah». Die Strecke wird in Stunden berechnet, der Läufer veranschlagt ein bestimmtes Zeitmaß für eine Kilometerzahl.

Die Strecke führt *vom Ausgangspunkt zum Ziel.* Der Weg ist ein Hindernis, das überwunden werden muß. Gegen ihn liegt der Läufer im Wettstreit, an jenem mißt er seine Kraft und die Geschwindigkeit. Die Laufstreckenlänge bezieht sich auf das geeichte Urmaß des Marathon, jedoch scheint die jeweils vorliegende immer die längste zu sein. Sie wirkt um so kürzer, je rascher die Überwindung erfolgt.

Der Marathon bezeichnet ein antikes Maß. Nach seiner Länge wird ein konkreter Weg ausgemessen; dieser erhält für kurze Zeit den Namen «Marathon-Strecke». Er wird abgesteckt und gekennzeichnet. Die Strecke ist passiv. Der Läufer überwindet eine Strecke, die sich durch ihre Markierung (sein Merken) von den *unzählig möglichen anderen* Strecken unterscheidet. Sie beschreibt in seiner Vorstellung eine geometrische Form.

Ein eigenartiges Stück Emanzipationsgeschichte

Frauen und Marathon I

Frauen sind die treuen Gefährtinnen ihrer Männer. Ihr Ort ist das Haus, ihre Berufung die Ehe und ihre schönste Pflicht das Gebären und Großziehen von Kindern. Frauen sollen schön sein, sich grazil bewegen und mit ihrer ganzen Erscheinung den Blicken des Mannes schmeicheln. Sportliche Betätigung in Maßen darf dies unterstützen: gymnastische Übungen, Tennis, Tanz, ein wenig Leichtathletik. So soll es sein… Daß Frauen einmal Marathon laufen würden und ihre Bestzeiten nur noch eine knappe Viertelstunde über den Zeiten der schnellsten Marathonmänner liegen würden, hätte den Vorstellungshorizont der Allgewaltigen in den Entscheidungsgremien der internationalen Leichtathletik überschritten. Eine Uta Pippig würde Emil Zátopek über die 42 Kilometer die Hacken zeigen, und der «Jahrhundertläufer» Paavo Nurmi bräuchte sich für ein Duell gegen die chinesische Ausnahmeläuferin Junxia Wang erst gar nicht die Laufschuhe zu schnüren.

Die Frau – ein einziges Mängelwesen?

Werden Frauen durch das definiert, was sie konstitutionell und biologisch nicht sind (und nicht sein können), steht das Urteil von vornherein fest: Bezogen auf den Maßstab Mann sind sie defizitäre Wesen, Sportler minderen Werts. Aus bestenfalls beschreibenden Kategorien der Sportmedizin wurden Argumente der Ausgrenzung, des Ausschlusses von Frauen aus den meisten leichtathletischen Disziplinen. Frauen sind kleiner und schwächer als Männer, sie verfügen über eine «dürftige Muskulatur und entsprechend ungünstigere Arbeitsleistung»; die leistungsphysiologisch relevanten Werte vom Herz-Kreislauf-Volumen bis zur maximalen Sauerstoff-Aufnahme (VO_2 max) sind niedriger – und auch das breitere Becken mit dem daraus resultierenden Hang zur X-Bein-Stellung schlägt als Minuspunkt zu Buche. All dies weist Frauen, um ein unsägliches Zeitgeistwort zu bemühen, als «multifaktoriell behindert» aus. Jene, die den Langlauf von Frauen als ernstzunehmende leichtathletische Disziplin etablieren wollten, sahen sich mit einer Vielzahl praktischer und argumentativer Schikanen konfrontiert.

Als der SC Komet Berlin im Olympiajahr 1904 die Idee von exklusiven «Damenläufen» aufgriff, die in Paris mit großem Erfolg durchgeführt wurden, und einige Läuferinnen aus dem «Seine-Babel» zu Wettkämpfen nach Berlin einlud, sah *Sport im Wort*, das offizielle Organ der Deutschen Sportbehörde für Athletik, die öffentliche Moral in der wilhelminischen Metropole gefährdet. Die meist aus eher ärmlichen Verhältnissen stammenden halbbekleideten Mädchen würden «junge und alte Lebemänner» wie Magnete anziehen.[1] Und führet sie nicht in Versuchung…

Frau Wilhelmine Nagel aus Preußen: schnell, ausdauernd und PR-bewußt

«... nicht ausschließlich mit der Gebärmutter»

Der Dreistigkeit des voyeuristischen männlichen Blicks entsprach die Geringschätzung der sportlichen Leistungsfähigkeit von Läuferinnen. «Es gibt nur sehr wenige Sportzweige, in denen das weibliche Geschlecht mit Aussicht auf Erfolg aktiv sein kann; daß der Laufsport nicht zu ihnen gehört, bedarf keines Beweises» – vermutlich deshalb, weil der Laufstil der Frau zur Laufdynamik des Mannes in einem «ähnlichen Kontrast steht wie das Watscheln der Ente zum stolzen Schritt des Rennpferdes.»[2] Der deutsche Sportführer Karl Ritter von Halt spielte Ende der 30er Jahre in seiner Leichtathletik-Lehre eine andere Karte gegen Leichtathletinnen der verschiedenen Disziplinen aus. Sport sei Kampf. Kampf aber verzerre die natürliche Anmut des «Mädchenantlitzes» und führe zur Vermännlichung der Frau. Kampf «läßt die Grazie verschwinden, mit der das Weib sonst gewohnt ist, alle Bewegungen auszuführen. Mit einem Wort, er wirkt beim Weib unschön. Der Kampf gebührt dem Mann, der Natur des Weibes ist er wesensfremd.»[3] Selbst bei Reformpädagogen wie dem Hamburger Turninspektor Karl Möller wird die biologische Fixierung auf die Gebärfähigkeit der Frau zum zentralen Kriterium ihrer sportlichen Eignung. «Unser Ideal ist das gesunde, vollkräftige, frische, blutreiche, kernfeste, unverschnürte, mutige Weib, die aufrechte, blühende und tapfere Mutter...»[4]

Die Besorgnis der Männer galt in erster Linie den fortpflanzungsrelevanten Körperregionen sportlicher Frauen. Sportärzte fürchteten gerissene Eierstöcke, verschobene Gebärmütter, absackende Busen und andere Schrecknisse. Gleichermaßen erzürnt wie amüsiert über soviel Impertinenz, fertigte die Berliner Gynäkologin Alice Profé in den zwanziger Jahren den versammelten männlichen Sachverstand mit dem großartigen Satz ab: «Ob Sie es glauben oder nicht, meine Herren, wir turnen gar nicht ausschließlich mit der Gebärmutter.»

Als die «Enten» laufen lernten

Die lauflustigen Frauen ließen sich auf Dauer nicht aufhalten. Ende des 19. Jahrhunderts sorgten Frauen für Furore, die als «Pedestrians» Ultradistanzen vor großem Publikum zurücklegten. So warb ein Plakat für einen 50-Meilen-Lauf, den Mary Marshall, «the champion lady pedestrian of the world», am 23. April 1877 in Neu-England zu absolvieren versprach. Für ein kleines Eintrittsgeld konnten sich die Schaulustigen dieses irgendwo zwischen Zirkus und Sport angesiedelte Spektakel anschauen. Das älteste überlieferte Sportfest für Frauen und Mädchen fand am 9. November 1895 am Vassar-College in Poughkeepsie im Staate New York statt. Geschützt von einer dreieinhalb Meter hohen Hecke, traten Gruppen «flinker, geschmeidiger und lebhafter Mädchen» in fünf leichtathletischen Disziplinen zum Wettkampf an. Mit Röcken, weißen Pullovern, schwarzen Socken und Leinenschuhen waren die jungen Damen ungewöhnlich freizügig gekleidet, wurde doch auf das Tragen von Hüten verzichtet. Reportern und männlichen Zuschauern war der Blick auf das frivole sportliche Treiben natürlich verwehrt...[5]
Große Verdienste um die Frauen-Leichtathletik erwarb sich die französische Frauenrechtlerin Alice Milliat. Die kämpferische Suffragette hatte 1917 den «Französischen Frauensportverband» ins Leben gerufen. Als der elitäre IOC-Altherrenclub die Aufnahme

von Frauenwettbewerben ins Programm der Olympischen Spiele brüsk ablehnte, gründeten Milliat und ihre Mitstreiterinnen 1921 in Paris die Fédération Sportive Féminine (FSFI). Im März desselben Jahres organisierte die FSFI in Monte Carlo die erste Frauen-Olympiade. In ihren Dimensionen eher ein exklusives Frauen-Sportfest, unterstrich sie die Entschlossenheit der Teilnehmerinnen, sich von Männern nicht länger aus der Arena des Sports verbannen zu lassen.

Einer der ersten Stars der frühen Frauen-Leichtathletik war die Polin Stanislawa Walesiewicz (geb. 1911), die als Kind mit ihren Eltern in die USA eingewandert war. Unter dem Namen Stella Walsh sorgte sie Anfang der 30er Jahre für Aufsehen: Sie war die erste Frau, die die 100 Yards unter elf Sekunden lief. In Los Angeles gewann sie 1932 Gold über 100 Meter. «Auf ihre Leistungen fiel erst nach ihrem Tod ein Schatten. 1980 geriet sie in einen Raubüberfall und wurde erschossen. Eine Autopsie ergab, daß sie in Wirklichkeit keine Frau war.»[6] Der oder die schnelle Stella war nicht die einzige (siehe die Fälle Zdenka Koubkova und Dora Ratjen), deren «geschlechtliche Unübersichtlichkeit» Anlaß für die Einführung von Sex-Tests in den 30er Jahren war.

Amsterdam 1928: der berüchtigte 800-Meter-Lauf

Ganz andere Probleme hatten die Funktionäre zu bewältigen, die glaubten, sporttreibende Frauen per Kleiderordnung züchtigen zu müssen. Turnerinnen hatten sich beispielsweise in Überröcken, mit verstärktem Korsett und hohen Absätzen ihrem Sportgerät zu nähern. Beim Geräteturnen mußten die Beine stets geschlossen gehalten werden, und der Unterkörper hatte stets unterhalb des Oberkörpers zu sein. Dieses diffizile Regelwerk hielt Karl Ritter von Halt für nicht praktikabel, weshalb er gleich für die radikale Lösung des Problems plädierte: «Weg mit den Damen-Leichtathletik-Meisterschaften, sonst laufen wir Gefahr, daß uns die Öffentlichkeit zu Lustmolchen abstempelt.» Der schneidige Ritter, der sich als Zehnkämpfer seine sportlichen Meriten erworben hatte, konnte sich aber mit seinem anachronistischen Vorschlag nicht durchsetzen.

Nach der Olympiade 1928 in Amsterdam blies den Leichtathletinnen der Wind erneut ins Gesicht. Gerade einmal in fünf Disziplinen hatten die «Herren der Ringe» Frauen an den Start gehen lassen: 100 Meter, 800 Meter, 4x100-Meter-Staffel, Hochsprung und Diskus. Beim 800-Meter-Lauf war es zum Eklat gekommen. Zwar wirkte die Siegerin, die Deutsche Lina Radke-Batschauer, im Ziel trotz neuer Weltrekordzeit von 2:16:8 Minuten erstaunlich frisch, aber nach ihr sanken die Frauen reihenweise vor Erschöpfung ins Gras. Welch häßlicher Anblick für Männer, die an der holden Weiblichkeit das Zarte, Schöne und Grazile lieben! Daß man Ähnliches häufig schon bei Temporennen von Männern gesehen hatte, war für die eifernden «Frauenfreunde» natürlich kein Argument. Umhereilende Ärzte und Sanitäter verstärkten zusätzlich noch den Eindruck, Zeugen eines mittleren Massakers geworden zu sein. Aber bereits zwei Tage später liefen die Viert- und Fünftplazierten, die Kanadierinnen Jenny Thompson und Fanny Rosenfeld, mit der 4x100-Meter-Staffel Kanadas zweimal Weltrekord.

Eine Einheitsfront aus Ärzten, Funktionären, Trainern und Geistlichen verschiedener Konfessionen nutzten die öffentliche Entrüstung und sorgten dafür, daß das IOC den 800-Meter-Lauf aus dem Programm der Olympischen Sommerspiele strich. Denn daß zwei Bahnrunden das weibliche Leistungsvermögen übersteigen, schien ihnen nach diesem Lauf zweifelsfrei erwiesen. Der damalige IOC-Präsident Baillét-Latour hatte beim IOC-Kongreß vom 25. bis 30. 5. 1930 in Berlin einen noch weitergehenden Antrag gestellt – «Die Frauen sind bei Olympischen Spielen nur zu den Wettbewerben in Gymnastik, Schwimmen, Tennis und Eislaufen zugelassen» –, war damit aber gescheitert. Die gesamte Frauen-Leichtathletik aus der olympischen Bewegung zu entfernen erschien selbst der Greisen-Internationale als nicht durchsetzbar. Wieder einmal hatten Männer gewußt, was für Frauen das Beste war. Es dauerte ganze 32 Jahre, bis 1960, bis die 800-Meter-Distanz der Frauen wieder olympisch war. Bis dahin waren 200 Meter die längste Frauenstrecke bei Olympischen Spielen.

Frauen und Marathon – eine kurze Geschichte

«Die ersten 70 Jahre Frauenmarathon lassen sich in einem einzigen Absatz zusammenfassen»[7], schrieb Tom Derderian in seiner Studie über den Boston Marathon – dort, wo K. V. (alias Kathrine) Switzer 1967 der entscheidende Einbruch in die Männerdomäne Marathon gelang. Die Geschichte der Frauen auf dieser Strecke beginnt, wie könnte es auch anders sein, mit der der Männer. Als auf Drängen des französischen Altertumsforschers Michel Bréal der Olympia-Pionier Baron Pierre de Coubertin verfügte, daß zur Erinnerung an den historischen Botenläufer ein rund 40 Kilometer langer Marathonlauf ins Programm der ersten Olympischen Spiele der Neuzeit aufgenommen werden solle, wurden in Griechenland Soldaten, Hirten und einfache Handwerker aufgefordert, für diese lange Strecke zu trainieren. Anders als bei dem heroischen Boten der Antike, der im Jahre 490 v. Chr. mit den Worten «Wir haben gesiegt!» sein junges Leben ausgehaucht haben soll, scheint Melpomene (oder Malpomene), die erste Marathonläuferin der Neuzeit, historisch verbürgt zu sein, wie der Sporthistoriker Karl Lennartz schreibt: «An dem Vorbereitungsprogramm scheint sich auch eine junge Griechin – sie hieß Malpomene – beteiligt zu haben, die sich dann auch zur Teilnahme anmeldete. Das Organisationskomitee lehnte ihr Begehren aber ab. Bei den ersten Olympischen Spielen waren auch sonst keine Wettbewerbe für Frauen vorgesehen. Die Griechin war damit aber nicht zufrieden, begab sich zum Städtchen Marathon und lief, begleitet von Reportern und Fahrrädern, die nicht ganz 40 Kilometer lange Strecke in viereinhalb Stunden.»[8]

1918 lief die Französin Marie-Louise Ledru als erste Frau einen Marathon über die komplette Distanz von 42,195 Kilometern, ihre Zeit ist unbekannt. Acht Jahre später, am 3. Oktober 1926, benötigte die Engländerin Violet Piercy für den Polytechnic Harriers Marathon zwischen Windsor und London akkurat gestoppte 3 : 40 : 22 h – eine erste Zeitmarke, bevor für fast 40 Jahre alle weiteren Nachrichten zu diesem Thema abrissen. Am 23. 5. 1964 unterbot die Engländerin Dale Grieg bei einem Männerrennen auf der Insel Wight mit 3 : 27 : 45 h als erste die Dreieinhalb-Stunden-Marke. 1966 schmuggelte sich Roberta Louise («Bobbi») Gibb in Hopkinton in das Teilnehmerfeld des Boston Marathon, nachdem die Verantwortlichen es abgelehnt hatten, sie offiziell – also mit Startnummer, Zeitmessung und Registrierung – laufen zu lassen. Nach 3 : 21 : 40 h war sie im

Ziel und hatte Hunderte Männer hinter sich gelassen. Als Frau existierte sie laut Marathonreglement einfach nicht. «Will Cloney, der Organisator des Wettbewerbs, behauptete zwar, daß an diesem Lauf kein weibliches Wesen teilgenommen hatte, mußte aber zugeben, daß eine Frau zur Zeit des Rennens dieselbe Strecke benutzte wie die Männer.»[9]

Damit wollte sich Kathrine Switzer 1967 nicht zufriedengeben. Anders als Bobbi war sie eine Aktivistin mit klarem Konzept: aufsässig, stur, mutig. Unterstützt von ihrem schlitzohrigen Coach und dem Hammerwerfer Tom Miller gelang es ihr, den Lauf mit Startnummer zu beenden – allen Rempeleien Jock Semples zum Trotz, der seine Null-Prozent-Frauenquote um jeden Preis retten wollte. Die Fotos von der Catcheinlage des verantwortlichen Funktionärs des Boston Marathon gingen um die Welt und sorgten dafür, daß viele Veranstalter den Mut hatten, Läuferinnen in ihren Rennen zumindest zu dulden. Daß Kathrine Switzer nach dem Rennen aus dem US-Leichtathletikverband ausgeschlossen wurde, war ein Preis, den sie gern zahlte. Switzer kam zurück, lief mehrere Male Boston und New York und ist bis heute als Journalistin und Promoterin dem Frauen-Langstreckenlauf verbunden geblieben.

1971 brach Beth Bonner (USA) mit 2:55:22 h die Drei-Stunden-Marke, und ein Jahr später waren dann in Boston erstmals Frauen zugelassen. Durch eine Statutenänderung ließ der Amerikanische Leichtathletikverband offiziell Frauen bei Marathonläufen zu. Und doch dauerte es noch ganze 13 Jahre, bis Joan Benoit 1984 in Los Angeles die erste olympische Goldmedaille in einem Frauenmarathon erringen konnte. Nach einem großartigen Lauf erreichte sie in 2:24:52 h das Ziel. Ihre hochkarätige Kon-

19. April 1967: Jock Semples legendäre Catch-Einlage gegen Kathy Switzer

kurrenz – Grete Waitz, Rosa Mota, Ingrid Kristiansen und Lorraine Moller – hatte gegen die wie entfesselt laufende Nike-Labortechnikerin keine Chance.

«Zátopeks mit Zöpfen»

Der in dem kleinen Niederrhein-Städtchen Waldniel praktizierende Arzt Ernst van Aaken hatte einen maßgeblichen Anteil an dieser Entwicklung. Am 6. Mai 1967, wenige Tage nach dem historischen Ereignis von Boston, mit dem die moderne Geschichte des Frauen-Marathon begann, lief die fünfzehnjährige Maureen Wilton in Toronto 3 : 15 : 23 h – eine Zeit, die von vielen Journalisten angezweifelt wurde. Ein fünfzehnjähriges Mädchen in dreieinviertel Stunden über die volle Marathondistanz – ausgeschlossen! Das Telefon stand bei Dr. van Aaken, der als Trainer und zäher Propagandist des Frauenlaufs weit über Deutschland hinaus bekannt war, nicht mehr still. Viele Sportredaktionen riefen an, um sich ihre Vorurteile bestätigen zu lassen. Van Aaken prognostizierte aber im Gegenteil eine rasante Verbesserung der Marathonbestzeiten von Frauen bis in den Bereich unter 2 : 30 h. Erwartungsgemäß erntete er Hohn und Spott. Ein besonders witziger Journalist schrieb, van Aaken züchte in Waldniel «Zátopeks mit Zöpfen» heran. Die Botschaft war deutlich: Lauftraining führt zur Degeneration der «holden Weiblichkeit». Marathon von Frauen: eine ästhetische Bankrotterklärung.

Dr. van Aaken nahm den Fehdehandschuh auf und sorgte dafür, daß zwei von ihm trainierte Läuferinnen am 16. September 1967 bei einem Marathon im heimischen Waldniel an den Start gingen. «Die Kampfrichter mußten ein Auge zudrücken», witzelte van Aaken, «um die 30 Meter hinter den Männern aufgestellten Frauen nicht als Mitläuferinnen zu identifizieren.»[9] Die Mittelstreckenläuferin Annie Pede lief mit 3 : 07 : 26 h eine neue Weltbestzeit, und Monika Boers kam nach 3 : 19 h ins Ziel.

Mit einem Trick rückte die Sportvereinigung Donaueschingen den Traditionalisten im DLV zu Leibe, als sie einen Marathon mit Frauen- und Frauen-Altersklassen-Wertung ausschrieben. Im Genehmigungsantrag an den DLV hatten die Veranstalter um Roland Mall die Ausschreibung für Frauen kurzerhand «vergessen». Sie hatten auch weniger Leichtathletinnen im Visier als Skilangläuferinnen, die im Sommer immer schon gerne Cross- und Langlauf-Trainingseinheiten einbauten. Auch wenn die Paragraphenwächter des DLV die Finte natürlich durchschauten, unternahmen sie nichts: Hauptsache, die Frauen tauchten in dem ihnen schwarz auf weiß vorliegenden Antrag nicht auf. So starteten am 6. Oktober 1968 in Bräunlingen 51 Frauen auf die Marathonstrecke – und 48 erreichten das Ziel.

Eine Kosmetikfirma als Wegbereiterin

Aus Waldniel kamen die entscheidenden Impulse für die Etablierung des Frauen-Marathon. Am 28. Oktober 1973 veranstaltete der OSC Waldniel den ersten exklusiv Frauen vorbehaltenen Marathonlauf der Welt: 32 Frauen waren am Start. Nicht Christa Vahlensiecks Siegeszeit von knapp unter drei Stunden war wichtig, sondern die Tatsache, daß unter den Augen des DLV-Präsidenten August Kirsch und van Aakens kritischer Wegbegleiterin Prof. Liselotte Diem in aller Öffentlichkeit die Selbstverständlichkeit großer Ausdauerleistungen von Frauen demonstriert wurde. Carmen Thomas als Moderatorin des Westdeutschen Rundfunks fragte nach dem Lauf van Aaken, wo er die Grenzen weiblicher Leistungsfähigkeit im Marathon sehe. Seine Antwort muß damals ungläubiges Kopfschütteln ausgelöst haben: «In spätestens 30 Jahren werden die Frauen 2 : 20 h gelaufen sein.»[10] Ingrid Kristiansen, Joan Benoit und Uta Pippig sind bis auf gut eine Minute an diese «Jahrhundert-Marke» herangelaufen. Vieles spricht dafür, daß «the magic 2 : 20» bald fallen werden – und nicht erst im Jahre 2003.

1979 schließlich fand wiederum in Waldniel ein Lauf statt, den Manfred Steffny als Meilenstein in der jungen Geschichte des Frauen-Marathon bezeichnete: «Unbestreitbar war der Avon-Marathonlauf am 22. September in Waldniel der bedeutendste Marathon auf deutschem Boden seit den beiden olympischen Rennen 1936 in Berlin und 1972 in München. Keine deutsche Meisterschaft und auch die internationalen Rennen von Karl-Marx-Stadt können dem ausschließlich Frauen vorbehaltenen Lauf in der Heimatstadt von Dr. van Aaken das Wasser reichen. 24 Nationen und 262 Teilnehmer, vor Jahren wäre dies ein Traumergebnis für Männer gewesen … ‹Dieses Rennen ist nur noch durch eine offizielle Weltmeisterschaft der IAAF oder Olympische Spiele mit Frauen-Marathon zu überbieten›, freute sich van Aaken.»[11] Die bereits 41jährige Engländerin Joyce Smith, eine ehemalige Cross-Weltmeisterin, lief in 2 : 36 : 27 h die sechstbeste bis dahin gelaufene Zeit.

Ohne die für damalige Verhältnisse enorm hohe Zuwendung von 100 000 Mark durch den Sponsor, die Kosmetikfirma Avon, hätte dieser Lauf nicht zustande kommen können. Avon zahlte Reisekosten und Unterbringung für die ersten sieben Frauen der Weltrangliste und die beste Langstreckenläuferin aus zwanzig «Avon-Ländern». (Die Ausschreibung für das Waldnieler Großereignis zierte der Slogan «Die Revolution des Frauen-Laufs in Sicht!») Die finanzielle Absicherung dieser ersten inoffiziellen Weltmeisterschaft im Frauen-Marathon durch Avon war keine Eintagsfliege; die Avon Cosmetics GmbH unterstützte mit einem langfristigen Sponsoringkonzept die Etablierung des Frauenlanglaufs bis weit in die achtziger Jahre hinein. «Avon tut etwas für Frauen», hieß es in der Ausschreibung für den Zehn-Kilometer-Avon-Straßenlauf in Berlin und den Internationalen Zehn-Kilometer-Avon-Lauf für Frauen in Guadalajara/Mexiko (beide 1985). «Moderne Frauen wissen, daß Schönheit auch körperliches Wohlbefinden

Immer noch unerreicht: Ingrid Kristiansens 2 : 21 : 06 h (London 1985)

Porträt
Dr. Ernst van Aaken

Es gibt eine Vielzahl von Würdigungen der Arbeit Ernst van Aakens: von der ehrfurchtsvollen Laudatio für den «Vater der Laufbewegung» über hochwissenschaftlich abgefaßte Auseinandersetzungen mit seinen medizinischen Theorien bis zur nüchternen Darstellung seiner Trainingsprinzipien. Weggenossen beschreiben van Aaken als faszinierenden, aber schwierigen Menschen. Zäh bis zum Umfallen, unbeirrbar in der Verfechtung seiner Ideen, solange er selbst von ihnen überzeugt war, ein pragmatischer Visionär mit unvorstellbarem Arbeitspensum, ein Prophet mit Hang zum Fanatismus. Aber auch seine Widersacher brachten ihm großen Respekt entgegen. Als Arzt und Mensch war er von einer seltenen Leidenschaft und Unbedingtheit.

1980 veröffentlichte die amerikanische Ärztin Joan Ullyot, die in den siebziger Jahren zu den besten Läuferinnen der amerikanischen Marathonszene zählte, in der Laufzeitschrift *Spiridon* ein Porträt van Aakens unter dem Titel «Sportarzt und Trainer ohne Beispiel». Wir drucken daraus einige Passagen ab, weil es ein lebendiges Bild des Mannes zeichnet, dem der Frauen-Marathon so viel verdankt.

«Amerikas ‹laufende Ärzte› neigen zum Spezialistentum. Entweder sie theoretisieren oder behandeln Verletzungen, sie schreiben Bücher oder sind Trainer. Aber in Europa gibt es einen Mann, der das alles in sich vereinigt. Er ist ein berühmter Trainer, Guru, Dozent, Autor, Sportarzt, praktischer Arzt und ein Verfechter des Frauenlaufs, eine gute Mischung aus allem. ‹Er› ist der bedeutende Ernst van Aaken, der in der kleinen westdeutschen Gemeinde Waldniel lebt und dort als Arzt tätig ist. Er wurde als Arzt in die Gemeinde gerufen, nicht als Trainer, aber es ist schwer, einen begeisterten Sportler vom Verkündigen seiner Ideen abzuhalten. Während der vergangenen 30 Jahre hat seine Befürwortung des Trainings mit hoher Kilometerzahl und stets aerobem Tempo immer stärkere Anerkennung gefunden. Das entgegengesetzte System – hohe Geschwindigkeit, hohe Intensität, anaerobes Intervalltraining –, welches in den 50er Jahren so populär war, hat sich längst als falsch erwiesen.

Schon immer ein recht unkonventioneller Mensch, lief van Aaken als Junge von zu Hause fort, um sich einem Zirkus anzuschließen. Nachdem er nach Hause zurückgebracht worden war, enttäuscht in seinem Traum, Trapezkünstler zu werden, begann er statt dessen mit dem Stabhochspringen. Er hatte sogar seinen Stab bei sich, als er als junger Arzt während des Zweiten Weltkriegs auf die Krim geschickt wurde. Seinen kräftigen Oberkörper behielt van Aaken auch während der Jahre, in denen er versuchte, ein Ausdauerläufer zu werden. Weil sein muskulöser Körper ihm hinderlich war, mußte er acht Marathonläufe machen, um in einem schließlich anzukommen. Jetzt ist jene Kraft in Armen und Schultern wieder nützlich, denn van Aaken verlor im Alter von 60 Jahren bei einem Unfall seine Beine. Als er an einem Abend vom Training nach Hause trabte, wurde er von einem zu schnell fahrenden PKW überfahren. Tapferkeit und Entschlossenheit halfen ihm zu überleben; jetzt heben ihn seine kräftigen Arme vom Rollstuhl auf den Stuhl, aus dem Bett ins Bad und von der Turnstange auf den Heimtrainer.

Van Aaken wirft gern mit Zahlen um sich – Paavo Nurmis Rekorde bei den Olympiaden 1920 und 1924, Emil Zátopeks Leistungen 20 Jahre später. Der Doktor scheint die Olympiaergebnisse gespeichert zu haben – sowohl Vor- als auch Endlaufzeiten.

Van Aaken ist vielleicht für seine Behandlung von Sportverletzungen ebenso berühmt wie für seine Trainingsmethoden. Athleten aus vielen Ländern besuchen ihn, nachdem ihre Hausärzte den Kopf geschüttelt und ihnen weniger anstrengende Sportarten empfohlen haben … Die Patienten werden nicht verhätschelt. Alle Therapien van Aakens schließen Bewegung, Aktivität ein. ‹Ob Sie herzkrank sind, Krebs

Dr. Ernst van Aaken (rechts): Arzt, Wissenschaftler, Trainer, Visionär

haben, Achillessehnenbeschwerden, Sie werden bald anfangen zu traben ..., langsam natürlich›, fügte van Aaken hinzu. Die vollständige Durchspülung des Körpers mit Sauerstoff durch den Trablauf ist van Aakens liebste Behandlungsmethode, von der Zuckerkrankheit bis zum Krebs. ‹Jeder von uns verbraucht ein Viertel Liter Sauerstoff pro Minute, so wie jetzt, während Sie hier sitzen und mir zuhören›, erzählt er gerne. ‹Wenn Sie aufstehen und spazierengehen oder etwas Gartenarbeit verrichten, können Sie die Sauerstoffaufnahme natürlich erhöhen, auf einen halben Liter pro Minute. Aber wenn Sie traben – langsam –, werden Sie zwei Liter Sauerstoff in jeder Minute aufnehmen, das Achtfache gegenüber dem Ruhezustand. Tun Sie das eine Stunde pro Tag und laufen dabei vielleicht 10 Kilometer, und Sie werden gesund bleiben. Sie gleichen damit den Sauerstoffmangel der anderen 23 Stunden des Tages aus.›» [12]

Am 2. April 1984 starb Ernst van Aaken, nachdem er in den Jahren seit der Amputation beider Beine seine Kräfte schonungslos überfordert hatte. Die ihm noch verbleibende Zeit nutzte er nicht zuletzt für seine schriftlichen Arbeiten. Seit 1947 beantwortete er ungefähr 40 000 Briefe und schrieb 25 Bücher und mehr als 600 Aufsätze. Stellvertretend für viele sei hier «Das Laufbuch der Frau» (Aachen 1987) genannt, das Karl Lennartz nach van Aakens Tod fertigstellte.

und Fitneß bedeutet. Deshalb suchen immer mehr Frauen einen Ausgleich zu ihrer Büro- und Hausarbeit im Straßenlauf. Denn das ist eine Sportart, die man überall und zu jeder Zeit ausüben kann – schnell vor der Arbeit, wenn die Kinder in der Schule sind, oder abends, wenn sie schon im Bett liegen ... Viele Frauen haben schon so viel Spaß am Langlauf gefunden, daß sie sich an immer weitere Strecken wagen. Dabei wurde immer behauptet, Frauen hätten kein Interesse am Langlauf... Aber keine Frau braucht eine Spitzensportlerin zu sein, um Freude am Laufen zu haben. Der Erfolg besteht im Mitmachen!» Das ist Nachhilfeunterricht zum Thema «Frauenalltag und Laufen» – und eine schallende Ohrfeige für die Verantwortlichen in den Verbänden, die sich so lange hinter ihren frauenfeindlichen Paragraphen verschanzten, bis die Sportlerinnen ihre Interessen in die eigenen Hände nahmen. Ohne den Mut einer Kathrine Switzer und das Sit-In der New Yorker Rebellinnen um Nina Kuscsik, ohne Avon und die Hartnäckigkeit des Waldnieler «Querulanten» Dr. van Aaken steckte der Frauen-Marathon vermutlich heute noch immer in den Kinderschuhen.

1994 – eine Zwischenbilanz

Im Oktober 1994 gab die amerikanische Laufzeitschrift *Running Times* ein Schwerpunktheft heraus [13], das die Bemühungen kritisch unter die Lupe nimmt, mit der Benachteiligung von Frauen im Langlauf

Schluß zu machen. Julia Emmons, die Vorsitzende des Women's Long Distance Running Committee der USTAF und Direktorin des Peachtree Road Race in Atlanta, die mehrmalige Olympiateilnehmerin Francie Larrieu Smith und Kathrine Switzer diskutierten über den «aktuellen Stand der Dinge». Auf die Frage der *RT* nach Rückschlägen der letzten Jahre antwortete Switzer: «Für mich ist enttäuschend, daß ich keine Frauen sehe, die Verantwortung für die Belange von Frauen übernehmen, wie wir es in den 60er, 70er und frühen 80er Jahren taten. Wo sind die Frauen, sagen wir: um die 30? Warum coachen und organisieren sie nicht, warum kümmern sie sich nicht um das Management von Läufen, um Sponsoren? Warum nehmen sie die Sache nicht endlich selbst in die Hände und stehen anderen Läuferinnen mit Rat und Tat zur Seite? Enttäuschend und irgendwie überraschend ist auch noch etwas anderes. Ich dachte, wenn Frauen erst einmal liefen, wären sie auch imstande, dieses Gefühl von Kraft und Stärke auf die anderen Bereiche ihres Lebens zu übertragen. Das stimmt leider nicht immer. Es gibt Frauen, die sehr gute Läuferinnen sind und dennoch in abhängigen Beziehungen leben, die ihre Stärke und Balance verloren haben und zum Beispiel magersüchtig geworden sind.» Für Switzer war der Avon-Marathon 1980 in London der entscheidende Moment für den weltweiten Durchbruch des Frauen-Marathon: «Wir haben die Straßen Londons das erste Mal in der Geschichte bei einem sportlichen Ereignis dicht gemacht.» Dagegen ist für Francie Larrieu Smith die Etablierung des Frauen-Marathon untrennbar mit den Sternstunden Grete Waitz' beim New York City Marathon und auch dem unvergessenen Siegeslauf Joan Benoits 1984 in Los Angeles verknüpft.

Kathrine Switzer, streitlustig wie immer, vertritt erfrischend eigensinnige Auffassungen über die neuesten Kapriolen an der Emanzipationsfront: «Elite-Läuferinnen haben es nicht leichter als die besten Männer. Diese Läuferinnen haben aber deutlich größere Chancen beim Preisgeld als Männer. Bei fast allen Rennen ist mittlerweile das Preisgeld für Männer und Frauen gleich, obwohl es eine viel größere Dichte von Talenten bei den Läufern als bei den Läuferinnen gibt. Ich habe es selbst erlebt, daß eine Frau, die in Boston 2 : 51 h lief, noch 1500 Dollar bekam, während ein Läufer, der im gleichen Rennen 2 : 10 h lief, leer ausging. Das ist nicht fair. Frauen starten in reinen Frauenläufen mit so üppigen Preisgeldern, wie sie für Männer nicht im Bereich des Möglichen liegen. Die Männer würden dagegen wohl niemals aufbegehren, weil es ‹politically incorrect› wäre und weil sie im Grunde überzeugt sind, daß die Läuferinnen dies auch verdienen. Momentan haben also Top-Läuferinnen günstigere finanzielle Perspektiven als die besten Männer. Diesen Frauen sollte aber klar sein, daß die Läuferinnen aus Kenia, Mexiko, Kolumbien und Äthiopien – von China gar nicht erst zu reden – in ihrer Domäne praktisch noch nicht anzutreffen sind, anders als bei den Männern. Wenn das passiert, wenn diese Frauen sich aus den sie zurückhaltenden sozialen Fesseln befreien, die ungleich stärker sind als die, aus denen wir uns in den 60er Jahren zu befreien hatten, dann wird sich im Frauenlauf alles grundlegend ändern. Und das wird bald sein. Eine Unzahl junger Frauen wird in die Fußstapfen von Tegla Loroúpe, Olga Appell und Derartu Tutlu treten. Diese unglaublich talentierten Läuferinnen sind ein erster Vorgeschmack von dem, was noch folgen wird.»

Hasen oder Parasiten?

«Pacers or Parasites?» – unter diesem Titel wird in der amerikanischen Laufszene seit Jahren über Tempomacher («Hasen») diskutiert. Mit welchen archaischen Restriktionen aus der Ära ungebrochener männlicher Definitionsmacht im Sport sich schnelle Frauen herumzuplagen haben, läßt sich hier besonders gut ablesen.

«Hasen» – es gibt zufällige und sorgfältig ausgesuchte (und entsprechend bezahlte). «Hasen» sind die klassischen Unvollendeten.[14] In der Regel steigen sie am exakt verabredeten Punkt und zur exakt verabredeten Zeit aus. (Die Ausnahmen häufen sich aber mittlerweile auffallend. So lief Vincent Rousseau im April 1993 in Rotterdam als «Hase» durch: 2 : 13 : 09 h, Platz 5. Wie sehr ihm die Strecke liegt, bewies er ein Jahr später bei seinem grandiosen 2 : 07 : 51 h-Lauf.) Die Aufgabe des «Hasen» besteht darin, einen anderen zum Weltrekord, zumindest aber zu einer großen Zeit zu treiben. Genauer gesagt: zu ziehen. Nach dem Reglement des Internationalen Leichtathletikverbandes waren solche Dienstleistungen lange untersagt. Schon die legendäre erste «Sub-Four», das Unterbieten der Vier-Minuten-Schwelle über die englische Meile durch Roger Bannister 1954 in Oxford, hätte wegen der Schleppdienste seiner beiden «Hasen» eigentlich annulliert werden müssen. Eigentlich – aber wer annulliert schon eine Traummeile? Als Schlepper in einem hochdotierten Rennen zu fungieren kann äußerst lukrativ sein. Bei Said Aoutias 3000-Meter-Weltrekord im August 1989 in Köln durfte der Kenianer Charles Cheruiyot 14000 Dollar für seine tadellose «Hasen»-Darbietung einstreichen.

Seit ohne Ankündigung eines oder mehrerer Weltrekordversuche keines der großen Leichtathletik-Sportfeste mehr eine Chance hat, sind die Hasendienste allgemein anerkannt. Bei den Männern. Immer noch werden an Frauen andere Maßstäbe angelegt. Die Disqualifikation von Linda Lucas, der Siegerin des Long Island Marathon von 1991, ist nur einer von zahlreichen grotesken Fällen. Ihr wurde vorgeworfen, «pacing assistance» von ihrem Mann Joseph in Anspruch genommen zu haben. Grotesk ist der «Fall Lucas» nicht nur deswegen, weil es in diesem Rennen um keinerlei Preisgeld ging, sondern weil Linda die deutlich schnellere von beiden ist und sie *ihm* die Qualifikation für Boston ermöglichen wollte.[15] Elzi De-Olivier wurde 1991 beim Yonkers Marathon als Viertplazierte allein aus dem Grund ausgeschlossen, weil ein bestimmter Läufer mehrfach ein Stück mit ihr zusammengelaufen war. Daß «Pacing» bei Männern und Frauen nicht gleich behandelt wird, hat mit der eigentümlichen Regel Nr. 66 im USTAF-Reglement zu tun, die ebenso spitzfindig wie sexistisch ist. Im Originaltext lautet ihr zentraler Satz: «Men and women shall not be considered to be in the same event.» Männer und Frauen sind einfach nicht im gleichen Rennen, selbst wenn sie sich hinter der gleichen Startlinie aufstellen. Verrückterweise dürfen Frauen für andere Frauen als «Häsinnen» arbeiten. Tun Männer das für schnelle Frauen, werden diese Läuferinnen disqualifiziert. Wie oft hatte Grete Waitz in New York 2 : 30 h-Marathoner zu einer guten Zeit und ins Rampenlicht der Fernsehkameras gezogen! Wie und warum hätte sie sich dagegen wehren sollen, «solange sie mir nicht zu nahe kommen, mit mir reden wollen und mich in meiner Konzentration ablenken»?[16]

Seit Joan Benoits damaliger Weltbestzeit von 2 : 22 : 43 h 1983 in Boston ist diese für Frauen ärgerliche Debatte immer wieder einmal aufgeflackert. Damals war bekannt geworden, daß der neuseeländische 2 : 13 h-

Marathoner Kevin Ryan von einer Bostoner TV-Station dafür bezahlt worden war, während des Rennens in der Nähe der Top-Frau zu bleiben. Und diese Top-Frau war eindeutig Joan Benoit. Für die amerikanische Cross-Weltmeisterin Lynn Jennings oder Allan Steinfeld, den Renndirektor des New York City Marathons, sind die Anschuldigungen abstrus: Nicht Benoit habe sich um diesen «Kiwi-Hasen» bemüht, sondern dieser habe sehr eigene Ambitionen gehabt. Außerdem war Ryan im Ziel dermaßen erschöpft gewesen, daß die Frage, wer wen gezogen hat, sich von selbst beantwortete. «Ganz offen gesagt, ich kann das ganze Gerede nicht verstehen», erzürnt sich Grete Waitz. «Immerhin haben Männer stets davon profitiert, daß sie sich in Rennen gegenseitig geholfen haben. Tempomacher oder ‹Hasen› sind ja nicht zuletzt auch wichtige Bestandteile von Bahnrennen, in denen versucht wird, einen Rekord zu laufen. Aber wenn eine Frau in einem Straßenrennen hinter einem Mann herläuft, ob sie ihn nun gebeten hat, ihr Tempo zu machen, oder nicht, ruft jeder sofort ‹Regelverstoß!› Ich kann gar nicht sagen, wie oft Männer sich im Rennen hinter mich geklemmt und mich als Tempomacher gebraucht haben. Niemand käme auf die Idee, sie deswegen zu disqualifizieren! Warum wird also diese Forderung umgekehrt bei Frauen erhoben? Meine Meinung ist, daß es die Läuferin ist, die die Arbeit tut, solange sie ihre eigenen Beine gebraucht, ganz egal, wer neben oder vor ihr läuft. Ich glaube, daß derartige Argumente, deren Ziel es ist, die Leistungen von Frauen herabzusetzen, verschwinden werden, sobald Frauen als wirklich vollwertige Sportler und nicht nur als *weibliche* Sportler akzeptiert werden.»[17]

Aber angesichts der Handgreiflichkeiten, die Kathy Switzer 1967 noch zu überstehen hatte, um unbeschadet die 42,195 Kilometer bis zur Ziellinie in Bostons Innenstadt zurücklegen zu können, ist die sexistische Optik in der «Hasen»-Frage geradezu banal. Und sie wird sich bald von selbst erledigt haben. Melpomene würde bereits über das heute Erreichte glücklich sein.

Anmerkungen

1 Zitiert nach Hajo Bernett: Leichtathletik im geschichtlichen Wandel, Schorndorf 1987, S. 202
2 Ebd.
3 Zitiert nach Barbara Kopp: Birchermüsli am Wettkampftag, in: Die Weltwoche v. 25. 5. 89
4 Zitiert nach Hajo Bernett, a. a. O., S. 205
5 Vgl. Roberto Quercetani, in: Der Läufer 10/91
6 Ebd.
7 Tom Derderian: Boston Marathon, Champaign 1994, S. 293
8 Ernst van Aaken / Karl Lennartz: Das Laufbuch der Frau, Aachen 1987, S. 90
9 In: Spiridon 3/81
10 In: Spiridon 3/81
11 Manfred Steffny, in: Spiridon 7/79
12 Dr. Joan Ullyot, zitiert nach: Spiridon 4/80
13 Running Times, Oct. 94
14 Vgl. Robert Hartmanns Artikel: Von Hasen und Hasenfüßen, in: Runner's World 7/94
15 Vgl. Peter Gambaccinis Artikel «Keeping pace», in: Running Times, Oct. 94
16 Ebd.
17 Grete Waitz / Gloria Averbuch: World Class. Eine Frau läuft sich frei, Aachen 1989, S. 180

Der kleine Unterschied

Frauen und Marathon II

Auch Frau Ciccone tut es. Täglich. Für ihre exzessiven Bühnenshows und exzentrischen Videoclips muß Madonna Louise Veronica Ciccone ihren Körper in Schuß halten. Nicht «fit for fun» ist die Devise, sondern konzentriertes Training, harte Arbeit. «Jeden (!) Morgen von 6.00 Uhr bis 8.00 Uhr – egal, wie kurz die Nacht war – joggt sie 15 bis 20 Kilometer und macht außerdem noch Hantelübungen. Auf Tourneen nutzt sie häufig die Treppen zum Fitneß-Training. Ernährung vegetarisch, kein Alkohol, kein Nikotin. Das zumindest ist in ihren Promi-Kreisen eine Rarität. Madonna ist eben eine Fanatikerin, und ihr Körper ist wie ihre Stimme ihr Kapital.»[1] Die nur 1,54 Meter große Amerikanerin dürfte austrainiert sein wie kaum eine andere unter den Stars des Showbusiness. Nachdem sie in einem einzigen Jahr durch das harte Programm ihres Trainers Bobby Parr 20 Pfund Gewicht verloren hatte und die Substanz ihrer erotischen Aura in Gefahr geriet, reduzierte sie die Fitneßmaloche auf ein erträglicheres Maß.

Madonnas Laufen und Hanteln sind «Peanuts», verglichen mit der Tortur, der sich die damals 45jährigen Zwillingsschwestern Barbara Alvarez und Angelica Castaneda 1989 unterzogen haben. Das polyglotte Geschwisterpaar – gebürtige Österreicherinnen, in Italien aufgewachsen und mit mexikanischer Staatsangehörigkeit in den USA lebend – absolvierte gemeinsam einen der härtesten Ultraläufe der Welt. «Sie wankten und stolperten, wimmerten und schluchzten, als sie endlich den Mount Whitney erreicht hatten: Sie realisierten in diesem Augenblick nicht, daß sie soeben einen Weltrekord fürs Guinness-Buch der Rekorde aufgestellt hatten. Sie hatten 150 Meilen vom tiefsten Punkt der westlichen Hemisphäre, dem ‹Tal des Todes› (86 Meter unter dem Meeresspiegel), bis zum höchsten Berg Kaliforniens in 56 : 05 h laufend zurückgelegt.»[2] Für die letzte Meile am Mount Whitney benötigten die zu Tode erschöpften Frauen anderthalb Stunden.

Unabhängig von der Frage, wo die dünne Grenzlinie zwischen Extremsport und Selbstzerstörung verläuft, zeugen Leistungen wie diese von dem erstaunlichen Potential an Ausdauer und Zähigkeit, das Frauen mobilisieren können.

Marathon – zu kurz für Frauen?

Die physiologische und anatomische Verschiedenheit von Männern und Frauen, der vielzitierte «kleine Unterschied», wird von Ernst van Aaken, dem Vorkämpfer für die Frauen-Langlaufstrecken, zwar nicht geleugnet, aber bezüglich der Ausdauerfähigkeit relativiert. In seinem 1980 erschienenen Aufsatz «Vorteil der Frauen in der reinen Ausdauer» zählt er mehr als 20 Punkte auf, bei denen Frauen günstigere körperliche Voraussetzungen mitbringen als Männer. Die wichtigsten Faktoren: geringeres Gewicht; weniger Muskeln; mehr aktives Fett; weniger Wasser in der Zelle, dafür mehr organische Substanz und Blutplasma; eine mindestens ebenso günstige Relation zwischen Herzvolumen und Körpergewicht einerseits und zwischen «Sauerstoffaufnahme im steady state» und Körpergewicht andererseits; Frauen sind keine Muskelpakete, sondern Stoffwechselathletinnen; außerdem trainingsfleißiger, besser motivierbar, zäher und geduldiger als Männer und mit höherem Regenerationspotential ausgestattet. Fazit: Frauen sind insgesamt für den Langstreckenlauf besser geeignet als Männer.[3] Selbst wenn van Aaken die Ära der Supersprinterinnen wie Florence («Flo-Jo») Griffith-Joyner, Merlene Ottey oder Irina Priwalowa noch erlebt hätte, wäre sein Urteil nicht anders ausgefallen: Die Frau «ist keine Sprinterin, sie ist eine Ausdauerleisterin».[4] Auffallend an seinen theoretischen Texten ist eine Unschärfe, die zu dem Präzisionsfanatiker eigentlich nicht paßt: Einerseits spricht er klipp und klar aus, daß «Frauenrekorde in der Leichtathletik zwar niemals die Männerrekorde überbieten (werden), es sei denn in den ultralangen Laufstrecken. Die geschlechtsbedingten Unterschiede der Kraft und Schnelligkeit der Frauen gegenüber dem Mann lassen sich nur wenig ändern.»[5] Andererseits nennt er Beispiele, um die größere mentale Belastbarkeit und Leistungsfähigkeit von Athletinnen zu untermauern. Man kann sich des Eindrucks nicht erwehren, daß der ansonsten kühl argumentierende Mediziner in seiner Trainingslehre Wunsch und Wirklichkeit mitunter verquirlt.

Im Editorial der *Spiridon* 4/83 schlägt Manfred Steffny einen verhalten-polemischen Ton gegen seinen eigenen Ziehvater an. So hatte Helga Reetz, Vorstandsmitglied des Deutschen Verbandes Langlaufender Ärzte e. V., mit Bezug auf den Waldnieler Arzt die Auffassung vertreten, es sei nur noch eine Frage der Zeit, bis Frauen die Weltbestzeiten auf den Ultradistanzen innehätten. Reetz' These stützt sich auf die große Bedeutung der Körperfettreserven, die «bei der Frau durch ein anscheinend besser funktionierendes Enzymsystem ausreichend mobilisiert und energetisch genutzt werden».[6] Die Marathonstrecke sei für Frauen einfach zu kurz, hier spielten Kraft und Schnelligkeit noch eine zu große Rolle. Erst beim 100-Kilometer-Lauf könne die Frau «ihre biologische Mitgift voll ausspielen». Boshaft vergleicht Steffny die Geschwindigkeit der (damals) weltbesten Frauen und Männer auf den langen Laufstrecken (Stundenlauf, Marathon, 50 Kilometer, 50 Meilen, 100 Kilometer, 100 Meilen, 24-Stunden-Lauf). Das Ergebnis ist eindeutig: «Vom Sprint bis zum Marathonlauf liegen die Laufleistungen der Männer zwischen 10–15 Prozent über denen der Frauen. Die geringere Grundschnelligkeit setzt sich als Leistungsfaktor beinahe als Konstante fort. Dann aber kommt es zu einem krassen Abfall auf über 25 Prozent (beim 24-Stunden-Lauf, d. V.). Sicherlich werden sich die Frauen, bedingt durch einen laufhistorischen Rückstand, noch relativ verbessern, aber nie und nimmer werden sie die Laufleistungen der Männer auch nur annähernd erreichen.»[7]

Die Schweizer Ärztin und Läuferin Gaby Schütz faßte bei einem Symposium zum Thema «Die Frau im Ausdauersport» die Faktoren zusammen, die den Abfall des Leistungspotentials der Frau gegenüber dem des Mannes erklären. Im Verhältnis zur Körpermasse besitzt die untrainierte Frau 35,8 Prozent Muskulatur gegenüber 41,8 Prozent beim Mann und einen um zehn Prozent höheren Körperfettanteil; somit ist die Relation von aktivem zum passiven Körpergewebe ungünstiger. Über das Herz-Kreislauf-System wird Sauerstoff von der Lunge über das Blut zur arbeitenden Muskulatur befördert. Die maximale Sauerstofftransportkapazität (VO_2max) ist abhängig von der Herzgröße, vom Hämoglobingehalt des Blutes und vom Blutvolumen. Diese Faktoren sind bei Männern deutlich größer, ebenso wie die Sauerstoffverwertung in den Mitochondrien («Kraftwerke der Muskelzelle»).

Zwar sind praktisch sämtliche leistungsbestimmenden physiologischen Parameter bei Frauen trainierbar (Fettanteil, Herzgröße, Herzminutenvolumen, Blutvolumen, Muskelkapillarnetz, Mitochondriendichte, VO_2max, Verteilung von schnellen und langsamen Muskelfasern, intrazelluläre Fette, Wärmetoleranz usw.) – aber das trifft eben auch auf Männer zu. 1976 veröffentlichte die amerikanische Ärztin Joan Ullyot einen Aufsatz mit der charmanten Überschrift «Das Geheimnis der Frauen: Fett». Wie van Aaken unterschied sie zwischen aktivem («austrainiertem») und passivem («angegessenem») Fett: Aktives Fett ist eine Brennstoffreserve, die bei längeren Belastungen (z. B. Läufen im Ultrabereich) von Frauen vorteilhaft zu nutzen ist. Die Bedeutung des Körperfetts für den Energiestoffwechsel bei Frauen bestätigte anderthalb Jahrzehnte später auch ihre Schweizer Kollegin: «Bei sehr langen Ausdauerleistungen reichen die Glykogenvorräte (Glykogen = Speicherform von Glukose) allein zur Energiedeckung aber nicht aus, und die Fettsäureverbrennung nimmt mit zunehmender Zeitdauer eine immer bedeutendere Rolle ein. Bei Belastungen über 90 Minuten dient Fett als Hauptenergieträger. Bei extremen Ausdauerleistungen steht somit der Fettstoffwechsel im Vordergrund. Da die Frau durchschnittlich zehn Prozent mehr Fettgewebe besitzt und auch in der Muskelzelle selbst mehr Fettsäuren gespeichert hat als der Mann, scheint die Frau für Ausdauerleistungen prädestiniert zu sein.»[8] Von den physiologischen und anatomischen Voraussetzungen können Langläuferinnen die Nachteile des «kleinen Unterschieds» gegenüber ihren männlichen Kollegen niemals aufholen, wie der Leipziger Sportmediziner Wolfgang Klemm betont: «Die Vorteile im Fettstoffwechsel können die gravierenden Nachteile bei der Sauerstoffaufnahme und beim Sauerstofftransport nicht ausgleichen.»[9]

Und dennoch sollte man sich vor allen spekulativen Aussagen über objektive weibliche Leistungsgrenzen hüten. Körper haben nicht nur eine Biologie, sondern auch eine Geschichte. Wie viele Fabelweltrekorde von Schwimmern zum Beispiel wurden nur wenige Jahre später von Frauen unterboten? Das Jonglieren mit «objektiven» Indikatoren vollzieht sich auf schwankendem Boden. «Zudem beweisen isolierte Daten wie die absolute Muskelkraft, die Schrittlänge oder gar die Zahl der aktiven Schweißdrüsen – die bei Frauen geringer ist – zunächst gar nichts, sonst wären ja auch bei Männern etwa kleinere Athleten immer hoffnungslos unterlegen: Die mangelnde Größe jedoch kann kompensiert werden durch hohe Schrittfrequenz, die fehlende Kraft durch eisernen Willen, die ungünstigeren Hebel durch bessere Taktik. Auch im Sport gilt die ökologische Grundregel: Ein System kann nicht nach seinen Teilen beurteilt werden, scheinbar negative Faktoren können sich zu erstaunlichen Leistungen kombinieren.»[10]

Magersucht

Im Juli 1994 wurde bekannt, daß die amerikanische Turnerin Christy Hendrich, die 1989 bei den Turn-Weltmeisterschaften am Stufenbarren Vierte wurde, an Magersucht gestorben war. Ihr Martyrium hatte 1988 nach einem Wettkampf in Budapest begonnen, als ein amerikanisches Jurymitglied die 41 Kilogramm schwere Turnerin mit den Worten abgekanzelt haben soll, sie sei «zu fett», um ganz oben mitzuturnen. Von da an hungerte das Mädchen. Als sie starb, wog sie noch ganze 28 Kilogramm. Ein Gespenst aus Haut und Knochen. Sämtliche normalen Körperfunktionen waren nach und nach erloschen. Mehr als 100 000 Dollar wurden aufgebracht, um Christy Hendrich von ihrer lebensbedrohenden Magersucht (*Anorexia nervosa*) zu befreien: zu spät. Der Internationale Turner-Bund hatte jahrelang tatenlos zugesehen, wie das Frauenturnen zur Akrobatik von zwergenhaften Mädchen degenerierte. «Vera Caslavska, Olympiasiegerin von 1964 und 1968, eine frauliche Erscheinung, war 160 Zentimeter groß und wog 55 Kilogramm. Ihre Nachfolgerin, Olga Korbut, war ein 13jähriger Zwerg von 147 Zentimetern und 39 Kilogramm. Sie wurde zum gymnastischen Idol; der Nachahmungstrieb läßt sich statistisch belegen. Die Durchschnittswerte des US-Nationalkaders lauteten 1976 noch 160 Zentimeter und 47 ½ Kilogramm, 16 Jahre später entgegen dem allgemeinen Bevölkerungstrend nur noch 145 Zentimeter und 40 Kilogramm.»[11]

Magersucht ist ein schwerwiegendes Problem nicht nur bei Sportgymnastinnen, Balletteusen und Turnerinnen, sondern auch bei Mittel- und Langstrecklerinnen. (Der Begriff Anorexie ist zusammengesetzt aus der verneinenden Vorsilbe «an» und dem griechischen Wort «orexis»: Verlangen, Begierde.) Manfred Steffny schätzt den Anteil von Magersüchtigen bei den jüngeren Langstrecklerinnen und Triathletinnen auf fünf bis zehn Prozent. Im September 1994 waren in *Stern-TV* zwei ehemalige Marathonläuferinnen der Spitzenklasse zu Gast, die von ihren Magersuchtkarrieren berichteten: Olivia Grüner und Heidi Kiekenbeck, besser bekannt unter ihrem Mädchennamen Hutterer. (Im «Laufbuch der Frau» von van Aaken / Lennartz findet sich auch ein Bild der spindeldürren Heidi Hutterer. Die Bildunterschrift lautet: «Leicht wie eine Feder scheint sie schnell und elegant über den Asphalt zu schweben.»[12]) 1985 hatte das Fachblatt *Die Neue Ärztliche* Olivia Grüner, das damals größte Langlauftalent des DLV, porträtiert: Die 16jährige aus Ludwigshafen am Bodensee stand mit 2:45:52 h bereits an neunter Stelle der deutschen Marathon-Bestenliste der Frauen. Ein Jahr später gewann sie den München-Marathon in 2:38:51 h. Olivia kommt aus einer Familie von Marathonläufern, ihre Mutter lief im gleichen Leistungsbereich wie die talentierte Tochter. «Sportmedizinisch wird die Familie Grüner intensiv von einem der besten Experten für Langstreckenlauf in Deutschland, Dr. Vollert aus Radolfzell, betreut und beraten, was vor allem für die Jugendliche Olivia wichtig ist, die auch in Zukunft weiterhin große Strecken ohne jeden Schaden bewältigen soll. Sie ist ein Beispiel dafür, daß der kindliche beziehungsweise jugendliche Organismus für den Langstreckenlauf geeignet ist.»[13] Irgend etwas muß bei Olivia Grüner, ihrem familiären Laufumfeld oder der ärztlichen Betreuung durch die «Kapazität aus Radolfzell» fürchterlich schiefgelaufen sein. Die Laudatio auf das Jungtalent liest sich wenige Jahre später wie blanker Hohn. Am 10. Juli 1987, zwei Jahre nach dem Bericht in der *Neuen Ärztlichen*, wurde Olivia Grüner ins Krankenhaus eingeliefert: in einem jämmerlichen Zustand, abgemagert bis aufs Skelett und unfähig, sich auf den Beinen zu halten – 1,68 Meter groß, 31 Kilogramm schwer. Die Diagnose der behandelnden Ärzte: Lebensgefahr durch Magersucht.

Olivias Vater machte eigenartigerweise van Aaken und Steffny als die wahren Schuldigen an dem Elend seiner Tochter aus: «Olivia hat sich den Spruch von Steffny ‹Vorne laufen die Bleistifte und hinten die Radiergummis› zu sehr zu Herzen genommen.»[14]

Natürlich können Sätze wie van Aakens bekannte Faustformel «Beim Marathonlauf bedeutet ein Pfund weniger 40 Sekunden weniger Zeit» als Aufforderung gelesen werden, sich «dünn und schnell» zu hungern. Aber er hatte weibliche Ausdauerleistungen ebenso von den Faktoren Kraft, Dynamik, Trainingsintensität und mentale Stärke bestimmt gesehen – und all diese Erfolgskomponenten können ausgehungerte Läuferinnen auf Dauer nicht erbringen.

Olivia Grüner beschreibt, anders als ihr Vater, ihre Krankheitsgeschichte als schleichenden Prozeß, den weder sie selbst noch ihre Umwelt in seiner gefährlichen Tragweite realisiert habe. Das Tückische an der Krankheit ist, daß die Grenze zwischen Schlanksein und Magersucht fließend ist. «Aus eigener Erfahrung», schreibt die Mitarbeiterin des Aktionskreises Eß- und Magersucht in München, Angelika Roß, «kenne ich mehrere Gründe, ... warum Läuferinnen besonders gefährdet sind, an Magersucht zu erkranken: Bis zu einer bestimmten Grenze bedeutet jede Gewichtsabnahme eine gewisse Steigerung der läuferischen Fähigkeiten. Je leichter man wird, desto leichter und schneller kann man laufen – daß dabei irgendwann die Kraft auf der Strecke bleibt und das Leben außerhalb des Laufens immer anstrengender wird, ist der betreffenden Person nicht so wichtig. Das Laufen ist zum Lebensinhalt geworden, alles andere hat an Bedeutung verloren.»[15]

Oft sind es Mädchen und Frauen aus einem stark leistungsorientierten Umfeld, die magersuchtgefährdet sind. Schwerer Leistungsdruck, Pflichtbesessenheit, Askese und Körperfeindlichkeit (mit entsprechenden sexuellen Störungen) gehen oft Hand in Hand.

Die Folgen einer nicht therapierten Magersucht können verheerend sein. Nach ein bis zwei Jahren kann ein ehemals völlig intakter Organismus durch rigorose Verweigerung von Nahrung so angegriffen sein, daß eine tödliche Spiralbewegung einsetzt: Durch massive Körpergewichtsreduktion stellt der Körper auf «Sparflamme» um, senkt den Stoffwechsel, was zu verlangsamtem Puls, Blutdruckabfall und Temperatursenkung führt. Durch Hormonstörung setzt bald die Menstruationsblutung aus, und die Knochendichte wird vermindert – die Folge davon: ein erhöhtes Frakturrisiko. Der Körper beginnt «sich selbst zu verzehren», die Muskeln werden abgebaut. Im fortgeschrittenen Stadium beginnen die Haare auszufallen, die Füße und Hände zeigen eine bläuliche Verfärbung. Wenn das Hungern nicht abgebrochen wird, kann der Tod durch Kreislaufversagen eintreten.[16]

Das Tückische am Krankheitsverlauf ist die Fähigkeit des Organismus, sich trotz schwerer Schädigung über einen langen Zeitraum stabil zu halten – bis der kritische Punkt erreicht ist und elementare Organfunktionen auszusetzen beginnen.

Störungen des Menstruationszyklus und Osteoporose

Bei Ausdauersportlerinnen werden häufig ein verspätetes Auftreten der ersten Regel (Menarche) bis hin zum völligen Ausbleiben der Regel (Amenorrhoe) registriert. Eine vergleichende Umfrage bei den Olympischen Spielen 1964 in Tokio und 1976 in Montreal spricht Bände: Der Anteil der Athletinnen mit Zyklusstörungen stieg von zehn auf über 50 Prozent der Befragten. Darin spiegelt sich die enorme Steigerung von Trainingsumfang und -intensität bei Leistungssportlerinnen seit den 70er Jahren.

Bereits ab einem wöchentlichen Trainingsumfang von 60 bis 70 Kilometern, also bei Athletinnen im gehobenen Ausdauerbereich, treten häufig Zyklusstörungen auf. Dagegen kommen Top-Marathonläuferinnen wie Katrin Dörre-Heinig oder Uta Pippig in harten Trainingsperioden leicht auf 250 bis 300 Kilometer pro Woche. Ursula Imhof, eine der ärztlichen Betreuerinnen des Schweizer Olympiateams von 1992, fordert wegen der dadurch akut werdenden Gefahr von Osteoporose (Knochenschwund) die Verabreichung zusätzlicher Hormone. Das hat Grete Waitz für sich immer abgelehnt. In ihrer Biografie beschreibt die Norwegerin, daß ihre Periode pünktlich mit dem Beginn des harten Langlauftrainings aussetzte – für mehr als zehn Jahre. «Die Mediziner, die die Untersuchung durchführten, sind der Meinung, daß die Amenorrhoe entweder auf das harte Training, physischen und psychischen Streß oder auf den niedrigen Körperfettanteil zurückzuführen ist. Alle diese Faktoren beschreiben mich und meinen Lebensstil.»[17]

Dieser Zusammenhang wurde durch die Untersuchungen Barbara Drinkwaters Mitte der 80er Jahre untermauert: Langstrecklerinnen ohne Monatsblutung weisen eine signifikant geringere Knochendichte und Knochenmasse auf, weil das weibliche Geschlechtshormon Östrogen einen entscheidenden Anteil an der Einlagerung von Kalzium im Knochen hat, der eben keine tote Materie ist, sondern ein in ständigem Auf- und Abbau befindliches lebendiges Gewebe. Häufig sind Mikroverletzungen und Ermüdungsbrüche die Folgen verminderter Knochenfestigkeit. Leistungssportlerinnen, die den Trainingsumfang kaum so weit reduzieren können, daß eine regelmäßige Periode auftritt, gefährden ohne Hormonsubstitution und zusätzliche Kalzium-Zufuhr ihr körperliches Gleichgewicht. (Bereits eine ausgewogene vollwertige Ernährung deckt den Grundbedarf von einem Gramm Kalzium pro Tag.) Die ausreichende Mineralisierung der Knochen sollte unbedingt ärztlich kontrolliert werden. «Es ist nämlich nicht sicher, ob nach Aufgabe des Spitzensports (und Wiedereinsetzen der Blutung) der Knochenaufbau den erlittenen Verlust kompensieren kann. Zu befürchten ist vielmehr, daß diese Frauen mit einem kleineren Knochenkapital altern und dann im Zeitpunkt der Menopause rasch in die kritische Zone geraten.»[18]

Anmerkungen

1 Michael Heinrich, in: LaufZeit 5/93
2 Heinz Schumacher, in: Spiridon 9/89
3 Ernst van Aaken/Karl Lennartz: Das Laufbuch der Frau, Aachen 1987, S. 170 ff.
4 Ebd.
5 Ernst van Aaken, in: Spiridon 5/77
6 Vgl. Spiridon 1/81
7 Manfred Steffny, in: Spiridon 4/83
8 Gaby Schütz, in: Der Läufer 5/92
9 Wolfgang Klemm, zit. nach: Spiridon 4/83
10 Rudi Holzberger, in: sports
11 Hermann Pedergnana, in: Süddeutsche Zeitung v. 20./21.8.94
12 Ernst van Aaken/Karl Lennartz, a. a. O., S. 135
13 Reinhard E. Wodick, in: Die Neue Ärztliche v. 12.11.85
14 So stellt es zumindest Mary Ann Christen-Meyer in sports dar
15 Angelika Roß, in: Runner's World Nov./Dez. 94
16 Susanne Lüscher, in: Der Läufer 7/92
17 Grete Waitz/Gloria Averbuch: Worldclass. Eine Frau läuft sich frei, Aachen 1989, S. 186
18 Ursula Imhof, in: Der Läufer 9/92

19 «Avantgarde im Alltag»

Der Bonner Frauenlaufclub Melpomene

Seit dem November 1992 gibt es den Frauenlaufclub Melpomene, den die international erfahrene Marathonläuferin Elisabeth Oberli-Schuh zusammen mit Sabine von zur Mühlen, der Sportphysiotherapeutin Petra Theobald und anderen Frauen auf die Beine stellte. Daß die schnellen und ausdauernden Frauen viel Geduld aufbringen mußten, um sich von der Ignoranz oder Begriffsstutzigkeit ihrer männlichen Sportkollegen nicht unterkriegen zu lassen, unterstreicht eine im Melpomene-Info vom Dezember 1994 kolportierte Episode: «Der gräzistische Zungenbrecher Melpomene ist inzwischen nicht mehr so fremd und exotisch wie noch im vergangenen Jahr. Zwar hörte man beim Pecher Volkslauf noch die Ankündigung ‹hier kommt Renate aus Melpomene›, aber mittlerweile dürfte sich herumgesprochen haben, daß Melpomene keine Ortschaft zwischen Abu Dhabi und Timbuktu ist.»

Daß der Frauenlaufclub weit über die Bonner Stadtgrenzen hinaus bekannt ist, liegt nicht zuletzt an den großen Erfolgen der Melpomene-Läuferinnen bei wichtigen Läufen in der Region und an dem Renommee, daß der Verein als Organisator des reizvollen 10-Kilometer-Laufs durch den Kottenforst bei Bonn erwarb. Vor allem aber hat Melpomene im Frauenfreizeitsport Akzente gesetzt: mit Anfängerinnengruppen auf verschiedenen Leistungsniveaus, Kinderbetreuung während des Trainings, Infoveranstaltungen zu Gesundheits- und Ernährungsthemen, Kinder- und Familienfesten und lauftherapeutischen Projekten. «Avantgarde im Alltag» nannte der Journalist Werner Freytag diese Initiative laufender Frauen: «Melpomene ist kein Experiment mehr, sondern eine Bewegung.»[1]

Die in Caracas geborene Elisabeth Oberli-Schuh kam 1977 in die BRD. Ihr in der Schweiz begonnenes Musikstudium beendete sie in Essen. Von dort ging sie nach Bonn, wo sie Musik unterrichtet, in verschiedenen Ensembles mitspielt – und wo sie läuft. Kurioserweise liegt ihre Marathonbestzeit um ganze zehn Sekunden von der ihres Mannes Harald entfernt: 2:36:17 h gegenüber 2:36:27 h: eine Laufehe im Gleichschritt. Seit 1981 trainierte sie intensiv für ihren ersten Marathon, den sie in Frankfurt gleich unterhalb der Drei-Stunden-Marke beenden konnte. Am 19. April 1983 belegte sie beim Boston Marathon mit 2:45:34 h den 13. Platz. Im gleichen Jahr startete sie bei den Leichtathletik-Weltmeisterschaften in Helsinki. Der organisatorisch desolate venezuelanische Leichtathletikverband vermasselte ihr, der damals besten südamerikanischen Marathonläuferin, den Start bei den Olympischen Spielen 1984 in Los Angeles. Zwischen 1980 und 1994 gewann sie mehr als 150 Straßen- und Volksläufe.

Frau inmitten einer Männermeute: Elisabeth Oberli-Schuh beim Zieleinlauf des Post-Marathon 1992 in Bonn (mit Startnummer 1798: Harald Schuh)

Postdienst
1798
Postdienst
1799
Postdienst
1846
1649

Interview mit Elisabeth Oberli-Schuh

Weshalb wurde der Laufclub Melpomene gegründet?

Elisabeth Oberli-Schuh: Nach Jahren in verschiedenen rheinland-pfälzischen Vereinen bin ich beim PSV Bonn Übungsleiterin für die Triathlon-Läufergruppe geworden. Die wollten mich zwar auch als Athletin für ihren Verein gewinnen, aber mir ging es dort zu triathlonorientiert zu.

Ich wurde dann dreimal Bonner Stadtmeisterin im Marathon. Natürlich kam irgendwann einmal die Überlegung auf, mich in der Stadt, in der ich lebe, einem Verein anzuschließen. Aber in Bonn gab es keinen einzigen Verein, der tatsächlich etwas für den Frauenlaufsport tat. Da habe ich mir gesagt: Dann gründe ich eben selber einen Verein. Eine Handvoll Frauen waren von der Idee total begeistert. Einige kamen aus anderen Vereinen, zwei waren noch gar nicht organisiert. Die liefen einfach so. Wir fingen bald mit dem Training an und haben, was für Frauen elementar wichtig ist, parallel zum Training eine Kinderbetreuung angeboten. Ein Motiv für viele Frauen, bei uns einzusteigen, war, daß sie nicht gern allein laufen, weil sie Angst haben – egal, ob es hell oder dunkel ist, und egal, wo sie laufen. Das ist ein Aspekt, den ich selber gar nicht kannte, weil ich mir eingebildet habe, ich bin sowieso schneller... Es ist beruhigend zu wissen: Am Dienstag um sechs Uhr treffe ich dort immer andere, mit denen ich laufen kann.

So kam es, daß jetzt über 60 Frauen Mitglied bei Melpomene sind. Das ist sehr viel für einen Verein, der erst seit zwei Jahren existiert. Von den 60 Frauen sind ungefähr die Hälfte Mütter. Die Mehrheit ist zwischen 25 und 35 Jahre alt; einige sind über 50 und glücklich, daß sie mit jüngeren Leuten reden können. Es gibt vier bis fünf Gruppen unterschiedlicher Leistungsstärke. Die Langsamen laufen sechs bis sieben Kilometer, die Schnellsten laufen 14 bis 15 Kilometer.

In den anderen Vereinen war es immer schwierig, eine Frauenmannschaft für Meisterschaften aufzustellen. Dagegen hatte Melpomene beim Zwölf-Stunden-Lauf in Brühl zwei Mannschaften am Start. Das war eine Sensation, weil viele Vereine nicht mal in der Lage waren, eine Mannschaft auf die Beine zu kriegen.

Dieses Jahr werden die Melpomene-Frauen auch an den deutschen Cross-Meisterschaften teilnehmen. Alle starken Frauen aus der Umgebung sind bei uns im Verein – bis auf die überragende Ultraläuferin Birgit Lennartz, die jetzt selber einen Verein gegründet hat. Beide Vereine stehen sich weder im Wege noch machen sie sich Konkurrenz, da ihre Zielsetzungen verschieden sind. Melpomene tut etwas für den Breitensport. So haben wir im letzten Jahr in Zusammenarbeit mit einer Krankenkasse einen zwölfwöchigen Kurs für Anfängerinnen angeboten.

Melpomene hat also zwei Standbeine: ein breitensportliches und ein leistungssportliches.

Ja. Die schnellen Frauen sollen Laufpartnerinnen finden und sich zu Mannschaften zusammenschließen können. Ohne Leistung bekommt man keinen Sponsor. Das ist die eine Seite. Das andere Anliegen aber ist, Frauensport und Frauenlaufen generell zu fördern. Als wir bei einer Krankenkasse anfragten, ob sie Interesse hätten, wenn wir einen dreimonatigen Kurs für Laufanfängerinnen anbieten, waren die begeistert. Die teilnehmenden Frauen müssen aber nach den drei Monaten imstande sein, vier bis sechs Kilometer zu laufen – das war die unterste Grenze. Der Kurs verlangte Anwesenheitspflicht, da sonst die Kasse nicht gezahlt hätte. Die Kursteilnehmer waren vorwiegend jüngere berufstätige Frauen, von denen einige dann dem Verein beitraten.

Wie kann man den Anteil der Frauen an Volksläufen und Stadtmarathons erhöhen?

In normalen Leichtathletikvereinen – das ist in Bonn genauso wie anderswo – ist das Training nicht auf die Voraussetzungen und Bedürfnisse von Frauen angelegt. Für die Frauen wird nichts getan. Die haben bei den Volksläufen immer Kuchen gebacken, waren immer dabei – aber passiv. Für Männer gibt es genug Vereine. Aber für Frauen gilt das eben nicht. Viele reden auch gerne über ganz andere Themen beim Laufen, weil sie andere Probleme haben: Welche Schule die Kinder besuchen und was sie kochen, Probleme im Beruf – und natürlich, wie sich Beruf und Kinder vereinbaren lassen. Manche unserer Frauen treffen sich jetzt auch ein zweites oder drittes Mal in der Woche und wechseln sich mit der Kinderbetreuung ab. Es sind nur wenige, die intensiv an Volksläufen teilnehmen. Ungefähr ein Drittel ist bereits einen Marathon gelaufen. Die meisten wollen sich treffen, sich wohl fühlen und fit bleiben.

Warum der Name «Melpomene»?

Melpomene, die Frau, die 1896 als erste sich über die historische Strecke von Marathon nach Athen wagte, ist zum Symbol für den Frauen-Langstreckenlauf geworden – und ein Symbol für Frauen, die sich nicht unterkriegen lassen. Für uns war es beeindruckend, daß sich diese Frau vor hundert Jahren getraut hat, ohne spezielle Sportkleidung, Laufschuhe und ohne Training, wie wir es kennen, die Strecke zu laufen: ganz auf sich allein gestellt. Außerdem: Die üblichen Namen, wie TUS Irgendwas, erschienen uns völlig abgegriffen und unserer Zielsetzung völlig unangemessen. Wir waren schließlich im Begriff, etwas ganz Neues zu beginnen.

Ihr richtet mittlerweile in Bonn einen eigenen Lauf aus...

Melpomene organisiert zum dritten Mal einen 10-Kilometer-Lauf im Kottenforst auf einer genau vermessenen Strecke, der als Straßen- und Volkslauf anerkannt ist. Die Teilnehmerzahl ist 1995, wo wir zum ersten Mal einen Sponsor gefunden haben, auf 300 Teilnehmerinnen und Teilnehmer begrenzt. Die Strecke ist optimal, da sie sowohl bei Regen als auch bei Hitze relativ geschützt liegt.

Welche Rolle spielt das Thema Gewalt bei Läuferinnen?

Wenn ich im Wald alleine laufe und ein Fahrrad hinter mir höre, merke ich schon, daß der Puls höher schlägt. Da erschrickt man doch. Ich passe immer auf. Das ist bei Männern nicht so. Nicht, daß ich wirklich Angst habe, wenn ich laufe. Aber im Dunkeln würde ich nicht allein durch die Felder laufen. Das ist für Frauen ein Thema – und für Männer keines. Manche Melpomene-Frauen laufen mit Schreckschußpistole. Wir haben uns auch schon überlegt, einen Selbstverteidigungskurs anzubieten. Das Problem ist: Das Gelernte hilft eine Weile, aber man muß im Training bleiben. Das hat mich ein bißchen abgeschreckt, diese Sache voll durchzuziehen. Wenn man einmal einen Dreimonatskurs macht, weiß man's im entscheidenden Moment – zum Beispiel zwei Jahre später – nicht mehr.

Die Angst läuft mit

Am 24. Juli 1992 wurde die 46jährige Marathonläuferin Ida Lukas in ihrem Trainingsgebiet in Bergisch-Gladbach bei Köln ermordet. Seitdem wird in den Laufzeitschriften verstärkt über den Schutz von sporttreibenden Frauen vor Männergewalt diskutiert – ein Schutz, der fast immer nur Selbstschutz sein kann. Die *Runner's World*-Autorin Caroline Doka hat Tips und Ratschläge zusammengestellt[2], deren Spannweite von wacherem, bewußterem Laufen bis zu brachialem Zurückschlagen reicht.

Frauen sollen «nicht immer zur gleichen Zeit laufen, nicht immer dieselbe Route laufen, in Begleitung laufen und sich davor hüten, die Aufmerksamkeit zu reduzieren. Sei es durch In-Gedanken-Versinken oder mit einem Walkman». Verteidigungswaffen (wie Tränengassprüher, Gaspistole, Elektroschock oder Schrillalarm) sind ohne Waffenschein zu erwerben. Selbstverteidigung «führt zwar in vielen Fällen zum Erfolg, kann aber für Ungeübte gefährlich sein. Deshalb sollte richtiges Verteidigen in einem Wen-Do-Kurs gelernt und immer wieder geübt werden. Es ist die einzige ‹Waffe›, die man mit Sicherheit immer dabeihat und die einem der Angreifer nicht wegnehmen kann.»

Nicht alle Frauen trauen sich, angreifenden Männern so resolut zu begegnen wie die Frauenbeauftragte der Polizei aus Nürnberg, die sich nach eigenen Worten nicht scheuen würde, ihrem Angreifer einen Kugelschreiber ins Auge zu rammen. Ein anderes Problem besteht in dem Wechselspiel zwischen Zurückweichen und Zurückschlagen: «Vor der Schwelle zum Angriff: Immer gut beobachten. Wird man verfolgt, soll man sich selbstbewußt geben; stehenbleiben, gut durchatmen, sich auf den Angriff vorbereiten. Kommt der Verfolger näher, so tun, als würde man ihn nicht bemerken. Schließlich böse schauen, um Macht auszudrücken. Setzt er aber zum Angriff an: Das Verhalten ändern, sich unterlegen zeigen und signalisieren, daß man alles tun wird, was er verlangt. Dann ist die Wahrscheinlichkeit groß, daß er mit weniger Härte vorgeht, weil er sich in Sicherheit wiegt. Und dann zuschlagen.»

Peter Fischer, der Leiter der Mordkommission Köln, hält diese offensive Reaktion von bedrohten Frauen aber nur bei einem bestimmten Tätertyp für richtig: «Man muß unterscheiden zwischen feigen Leuten, die versuchen wollen, eine Situation für ein Sexualdelikt auszunutzen – sie sind schnell in die Flucht zu schlagen –, und den Typen, die zu Beginn äußerst brutal klarstellen, daß die Frau entweder das Spiel mitmacht oder nicht lebend davonkommt.»[3]

In welcher Weise stärkt das Laufen das Selbstbewußtsein von Frauen?

Probleme lösen sich oft während des Laufens. Laufen ist eine Stunde für uns. Viele kommen wie neugeboren zurück. Sie fangen an, darauf zu achten, was sie essen. Auffallend im Unterschied zu männerdominierten Laufgruppen ist aber vor allem, daß Frauen während und nach dem Laufen viel miteinander reden. Zum Beispiel: Eine Frau befindet sich in Scheidung und möchte unbedingt darüber reden, am liebsten zunächst mit anderen Frauen. Oder eine alleinstehende Frau kriegt ein Kind. Sie hat sofort Anschluß an Frauen gefunden, die schon Kinder haben. Frauen sind gut aufgehoben unter Frauen, obwohl die wettkampforientierten Frauen natürlich auch viel mit Männern laufen, wegen des härteren Trainings. Ansonsten ist der Verein auch offen für Männer – die an der Gymnastik teilnehmen wollen ...

Anmerkungen

1 Werner Freytag, in: condition 1–2/94
2 Caroline Doka, in: Runner's World 5/94
3 Zit. nach: Spiridon 9/92

Das Gespräch mit Elisabeth Oberli-Schuh führte Klaus Zobel im Januar 1995.

Von wegen Laufen und Liebe! Unser erster Marathon

Lucie Sommer / Ines Baron

Von unserm ersten Marathon kann eigentlich gar keine Rede sein. Wir, die liebenden Lebensgefährtinnen, sind nie einen Meter gelaufen, und dennoch waren wir immer dabei. Deshalb war *ihr* erster Marathon auch *unser* erster Marathon, nur eben ganz anders!

Frisch Verliebte gehen gerne spazieren. Ich war dabei immer zu langsam, und das lag nicht nur am Styling (zu enger Rock, zu hohe Schuhe), mit dem man am Anfang zu beeindrucken trachtet. Die Schritte klein, das Tempo beschaulich – es fehlte der Blick auf die zu bewältigende Distanz. Die Entdeckung meiner Langsamkeit – selbst auf einem Rennrad, von dessen 21 Gängen ich mir eine Kompensation dieses Mangels erhofft hatte – ging einher mit einem penetranten Hang zur Beeilung, einer demonstrativ zur Schau gestellten Sportlichkeit. Legten wir harmlose Strecken zurück, so verfiel mein Begleiter in plötzliches Traben oder machte auf dem Weg zum Kino den Vorschlag, schon mal vorauszulaufen, um noch rechtzeitig Eintrittskarten zu ergattern. Leider blieb es aber nicht bei diesen praktischen Service-Läufen.

Aus gelegentlichen Waldläufen wurden regelmäßige Veranstaltungen. Der Freund und Mitläufer klingelte sonntags morgens zu nachtschlafender Zeit an der Tür: Wir sollten uns frühzeitig daran gewöhnen, daß der späte Samstagnachmittag der Sportschau und der frühe Sonntagvormittag dem Waldlauf gehörten. So nahm alles seinen Lauf – aus unverfänglichen Entspannungsläufen wurden verschärfte Trainingsläufe. Irgendwann wußten wir, die inzwischen hoffnungslos Zurückgebliebenen, daß wir den endgültigen Wahnsinn nicht mehr aufhalten würden.

Schließlich brach es aus ihnen heraus: Beim nächsten Bonner Post-Marathon sind wir dabei! Die Krönung des Läuferlebens ist nun mal ein Marathon. Und dann noch einer durch die eigene Stadt! Der berühmte Bonner Post-Marathon! Das bietet sich doch geradezu an. Daß das Bundesdorf so klein ist und deshalb gleich zwei Runden gelaufen werden müssen, tut nichts zur Sache. 42 Kilometer sind 42 Kilometer. Verzeihung: 42,195 Kilometer! (Einen Lapsus dieses Kalibers durften wir uns von nun an nicht mehr häufig leisten.) Start um sechs Uhr abends – da ist es schön kühl. Lauter Freunde und Bekannte stehen am Straßenrand und feuern uns höchstpersönlich an. Die Jungs vom buchLaden 46 als Marathonläufer – Wahnsinn!

Nur mit Mühe konnte die Begeisterung in Zaum gehalten werden. Regelmäßige Lagebesprechungen wurden lautstark und engagiert abgehalten. War der Trainingsstand allen Vorausberechnungen nach optimal? Sollte man nicht gleich am nächsten Sonntag den überfälligen Dreistundenlauf machen? Welche Strecke sollte man nehmen, das Waldgebiet im Kottenforst oder doch lieber das harte Pflaster am Rhein entlang, vielleicht direkt bis Koblenz? Man könnte ja dann mit dem Zug zurück... oder die Mädels würden gleichzeitig mit dem Rad... und könnten dann Wasser... vielleicht auch eine Banane? Überhaupt: Bananen, optimales Stärkungsmittel für zwischendurch, Backpflaumen haben auch 'ne Menge Kalorien und liegen nicht so schwer im Magen. Am besten, man ist leicht! Vor allem aber die Schuhe! Die neuen, die sind jetzt richtig eingelaufen, waren ja teuer, noch nie so teure Schuhe gekauft, aber die sind echt super, da läufst du wie ein junger Gott!

Und wie ging es *uns* dabei? Das fragten wir uns selbst, denn niemand sonst fragte uns danach. Immer mehr zu Randfiguren im großen Marathonspektakel degradiert und genervt durch die einseitige Themenvorgabe bei gemeinsamen Spaghettiabenden, hatten wir beschlossen, uns nicht diesem Mackerwahn zu beugen, sondern in die Marathonwitwen-Offensive zu gehen. Niemals würden die beiden Jecken auf uns und unsere Sorge um ihre Gelenke, Knie, Füße und andere Körperteile hören. Niemals mehr würden sie sexuellen Ausschweifungen frönen, wenn am nächsten Tag ein Trainingslauf anstand. No sex please, we're runners... Auf absehbare Zeit würde es kein Wochenende ohne diese Rennerei geben. Sollten sich die Kerle also ruhig knechten, ihre Pfunde verlieren und die teuren Schuhe abwetzen. Mit ihrer Kalorienwiederbeschaffung, der Finanzierung des notwendigen Outfits und den ständig anfallenden stinkenden Wäschehaufen wollten wir nichts mehr zu tun haben. Das traute Sonntagsfrühstück zu zweit deklarierten wir zum Weiberbrunch mit Sekt. Hier ließ sich solidarisch wettern gegen den idiotischen männlichen Leistungswahn!

Der Tag X rückte immer näher. Anmeldeformulare waren beantragt, ausgefüllt und verschickt worden. Im Gegenzug kam ein großes papiernes Lätzchen mit der Startnummer ins Haus geflattert. Schon waren auf der Straße blaue Linien zu sehen, die die angeblich ideale Rennstrecke markierten. Die

«Verlor'ne Liebesmüh» (frei nach William Shakespeare)

vorletzte Nudelorgie war abends in einem Restaurant gefeiert worden. Zur definitiv letzten lud ein großes Zirkuszelt vor der Post ein, einem Wallfahrtsort nicht nur für Nudelesser, sondern auch für Sportsfreunde und Schnäppchenjäger, die sich an verbilligten Joggingschuhen, schrill-bunter Sportkleidung und anderen kleinen Häßlichkeiten wie «Caro»-Stirnbändern, «Barilla»-Bauchtaschen und unnützen Schirmmützen vergreifen konnten. Nachmittags begannen die Anwohner der Marathonstrecke, ihre Stühle und Tische in den Vorgarten zu stellen, um die Sportler mal nicht auf der Mattscheibe, sondern von Angesicht zu Angesicht zu sehen, zu hören und vor allem zu riechen. Tischchen mit Getränken wurden aufgebaut, Wasserspritzen – vom Blumenbefeuchter bis zum potenten Gartenschlauch – aus den hintersten Ecken geholt. Rasseln, Pfeifen, Stereoanlagen, Kofferradios und die Liste der Läufer mit ihren Startnummern aus dem *Bonner Generalverschweiger* wurden herbeigeschafft, um die Helden des Asphalts zu erfrischen und anzufeuern und um sich selbst wie im Karneval heiser zu schreien.

Wir Frauen sahen all diesen Vorbereitungen mit Skepsis zu. Was sollte das alles? Wie konnte man solch ein Theater machen, sich so ins Zeug legen für wildfremde Dahergelaufene? Schließlich packte uns das schlechte Gewissen. Konnten wir, deren Männer bei diesem offenbar wichtigen Ereignis mitliefen, so tun, als ginge uns das alles nichts an? Sollten wir uns wirklich schnöde ins Zimmer zurückziehen, während sich unsere armen Irren da unten die Lunge aus dem Hals liefen? Ja, liebten wir sie denn nicht trotz ihrer Verirrungen? Schließlich siegte, wie nicht anders zu erwarten, das Herz. Wir bliesen deshalb mehrere herzförmige Luftballons auf und hängten sie an den Gartenzaun. Wir malten mit vergänglicher Kreide zwei Riesenherzen auf die Straße. Darunter prangten die Namen unserer Liebsten. Nachdem wir unseren Straßenschmuck aus dem zweiten Stockwerk begutachtet hatten, wurden wir übermütig und hängten ein Plakat mit der dick gelogenen Aufschrift «Jungs, wir sind stolz auf euch!» neben die Herzluftballons. Sehr zufrieden mit diesen weithin sichtbaren Zeichen unserer Anteilnahme zogen wir uns ins Haus zurück, um ein ernährungsphysiologisch ausgeklügeltes Siegeressen für die Helden des soundsovielten Postmarathons vorzubereiten.

Es war ein lauer Frühsommerabend, der Abend des großen Ereignisses. Man hätte ihn sich durchaus romantischer vorstellen können als in der Küche stehend, mit starrem Blick auf die Uhr und die Straße, um ja nicht die geplante Ankunft unserer Jungs zu verpassen. Schon waren die Spitzenläufer vorbeigeschnellt, schon hörten wir immer größere Mengen von Marathonis die Straße bearbeiten. Zur vorausberechneten Zeit standen wir selbst mitten im Tumult. Angestrengte, schweißnasse Menschen kämpften sich durch die Straße, den Blick nach vorn, mal einen nassen Schwamm, mal einen leeren Plastikbecher von sich schleudernd, völlig unbeeindruckt von den lautstarken Ermunterungen ihres Publikums. Was für ein Anblick! Ästhetisch unter aller Sau, doch seltsam anrührend. Ein Heer von Masochisten! Wie kann man sich nur in einem solchen Zustand von der Öffentlichkeit beklatschen lassen? Und wann kommen *unsere* Freiwilligen? Wie sie wohl aussehen? ... Ist nicht der da hinten mit den schwarzen Laufklamotten der Liebste? Oder der da mit dem schütteren Haar? ... Falsch geguckt. ... Frauen laufen auch mit! Cellulitis kriegt man von der Lauferei anscheinend auch nicht weg ... wie beruhigend.

Jetzt ist es schon Viertel nach acht ...

Wann kommen sie endlich?... Ist es der da vielleicht? Nein... Aber da! Da sind sie! Aber wie sie aussehen! Dabei müssen sie doch die ganze Strecke noch mal rennen, über zwanzig Kilometer. Unsere Herzen auf der Straße sehen sie nicht einmal, genausowenig wie unsere Luftballonherzen oder unser mit Liebe gemaltes Plakat... Uns nehmen sie für ca. eine Sekunde wahr, das bilden wir uns zumindest ein, und weg sind sie, im tumben Schritt über unsere vergänglichen Kreideherzen hinweg, auf und davon, noch eine Runde Selbstkasteiung. Und in zwei Stunden kommen sie dann noch mal vorbei, vielleicht halb tot. Fassungslos zogen wir uns ins Haus zurück. Drinnen philosophierten wir über Ursachen und Symptome des Laufwahns, kochten das Essen, das sie vor dem Erschöpfungstod retten sollte, und warteten die nächste Runde ab. Es blieb uns indessen erspart, unsere Asphaltkämpfer ein zweites Mal in Augenschein zu nehmen: sie waren zu schnell!

Es ging auf Mitternacht zu – auf der Straße wurden noch die letzten Müden und Lahmen angefeuert –, als zwei Jammergestalten zitternd und zähneklappernd die Treppe hinaufkrochen. In Alufolie verpackt. Sie froren wie die Schneider, lagen in Wolldecken gehüllt auf dem Bett, verweigerten das köstliche Essen und jammerten zweistimmig, aber einmütig: «Nie mehr Marathon!» Völlig ausgebrannt, die beiden Elendsgestalten. Von Diätköchinnen in Windeseile zu Nachtschwestern avanciert, stellten wir uns innerlich auf eine nächtliche Notaufnahme im Elisabeth-Krankenhaus ein und legten die Wärmflasche und uns selbst zu den Heimkehrern. Trotz aller Katastrophen war uns doch ein Stein vom Herzen gefallen: Nie wieder Marathon! Endlich hatte der Wahn ein Ende, endlich waren sie zur Vernunft gekommen!

Wer beschreibt unser Entsetzen, als am nächsten Tag beide sich wie die Phönixe aus der Asche vom Krankenlager erhoben und auf Wölkchen des Triumphes schwebten. Völlig schmerzfrei (wie sie nicht müde wurden zu verkünden). Voll Begeisterung berichteten sie allen, die es hören wollten, und ebenso allen, die es nicht hören wollten, von der gestrigen Heldentat. Ein tolles Erlebnis! Hat totalen Spaß gemacht! Die 42 Kilometer, die spürst du kaum, echt, das glaubt man nicht! Und der Soundso stand am Rand, und die Soundso hat uns auch gesehen – hat uns erst gar nicht erkannt, wollte wohl nicht glauben, daß wir das sind! Wahnsinn!

Alle finden sie toll, unsere prahlenden Männer. Nur wir nicht, wir sind herzlos und brutal. Wir ärgern uns über unser Erbarmen mit ihnen, über unsere ignorierten Herzen, das verschmähte Essen und das schnelle Vergessen der Qualen.

Wir werden unseren ersten Marathon nicht so schnell vergessen. Mittlerweile laufen wir drei pro Jahr: Hamburg, Berlin, New York, demnächst Boston oder auch mal ein Ultralauf, wieso denn nicht? Ab und zu fragen wir uns immer noch: Vor wem oder was laufen sie weg? Warum laufen sie nur? Aber wir lassen sie laufen...

«Über die Reeperbahn, dann noch 40 Kilometer weiter»
Ein Blick hinter die Kulissen des hanse-Marathon Hamburg

Seit 1986 hat auch Hamburg seinen Stadtmarathon. Mißtrauisch beäugt von den Medien der eigenen Stadt, aber von den Läufern und Läuferinnen mit Vorschußlorbeeren überhäuft, war der Neuling im ersten Jahr der Shooting Star der deutschen Marathonszene. Von null auf Platz zwei der größten Stadtmarathons katapultiert (hinter den unerreichbaren Berlinern), hat der hanse-Marathon diese Position bis heute gehalten; allein das spricht für Konzept und Organisation der Crew um den rührigen Wolfgang Kucklick.

Marathon in Hamburg: Eine reizvolle Strecke durch eine der schönsten Großstädte Europas, günstige logistische Voraussetzungen für die Bewältigung von bis zu 10000, maximal 12000 Athleten, die Rückendeckung durch die politischen Entscheidungsgremien und eine glückliche Hand im Umgang mit den Sponsoren haben den hanse-Marathon zu einem der attraktivsten Stadtmarathons Europas gemacht. Die Läufer und Läuferinnen können sich auf ein begeistertes Publikum von mehreren hunderttausend Menschen freuen, die diese «Parade der Verrückten» wie ein Fest feiern. Ob Barmbeker Rentnerin oder Kleingärtner in Alsterdorf: Für hanseatische Verhältnisse geht es geradezu ausgelassen zu. Von wegen s-teif!

Emil Zátopek, der legendäre tschechische Läufer längst vergangener Tage, bescheinigte Hamburg den «schönsten Lauf der Welt» (laut *Bild* vom 26. 5. 86). Aber auch professionelle Beobachter der Laufszene waren von Organisation, Streckenführung und Flair beeindruckt. «Der hanse-Marathon wurde dann ganz anders als gedacht.» (Gedacht war: mit viel Geld die Asse in die edle Stadt locken.) «Die avisierten Asse fehlten, aber die Überraschung war eine blendende Organisation unter der leisen Führung des Hamburger Leichtathletik-Chefs Wolfgang Kucklick, waren die gar nicht hanseatisch wirkenden begeisterten Zuschauer... In Hamburg hat man stets das Gefühl, daß die ganze Stadt mitmacht.»[1]

«Ich erhänge mich nicht!»

In die Kritik gerieten die Verantwortlichen des hanse-Marathons, weil die «Provinzialität» des Marathons schlechte PR für die Hansestadt sei. Einige Schreiber der lokalen Presse verfallen im Zwei-Jahres-Rhythmus in aggressives Jammern: weder Steve Moneghetti noch Uta Pippig, weder Cosmas N'-Deti noch Katrin Dörre-Heinig in Hamburg – welche Katastrophe! In Rage bringt diese wahren Hamburg-Liebhaber die kühle Beharrlichkeit Kucklicks, der jahraus jahrein wiederholt: Genau – weder noch! 1990 fiel auch der DLV-Leistungssport-Direktor Horst Blattgerste in das Lamento ein: «Der hanse-Marathon ist für unsere Läufer völlig uninteressant. Es fehlt an internationaler Konkurrenz, der Kurs ist schlecht, und außerdem gibt es viel zuwenig Geld. Die 5000-Mark-Prämie für einen neuen Streckenrekord ist doch nur ein schlechter Witz.» Fakt ist: Wer in Hamburg mit neuem Strekkenrekord gewinnt, fährt mit mindestens 40000 Mark nach Hause, und wer siegt und unter 2 : 10 h bleibt, mit 50000 Mark.

So schön es wäre, eine Uta Pippig dabeizuhaben, so wenig Sinn macht dieses «namedropping» angesichts des vorgegebenen Finanzrahmens. Die Rekordbörse der Berlinerin nach ihrem Sieg in Boston 1994 (50000 Dollar Antrittsprämie, 70000 Dollar Siegprämie, 25000 Dollar für den Streckenrekord, zusätzlich beträchtliche Sponsorengelder) zeigt klar, wo für die Stars der Marathonszene die Prioritäten liegen. Auch für Katrin Dörre-Heinig sprangen bei ihrem Sieg in London 1994 über 100000 Dollar heraus – Summen, die den hanse-Marathon auf einen Schlag in den Konkurs treiben würden, es sei denn, ein potenter Sponsor vom Kaliber der John Hancock Financial Services würde sein Füllhorn über Hamburg ausleeren. Wer aber sollte diese Sponsorenrolle spielen? Seit Jahren wird Wolfgang Kucklick, der vor kurzem pensionierte Polizeihauptkommissar, von der Hamburger Presse mit der immer gleichen Frage malträtiert: «Wo bleiben die Stars?» Und er fertigt die Schneller-höher-weiter-Schreiber mit den immer gleichen Argumenten ab: «Was heißt hier Stars? Bei uns sind gute Leute am Start. Für große Namen haben wir aber kein Geld. Mir ist es wichtiger, daß sich auch der Vier-Stunden-Läufer wohlfühlt.»[2] Oder: «Wir können keine 500000 Mark an Antrittsgeldern zahlen und sind absolut keine Konkurrenz für London und Boston. Wir verschwenden unser Geld nicht für Stars, sondern für die optimale Betreuung aller Läufer – das kommt bei Zuschauern und Sponsoren gut an. Ich gebe es gern zu: Mein Herz schlägt nicht für die Schnellsten dieser Zunft, sondern für den Jedermann-Läufer.»[3] In einem Gespräch mit der *Bild* führte er ein sehr persönliches Argu-

hanse-Marathon: Der Lauftroß an den Landungsbrücken

ment dafür an, weshalb in der «Ära Kucklick» Starkult und inflationäre Etats keine Chance haben werden: «Teure Stars machen nicht glücklich. In Japan hat Olympiasiegerin Rosa Mota mal 150 000 Dollar Antrittsprämie kassiert und ist nach 25 Kilometern ausgestiegen. Der Veranstalter hat sich erhängt. So will ich nicht enden.»[4]

Daß die Organisatoren nicht nur ihren Geldbeutel zusammenhalten können, sondern auch ein gutes Gespür für Läuferinnen und Läufer haben, die in der Lage sind, erstklassige Zeiten auf dem nicht leichten Hamburger Kurs zu erzielen, zeigte sich z. B. in der Verpflichtung Richard Nerurkars 1993 und Angelina Kananas, der Cousine der kenianischen Starläuferin Tegla Loroupe, im Jahr darauf. Trotz zurückhaltenden Beginns war Nerurkar mit 2 : 10 : 57 h bis auf 14 Sekunden an Jörg Peters Streckenrekord von 1991 herangekommen und mit diesem Erfolg in ein überaus erfolgreiches Laufjahr gestartet, dessen Krönung der Sieg beim Marathon-Weltcup in San Sebastian war. Seine Entlohnung: 27 500 Mark Siegprämie und 4000 Mark Zeitprämie – nicht die Welt, aber so wenig auch nicht. Die nur 1,54 Meter große Angelina Kanana aus Nairobi, Mutter von zwei Kindern, durchbrach als erste die 2 : 30 h-Schranke und verbesserte Charlotte Teskes Streckenrekord von 1988 um 24 Sekunden. Ihre 2 : 29 : 59 h bedeuteten damals kenianischen Rekord. «Für die Damen-Konkurrenz kaufte Kucklick schnell noch Angelina Kanana für ein Antrittsgeld von 5000 Mark ein» – so stellte sich die *Hamburger Morgenpost*[5] eine Transaktion vor, die viel mit Sachkenntnis, Kontaktpflege und Glück zu tun hat, aber wenig mit «schnell noch».

Schwämme, Bananen, Pasta-Party

Mit 8000 bis 9000 Läufern und Läuferinnen und 300 000 bis 500 000 Zuschauern ist der hanse-Marathon die größte Sportveranstaltung der Hansestadt; im Konzert der «Großen Vier», zusammen mit den Internationalen Tennismeisterschaften am Rothenbaum, dem Deutschen Galopp-Derby und dem Deutschen Spring-Derby, kann der Marathon gut bestehen. Ein großes Rahmenprogramm – vom Frühstückslauf am Samstag bis zur großen Sportartikelmesse – sorgt für ein reizvolles Ambiente, das auch die Freunde und Angehörigen der Aktiven einzubinden versucht. Neben dem großen Imagegewinn profitieren die Stadt und die hier ansässigen Firmen, Hotels usw. von den zehntausenden Besuchern, die an diesem Wochenende in die Stadt strömen. (Schätzungen sprechen von 30 000 zusätzlichen Übernachtungen). Obwohl sie de jure erst in Kraft tritt, wenn alle anderen Mittel ausgeschöpft sind, ist die Ausfallbürgschaft der Stadt Hamburg in Höhe von 120 000 Mark faktisch ein fest einkalkulierter Teil des Gesamtbudgets von rund 1,2 Millionen Mark. Eine knappe halbe Million Mark fließt durch die Startgelder auf die Habenseite, der Rest kommt durch die Finanzspritzen des Sponsorenpools zustande.

Zum Beispiel 1994. Neben dem Titelsponsor, der Deutschen Shell AG, die ihren Vertrag bis 1995 verlängerte, waren andere Firmen ebenfalls als Sponsoren engagiert: adidas AG, Barilla, *Bild* Hamburg, Elbschloß Brauerei / Ratsherren Pilsener, Gerolsteiner Brunnen GmbH, Hamburger Messe und Congress GmbH, Rewe / miniMal-Märkte, Volkswagen AG Region Nord. Zusätzlich waren zahlreiche Firmen als Co-Sponsoren und als Lieferanten von Sach- und Serviceleistungen von beträchtlichem Umfang beteiligt.[6]

Von großer logistischer Bedeutung ist der Sponsorbeitrag der Hamburger Messe und Congress GmbH. Sie stellen sechs Hallen kostenlos zur Verfügung. Der Veranstalter trägt nur die Personalkosten, Strom, Wasser und Reinigung. Damit sind die Messehallen eine tragende Säule der Infrastruktur des hanse-Marathon: wetterunabhängig, verkehrsgünstig – und direkt am Start-Ziel-Bereich gelegen. Ähnliches kann in Deutschland nur der Frankfurt-Marathon vorweisen.

Die Statistik im Ergebnisheft 1994 vermittelt einen Eindruck von dem enormen Organisationsaufwand eines City-Marathons dieser Größenordnung:

- 3000 Helfer aus Vereinen, vom Deutschen Roten Kreuz, Technischen Hilfswerk, Malteser Hilfsdienst, von der Johanniter Unfall-Hilfe
- 800 Polizisten, 120 Physiotherapeuten, 30 Ärzte
- 200 000 Pappbecher, 10 000 Schwämme
- 20 000 Liter Sprudel, 3000 Liter Bier, 20 000 Bananen, 10 000 Becher Caro-Kaffee, 10 000 Schokoriegel (und zusätzlich alles, was für das Frühstück und die Pasta-Party benötigt wurde)
- 150 Toilettenhäuschen
- 100 Duschen in der größten «Duschhalle der Welt»
- 30 000 Meter Absperrband und 16 878 Striche für die «blaue Linie», die als die ideale auf dem Weg ins Ziel gilt.

Auffallend sind die Auswirkungen, die das zu strikter Müllvermeidung anhaltende neue Hamburgische Abfall-Wirtschaftsgesetz hat: Die Aluumhänge zum Schutz der Läufer vor Unterkühlung gibt es seit 1993 nicht mehr, statt dessen stehen Wolldecken vom DRK zur Verfügung. 80 000 Wasserschwämme

10. Shell hanse-Marathon Hamburg am 30. April 1995

Streckenverlauf

Reeperbahn
Königstraße
Platz der Republik
Holländische Reihe
Bernadottestraße
Halbmondweg
Elbchaussee
Klopstockstraße
Palmaille
Breite Straße
St. Pauli Fischmarkt
St. Pauli Hafenstraße
Landungsbrücken
Johannisbollwerk
Vorsetzen
Baumwall
Kajen
Bei den Mühren
Zippelhaus
Dovenfleet
Ost-West-Straße
Deichtorplatz
Wallringtunnel (Weströhre)
Ballindamm
Jungfernstieg
Neuer Jungfernstieg
Kennedybrücke
An der Alster
Schwanenwik
Schöne Aussicht
Karlstraße
Zimmerstraße
Beethovenstraße
Biedermannplatz
Schleidenstraße
Saarlandstraße
Alte Wöhr
Fuhlsbüttler Straße
Hebebrandstraße
Überseering
Sydneystraße
Hindenburgstraße
Bebelallee
Alsterdorfer Damm
Rathenaustraße
Im Grünen Grunde
Am Hasenberge
Maienweg
Alsterkrugchaussee
Rosenbrook
Tarpenbekstraße
Lenhartzstraße
Eppendorfer Baum
Klosterstern
Harvestehuder Weg
Alsterufer
Alsterglacis
Edmund-Siemers-Allee
An der Verbindungsbahn
Rentzelstraße

Ziel:
Karolinenstraße

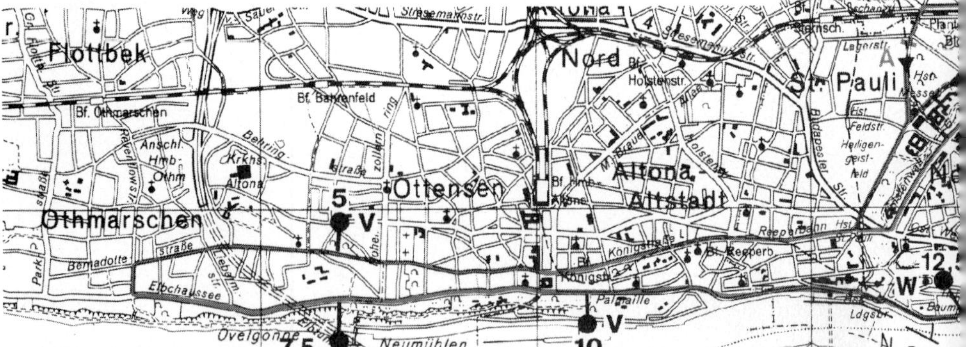

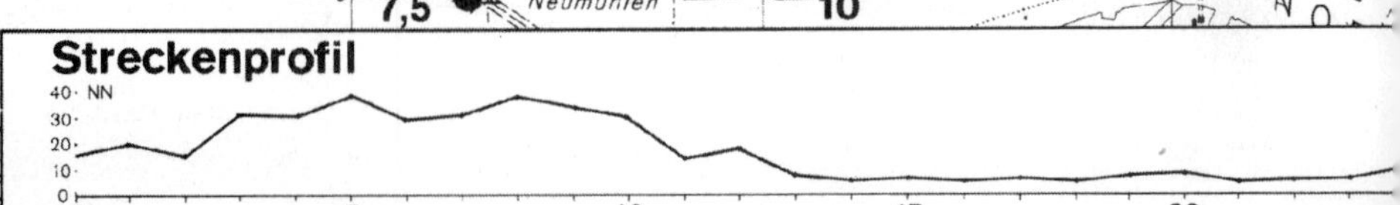

Kartengrundlage: Karte von Hamburg und Umgebung 1:50000 Ausgabe 1985

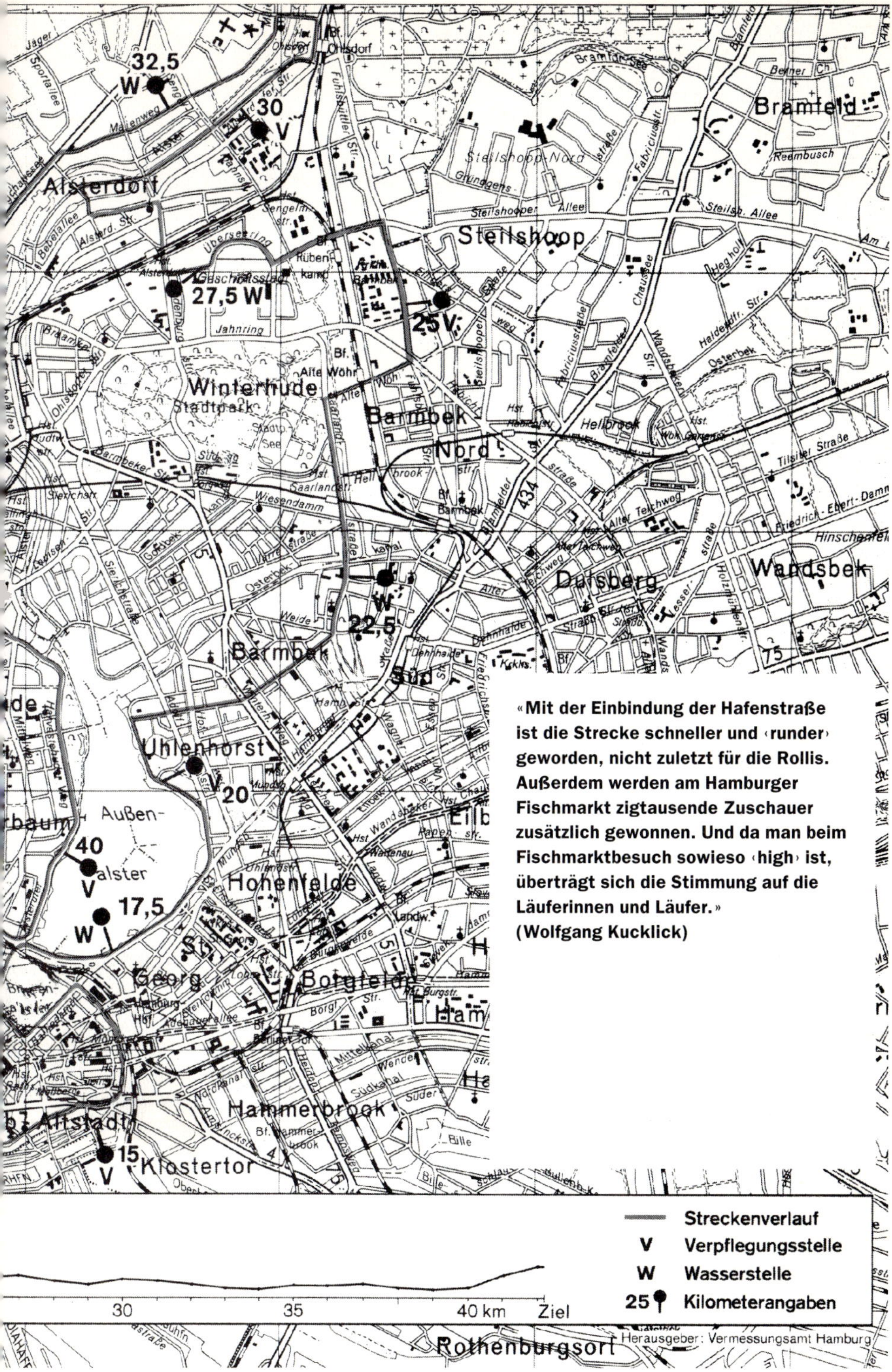

«Mit der Einbindung der Hafenstraße ist die Strecke schneller und ‹runder› geworden, nicht zuletzt für die Rollis. Außerdem werden am Hamburger Fischmarkt zigtausende Zuschauer zusätzlich gewonnen. Und da man beim Fischmarktbesuch sowieso ‹high› ist, überträgt sich die Stimmung auf die Läuferinnen und Läufer.»
(Wolfgang Kucklick)

wurden eingespart – alle haben jetzt darauf zu achten, daß sie ihren «privaten» Schwamm nicht verlieren. Aus ernährungsphysiologischen Gründen (hoher Säuregehalt und zusammen mit Elektrolytgetränken wenig bekömmlich) gibt es auch die Apfelsinen (1992: 15 000) nicht mehr. Daß zudem keine Elektrolytfläschchen – zuletzt 80 000 – den Asphalt bedecken, hat weniger mit ökologischer Vernunft der Veranstalter als mit dem ökonomischen Kalkül des Herstellers von isostar, der Firma Wander, zu tun, die ihre Sponsoringaktivitäten beim Marathon eingestellt hat. Insgesamt wurde der Marathonmüll auf ein Sechstel reduziert. Von einem «Öko-Lauf» zu sprechen ist zwar ein wenig hoch gegriffen, aber die in dem Positionspapier «Sport und Umwelt» vereinbarten Richtlinien haben ihre Tragfähigkeit bewiesen, auf die sich der Hamburger Sport-Bund und zehn Umwelt- und Naturschutzorganisationen der Hansestadt verständigt hatten. «Die Zeit des Belagerungszustandes ist vorbei.» (Umweltsenator Dr. Fritz Vahrenholt)

Nach dem Rückzug der Bavaria-Brauerei als Hauptsponsor, die über drei Jahre hinweg insgesamt eine knappe Million in das vermeintlich prestigeträchtige Unternehmen hanse-Marathon gesteckt hatte, übernahm die Deutsche Shell AG das Zepter. Das vernichtende Urteil des Bavaria-Vorständlers Friedel Gütt – «Der Werbeeffekt war gleich null» – mußte natürlich auch den Verantwortlichen des Mineralölmultis zu denken geben. Die Deutsche Shell AG ist seit über 60 Jahren in Hamburg ansässig und hat hier ihren Hauptsitz. Hier arbeiten fast zwei Drittel aller Shell-Mitarbeiter in Deutschland. Anders als die Bierbrauer scheinen die Ölmanager über ein stimmiges Konzept von Sportsponsoring zu verfügen. Neben dem Motorsport, dem klassischen Sponsoring-Objekt aller Mineralölkonzerne, konzentrierte sich Shell zusätzlich auf den Eissport (Eishockey, Bob) und den Laufsport. Shell-PR-Chef Klaus-Peter Johansen: «Mit der Übernahme der Sponsorschaft für diese populäre Großveranstaltung legen wir zuallererst ein Bekenntnis zur Stadt Hamburg ab.»[7] Rainer Winzenried (Shell) und Joachim Krämer (Sharp): «Wir sind nur an einer Veranstaltung mit großer Breitenwirkung auf Freizeit- und Hobbysportler interessiert.»[8] Mitarbeitermotivation wird bei den Shellisten groß geschrieben: Die Betriebssportgruppe mit einer großen Laufgruppe um den Betriebsratsvorsitzenden und Marathon-Mann Rolf Kleinesper hatte sich für die Unterstützung des hanse-Marathon stark gemacht, als die Bierbrauer sich aus dem defizitären «Spiel» verabschiedeten. 1993 stellten 70 rot-gelbe Shell-Läufer und -Läuferinnen aus 14 Ländern mit dem Engländer Andrew Girling (Bestzeit 2:21 h) an der Spitze die stärkste Betriebssport-Mannschaft beim hanse-Marathon.

«Die Hanseaten sprechen nicht gern über Geld», meinte Vorstandsvorsitzender Hans-Georg Pohl, um dann doch unhanseatisch eine Zahl auf den Tisch zu bringen, «und wir betrachten unseren Aufwand als Werbung. Der Shell hanse-Marathon, wie die Veranstaltung aufgrund unseres Engagements bis 1993 heißt, wird von uns in dieser Zeit mit einer knappen Million unterstützt.» Dieser Betrag ist natürlich viel zu niedrig gegriffen, bezieht man die zusätzliche spezifische Werbung für den hanse-Marathon und die Bereitstellung von internen Kapazitäten ein. Shell hat sich vorerst bis 1995 vertraglich an sein Hamburger Vorzeige-Sportobjekt gebunden. (Seit 1991 unterstützt Shell auch den City-Lauf über zehn Kilometer in Hamburgs Partnerstadt Dresden.)

Erfrischend unhanseatisch: der hanse-Marathon

Seit 1994 ist der Termin des hanse-Marathon um einen Monat nach vorn gerutscht, auf den letzten April-Sonntag. Das paßt vielen Feierabendläufern nicht, weil sie einen ganzen Monat Training einbüßen, denn nur die Hartgesottenen laufen das ganze Jahr über, bei Wind und Wetter. Aber aus sportlicher Sicht ist der April-Termin ein Gewinn. Die Witterung ist in der Regel etwas kühler, lauffreundlicher. Vor allem aber können jetzt in Hamburg noch Qualifikationszeiten für internationale Großereignisse gelaufen werden (Olympische Spiele, WM, EM). Die Regularien des DLV setzten nämlich den 1. Mai des laufenden Jahres als ‹dead line›. So könnte der Jubiläumslauf 1995 für einige deutsche Marathonasse die letzte Chance bieten, sich für die Leichtathletik-Weltmeisterschaften in Göteborg zu qualifizieren.

Der späte Termin der vergangenen Jahre (Ende Mai) bescherte dem hanse-Marathon einige Hitzerennen. Unvergessen der 24. Mai 1992: «Es war mörderisch», schrieben die Hamburger Gazetten am Tag danach. 30 Grad im Schatten, mehrere hundert Sanitäter im Dauerstreß, und die helfenden Hände der Masseure waren gefragt wie selten. Trotz Großeinsatz klang das Resümee des DRK-Sprechers Bernd Edelhoff selbstbewußt und zufrieden: «Wir hatten Leute mit Kreislaufzusammenbrüchen dabei, die mit Infusionen stabilisiert werden mußten. Der Wasserverlust war riesig. Aber zum Glück war nichts Lebensbedrohliches dabei.» Je hitziger die Temperaturen, desto hanseatisch kühler aber der Polizeibericht. Im Telex Nr. 2275 vom 23. 5. 93 hieß es: «ca. 35 laeufer sind ausgeschieden, drei muszten in krankenhaeuser verbracht werden. insgesamt waren anlaeszlich des laufes bzw. im umfeld 37 stw- und 7 naw-einsaetze erforderlich.» stw, naw? Keine Ahnung. Blosz nicht daran rühren...

Lebensbedrohlich war die Situation ein Jahr vorher für den 43jährigen Joseph Korinth, der bei Kilometer 40 an der Ecke Fontenay/An der Alster mit Herzversagen als Folge von Überanstrengung zusammenbrach. Dem entschlossenen Eingreifen eines Notarztes hatte er es zu verdanken, daß sich die Tragödie von 1987 nicht wiederholte. Damals hatte der hanse-Marathon seinen einzigen Toten zu beklagen. An der gleichen Stelle wie Joseph Korinth, unmittelbar am Kriegerdenkmal vor dem Hotel Interconti, wo makabrerweise der Toten des 2. Hamburger Infanterie-Regiments im Krieg von 1870/71 gedacht wird, war Hans Hägele, ein Läufer aus Hamburg-Niendorf, gestorben. Das ärztliche Kommunique nannte als Todesursache «Stoffwechselentgleisung, verbunden mit Herzstillstand». Der 37jährige, der seine Frau und fünf Kinder hinterließ, zählte zu den guttrainierten Läufern. Mit rund 4000 Trainingskilometern 1986/87 hatte er in seinem vierten Marathon offensichtlich die Drei-Stunden-«Schallmauer» angepeilt: er war nach 2:50 h bei Kilometer 40,2 zusammengebrochen.

Beinamputierter Läufer, krebskranke Kinder

Der Hamburger Speditionsunternehmer Axel Heik organisiert seit Jahren einen Spendenlauf für die Stiftung PHÖNIKKS (Psychosoziale Hilfe und Nachbetreuung krebskranker Kinder junger Erwachsener und deren sozialem Umfeld) und das Jugendwerk unfallgeschädigter Kinder e. V. Mehrere hundert Helfer und Helferinnen (unter ihnen auch die überragende Ultra-Athletin Astrid Benöhr) sammeln eimerweise Geld, das dann von Sponsoren großzügig aufgestockt wird. Insgesamt dürften bisher weit über eine Million Mark durch diese ungewöhnliche Initiative zusammengekommen sein.

Einer, dem das Schicksal übel mitspielte und der in Hamburg sowohl als Marathonläufer wie als Spendenläufer dabei war, ist der Kalifornier Jim McLaren. Der 1,96 Meter große Amerikaner läuft auf einem gesunden rechten Bein und einer Prothese, die sein linkes Bein ersetzt. Am 20. Oktober 1985 überfuhr ein Omnibusfahrer in Manhattan eine rote Ampel und raste in das Motorrad McLarens. Der damals 22jährige Schauspieler war bereits klinisch tot. Ärztlicher Kunst und seinem unbändigen Lebenswillen war es zu verdanken, daß er am Leben blieb; aber er verlor sein linkes Bein. Als er gelernt hatte, seine Behinderung zu akzeptieren, begann er mit intensivem Training. Im Oktober 1987 bewältigte er den New York City Marathon in vier Stunden, wenig später stand seine Bestzeit bei dreieinhalb Stunden. Mit bewundernswerter Konsequenz setzte er seine Karriere als Schauspieler und Motivationstrainer fort. 1988 nahm er am Ironman-Triathlon in Hawaii teil – unter schweren Schmerzen, denn die Beinprothese scheuerte die Haut immer wieder durch, und die Schläge, die sein Körper auf der langen Distanz wegstecken mußte, waren kaum auszuhalten. «Nur wer das Laufen als eine tiefe Freude empfindet, kann solche Belastungen aushalten. Mir gibt Schmerz das Gefühl zu leben... Während des Laufes denke ich an die krebskranken Kinder und ihre Schmerzen, das gibt mir Kraft.»[10] 1993 lief Jim McLaren, der Liebling der Hamburger Zuschauer, mit 3:18:44 h eine Weltbestzeit in seiner Klasse – bevor er am 6. Juni 1993 beim Kalifornien-Triathlon einen zweiten fürchterlichen Unfall hatte. Ein Kleinlaster raste durch eine Polizeiabsperrung und riß McLaren von seinem Triathlonrad. Die niederschmetternde Diagnose: doppelter Halswirbelbruch, Querschnittslähmung. Jim McLaren: ein zweites Mal am Boden zerstört – und ein zweites Mal wieder aufgerappelt. Sein Lebenswille scheint ungebrochen: «Hamburg, ich komme wieder. Vielleicht sogar als Renn-Rolli.»[11]

Zehn Jahre hanse-Marathon

30. April 1995: Großkampftag bei der *Bild*-Zeitung. Der hanse-Marathon feiert sein zehnjähriges Jubiläum mit der Austragung der Deutschen Marathon-Meisterschaft – und der Jubiläumskurs führt mitten durch Feindesland! Statt die Reeperbahn zweimal zu passieren, geht es dann zum erstenmal an der Hafenstraße vorbei – jenem symbolträchtigen Ort, der für die Balkenpresse schon mal die «Terrorzentrale der RAF» war. So etwas wie der Vorhof der Hölle, durch den nun schnellen Schrittes zehntausend Menschen eilen sollen, um in den besseren Wohnvierteln endlich wieder sicheren Boden unter die Füße zu kriegen... Ein Lauf durch brennende Barrikaden wäre ungemein romantisch – was ließen sich daraus fesselnde Survival-Stories zimmern! Wir raten den Kolleginnen und Kollegen von *Bild*: Lebensversicherung noch einmal erhöhen, Springerstiefel an – und rein ins Vergnügen!

Anmerkungen

1 Manfred Steffny, Die schönsten Marathonstrecken der Welt, Berlin 1992, S. 108
2 BILD vom 19. 4. 94
3 Hamburger Abendblatt vom 21. 4. 94
4 BILD vom 14. 5. 92
5 Hamburger Morgenpost vom 19. 4. 94
6 Vgl. Ergebnisheft hanse-Marathon 1994, S. 23
7 BILD vom 22. 5. 93
8 Hamburger Morgenpost vom 14. 5. 92
9 Hamburger Morgenpost, 25. 5. 92
10 Zitiert nach: Pressedokumentation hanse-Marathon
11 Ebd.

Brutto oder Netto: Das ist hier die Frage

Die zehnte Auflage des hanse-Marathon bescherte den Veranstaltern um Wolfgang Kucklick endlich die erhoffte Traumzeit: Mit 2 : 09 : 57 h etablierte sich der Argentinier Antonio Silio in der Weltspitze und machte den Hamburger Kurs zu einer Top-Adresse für schnelle Zeiten. Für viel Gesprächsstoff sorgte aber ein kleines Plastikteil: die vieldiskutierte Deutschland-Premiere des Real Time Champion Chip bei einem großen Stadtmarathon.

Das von Texas Instruments in Holland entwickelte kleine elektronische Modul soll die erheblichen Abweichungen zwischen Bruttolaufzeit und tatsächlich gelaufener Zeit «korrigieren». Wer einmal beim London oder New York Marathon von weit hinten gestartet ist, weiß, daß gut und gerne zehn Minuten vergehen können, bis man überhaupt die Startlinie erreicht. Nun besteht also die Möglichkeit, sich seine «Echtzeit» schwarz auf weiß dokumentieren zu lassen.

Die Funktionsweise des Chips ist verblüffend einfach: «Der Chip am Fuß, so groß wie ein Fünfmarkstück, besteht aus einem Sende- und Empfangsgerät sowie einem 64-Bit-Prozessor, auf dem eine siebenstellige Teilnehmer-Nummer gespeichert ist. In Tartanmatten auf der Laufstrecke sind Sende- und Empfangsantennen verlegt. Tritt der Läufer über die Matte, wird durch ein künstliches Energiefeld der Chip aktiviert und übermittelt den Code an den Rechner, der die Zeit speichert. Die Daten werden später im Zentralcomputer ausgewertet. Beim Marathon gibt es fünf solcher Kontrollstellen (Start, Ziel, halbe Distanz und zwei weitere geheime Punkte).» (Vgl. Stern 21 / 95)

Für Schummelganoven wird es in Zukunft komplizierter und riskanter, via Fahrrad oder U-Bahn abzukürzen – es sei denn, sie sind geniale Chip-Hacker und überlisten den intelligenten Plastiktaler, den Texas Instruments nach erfolgreicher Testphase jetzt zusammen mit Heinfried Maschmeyers Sport Team weltweit vermarkten will.

Der Hamburger Tandemclub «Weiße Speiche»

Schon oft ist versucht worden, Stadtläufe von dem Ruch zu befreien, sterile und todernste Start-Ziel-Veranstaltungen zu sein. Beim legendären Stramilano in Mailand, der jährlich Zehntausende auf die Straße und Hunderttausende an die Straßen lockt, wurde mit Rollskifahren im Läuferpulk experimentiert – ein Experiment, das wegen des beträchtlichen Platzbedarfs der Rollskifahrer und der dadurch verursachten zahlreichen brenzligen Situationen schnell wieder ad acta gelegt wurde. Der oft beklagten Tristesse beim Münchener Marathon wollte man mit flotten Rollschuhfahrern zu Leibe rücken. Auch diese Initiative schlief schnell wieder ein.

Daß Blinde am Marathon teilnehmen, ist nichts Neues. So haben sich etwa der Berliner Jürgen Lubnau oder Werner Rathert, der schon unter 2 : 40 h gelaufen ist und auch als Trainer der Frauen von COOP Dortmund aktiv war, einen Namen gemacht.[1] Blinde sind auch schon bei Triathlons gestartet. Schwimmen: Manövrieren auf Zuruf; Radfahren mit dem Tandem: vier Pedale, ein Ziel; Laufen: angeleint.

Während Lubnau und andere Blinde den Marathon laufen, zu Fuß unterwegs sind, fahren die Blinden oder stark Sehgeschädigten vom Hamburger Tandemclub «Weiße Speiche» den hanse-Marathon auf dem Fahrrad mit, sozusagen im Huckepack mit einem Nichtblinden. Ihr Engagement in Hamburg zählt mittlerweile zu den liebgewonnenen Traditionsbeständen dieses vielleicht stimmungsvollsten Stadtmarathons auf deutschem Boden. Wolfgang Kucklick, der Organisator und Renndirektor des Hamburger Laufs, riet mir, mich direkt an einen «Herrn vom Ohnsorg-Theater» zu wenden. Der nämlich stecke hinter dem Ganzen.

Von wegen Millowitsch!

Eigentlich hatte ich mir Jasper Vogt mehr wie Willy Millowitsch vorgestellt: rundlich, gemütlich und jovial. Nichts da! Schon beim ersten Telefonat klang er mehr nach gutorganisiertem Manager als nach Ohnsorg-Ko-

Jasper Vogt und Botho Wunsch, die Gründerväter der «Weißen Speiche»

mödiant. Der Redeschwung, vor allem aber die effektvoll inszenierten Pausen verraten den geschulten Rhetoriker. Davon lebt der Mann ja schließlich. Jasper Vogt ist ein Macher mit Charisma, ein Mitreißer. Wird seine Geduld auf eine zu harte Probe gestellt, kann er auch, wie er freimütig erzählt, eine brachiale Tour fahren. Mindestens einmal im Jahr flippe er völlig aus. Blindsein sei eine Behinderung, aber keine Katastrophe der Art, die Sehende sprachlos oder unterwürfig machen müsse. Einen Blindenbonus gebe es bei der Weißen Speiche nicht (mehr). Den Blinden braucht niemand zu sagen, daß sie blind sind – das «sehen» sie Tag für Tag selbst. Vogt ist einer, der Verantwortung sucht und sie mit Autorität ausfüllt. Aber er fordert Selbstverantwortung und Initiative auch von allen anderen. Daher der brüske Satz, der ihm so selbstverständlich über die Lippen geht: «Aber der ist doch nur blind – und nicht blöd!»

Mit welcher Freude spricht er dann jedoch über die Momente, in denen die starren Grenzen zwischen Blinden und Sehenden, Piloten und Beifahrern auf den Tandems sich auflösen und der «Frontverlauf» sich verwischt! Die Momente, wo Blinde sehen und Sehende blind durch die Welt gehen (oder radeln). «Wer ist denn hier blind?» Und: Wer ist denn hier blöd?

Ein ausgewachsenes Helfer-Syndrom kann man ihm, dem Schauspieler und Musiker des Ohnsorg-Theaters, nicht nachsagen. Seine Liaison mit der Weißen Speiche scheint einmal mehr die Geschichte «von dem Einfachen, was so schwer zu machen ist» zu sein. Irgendwann war da eine wunderbare Idee – Blinde: raus aus der Isolation und rauf aufs Fahrrad –, und da war Jasper Vogt, der Theatermann mit der schnoddrigen Bühnenschnauze. Heraus kam die Weiße Speiche: die faszinierend einfache Umsetzung des Gedankens einer praktischen Integration von (Seh-)Behinderten in den Alltag. «Viel zu lange habe ich immer nur gesagt: Man müßte und könnte doch. Damit war ab Frühjahr 1984 Schluß!»[3]

Aus einem Gespräch mit Jasper Vogt

«Wolfgang Kucklick, der .Organisator des hanse-Marathon, ist ein Mann, der ganz offen für Ideen ist und mit dem man viel bewegen kann. Dem hab ich gesagt: ‹Na, wie wär das denn, wenn die Weiße Speiche da vorneweg fährt als Weckdienst?› Da fahren ja auch die Autos der Sponsoren, die *Bild*-Zeitung verteilt auf Rollschuhen ihr Blatt – ein mittleres Spektakel, weil der Marathon ja in den letzten Jahren ein richtiges Volksfest geworden ist.

Wir haben vor fünf Jahren mit den Tandems im hanse-Marathon angefangen, und wir hatten gleich große Probleme. Wir waren unerfahren. Einige unserer Tandems waren so schnell, daß die schon vorne waren, als die Polizisten noch gar nicht richtig abgesperrt hatten. Aber wir haben aus unseren Fehlern gelernt. (‹Der kritische Punkt war die Reeperbahn. Die Tandems durften nicht zu schnell sein, sonst wären sie auf der zweimal zu passierenden Amüsiermeile den letzten Läufern begegnet. Das klappte gut, und später ordneten sie sich hinter den besten Rollstuhlfahrern ein und bildeten Geleitschutz für diese, was bei den ‹Rollis› prima ankam.›[4]) Meine größte Angst war immer, daß wir die Läufer behindern. Wir wären sofort weg vom Fenster gewesen, denn da geht es bekanntlich um viel Geld. Mittlerweile gehört es schon zur Tradition in Hamburg, daß wir dabei sind.

Unser großer Anhänger für die Tandems, der von einem Rotkreuz-Bus gezogen wird, fährt vorneweg, dazu eine weiße Maus auf einem Motorrad. Wir fahren dann mit 20 bis 25 Stundenkilometern vor dem gesamten Läuferfeld her. Die holen uns nie ein. Wer uns aber einholt, sind auf halber Strecke die Rollstuhlfahrer. Einige von uns könnten natürlich beträchtlich schneller fahren. Wir sind ja eine riesige Gruppe, bis zu 20 Tandems, und es ist wichtiger, uns optisch als Gruppe präsentieren zu können. Es ist schon ein imposantes Bild, und die Leute staunen, weil sie noch nie so viele Tandems auf einem Haufen gesehen haben.

Wie alles anfing

Dieses Jahr feiern wir unser zehnjähriges Jubiläum. 1984 haben wir uns gegründet. Ich hatte einen Artikel in der *Zeit* gelesen von einem in Frankfurt lebenden Perser, der mittlerweile als PR-Mann für die Stadt Frankfurt arbeitet. Der ist als Kind mit einer schweren Augenkrankheit nach Deutschland gekommen und hat sich dann später für die Belange von Sehbehinderten und Blinden eingesetzt. In diesem Artikel hat er über den Tandemclub Weiße Speiche in Frankfurt berichtet. Ich habe sofort, als ich das las, gedacht: Das ist ja eine tolle Sache, so was müßte es in Hamburg auch geben. Als ich mich mit den Frankfurtern in Verbindung setzte, sagten die: Aber den Verein gibt's bei euch doch schon.

Und dann passierte etwas ganz Merkwürdiges. Als ich bei dieser Hamburger Kontaktadresse anrief, das war bei einem blinden Ehepaar, beide seit 30, 40 Jahren vollblind, erfuhr ich, daß sich einen Tag vorher der Verein praktisch aufgelöst hatte – völlig zerstritten. Die beiden saßen trübsinnig zu Hause, als ich anrief. Der Mann hat so komisch geredet, daß ich dachte, der ist nicht blind, der ist blöd, so kariert hat der geredet. Fakt war – und wir haben später viel über dieses erste Gespräch gelacht –, er konnte das gar nicht auf die Reihe kriegen. Wieso rufen Sie gerade jetzt an? Wie, fragte ich, störe ich? Nein, nein, ich meine jetzt, wo uns gerade alles unter den Händen zerbricht... Im November 1984 haben wir uns dann als Verein gegründet. Kern der Gruppe war dieses Ehepaar und ein Freund, ein Sehender, der in einem Radsportverein aktiv war, ein Spezialist für Radwanderfahrten. Schon bei der Gründung waren wir 19 Leute, Sehende und Blinde – und sieben gespendete Tandems! Das war natürlich toll!

Bewährungsprobe für den «Pfeifenklub»

Ich bin ja kein Prominenter, aber ein gewisser Bekanntheitsgrad war wohl doch da. Vielleicht war es auch nur so, daß man mir als Ohnsorg-Mensch eher glaubt, wenn ich sage, ich brauche Geld. So ist das eben. Über einen Stammtisch – «Pfeifenklub» nennt sich der – hatten wir gleich die Kontakte zur Bavaria-Brauerei, Gothaer Versicherungen usw. Es war beinahe ein bißchen ungerecht – so einfach funktionierte das.

Nicht alles funktionierte aber so einfach. Mich nach zehn Jahren allmählich aus der Struktur der Weißen Speiche herauszuziehen ist schwerer als erwartet. Jetzt ist die Struktur so stabil, daß ich schon mal deutlich gesagt habe: So, Freunde, ich habe keine Lust mehr. Diese Versorgungsmentalität, der Onkel macht das schon, wir können das nicht: darauf habe ich keine Lust mehr.

Unser Programm besteht aus zehn Touren

zwischen April und Oktober im Drei-Wochen-Abstand. Es muß einer gefunden werden, der diese Tour leitet, d. h., er muß sie vorher abgefahren sein, er muß vorausfahren – und wir anderen fahren wie die Lemminge hinterher. Dann müssen, und das ist das Hauptproblem, Piloten gefunden werden, Leute, die vorn sitzen, Leute, die radfahren und gucken können. Wir haben ja nicht nur Blinde, sondern Sehbehinderte in allen Abstufungen. Deshalb gilt aus Sicherheitsgründen die Maxime: Jeder, der was mit den Augen hat, nach hinten. Wenn jemand sagt, ich kann mit der Lupe noch die Karte lesen, dann freue ich mich; und wenn einer sagt, zeig mir, wo das Klo ist, dann zeige ich ihm das. Das wird bei uns ‹hart gepflegt›, weil das alle so wollen: Wir geben keinen Behindertenbonus, jeder muß sich klar artikulieren. Natürlich ist es nicht witzig, blind zu sein – das ist furchtbar. Aber das ist kein Grund, sich zusammenzusetzen und zu klagen: Gott, wie furchtbar, daß du blind bist! Tränen vergießen ist nicht unser Ding. Das hat am Anfang etwas Irritation hervorgerufen, aber mittlerweile ist genau das der Stabilitätsfaktor. Da geht es manchmal heftig zu. Ich selbst hatte am Anfang überhaupt keine Ahnung und bin da ganz bli... ganz blauäugig reingegangen, das war wunderbar.

Piloten und Beifahrer

Wo die Piloten herkommen? Querbeet. Alte Frauen mit Helfersyndrom, junge Sportstudentinnen, irgendwelche Freunde, die ich anmache: Du faule Socke, du könntest auch mal wieder ein bißchen Fahrrad fahren! Man braucht sich, wenn man einmal mitkommt, zu nichts anderem zu verpflichten, man braucht nicht Mitglied zu werden. Nur eines mußt du: Wenn du zugesagt hast, mußt du kommen. Wir brauchen deine Waden und deine Augen und deine Zuverlässigkeit. Ein hervorragender Fahrradfahrer braucht niemand zu sein. Tandem kann man, mit seriöser Anleitung, innerhalb einiger Minuten fahren lernen.

Ob ich eine besondere Beziehung zu Blinden habe? Eigentlich überhaupt nicht. Obwohl... ich hab schon eine Affinität zum Blindsein, mehr als zu anderen Behinderungsformen. Das hat mich schon immer fasziniert. Ich mache viel Rundfunk, was ja auch so was wie Fernsehen für Blinde ist.

Bei einigen hielt sich die Begeisterung, beim großen Hamburger Marathon dabeizusein, sehr in Grenzen. Ich fand es das Tollste von der Welt. Aber die sagten: Nö, das ist so laut, laßt uns lieber eine Tour durch die Heide fahren. Denen hab ich gesagt: Bitte, macht das, das ist wichtig für unsere Vereinsarbeit. Mittlerweile ist es so, daß der größte Teil den Marathon schon gewaltig findet. Natürlich registriere ich die kritischen Stimmen mehr als die positiven. Aber einmal im Jahr explodiere ich bestimmt. Dann reicht's mir: Mein Fahrrad war Mist, mein Vordermann blöde, die Tour war völlig daneben, es hat bloß geregnet usw. Unsere Gruppe unterliegt halt allen gruppendynamischen Prinzipien wie jede andere auch. Das verlangt viel Dompteursarbeit. Rumkriegen, bei Laune halten, motivieren...

Wer ist hier eigentlich blind?

Mich rufen manchmal Leute an, sie wollten auch mal so einen Blinden spazierenfahren. Ich sage dann: Einen Blinden spazierenfahren ist nicht der richtige Ansatz. Wir fahren zusammen, und der vorne sitzt, kann sehen.

Das ist der einzige Unterschied! Und der hinten ist auch nicht dramatisch behindert. Wenn der mir etwa erzählt, ich solle nach rechts oben gucken, weil da ein Bussard kreist. Ich sag, ich seh keinen. Aber da muß einer sein, er hat eben schon wieder geschrien. Oh, ich seh da oben was, könnte das einer sein? Und ob! Das ist manchmal wie Kabarett – wunderbar! Oder einer sagt, hier muß irgendwo Kamille sein. Ich sage, nein, aber da ist Schafgarbe – und muß dann lernen, daß Kamille zur Familie der Schafgarbe gehört. Wer ist denn der Blöde hier, wer kann hier was nicht? Bei der Weißen Speiche lernen alle – die, die vorne sitzen, und die, die hinten sitzen. Behindert oder nicht behindert – das ist bei uns kein Thema mehr.

Wir haben im Laufe der Jahre 100 000 Mark an Wert geschaffen. Wir besitzen einen Anhänger für die Tandems, einen zweiten, kleineren als Gerätewagen. In Pinneberg haben wir eine Halle, und mittlerweile verfügen wir über 30 Tandems.

Rumorganisieren: Ich habe in den letzten Jahren erfahren, daß ich da offensichtlich Qualitäten habe. Ich hole auch da noch was, wo eigentlich nichts zu holen ist. Zum Beispiel mußten an unseren alten Tandems die Druckgußschrauben gegen Stahlschrauben erneuert werden. Aber wer macht das? Das machte dann eine Kompanie der Bundeswehr. Das durfte die natürlich nicht. Offiziell hieß es: Das machen die Soldaten in ihrer Freizeit… Und sie haben's gemacht!»

Kontaktadresse:
Tandem-Club Weiße Speiche Hamburg e. V.
Jasper Vogt
Isestraße 125
20149 Hamburg
Tel.: 040 / 48 46 48

Anmerkungen

1 Zit. nach: Sport Spezial 11 – 12 / 88
2 Zit. nach: Comeback. Sport für Behinderte, München 1988, S. 83
3 Manfred Steffny, in: Spiridon 6 / 91
4 Ebd.

Claudia Schink: Die Einsamkeit

In seiner Einheit bestehend, kann der Marathon nicht zerlegt werden. Als Vision erscheinend, ist er nicht wirklich. Ohne Materie seiend, entbehrt er der Sichtbarkeit. Jenseits der Sprache gelegen, wird er nie mitteilbar sein.

Der Läufer wirft sich in die Qualen der Anstrengung. Gepeinigt von Hunger und Durst, folgt er dem Schmerz seiner Muskeln. Der Körper ergreift von ihm Besitz. Ein Widerspruch wächst aus der Absurdität des Schmerzes: Als allein Betroffener kann der Läufer den Kampf beenden, sein Wille bestimmt über den Fortgang oder Abbruch der Translationsbewegung, der Läufer ist hilflos erlegen seiner Entscheidungsnot. Rettung von außen kann nicht erfolgen. Der Widerspruch ist die Einsamkeit.

Die Natur ist dem Läufer das Nächste. Sie bedrängt ihn mit ihren Superlativen, sie erscheint ihm zu grün, zu schön, zu heiß und zu kalt, der Himmel wirkt zu grell und der Regen zu naß. Der Läufer weigert sich, Häuser, Straßen und Bäume noch länger zu schauen. Die Außenwelt wird ihm Last und Belästigung. Ihn verletzt ihre Gleichgültigkeit. Die Natur stößt den Läufer zurück als das Fremde, er fällt auf sich selbst und in sich hinein. Die Gleichgültigkeit drängt in die Isolation.

Mit sich allein bleibt der Läufer. Er will sich selbst fliehen und unterliegt doch seiner Selbstbeschränkung. Als Subjekt und Objekt zugleich nimmt er sich selbst unter Beobachtung, ständig wechselt er zwischen beiden Visionen, *die Ergebnisse bleiben daher im groben Bereich des Ungenauen.* Über Schmerz ist nicht zu reden, die Sprache steigert ihren Mangel zur Unvollkommenheit. Die Redundanz der Worte veranlaßt den Bewegten zum autodidaktischen Selbstgespräch. In seinem Innern wächst der Läufer zum Helden heran: das Sprachlose zeugt den Autismus.

Die Anstrengung

Der Körper meldet erste Abwehr. Die Kraft, die seinen Bewegungen hindernd entgegenwirkt, scheint zu erstarken: Die Erdanziehung macht sich zunehmend als Widerstand bemerkbar.

Den Läufer befällt Zweifel, ob er seinen Körper genug trainiert hat: Die Kapillarwirkung der Gefäße könnte nicht optimal sein und das Blut nicht in alle Verzweigungen des

Körpers vorstoßen. Das Herz mag wegen unzureichenden Trainings nicht die erforderliche Größe erhalten haben, um eine solche Strapaze auszustehen; die Motorarbeit ist vielleicht unterentwickelt, und die Muskeln sind noch nicht voluminös genug?

Zu den körperlichen Beschwerden gesellt sich ein aufsteigendes Unwohlbefinden. Diese psychische Zusatzbelastung kann zu übersteigerter Anspannung mit nachfolgenden Muskelkrämpfen führen. Die Furcht vermag so stark anzuwachsen, daß eine Kontraktion alle Körperfunktionen umpolt und physisch spürbare Schwäche produziert. Ein Angstgefühl kontrahiert die Hautgefäße, beschleunigt den Herzschlag und erhöht den Blutdruck. Die Pupillen erweitern sich, und die Speichelsekretion wird vermindert, die Muskulatur erfährt eine Lähmung oder Verkrampfung. Wartet schon bald das Scheitern, der Zusammenbruch? Die noch bevorstehenden Strapazen steigern das Mißbehagen des Läufers. Noch liegt die *mit dem Endkampf verbundene Endstrecke* vor ihm. Der Läufer könnte sich mit schmerzverzerrtem Antlitz zu Boden werfen oder sich von Krämpfen geschüttelt am Wegesrand wälzen. Der Marathonlauf steigert sich zum psychosomatischen Experiment, es verlangt die entscheidende Aufwallung des Willens: Das Denken muß von der Schmerzbeobachtung zur Zielvorstellung geleitet werden, um dem Handlungsablauf seine *ursprüngliche* Strenge zurückzugeben.

Hundstage
Wie der Hund auf den Menschen kam

Hunde und Marathon – kein Thema? Von wegen. Auf den Hund kommt man zwangsläufig, man kann ihm einfach nicht ausweichen.

Versuchen Sie doch einmal, ungestört Ihre Trainingsrunden um die malerische Hamburger Außenalster zu drehen. Sie sind glücklich, endlich ein Wochenende im «Venedig des Nordens» erwischt zuhaben, an dem es nicht regnet. Ihre Stimmung ist heiter, Sie sind im Einklang mit sich und der Welt, voller Vorfreude auf den Lustschmerz einer forschen Trainingseinheit – bis Sie sich plötzlich von Hunden unterschiedlichster Größen, Farben und Charakterstärken umzingelt sehen. Was als entspannendes Laufvergnügen begonnen hat, ändert sich urplötzlich: Die Treibjagd ist eröffnet...

«Aber er will doch nur spielen!»

Und ich wollte doch nur laufen, einfach nur laufen. Erst ist der stattliche Schäferhund wie besessen hinter mir hergerannt, dann umkreist er mich aufgeregt bellend, das imposante Gebiß gebleckt. Von dem vielzitierten Herrchen oder Frauchen ist nichts zu sehen. Und als das Tier sich endlich getrollt hat: Laufrhythmus hin, Atemrhythmus hin. Blanker Haß. Ausrottungsphantasien.

Ich weiß mich mit meiner Gereiztheit zum Glück in bester Gesellschaft. Waldemar Cierpinski, zweimaliger Marathon-Olympiasieger aus Halle an der Saale, hat den Sachverhalt mit geradezu lehrbuchhafter Prägnanz thematisiert: «Schließlich gehören Hunde, hart formuliert, zu den schlimmsten Feinden des Läufers.»[1] Für vollökologische Zeitgenossen scheint es sich zu gehören, mit allem auf gutem Fuß zu stehen, was da kreucht und fleucht. Manfred Steffny, Chefredakteur der *Spiridon*, bricht – engagiert, wie wir ihn kennen – eine Lanze für das Beiß- und Scheißtier Hund: «Es ist pervers, wenn Hunde auf Trottoirs scheißen, doch viel perverser ist die allgegenwärtige Beton-Welt, die weder Schweiß noch Tränen noch Exkremente aufsaugen kann und uns Lebewesen starr und rigide macht.»[2] So what?

In Günter Herburgers «Lauf und Wahn» gibt es diverse Episoden, die das natürliche Feindverhältnis Läufer / Hund thematisieren. Es geht um einen jungen Mann und seinen frei laufenden Schäferhund, kurz «das Mördergespann» genannt, die sich im Münchener Olympiapark ergehen, wo sich zeitgleich Herr Herburger erläuft: «‹Der tut nix.› Ich schrie: ‹Den Hund weg, du Idiot!› – ‹Wos host gsagt? I schlag di dod, i kriag di no, i komm, du Sau.›»[3] Das war 1988. Sechs (Lauf-)Jahre später ist ihm der Pazifismus vergangen, wie in seinem neuen Buch «Traum und Bahn» nachzulesen ist: «Ich lernte mit Steinen in der Hand den Bestien zu begegnen. Einmal hatte ich den Mut, einen dieser Schäferhunde, der mir entgegensprang, mit einem Brocken zu bewerfen, der mitten ins klaffende Gebiß traf. Es war eine Erlösung, denn der Finaltrieb des Viehs wurde unterbrochen; das Tier knickte ein, trottete davon.»[4] Wir reden hier nicht von den «Terror-Tölen», Pitbulls und anderen Kampfmaschinen, von deren Haltern der Schriftsteller Wilhelm Genazino einmal sagte: «Für diese Hobby-Faschisten ist der Hund nichts anderes als eine erlaubte Pistole.» Taucht ein solches Vieh am Horizont auf: nichts wie weg, rette sich, wer kann. Nicht debattieren – kapitulieren. Sofort. Wir reden hier von den ganz normalen, den üblicherweise frei laufenden Hunden, allen voran der Deutsche Schäferhund.

Das war vor dreihundert Jahren bei unseren Vorläufern, den laufenden Boten, auch nicht viel anders, wie Christoph Weigel in seinen «Abbildungen derer gemeinnützlichen Hauptstände» berichtet: «Diese Boten aber, so zu Fuß gehen, sind insgemein noch mit einem Spieß versehen und bewaffnet, damit sie vermittelst desselben sowohl den Anfall der Hunde in den Städten und Dörfern, die sie passieren, von sich abwehren oder auch über Gräben desto füglicher fortkommen können.»

Hundebisse und Hundepisse

Hunde sind für Läufer ein Reizthema: emotional aufgeladen und gesättigt von der Erfahrung vieler übler Situationen. (Ob das umgekehrt auch so ist, wissen wir leider nicht.) Versachlichen wir die Diskussion! Hunde gelten als des Menschen beste Freunde. Bevor sie des Menschen beste

Freunde wurden, mußten die Wolfsabkömmlinge (*canis lupus familiaris*) erst einmal domestiziert werden, um dann eine Vielzahl seriöser «Hundeberufe» zu erlernen: «Hetz-, Stöber- und Hofhunde, Hirtenhunde, Schlitten-, Schutz-, Lawinen- und Katastrophenhunde, Blindenhunde, und schließlich gab es auch Hunde, die nicht mehr und nicht weniger zu tun hatten, als dem Menschen Gesellschaft zu leisten.»[5] Letztere sind die, die Joggern und anderen Bewegungssüchtigen gerne mal an die Wade gehen; der Unterschied zum Hetzhund, was ein ordentlicher Hundeberuf zu sein scheint, wird dann marginal. Hunde sind mit einer soliden Beißhemmung ausgestattet. Manchmal aber versagt die beste Hemmung. Sie beißen in Deutschland statistisch pro Jahr nicht mehr als zwei bis drei Menschen tot – und das bei so vielen Millionen frei laufenden Menschen in diesem Lande! Nicht mehr als 35000 Menschen wurden durch Hundebisse ernsthaft verletzt – wie das wenige Wochen alte Baby, das durch den Biß eines Rottweiler-Rüden mit dem schlichten Rufnamen «Apart vom Emscherbruch» seinen rechten Unterschenkel verlor (vgl. *Stern* 40/94).

Das gesetzlich fixierte Leinengebot wird von einer praktischen Erfindung charmant außer Kraft gesetzt: der Aufroll-Leine. Die Spezies der vor- und zurückschnellenden «Jojo-Hunde» bietet Läufern einen kleinen strategischen Vorteil: Es braucht Sekundenbruchteile länger, bis sie einen am Wickel haben. Neu auf der Piste sind die Blinkhunde. Sie sind ausgesprochene High-Tech-Ausgaben des *canis lupus familiaris*: ausgestattet mit Blinkvorrichtungen, wie viele Fahrradfahrer sie tragen, warnen sie uns in der Dunkelheit vor sich selbst. Blinkhunde sind gute Hunde.

Sie sind ein erstrangiger Wirtschaftsfaktor: Für Hundefertigfutter geben deutsche Menschen mehr als eine Milliarde Mark aus. An Hundekuchen-Burger, Hundecola und ähnliche Kulinarien werden wir uns hier auch noch gewöhnen. Einem bösen Gerücht zufolge plant das Management des McDonald's-Konzerns die Einführung eines MacDog. Hunde sind auch in Asien beliebt. Koreaner und Chinesen mögen Hunde – am liebsten gegrillt.

Hunde bescheren uns täglich 1500 Tonnen Kot und jährlich Hunderttausende Liter Hundepisse. Schon vor Jahren fand die Zeitschrift *Transatlantik* deutliche Worte für den fäkalen Aspekt des Themas, den Hundeliebhaber gerne mit dem Euphemismus des «Geschäftchens» verniedlichen: «Es ist an der Zeit, diesen bleu-rosa Worten einmal entgegenzutreten und klipp und klar zu sagen: Jeden Abend zwischen 19 und 23 Uhr werden unsere Städte auf eine schon beängstigende Weise zugeschissen.» Aber nur in Berlin wird so etwas zum Wahlkampfthema. Wenn überhaupt.

«Bei Fuß, Konrad!»

Bin ich ungerecht? Polemisch? Sind wir Langläufer vielleicht einfach unfähig, uns in das diffizile Seelenleben von Hunden einzufühlen? Ich habe des Fachmannes Rat gesucht und in Konrad Lorenz' Hundeklassiker «So kam der Mensch auf den Hund» Bemerkenswertes über Erziehung, Strafen und Hundemoral gefunden.

In einem ist der Verhaltensforscher unerbittlich: «Ich habe ein Vorurteil gegen Menschen, auch gegen kleine Kinder, die sich vor Hunden fürchten.»[6] Ich dagegen habe ein starkes Vorurteil gegenüber Leuten, mögen sie noch so nobelgepriesen sein, die sich einen Dreck um die Nöte anderer Leute scheren, denen ein innig-liebevolles Verhältnis zu Doggen, Schäferhunden und Rottweilern abgeht – aus welchen Gründen auch immer.

Für Lorenz liegt das wahre Gold im Charakter der Hunde. Ihre Erziehung zielt auf fünf Essentials zivilisierten Verhaltens: 1. Leinenführung, 2. Bei Fuß gehen, 3. Ablegen, 4. zimmerrein und 5. geflügelfromm werden. Ich treffe beim Laufen ständig auf robust gebaute Vierbeiner, deren Zimmerreinheit und Geflügelfrömmigkeit ich nicht in Abrede stellen möchte. Aber Leine, bei Fuß und Ablegen? Fehlanzeige.

Im Umgang mit Schuld und Sühne zeigt sich der Nobelpreisträger von unübertrefflichem Feingefühl. Strafe muß sein: «Wenn einer meiner Hunde ein neues Tier meiner Sammlung (sic!) deshalb tötete, weil er es noch nicht kannte, machte ich ihm das Verbotene seines Tuns zuweilen dadurch begreiflich, daß ich ihn mit der Leiche des Ermordeten verprügelte. Dabei kam es nicht so sehr darauf an, dem Hund die Sündhaftigkeit eines bestimmten Tuns vorzuhalten, als vielmehr ihm ein bestimmtes Objekt zu verekeln.»[7] Ich gebe zu, diese brachiale Tour hat auch mich etwas verekelt. Durchgelorenzten Hunden würde ich als Richter prinzipiell Schuldunfähigkeit attestieren, zumindest mildernde Umstände. Und Herrn Lorenz würde ich – bei Wasser, trocken Brot und freier Logis in einem Hundezwinger – gerne anregen, darüber noch einmal in Ruhe nachzudenken. Aber das hat sich ja mittlerweile erledigt.

«Wutzi, hörst du wohl auf!»

Ganz wundersam wird es, wenn man sich in der Fachliteratur mit Argumenten zu der Frage vertraut machen möchte, warum Hunde beißen, wenn sie beißen. Eine schmale und wenig tröstliche Auswahl der bizarren Gedankengänge:

Ein Hund beißt nicht aus Bosheit, sondern «weil er Sie irgendwie mißverstanden hat».[8] Irgendwie ist da ein Stück weit was dran. «Wenn Hunde Kinder beißen, sind das im Grunde gar keine Bisse, sondern Ohrfeigen mit den Zähnen, disziplinarische Maßnahmen, die Hunde auch bei ihren Kindern anwenden.»[9] Und wenn Hunde frei herumlaufende Erwachsene beißen, sollte das erst recht niemanden wundern. Ist ja nicht mehr als eine Ohrfeige mit einem Zahnkranz als kleines Andenken. Unübertroffen ist aber die lakonische Erklärung für die Unvermeidlichkeit von Hundebissen, die wir einem entzückend illustrierten rotfuchs-Bändchen entnehmen: Hunde beißen, «weil das Gebiß ihr wichtigstes Werkzeug ist.»[10] Das ist von der gleichen Brillanz wie Herbergers Axiom, der Ball sei rund und jedes Spiel dauere im Prinzip 90 Minuten.

«Das hat er noch nie gemacht!»

Die Mensch-Hund-Liaison ist auch ein beliebtes Thema der Laufzeitschriften. Sie taucht in Zyklen immer wieder auf, mal als humoriges Stück Holperlyrik, mal als evolutionsgeschichtliche Preziose oder unter dem nüchternen Aspekt der Schadenshaftung. Manfred Steffny höchstpersönlich schrieb über das schiedlich-friedliche Miteinander von Hund und Laufmensch: «Nun blicke ich von meinem Personal Computer auf, von der hellgrünen buchstabenübersäten Mattscheibe, hinein in die bernsteinfarbenen Augen meines Hundes, der mich so flehentlich ansieht. Du hast ja recht, sage ich ihm. Gehen

wir also laufen, deine Bedürfnisse sind auch meine ... Cleobis, ich danke dir, du bist mein animalisches Korrektiv zwischen elektronischen Ungeheuern»[11] und so weiter.
Das Bürgerliche Gesetzbuch regelt in § 833 mit unterkühltem Charme den Ernstfall. «Wird durch ein Tier ein Mensch getötet oder der Körper oder die Gesundheit des Menschen verletzt oder eine Sache beschädigt, so ist derjenige, welcher das Tier hält, verpflichtet, dem Verletzten» (oder Zerfetzten) «den daraus entstehenden Schaden zu ersetzen.»[12] Im schlimmeren Fall haben sich die Hinterbliebenen um die Nachlaßregelungen zu kümmern.

In weniger schlimmen Fällen empfehlen erfahrene Wald-und-Wiesen-Jogger folgendes:

1. Merken Sie sich den Hund, der Sie gebissen hat, und merken Sie sich seinen Halter.
2. Fertigen Sie umgehend ein Protokoll und eine Tatortskizze an. Das lassen Sie dann später von der örtlichen Polizeidienststelle belächeln.
3. Versorgen Sie die Bißwunde, und suchen Sie einen Arzt auf. Eine rechtzeitig verpaßte Tetanusspritze hat noch niemandem geschadet. Und vergewissern Sie sich, ob Tollwutgefahr besteht.
4. Beschäftigen Sie sich beizeiten mit den Fußangeln der Hundehaftpflichtversicherungen.
5. Überlegen Sie, ob Sie sich in Zukunft mit einer speziellen Hundeabwehrwaffe ausstatten. In Laufzeitschriften wird ein Ultraschallgerät namens «Dazer» angepriesen, das auf Tastendruck bis auf sieben Meter Entfernung einen Hochfrequenzton aussendet, der «auch die angriffigsten Hunde in Schach (zu) halten» verspricht. Ob's hilft, ist die Frage.

Vielleicht sollten Sie es aber einfach mal mit einer kleinen Prise Mordlust versuchen – in unserer Fantasie sind uns zum Glück keine Grenzen gesetzt! «Eines Tages werde ich eine hochbezahlte iranische Truppe aufstellen, die jeden Morgen die abgeschlagenen Köpfe der Doggen, Schäferrüden, Bernhardiner, Windspiele und KZ-Spitze in einer Reihe vor dem strahlenden Siegestor niederlegt.»[13] Und dort werde ich dann eine Dankeskerze für den hochverehrten Herrn Herburger aufstellen.

Anmerkungen

1 Waldemar Cierpinski, in: LaufZeit 4 / 1993
2 Manfred Steffny, in: Spiridon 5 / 1985
3 Günter Herburger, Lauf und Wahn, Frankfurt / M. 1990, S. 175
4 Günter Herburger, Traum und Bahn, München 1994, S. 8
5 Hans D. Dossenbach, Das Lexikon der Tiere, Luzern 1992, S. 229f.
6 Konrad Lorenz, So kam der Mensch auf den Hund, München 1993, S. 49
7 Konrad Lorenz, a. a. O., S. 24
8 Rolf Spangenberg, in: Spiridon 9 / 1980
9 Elisabeth Marshall Thomas, Das geheime Leben der Hunde, Reinbek 1994, S. 100f.
10 Eva Maria Krämer / Katharina Lausche, Mein Hund, Reinbek 1993, S. 8
11 Manfred Steffny, in: Spiridon 3 / 1988
12 Bürgerliches Gesetzbuch, § 833
13 Gunter Herburger, Lauf und Wahn, a. a. O., S. 26

«Ob mit 250 km/h an die Leitplanke oder friedlich beim Marathon ...»

Gespräch mit Dr. Willi Heepe, dem Vorsitzenden des Verbandes Langlaufender Ärzte und Apotheker e. V.

Befinden sich Marathonläufer noch im Grenzbereich einer vernünftigen körperlichen Belastung?

Ich denke, es gibt niemanden, der Marathonlaufen als etwas an und für sich Gesundes betrachten würde. Marathonlaufen gehört ohne Zweifel zu den Extrembelastungen und ist aus gesundheitlicher Sicht sicher kein Highlight. Dennoch ist bei vernünftigem, ausgewogenem Training der Marathonlauf eine durchaus ein-, zwei- oder dreimal im Jahr zumutbare Belastung, die mit all ihren positiven Auswirkungen auf den gesamten psychophysischen Zustand als günstig anzusehen ist – nicht zuletzt wegen des damit verbundenen starken Selbstwertgefühls. Die Belastung ist weder für eine Frau noch für einen Mann in irgendeiner Art und Weise als unverantwortlich einzustufen. Es gilt, sich von den schlimmen Bildern zu lösen, die lange Zeit mit Vorliebe publiziert wurden – Bilder, die schlecht trainierte oder körperlich nicht eben optimal gestaltete Läufer und Läuferinnen zeigten, die sich weit jenseits der vier Stunden in jämmerlicher Verfassung über eine Marathonpiste quälten. Aus meiner langjährigen Erfahrung im Berlin-Marathon kann ich sagen: Solche Bilder sind seltener geworden. Sie werden sich aber nie vermeiden lassen. Wer will schon jemandem, der 30 Kilometer gut gelaufen ist und die letzten zehn Kilometer wandernd oder humpelnd das Ziel erreicht, diesen Sieg über sich selbst streitig machen, selbst wenn die Gelenke ein paar Tage schmerzen und es einige kräftige Blasen an den Füßen geben sollte?

Gibt es Unterschiede in der Häufigkeit und Spezifik von Verletzungen einerseits und im Regenerationsverhalten andererseits bei weiblichen und männlichen Marathonläufern?

Das ist sehr schwer zu beantworten. Kaum ein Marathonveranstalter ist in der Lage, eine exakte Analyse sämtlicher Verletzungen, die während eines Laufes auftreten, geschweige denn die nachfolgenden Regenerationsphasen hinreichend zu evaluieren. Wir haben in Berlin mehrfach Versuche unternommen, aufgrund von ausgefüllten Zetteln der Rot-Kreuz-Stationen die statistische Basis für eine solche Auswertung zu verbreitern. Dies hat sich in der Hitze des Gefechts als kaum durchführbar erwiesen, und Befragungsaktionen, die man global an alle Teilnehmer eines Marathonlaufes richten müßte, sind finanziell nicht machbar. Sie würden sicherlich das Ganze etwas präzisieren.

Meine persönliche Erfahrung ist, daß gerade Frauen, wenn sie gesundheitsorientiert laufen und den Marathonlauf nicht wettkampfmäßig im klassischen Sinn bestreiten, eher mit ihrem Körper umgehen können, also eher geneigt sind, Vernunft vor Zeit zu setzen, und daher möglicherweise ein geringeres Verletzungspotential aufweisen als Männer, die sich häufig aus übersteigertem Ehrgeiz in Leistungsbereiche vorwagen, die sie weder von der Konstitution noch von der Kondition bewältigen können. Für die Regeneration gilt das gleiche. Ich weiß aus eigener Lauferfahrung, daß ein bewußter Lauf auch eine bewußte Regeneration einschließt. Als reiner Hobbyläufer sollte man sich schon eine gewisse Zeit gönnen, ehe man zum nächsten Lockerungslauf im gewohnten Stil antritt.

Was wären Ihre wesentlichen Ratschläge an ein «Lauf-Greenhorn», das in einigen Monaten einen Marathon bestreiten will?

Der simpelste Rat besteht darin, sich aus der einschlägigen Literatur eine – auf die eigene Trainingsintensität bezogene – realistische Endzeit zu errechnen. Diese Zeit ist ein grober Maßstab – mehr nicht. Dann sollte man sich im Läuferfeld möglichst weit hinten einordnen und langsam beginnen. Man braucht keine Angst zu haben, daß die ersten Minuten verlorengehen. Der fatalste Fehler, der immer wieder gemacht wird, ist der, daß Laufanfänger sich nach vorne wagen und wie die Sprinter starten. Dafür büßen sie dann bitter – und zwar das ganze Rennen lang.
Meinen ersten Marathonlauf bestritt ich in Frankfurt mit rund 2000 anderen Läufern. Ein erfahrener Laufhase riet mir: «Bist du Anfänger, such dir einen Alten. Das heißt: Such dir nach drei bis vier Kilometern einen alten erfahrenen Läufer, der in etwa in deiner Zeit liegt, und hefte dich an seine Fersen. Diese Alten laufen wie die Quarzuhren. Auf deren Präzision kannst du dich verlassen.» Das habe ich beherzigt. Und diesen Rat kann ich nur weitergeben. Ich laufe aus Vergnügen und aus Freude über einen hervorragenden Gesundheitszustand und nicht, um irgendwelche tollen Zeiten für mich oder andere zu erzielen. Wer ohne gewaltigen Wettkampfehrgeiz läuft, sondern von dem Wunsch getragen ist, ein gemeinsames Abenteuer zu erleben, der wird sehr rasch seinen Rhythmus finden und braucht auch vor dem ersten Marathonlauf nicht aufgeregt zu sein. Die Vorbereitung sollte in der Woche mindestens drei bis fünf Läufe umfassen, wovon einer sehr lang sein sollte (ca. 20 bis 25 Kilometer) und die anderen gut verteilt. Bei einer solchen Vorbereitung ist Marathonlaufen eigentlich für Menschen jeder Altersklasse ein Kinderspiel.

Wieso kommt es trotz fortgeschrittenster Laufschuhtechnik immer noch zu den typischen Läuferverletzungen?

Viele Läufer vergessen, daß Laufen im Kopf beginnt und dann über den Bauch geht. Das heißt: Es findet häufig eine ungenügende Vorbereitung der Muskulatur statt. Der ‹abgeschlaffte Bürokadaver› wird, weil Laufen ja gesund sein soll, in die Laufschuhe gezwängt; im wahrsten Sinne des Wortes wird die Wanne dann über die Piste geschaukelt. Beobachtet man Läufer, die einem im Wald, auf der Straße oder sonstwo begegnen, stellt man oft eklatante Haltungs- und Bewegungsfehler fest. Die Aufgabe von Trainern, Veranstaltern und verantwortlichen Laufmedizinern sollte hier viel stärker präventiv angelegt sein. Es muß sehr viel mehr Wert gelegt werden auf Gymnastik, auf eine ausgleichende Muskelkräftigung und die Lockerung des gesamten ‹Laufapparats›. Ein muskulär ausgeglichener Typ wird durch das Laufen ein sehr niedriges Verletzungspotential aufweisen. Natürlich kann man z. B. durch einen Sturz Verletzungen davontragen (Schulter, Bänder, Meniskus etc.). Aber das halte ich nicht für lauftypisch, das gehört einfach zum Risiko von Bewegung.

Marathontote – ein brisantes Thema. Gibt es bei den bekannten Fällen Parallelen im Ablauf und in der Symptomatik?

Marathontote (München, Berlin, Hamburg) sind aus meiner Sicht kein brisantes Thema. Sie sind nüchterner zu analysieren als die

Journaille es immer getan hat. Ich gebe mal statistisch zu bedenken, daß beim Berlin-Marathon 15- bis 20 000 Menschen etwa fünf Stunden gemeinsam auf der Strecke sind. Das bedeutet, daß nach vier Marathonläufen dieses Kollektiv etwa einen gemeinsamen Tag verbringt. Statistisch stirbt bei Menschengruppen dieser Größe nach dieser Zeit ein Mensch. Das werden wir weder durch Vorsorge noch sonstwas verhindern, sondern vom Verteilungsprinzip des Sterbens ist einer «fällig». Das heißt, ich rechne bei jedem vierten bis fünften Berlin-Marathon mit einem Toten, der durch nichts auf der Welt zu verhindern ist. Statistisch – wohlgemerkt! Denn bei *allen* in der BRD gelaufenen Marathons sind insgesamt «nur» drei Läufer gestorben.

Wollte man so tun, als gäbe es diese statistische Dimension nicht, müßte man zum Postulat erheben, daß Marathonlaufen zum ewigen Leben führt. Und solch einen Unsinn wird niemand vernünftigerweise verbreiten wollen. Die Überforderung im Dauerleistungsbereich ist so gering, daß die Todeswahrscheinlichkeit außerordentlich selten laufbedingt auftritt. Wer beim Dauerlauf stirbt, ist sozusagen vorher schon gestorben, d. h., er hat den Tod bereits in sich getragen, als er an der Startlinie stand. Der Lauf wird lediglich zum auslösenden Moment. Bei einer anderen Tätigkeit oder bei einer anderen Verhaltensweise könnte es genauso geschehen. Ich denke, man muß den Lauftod sachlich und ohne jede Hysterie diskutieren als ein «unter ferner liefen»-Phänomen.

Parallelen im Ablauf und der Symptomatik, welche zum Tod führen, gibt es nach meiner Erfahrung nicht. Das größte Risiko liegt immer in einer versteckten Herzmuskelentzündung oder in einer fortgeschrittenen Coronarsklerose: siehe Jimmy Fixx, einer unserer «Laufpäpste», der ebenfalls beim Laufen starb. Auch hier ist kritisch anzumerken: Mr. Fixx rauchte bis zur Aufnahme seines Lauftrainings über 40 Zigaretten täglich, litt an einer Stoffwechselstörung und pflegte ein stolzes Übergewicht spazieren zu tragen. Sein Tod beim Laufen ist nicht auf das Laufen selbst zurückzuführen. Ohne das Laufen wäre er höchstwahrscheinlich wesentlich früher gestorben. Leider war Mr. Fixx offenbar nicht fähig, diesen schweren Gefäßbefund durch eine Operation oder einen anderen medizinischen Eingriff zu verhindern.

Und noch etwas anderes sollte betont werden: Jeder Mensch hat das Recht auf seinen eigenen Tod. Wir können nicht verhindern, daß sich jemand einen Porsche kauft und mit 250 Stundenkilometern gegen eine Leitplanke fährt. Wir sollten auch nicht unbedingt verhindern, wenn jemand sein Leben auf diese friedliche Art und Weise, ohne einen anderen zu stören, beendet. Das klingt wie eine Provokation – aber man sollte darüber nachdenken. Unser Berliner Todesfall ist eindeutig ein psychogener Tod gewesen, dessen Chronologie und Ablauf einen eher erschaudern lassen, als daß er – im Mediensinne – spektakulär war.

Läuferinnen und Läufern wird häufig bei diagnostizierten Bandscheibenschäden geraten, das Laufen aufzugeben. Halten Sie das für angebracht?

Absolut nein. Gerade die Wirbelsäule und die Bandscheiben profitieren vom Laufen: Durch die regelmäßige Kompression und Dekompression der Wirbelkörper und der Bandscheiben wird die «Ernährung» dieses sekundär (also nicht über Blutgefäße) ernährten Gewebes gefördert. Das gesamte Wirbelsystem kann so eine hohe Elastizität behalten. Selbstverständlich bedürfen Läufer mit Bandscheibenschäden einer exakten orthopädischen Diagnostik sowie einer komplexen physikalischen Therapie bis hin zu intensiver Regeneration. Erst dann sollte gelaufen werden.

Extreme Ausdauerbelastungen scheinen einerseits das Immunsystem zu stärken und es andererseits an den Rand des Zusammenbruchs zu bringen. Dr. Jupp Kapellmann beispielsweise zitiert Untersuchungen, die belegen sollen, daß die Immunstabilität bei Marathonläufern im Hochleistungsbereich in der Endphase eines Rennens der von Aids-Patienten in der Endphase ihres Kampfes gegen den Virus vergleichbar sei.

Moderates Ausdauertraining ist für das Immunsystem einer der stabilisierendsten und stärkendsten Faktoren überhaupt. Insofern bestehen auch aus immunologischen Gründen keine Bedenken gegen einen Marathonlauf. Aber natürlich ist der Marathonlauf eine extreme Belastung und kann zu einer vorübergehenden, kurzzeitigen Immunschwächung führen. Dieser Tatbestand ist von Kapellmann und anderen fehlinterpretiert worden. Man hat mit diesem nur wenige Stunden anhaltenden Zustand das Bild des Aidskranken, des tödlich Immungeschwächten, zusammengebracht – was auf eine durch nichts begründete Panikmache hinausläuft. Jeder Extremsportler weiß, daß hoher Streß zu einer Immunschwächung führt, welche durch eine Erhöhung der Körpertemperatur ausgeglichen wird. Die Kunst, seinen angegriffenen Körper ohne Schaden zu regenerieren, liegt darin, nach Beendigung des Wettkampfes die Körpertemperatur für die nächsten drei bis vier Stunden hoch zu halten, bis sich das Immunsystem wieder stabilisiert hat. Der «normale» Langstreckenläufer hat für sein Immunsystem überhaupt nichts zu befürchten, im Gegenteil, bei zusätzlicher Unterstützung durch Sauna, Wechselbäder etc. liegt er gesundheitlich goldrichtig. Es besteht heute berechtigter wissenschaftlicher Anlaß, darauf hinzuweisen, daß Dauerläufer bei verschiedenen Krebserkrankungen eine deutlich höhere Lebenserwartung haben als krebskranke Nichtsportler. Ernst van Aakens provokante These «Ist der Krebs nicht schon längst besiegt?» findet möglicherweise in der Gegenwart von der immunologischen Seite her neue Unterstützung. Für mich steckt hier ein sehr großes Hoffnungspotential.

Wie sieht der aktuelle Erkenntnisstand über den therapeutischen Zusammenhang von Langlauf und Aids aus?

Ich denke, daß Aids durch Laufen nicht besiegbar ist. Ein Aidskranker im aktiven Stadium kann sich durch eine Extrembelastung gefährden, aber im inaktiven Stadium kann er durch moderaten Sport Jahre gewinnen. Ich selbst betreue eine jugendliche Aidskranke jetzt im zwölften Jahr, und sie sieht aus wie das blühende Leben. Es sind keinerlei Krankheitszeichen zu erkennen, und das Immunsystem ist noch unverändert. Ein kleines Wunder? Andererseits sind die Patientin und ich uns völlig darüber im klaren, daß jeder massive Infekt das Krankheitsbild wieder in Gang bringen und zu einer rasanten Talfahrt führen kann. Die Chance, die aber hier in einer Lebensverlängerung mit Lebensqualität liegt, wird viel zuwenig genutzt. Die Immunologen sind aufgerufen, hier etwas mehr Potential zu aktivieren.

Was würden Sie jungen Sportlern und Sportlerinnen raten, die sich von modischen «Powerdrinks» wie Red Bull etc. für den Sport einen Leistungskick erhoffen?

Einfach und kühl: Red Bull im Regal des

Kaufhauses liegenlassen und lieber einen fröhlichen Apfelsaft trinken, denn das motorisch anregende Moment einer Büchse Red Bull liegt etwa auf der Ebene von drei bis vier Tassen Espresso, hintereinander getrunken. Der motorische Kick ist extrem kurz und führt schnell zu einem Leistungsabfall. Das kann einhergehen mit einer massiven Depression. Man sollte auch wissen, daß dieser Kick nicht beliebig wiederholbar ist. Schon beim zweiten Mal schafft er Nebenwirkungen, aber keine Wirkungen mehr. Eine solche «Droge» kann in keinem Fall empfohlen werden.

26

Totgelaufen

Risiko Marathon?

Georg Thoma, dem Olympiasieger in der Nordischen Kombination von Squaw Valley 1960, wird ein Satz zugeschrieben, der die Gratwanderung zwischen Belastung und Überlastung im Ausdauersport aufs Korn nimmt: «Ärzte sagen: Langläufer leben länger. Wir sagen dagegen: Langläufer sterben gesünder.» Just do it – but don't overdo it – oder: Alles in Maßen. Daß regelmäßige Bewegung für das Funktionieren unseres Organismus (Herz-Kreislauf-System, Stoffwechsel, Bewegungsapparat) wichtig ist, ist heute eine Binsenweisheit. Ein niedrig dosiertes Ausdauertraining ist die beste Prophylaxe gegen Gefäßverkalkung (Arteriosklerose) und damit gegen Herzinfarkt. Die Schlagkraft des Herzens und die Fließeigenschaften des Blutes verbessern sich, Streßhormone werden vermindert. Und anders herum: Wird ein Kniegelenk drei Monate und mehr in Gips gelegt, kann dies bereits zu einer lebenslangen Schädigung der Muskulatur führen.[1]

Wer sich aber dauerhaft im Grenzbereich der körperlichen Leistungsfähigkeit bewegt und Regeneration nicht als Teil des Trainings einbezieht, schwächt auf Dauer sein Immunsystem. Ein infektgeschwächter Organismus, der wider alle Vernunft weiter mit harten Trainingseinheiten bombardiert wird, kann in den Kollaps getrieben werden.

Oder Schlimmeres. Eine im *Journal of the American Medical Association* im September 1979 veröffentlichte Studie untermauert empirisch, was Sportmediziner und Rennärzte schon lange vermuteten: Bei fast allen Marathontoten hatten signifikante Warnzeichen vorgelegen (Herzrhythmusstörungen, fiebrige Infekte, Magenbeschwerden, stark erhöhte Blutdruckwerte, Stoffwechselstörungen), die von den Läufern nicht erkannt oder mißachtet worden waren. Auch bei den drei auf bundesdeutschen Stadtmarathonkursen Gestorbenen lagen schwerwiegende Beeinträchtigungen des Immunsystems und der Streßresistenz vor.

Auf Leben und Tod

Der Föhn-Marathon 1984 in München war ein Debakel für die Veranstalter. Die Getränkeversorgung an dem heißen Maitag erwies sich als völlig unzureichend, und es gab den ersten Marathontoten bei einem deutschen Stadtmarathon zu beklagen. Einen Kilometer vor dem Ziel brach der 53jährige Ulmer Karl Kreiserer tot zusammen. Er hätte eine Zeit von ungefähr dreieinhalb Stunden erzielt. Diagnose: eine unerkannte Infektion.

Drei Jahre später starb der 36jährige Hamburger Hans Hägele, Vater von fünf Kindern, beim hanse-Marathon in seiner Heimatstadt. Er zählte mit 4000 Trainingskilometern pro Jahr zu den Guttrainierten. Nach 3:21 h und 3:08 h 1986 in Hamburg und Berlin war er bei seinem dritten Marathon offensichtlich auf eine Zeit unter drei Stunden aus. Nach 2:50 h brach er bei Kilometer 40,2 zusammen, das Ziel am Fernsehturm fast schon in Sichtweite. Das ärztliche Bulletin nannte als Todesursache eine «Stoffwechselentgleisung, verbunden mit Herzstillstand».

Dagegen konnte der Tod des Marathonläufers Richard Newnham weitgehend rekonstruiert werden. Er war schon vor dem Start ein «medizinischer Fall». Newnham starb am 30. September 1986 vor laufenden Fernsehkameras beim Berlin-Marathon, wenige Meter vor dem Ziel auf dem Ku'damm. Vor den Augen der entsetzten Zuschauer vollendete sich das Sterben eines Mannes, dessen läuferischer Ehrgeiz stärker war als alle ärztlichen Warnungen. Ein Jahr vorher war der mit einer Berliner Lehrerin verheiratete Läufer zum Gesundheitscheck ins Wilmersdorfer Institut für Vitaltraining gekommen. Nach einer Magen-Darm-Infektion griffen die Beschwerden auf das Herz über. Newnham war so beunruhigt, daß er sich in das Verbot des Herzspezialisten Dr. Willi Heepe fügte: Kein Start beim Berlin-Marathon.

Athlet und Arzt einigten sich auf ein behutsames Aufbauprogramm mit dem Ziel, 1986 in Berlin mitlaufen zu können. Ein vorsichtiges Training, kürzere und längere Läufe deutlich unter Newnhams Leistungslimit (Marathonzeit: 2:53 h) und eine intensive ärztliche Betreuung durch Dr. Heepe, der auch als Rennarzt für den Marathon des SCC Berlin fungierte, räumten alle Bedenken gegen einen Start aus. Der Rekonvaleszent würde problemlos die 42 Kilometer durchstehen – unter der Voraussetzung, daß er die unmißverständlichen ärztlichen Auflagen einhalten würde: 1. Ruhiger, gleichmäßiger Lauf mit einer anvisierten Endzeit von bestenfalls 3:30 h. 2. Kein Endspurt auf dem Ku'damm: Denn Herzrhythmusstörungen und Kreislaufzusammenbruch können leicht die Folgen jener beliebten, aber widersinnigen kurzen Spurts 200 Meter vor dem Ziel sein. Aber Newnham hatte offensichtlich längst beschlossen, seine Bestzeit zu attackieren und mit einer Endzeit um 2:50 h zu finishen. Das war aus ärztlicher Sicht gleichbedeutend mit dem Entschluß, einen Lauf auf Leben und Tod zu wagen.

Für erfahrene Läufer und Betreuer wie Gerhard Kopp vom SCC Berlin beginnt die kritische Phase der Renn- und Läuferbeobachtung, wenn der Lauf knapp drei Stunden alt ist, denn jetzt beginnen die wichtigen Minuten für alle, die die Drei-Stunden-«Schallmauer» durchbrechen wollen. Diese magische Grenze scheint die Spreu vom Weizen zu trennen, als markierte sie den Eintritt ins Paradies aller Marathonläufer... Die Bilder von Newnhams Kollaps auf dem Ku'damm zeigen die Qualen eines Mannes, der sich zu einer Zeit peitschen wollte, an der sein Körper zerbrechen mußte: Wenige Meter vor dem Zielstrich, aufgerieben von einem sinnlosen Spurt, faßt er sich an die Seite, wankt und taumelt. Seine Beine knicken weg, DRK-Helfer ziehen ihn an den Straßenrand. Seine Pupillen sind stark geweitet, der Puls ist nicht mehr zu spüren, das EKG-Gerät zeigt keine Herztätigkeit an. Er ist klinisch tot. Dr. Heepe: «Es ist mir nicht gelungen, in die Psyche dieses Mannes einzudringen. Ich habe den Ehrgeiz von Richard Newnham nicht erkannt. Sonst hätte ich ihm den Lauf verboten.»[2] Die Bilder vom Tod Newnhams sind um die Welt gegangen. Sterbende Menschen im Kugelhagel – daran gewöhnen uns die täglichen Nachrichtensendungen. Aber selten vollzieht sich Sterben im Sport derart öffentlich, wie es hier der Fall war. Der Einbruch des Todes in eine Welt, die dem von ihr selbst erzeugten Mythos des «künstlichen Paradieses» zu gerne erliegt, erschüttert jedoch nur für kurze Momente. Trauer und Bestürzung über die Opfer halten sich nur kurz in unserem Bewußtsein. Tränen um Ayrton Senna und klammheimliche Vorfreude auf den Kitzel des nächsten Formel-1-Rennens liegen in unserer Gefühlswelt nur um Winzigkeiten auseinander. Rausch und Gefahr, Eros und Tod liegen nahe beieinander. «Die Idee, daß ein ungeheurer Genuß von Sinnlichkeit zum Tode führen kann, wird grundsätzlich auch für den Sport akzeptiert, aber nur in der Form, daß die Opfer selektiv von wenigen erbracht werden, die der Zufall trifft. Die Überlebenden gehen aus den rauschhaften Exzessen eher noch gestärkt hervor... Aber weil (der Sport) den Tod so souverän an den Rand drängt, vermag er vor individuellen Ängsten zu schützen. Sinnfragen sind bedeutungslos, so lange man Sport treibt. Die Größenphantasien der Athleten dulden keine Todesfurcht...»[3].

Zahlenakrobatik

Eine Verlustrechnung besonderer Art präsentierte die AOK ihrer Klientel in der Zeitschrift *Bleib gesund*, Ausgabe 3/1992.[4] Chefredakteur Werner Stützel hatte sich höchstpersönlich an die Schreibmaschine gesetzt, um in einem mehrseitigen Artikel vor den tödlichen Gefahren des Marathonlaufens zu warnen. «Der Marathon-Wahnsinn» – so die populistische Überschrift der AOK-Breitseite – besteht angeblich darin, daß ein bis zwei Prozent der Läufer «noch während des Laufes oder kurz danach» den Herztod erleiden. Das ist ja nicht eben wenig – da lohnt sich das Hochrechnen. In Berlin, New York oder London müßten Jahr für Jahr mehrere hundert Tote von den Straßen geschleift werden. Eigentlich hätte diese haarsträubend falsche Zahl auch Herrn Stützel auffallen müssen. Aber wo ein Wille ist, ist auch ein Weg. Die Quelle, aus der dieser Unsinn geschöpft wurde, könnte zum Beispiel ein Artikel in dem Fachblatt *Die Neue Ärztliche* vom 7. April 1989 sein. Dort hatte Dr. Herbert Mück die Mär von der ein- bis zweiprozentigen Sterblichkeitsrate in die Welt gesetzt. Dort hieß es: «Der Laufspaß kann tödlich enden. So sterben jährlich ein bis zwei Prozent von insgesamt 18000 bis 25000 Marathonläufern einen plötzlichen Herztod.» Nach Aussage von Prof. Klaus Jung stirbt man statistisch nach ungefähr zwei Millionen Laufkilometern am Laufen. Wer wöchentlich 50 Kilometer auf die Piste bringt, und zwar Woche für Woche, ist nach 800 Jahren tot – statistisch, wohlgemerkt! Konsequent lautet dagegen der zehnte «AOK-Profi-Tip»: «Machen Sie bei einem Marathonlauf gar nicht erst mit, wenn Sie nicht als Leistungssportler Ihr Geld damit verdienen wollen.» Mit diesem Artikel hatte sich «die Gesundheitskasse», die seit vielen Jahren die «Trimm dich fit»-Aktivitäten unterstützt und Lauftreffs sponsort, einen schlechten Dienst erwiesen, wie das erzürnte Echo aus ihrer eigenen Kundschaft bewies. Nicht die zu lange Strecke tötet, sondern ein zu hohes Tempo – wenn überhaupt. «Die Jogging-Letalität (Todesfälle beim Laufen)», war Anfang der achtziger Jahre im *Deutschen Ärzteblatt* zu lesen, «muß als ein statistischer Zufall angesehen werden. Betrachtet man die große Zahl von Joggern, so ist zu erwarten, daß einige von ihnen zur gleichen Zeit rein zufällig beim Essen, Schlafen oder Lesen zu Tode kommen. Die meisten Jogger sterben nicht durch Jogging, sondern beim Jogging.»[5]

Wenig später knüpfte die *Freizeit-Revue* dort nahtlos an, wo die AOK-Postille aufgehört hatte. Jetzt wurde nicht nur Marathonläufern im besonderen, sondern Joggern im allgemeinen tüchtig eingeheizt. Der Artikel «Wer zuviel joggt, hat weniger vom Leben» verschweigt nicht nur, wieviel denn «zuviel» sei, sondern auch, welche Fortbewegungsart sich Freizeitläufer und -läuferinnen unter

«Jogging» vorzustellen haben. Eine Anfrage bei Dr. med. Tasso Vounatsos hätte für Klarheit sorgen können. Aber wen interessiert schon Klarheit, wenn es um Angstmache geht? «Jogging ist eine Lokomotionsart (große Raumbewegungen mit den Beinen), welche sich von der Fortbewegungsart Gehen lediglich durch eine Flugphase unterscheidet. Die Kreislaufbelastung drückt sich in Pulswerten zwischen 100 und 120 aus. Jogging ist so sanft, daß nicht einmal die jahrelang vom DSB propagierte Belastungsrichtlinie ‹Trimming 130› erreicht wird. Jogging ist eine Regenerationsform und wird im Spitzensport als Aufwärmung und Abkühlung verwendet. Die internistischen Risiken sind mit denen des Gehens gleichzusetzen, die positiven Effekte liegen hauptsächlich in der psychovegetativen Entspannung (Streßresistenz) und der Stoffwechselförderung.»[6]

Rätselhafte Todesfälle

Am 13. November 1992 brach der 24jährige Orientierungsläufer Melker Karlsson nach dem Training plötzlich zusammen und verstarb. Diagnose: Herzversagen. Obduktionsergebnis: Infektion durch den TWAR-Virus.[7] Die Presse stieg mit Vehemenz auf diese Geschichte ein, war Karlsson doch schon der fünfzehnte Orientierungsläufer, dessen Tod durch «plötzliches Herzversagen» seit 1979 zu beklagen war – und der vierte Tote allein im Jahr 1992. Titelte der *Spiegel* fast noch moderat – «Tödliche Hatz?» –, war die *Bild-Zeitung* gewohnt forsch: «Jogger-Virus: Schon sieben tot».

Seit 1985 bemühen sich Wissenschaftler und Ärzte, hinter das Geheimnis dieses normalerweise harmlosen Mikroorganismus mit dem Namen Chlamydia pneumoniae zu kommen. Das Tückische an dem TWAR-Virus (Taiwanese Acute Respiratory Infection = akute Atmungsinfektion) ist seine irreführende Symptomatik: Husten, Heiserkeit, Halsentzündung, geschwollene Lymphknoten – alles, was man von einer normalen Grippe auch kennt. Bei allen 15 OL-Toten förderte die Autopsie eine Herzmuskelentzündung zu Tage.

Ob tatsächlich der TWAR-Virus oder ein anderer Erreger die Ursache der Todesfälle war, ist noch immer nicht zweifelsfrei geklärt. Unstrittig ist aber zweierlei: 1. Ausgelöst wurde das Herzversagen durch eine akute Infektion. 2. Toxikologische Untersuchungen konnten keinen Anhaltspunkt für Doping, insbesondere für Blutdoping, ermitteln. «Weshalb nur OL-Läufer betroffen sind», resümierte Dr. Toni Held, leitender Arzt der Leistungsdiagnostik am Sportwissenschaftlichen Institut der ESSM Magglingen (Schweiz), «ist im Moment nicht klar. Möglicherweise könnte die Infektion auch via Tiere bzw. Zecken im Wald übertragen werden und so spezifisch die OL-Läufer gefährden. Weshalb nur Leistungssportler betroffen sind, ist ebenfalls noch völlig offen. Die lokale Häufung der Todesfälle in Mittelschweden wird dem Zufall zugeschrieben.»[8]

Ist das Immunsystem von Marathonläufern gefährdet?

Untersuchungen u. a. von Dr. Jupp Kapellmann, einem ehemaligen Fußballprofi beim 1. FC Köln und FC Bayern München, und dem Sportmediziner Dr. Michael Despeghel aus Erftstadt haben alarmierende Befunde über die Immunstabilität bei hart trainierenden Ausdauersportlern ergeben. «Wenn einerseits zu hart trainiert wird und andererseits psychische Wettkampf- und Berufsbelastung hinzukommt, wird das Immunsystem extrem geschwächt.» Bei Marathonläufern im letzten Streckenabschnitt sei die Immunabwehr «häufig so schwach wie bei Aids-Patienten im Endstadium.»[9] (Vgl. hierzu auch Kapitel 25.) Das heißt nicht, daß Läufer mit geschwächter immunologischer Abwehr, zum Beispiel nach einem Marathon oder Ultralauf, automatisch erkranken müssen, sondern daß in dieser Phase Regeneration besonders wichtig ist. Ein labiles Immunsystem verlangt nach einer spürbaren Senkung der Trainingsbelastung. «Wird ein Virusinfekt ignoriert und weiter trainiert, so besteht bei gestörter biologischer Abwehr die Gefahr der Herzmuskelentzündung (Myokarditis). Zugegeben werden muß, daß im Einzelfall die Entscheidung zur Pause oder zum weiteren leichten Training nicht einfach ist.»[10]

Untersuchungen am Max-Planck-Institut für Psychiatrie in München Anfang der 90er Jahre ergaben, daß bei älteren Marathonläufern im höheren Leistungsbereich eine veränderte Streßregulation eintritt. (Die zwölf Probanden waren durchschnittlich 55 Jahre alt und liefen seit mindestens zehn Jahren ein Wochenpensum von 120 bis 150 Kilometern.) Mögliche Folgen der Überproduktion des Streßhormons Cortisol: verfrühte Alterung des Gehirns durch Beeinträchtigung des Hippocampus, der zentralen Struktur für Informationsverarbeitung und Gedächtnisleistungen.[11]

Kurt Bendlin war früher Zehnkampf-Weltrekordler; heute verdient er als Motivationstrainer für Manager sein Geld. Er erklärt den Zusammenhang von physisch-psychischer Belastung und chronischer Labilität des Immunsystems mit einem Rückgriff auf die Evolutionsgeschichte der Spezies Mensch: «Von der kompletten, theoretischen Leistungsfähigkeit eines Körpers nützen wir normalerweise nur 65 Prozent aus. Der Rest sind Reserven. Entwicklungsgeschichtlich hat das den Sinn, daß wir noch einen Zahn zulegen können, wenn der Löwe hinter uns her ist. Und der größte Teil dieser Reserve ist ein Sicherheitspolster zwischen der größtmöglichen Anstrengung und dem Kollaps. Ein Körper, der in diesen Bereich eindringt, steht unter einem gewaltigen physiologischen Streß. Und das geht auf Kosten der Gesundheit.»[12]

Anmerkungen

1 Vgl. Thomas Wessinghage, in: Der Läufer 4/93
2 Zit. nach: Welt am Sonntag v. 5. 10. 86
3 Gert Hortleder, Gunter Gebauer (Hg.): Sport – Eros – Tod, Frankfurt/M. 1986, S. 273 und 280
4 Vgl. Spiridon 6/92
5 Zit. nach: Ernst van Aaken, in: Spiridon 11/80
6 Tasso Vounatsos, in: Spiridon 6/92
7 Vgl. zum TWAR-Virus: Sebastian Ackermann, in: Spiridon 12/92 und Toni Held, in: Der Läufer 4/93
8 Toni Held, in: Der Läufer 4/93
9 Zitiert nach: Trierischer Volksfreund v. 24. 11. 94
10 G. Neumann, in: Spiridon 1/91
11 Vgl. NZZ v. 30. 10. 91 und Die Welt v. 7. 9. 91
12 Kurt Bendlin, in: Die Woche v. 1. 4. 93

27 Das Doping-Dossier

Der «Fall Martin Bremer» hat erneut das Thema Doping im Langstreckenlauf auf die Tagesordnung gesetzt. Bremer, eines der vielversprechendsten Talente des DLV auf den Strecken zwischen 5000 Meter und Halbmarathon, war am 2. Oktober 1994 beim Straßenlauf Fribourg - Murten (Schweiz) mit dem männlichen Geschlechtshormon Testosteron gedopt – und wurde erwischt. Ihm droht jetzt eine vierjährige Sperre. Der Läufer war geständig und verzichtete auf eine Gegenprobe, machte aber gegenüber dem Dopingbeauftragten des DLV, Theo Rous, geltend, er habe sich «nur als Mann, nicht als Athlet» einer Hormonbehandlung unterzogen. Nach einem Höhentraining in Südafrika hatte er sich nach eigenen Angaben eine Gelbsucht mit unangenehmen Nebenwirkungen zugezogen – unangenehm für seine «Männlichkeit», wie man vermuten darf. Der behandelnde Arzt habe ihm zu dem testosteronhaltigen Medikament Andriol geraten, das er dann zwischen dem 26. September und dem 10. Oktober einnahm.

Als Mann, nicht als Athlet: das lud förmlich zu hämischen Kommentaren ein. Der Heidelberger Zellbiologe und vehemente Dopinggegner Professor Franke reagierte erwartungsgemäß schroff: «Quatsch und Mumpitz. Nicht bei einem Zwanzigjährigen.» Nun ist der Langstreckler von Bayer Leverkusen zwar schon 24, aber das macht die Sache noch schlimmer – Stichwort: Jugendsünde. Selbst im Falle einer medizinischen Indikation hätte Bremer dem Verband die Medikamentierung mit Andriol melden müssen; er hätte dann zwar bei einigen Rennen nicht starten dürfen, wäre aber nicht mit einer Sperre bestraft worden, die im schlimmsten Fall das Karriere-Aus für ihn bedeuten kann. «Im nachhinein kann ich (den Start in Fribourg) nur mit meiner großen Liebe zum wettkampfmäßigen Laufen begründen. Mir ist bewußt, daß ich teils aus Unwissenheit, teils aus Unbekümmertheit es versäumt habe, die Verordnung des Medikamentes dem DLV und der IAAF zu melden.»[1] Das klingt nachvollziehbar und ist doch inakzeptabel, weil Verständnis für solche Beweggründe auf eine Bankrotterklärung bei den Dopingfahndern der nationalen und internationalen Sportverbände hinausliefe.

Martin Bremer wird als «ein Langstreckler ohne Wenn und Aber» (Süddeutsche Zeitung) beschrieben: hoch talentiert und hoch motiviert, ein Sportler mit extremer Trainingsdisziplin, der um sein großes Potential wußte und bereit war, es bedingungslos «auszureizen». «Ich investiere alles» war ein Artikel in der Fachzeitschrift *Leichtathletik* über Martin Bremer überschrieben – zuviel, wie jetzt zu vermuten ist. In St. Moritz hatte er sich für ein dreiviertel Jahr ein Zimmer gemietet, um sich unter den Höhenbedingungen des 1800 Meter hoch gelegenen Schweizer Kurorts mit Trainingspensen von 200 bis 240 Kilometern auf seine Saisonhöhepunkte vorzubereiten. «Sein Siegeswille, sich bis zum Umfallen zu verausgaben, diese Kämpferqualitäten, alles auf eine Karte zu setzen, um sich mit der Spitze zu messen – das sind die Eigenschaften, die alle beeindrucken, die den 24jährigen kennen», schrieb die *condi-*

tion in ihrem Bremer-Porträt. «Für ihn gibt es nur Sekt oder Selters, er kennt keine Halbheiten, weder im Training noch im Wettkampf.»[2]

Sein Trainer Paul-Heinz Wellmann reagierte konsterniert («Wir wissen ehrlich gesagt nicht, wie wir damit umgehen sollen»), während die Bundestrainerin Isabelle Baumann den Dopingfall Bremer mit einem lachenden und einem weinenden Auge sieht: Als «Warnschuß für alle, die Gedanken an solche Mittel verschwenden», sei der Angelegenheit vielleicht doch noch etwas Gutes abzugewinnen. Aber «das Frustrierende für mich ist, daß ich mich bisher glücklich wähnte, in einer sauberen Disziplin beschäftigt zu sein. Und nun haben wir im deutschen Langstreckenlauf nach Iris Biba schon den zweiten Dopingfall.»[3] Iris Biba vom TV Gelnhausen, die WM-Neunte im Marathon von 1991, war im Frühjahr 1992 nach einer Trainingskontrolle im portugiesischen Albufeira des Dopings mit dem verbotenen Anabolikum Stanozolol überführt worden, mit dem auch schon Ben Johnson gedopt war. Mit ihr wurde ihr Trainer Rainer Föhrenbach suspendiert, der eine mehr als zwielichtige Rolle in der Affäre spielte. Statt eines Schlafmittels holte sich Biba – so die offizielle Erzählversion – das anabole Steroid aus Föhrenbachs Zimmer. Daß Stanozolol auf dessen Schreibtisch zusammen mit anderen Medikamenten herumlag, hatte einen Grund: Er habe, so Föhrenbach, in Albufeira aus wissenschaftlichem Interesse einen Selbstversuch mit dem Dopingmittel gemacht, um dessen Auswirkung auf die Leberenzyme zu testen. Bei einem Medikament, das seit Jahren nicht mehr im Handel ist! Professor Dieter Böhmer, Leiter des Sportmedizinischen Instituts in Frankfurt / M. und Vorgesetzter von Föhrenbach, kündigte ihm fristlos («Herr Föhrenbach muß jeden Sinn für die Realität verloren haben»). Auch als ehrenamtlicher Trainer wurde er vom DLV entlassen und Iris Biba auf Jahre vom Wettkampfsport suspendiert, obwohl die meisten Aktiven ihrer Version Glauben schenkten.

«In vielen Sportarten sind Rekorde nicht mehr ohne den pharmazeutischen Fünfjahresplan zu haben. Der Teufelskreis des Athleten zwischen öffentlichem Erwartungsdruck, Normerfüllung, Endkampfchancen, Grenzen physisch-psychischer Selbstausbeutung, Ganzjahressaison, ständiger Verletzungsgefahr, Prämien und Preisen aller Art hat im Extrem nur noch wenig mit Humanität zu tun.» (Prof. Dr. Hans Lenk, Philosoph und Olympiasieger im Rudern 1960, in: condition 3 / 91)

Es ist äußerst vergnüglich, dem Kölner «Doping-Papst» Manfred Donicke in Talk-Shows zuzuschauen und vor allem zuzuhören, wenn er sich angesichts der Unkenntnis seiner Gesprächspartner die Haare rauft und in breitestem Rheinisch stöhnt: «Datt is doch kinn Dopping!» Donicke, weltweit als Doping-Kammerjäger berühmt, weiß natürlich sehr gut, welche Substanzen in welchen Konzentrationen nach den internationalen Regularien als Doping zu bezeichnen sind. Der folgende Abriß präsentiert in knapper Form Material zu folgenden Punkten:

- Wie ist Doping definiert?
- Anabolika, Stimulanzien, Diuretika
- Blutdoping, EPO

Was ist Doping?

Der Nachweis eines positiven Dopingfalls war erst dann möglich, als die medizinischen Kommissionen der nationalen und internationalen Sportverbände Substanzen und

Maßnahmen präzise als Dopingmittel definiert hatten. So setzte sich die sogenannte pragmatische Doping-Definition durch, die bis heute gültig ist: «Doping ist die Anwendung dessen, was durch spezielle Listen verboten wird. Der Nachweis eines Dopingfalles wird durch die positive Analyse einer verbotenen Substanz erbracht.» Die erste Liste wurde 1967 erarbeitet, erste Wettkampfkontrollen wurden 1968 in Grenoble und Mexico City durchgeführt. Da aufgrund der rasanten Neuentwicklung von pharmakologischen Mitteln eine bloße Gruppierung nach Medikamenten sinnlos, weil stets veraltet wäre, hat sich die medizinische Kommission des IOC für eine Ordnung der Listen nach dem Wirkstoffgruppen-Prinzip entschieden, in denen typische Beispiele aufgeführt werden.

Verbotene Wirkstoffgruppen sind danach 1. *Stimulanzien*: Als chemische Verwandte der körpereigenen Hormone Adrenalin und Noradrenalin fördern sie die Aufmerksamkeit, Leistungsbereitschaft und Wettkampfaggressivität. (Zu trauriger Berühmtheit gelangten sie durch den Tod des englischen Radrennfahrers Tom Simpson bei der Tour de France am 13. Juli 1967 beim Anstieg zum Mont Ventoux.) 2. *Narkotika*: Sie unterdrücken die Schmerzempfindung und wirken euphorisierend: Die Substanzen stimulieren bestimmte Morphin-Rezeptoren. 3. *Anabole Steroide* (siehe unten). 4. *Betablocker*: Sie senken Herzfrequenz und Blutdruck und sind daher besonders in Sportarten wie Schießen, Golf oder Bobfahren beliebt, wo streßbedingtes Händezittern den Medaillenchancen abträglich sein dürfte. 5. *Diuretika*: Zum Ausschwemmen von Wasser aus dem Körper; sie werden häufig von Boxern oder Ringern zum ‹Gewichtabkochen› und zur Verschleierung der Einnahme von Dopingmitteln durch Verdünnung der Konzentration im Urin eingesetzt.

Verbotene Methoden: 1. Blutdoping (seit 1988). 2. Physikalische, chemische und pharmakologische Manipulationen.[4]

1991 listete eine vom Bundesinstitut für Sportwissenschaft in Köln herausgegebene Broschüre 238 verbotene Wirkstoffe und 3395 Medikamente auf, die diese Wirkstoffe enthalten. Danach lassen sich Dopingsubstanzen generell unterteilen nach: – Substanzen mit anregender Wirkung (etwa Kokain, Coffein oder Amphetamine): Sie helfen, Leistungsreserven zu mobilisieren, die normalerweise durch den Willen allein nicht «bewegt» werden können. Ihre Gefahr liegt in der Überbrückung natürlicher Schutzbarrieren des Körpers, so daß es im Extremfall zu lebensgefährlichen Organüberforderungen kommt – ... Substanzen mit muskelbildender (anaboler) Wirkung.

Anabolika: Glotzaugen, «Big Tits», Quellmuskulatur, Steroidakne

Anabolika sind chemische Verwandte des männlichen Sexualhormons Testosteron, das zwei Eigenschaften besitzt: Die androgene Komponente wirkt auf die inneren und äußeren Geschlechtsmerkmale, die anabole Komponente regt den Stoffwechsel, insbesondere den Eiweißstoffwechsel an (Eiweißaufbau in der Skelettmuskulatur, Verminderung des Körperfettanteils). Laborver-suche mit männlichen Geschlechtshormonen an kastrierten Ratten ließen schlagartig das Interesse der Wissenschaft an der anabolen Wirkkomponente seit den 30er Jahren wachsen. Bereits 1945 wurde Testosteron dann medizinisch in großem Stil eingesetzt: «Synthetische Testosteronabkömmlinge wurden zum ersten Mal nach dem

Zweiten Weltkrieg befreiten KZ-Häftlingen verabreicht, um in Kombination mit gezielten diätetischen Maßnahmen dem Erschöpfungs- und Hungertod zuvorzukommen.»[5]

Ihre medizinische Bedeutung liegt in der Behandlung bestimmter Formen von Anämie und Osteoporose und zur Vorbeugung von Muskelschwund. In den 50er Jahren wurden Anabolika während der heißen Jahre des «Kalten Kriegs» zwischen Ost und West auch im Sport gesellschaftsfähig. 1956 wurde dem amerikanischen Mannschaftsarzt John Ziegler von einem russischen Kollegen die Information zugespielt, daß in der UdSSR Anabolika in manchen Disziplinen flächendeckend als leistungssteigernde pharmakologische Wunderwaffen eingesetzt würden. Die Amerikaner zogen mit dem von CIBA entwickelten anabolen Steroid nach. Exakt andersherum argumentierte Dr. Manfred Höppner, der stellvertretende Leiter des Sportmedizinischen Dienstes der DDR: «Wir wußten ja, was die Amerikaner machten – und wollten wettbewerbsfähig bleiben.»[6]

1974 setzte die medizinische Kommission des IOC Anabolika auf ihre Dopingliste. 1984 kam das ersatzweise eingesetzte Testosteron hinzu, weil erst zu diesem Zeitpunkt eine sichere Nachweismethode am Institut für Biochemie der Deutschen Sporthochschule in Köln gefunden worden war: die Veränderung des Verhältnisses von Testosteron zu Epitestosteron im Urin. Die Schwierigkeit des Nachweises lag darin, daß Testosteron ein im Körper selbst vorkommendes natürliches Hormon ist.[7]

Neben dem Aufbau von Muskelmasse und der Verbesserung der anthropometrischen Verhältnisse werden Testosteron positive Auswirkungen auf die Regenerationsfähigkeit des Körpers zugesprochen. Auch die psychische Disposition ändert sich im Sinne einer gesteigerten Aggressivität und Leistungsbereitschaft. Nicht eindeutig belegt ist die These, daß Anabolika über eine Vermehrung der roten Blutkörperchen die Transportkapazität von Sauerstoff zu den Muskeln erhöhen (VO_2max).

Die körperlichen Nebenwirkungen einer länger dauernden Einnahme von Anabolika können verheerend sein: Verminderung der Spermienproduktion beim Mann (Hodenschrumpfung), sexuelle Störungen in der Bandbreite von Dauererektion bis erektiler Impotenz. Bei Frauen sind die berüchtigten vermännlichenden Effekte bekannt, die vor Jahren gerne an den monströs ausgeformten Körpern von DDR-Schwimmerinnen demonstriert wurden: Zunahme der Körper- und Gesichtsbehaarung, tiefere Stimme, Schrumpfung der Brüste, Klitoriswachstum, gestörte Monatsblutung, deutlich erhöhtes Aggressionspotential. Vor allem bei Bodybuildern wurden durch selbstzerstörerisch hohe Dosen das Herz-Kreislauf-System überlastet und die Leberfunktionen teilweise irreversibel geschädigt. Daß die psychischen Auswirkungen nicht «nur» bei Halluzinationen, Depressionen und chronischen Angstanfällen haltmachen, sondern zahlreiche Anaboliden in den Grenzbereich der Kriminalität führten, läßt sich in der amerikanischen Fachliteratur an vielen Beispielen studieren.[8] In den siebziger Jahren war High Noon für die große Dopingfamilie, angefangen von den kleinen Usern bis zu den großen Dealern (z. B. dem ehemaligen Gewichtheber-Star Karl-Heinz Radschinsky) und ihren sportärztlichen Komplizen, als die internationale Dopingszene von Weckaminen, Narkotika und Strychninderivaten zu härteren pharmakologischen Mitteln überging. (Das Rattengift Strychnin ist nach Auskunft von Professor Werner Franke «ein Oldie aus der Dopingküche. Es erhöht bei lange dauernden Belastungen rauschartig die Konzentrations- und Durchhaltefähigkeit.» Alles eine Frage der Dosierung ...) Es waren die Jahre, als der Wahnsinn zur Methode wurde. Trainer ohne intensive pharmazeutische Kenntnisse brauchten sich gar nicht erst auf die interessanten Stellen zu bewerben. Es waren die Jahre, als eine Frau wie die DDR-Kugelstoßerin Ilona Slupianek vollgepumpt mit Anabolika erwischt und für ein Jahr gesperrt wurde, um danach Europameisterin und Olympiasiegerin (1980) zu werden und Weltrekord zu stoßen.

Blutdoping: Ein Hauch von Vampirismus

Es ist bezeichnend, daß auch diese Form der gezielten Leistungsstimulanz der militärmedizinischen Forschung entstammt: «In der Schlußphase des Zweiten Weltkriegs steigerten amerikanische Bomber die Anzahl der Angriffe auf deutsches Territorium, mußten allerdings gleichzeitig beträchtliche Verluste durch Flakbeschuß hinnehmen. Eine Möglichkeit, dem Flakbeschuß zu entgehen, waren größere Flughöhen. Der niedrigere Sauerstoffgehalt in diesen Höhen beeinträchtigte jedoch die Funktion des Zentralnervensystems, und die Gefahr wuchs, daß die Piloten und das Flugzeugpersonal Fehler begingen. In den Jahren 1944/45 injizierten Wissenschaftler der US-Navy zwei Versuchspersonen je 1300 Milliliter Blut und testeten ihre physiologischen Reaktionen in einer simulierten Höhe von 5500 Metern. Die Versuchspersonen reagierten positiv auf die Transfusion und konnten die nachteiligen Wirkungen des niedrigen Sauerstoffgehalts in einer derartigen Höhe besser ertragen.»[9] 1976 und 1980 geriet diese Methode, durch Transfusion von Eigenblut die körperliche Leistungsfähigkeit unmittelbar vor bedeutenden Wettkämpfen zu steigern, in die Schlagzeilen: Finnische (u. a. Lasse Viren) und italienische Ausdauersportler wurden verdächtigt, sich per re-injiziertes Eigenblut einen Leistungskick verpaßt zu haben – und einige gaben das auch freimütig zu. Da Bluttransfusion erst 1984 vom IOC und vom Weltskiverband (FIS) auf die Dopingliste gesetzt wurde, konnten die Athleten damals nicht wegen eines Vergehens bestraft werden. Die Publikation der Forschungsarbeiten des Schweden Ekbloom (1972) über die Auswirkungen von homologer und autologer Transfusion, also von Fremdblut bzw. Eigenblut, wurde von den Dopingexperten hüben wie drüben aufmerksam studiert. Die Amerikaner waren – vermutlich wegen des beträchtlichen apparativen Aufwandes eines Dopings mit Eigenblut – auf diesem Gebiet führend. So wurde 1984 in Los Angeles bekannt, daß sieben Radfahrer des US-Olympiateams sich an ihrem eigenen Blut berauscht hatten. 1987 hatte sich der Vize-Weltmeister in der Nordischen Kombination, der Amerikaner Kerry Lynch, selbst wegen Blutdopings geoutet und seine Silbermedaille zurückgegeben.

Das Prinzip ist einfach und doch technisch aufwendig: Durch das Abzapfen von eigenem Blut wird der Körper in eine Sauerstoffmangelsituation gebracht. Dadurch wird das Knochenmark angeregt, die fehlenden roten Blutkörperchen (Erythrozyten) neu zu produzieren. Das abgenommene Blut wird bis kurz vor dem Wettkampf tiefgekühlt gelagert. Dann aber wird nicht das gesamte Blut re-injiziert, sondern nur die in ihm vorhandenen Erythrozyten. Die Blutflüssigkeit, das Plasma, saugt man vorher ab. «Der gedopte Ausdauersportler kann nun mit einem Überschuß an Sauerstoffträgern an die Startlinie gehen und seine Muskeln optimal versorgen. Er wird später als seine Gegner sauer und kann im entscheidenden Moment seine Reserven ausspielen.»[10] Blutdoping wurde unter der Hand als die intelligenteste Form propagiert, alle Vorteile des Höhentrainings in potenzierter Form nutzen zu können, ohne dessen Nachteile in Kauf nehmen zu müssen (Verlassen der gewohnten Trainingsumgebung, hohe Kosten). Es ist unstrittig, daß die Erhöhung der maximalen Sauerstoffaufnahme-Kapazität vor allem auf der 5000-Meter- und 10000-Meter-Distanz zu einer extremen Wettbewerbsverzerrung führen kann. In einem Interview mit der *taz* hielt der Heidelberger Molekularbiologe Prof. Franke eine Erhöhung der Ausdauerleistung von 17 bis 30 Prozent für möglich.[11] Das scheint deutlich zu hoch gegriffen. Amby Burfoot nennt als Resümee amerikanischer Forschungen zu Blutdoping/EPO eine Leistungsverbesserung zwischen fünf und zehn Prozent – aber auch das sind Welten in der Hochleistungs-Leichtathletik.

Ob Blutdoping im Marathon – anders als bei den 5000 und 10000 Metern – jemals eine entscheidende Rolle gespielt hat, mag bezweifelt werden. Die maximale Sauerstoff-Transportfähigkeit spielt gegenüber dem sparsamen Umgang mit Glykogen bei der aeroben Bewegungsform Marathon eine untergeordnete Rolle. Aber es gab, zumindest in den 80er Jahren, auch andere Stimmen. In einer schwachen Minute hatte sich Fred Lebow, Kopf und Herz des New York City Marathon, voller Resignation für die Legalisierung von Blutdoping und ähnlichen Verfahren ausgesprochen. Aus Gründen der Chancengleichheit: Wenn es einige täten, ohne Gefahr zu laufen, erwischt zu werden, sollten es alle tun dürfen. Und 1989 hatte Ralf Salzmann, der EM-Vierte von 1986, schwere Vorwürfe gegen einzelne Marathonläufer erhoben, ohne aber Namen zu nennen: «In der Spitze ist Blutdoping keine Seltenheit.»[12]

Seit das die Blutbildung anregende Erythropoietin-Hormon (EPO), das unser Körper in normalen Mengen produziert, auf gentechnischem Wege für den klinischen Gebrauch herstellbar ist, scheint das klassische Blutdoping out zu sein. EPO ist nicht nur höchst effizient für den zusätzlichen Leistungskick, sondern ebenso gefährlich. Wie der *Spiegel* in seiner Ausgabe vom 10.6.1991 berichtete, scheint der Tod einer Reihe junger Radrennfahrer auf Doping mit dieser Substanz zurückzugehen. Seit kurzem ist Doping durch gentechnisches EPO nachweisbar. «Kanadische und französische Forscher kamen nun auf eine einfache, originelle Idee: Sie untersuchten Blut von Dialyse-Patienten, die bekanntermaßen mit geringen Dosen EPO behandelt werden müssen, und fanden bei ihnen einen Anstieg des sog. ‹Löslichen Transferrin Rezeptors›, eines relativ leicht bestimmbaren Serum-Glykoproteins. Diese Substanz steigt durch intensive sportliche Belastung nicht an, wohl aber durch EPO!»[13]

Ginseng und Schildkrötenblut?

Falls die phänomenalen Leistungssprünge bei mindestens einem Dutzend chinesischer Langstrecklerinnen auf nichts als Talent und Training beruhen, würde sich hier eine Umwälzung der Leichtathletikwelt ankündigen, die dem Einbruch des schwarzafrikanischen Kontinents in die angestammten «weißen» Reviere in nichts nachstünde. Bis zur «Schande von Hiroshima», als chinesischen Athleten und Athletinnen 22 Medaillen, darunter 15 goldene, aberkannt wurden, die sie bei den Asien-Spielen gewonnen hatten, konnte der chinesische Kader-Trainer Ma Junren noch in sarkastischem Ton auf die immer neuen Dopingvorwürfe gegen seine Shooting Stars eingehen: «Ti-tä Bao-man (= Dieter Baumann) ist ein recht guter Läufer, aber was er von sich gibt, ist Blödsinn. Ich erinnere mich genau, daß er es war, der bei der WM in Stuttgart mit den Dopinganschuldigungen anfing und das Publikum aufhetzte. Das ist dumm. Vielleicht nimmt er selbst Doping. Oder glauben die Leute, daß die deutsche Marathonläuferin Uta Pippig gedopt hat, um runde fünf Minuten schneller zu laufen? Nein, sie trainiert einfach härter!» [14]

Es gibt ohne Zweifel eine Menge Merkwürdigkeiten rund um das «chinesische Laufwunder». So waren die Absagen *aller* chinesischen Laufasse sowohl für den London Marathon 1994 als auch für das mit 500000 Dollar Siegprämie höchstdotierte Rennen der Welt, einen Zehn-Kilometer-Lauf in Djakarta, nur schwer nachzuvollziehen. «Verletzungsbedingter Trainingsrückstand» – gleich bei allen? Zudem wurden gleich einer Handvoll Läuferinnen aus «Ma Junrens Mädchenarmee» der Blinddarm entfernt, so daß Auslandsstarts unmöglich waren – auch das mutet seltsam an. Daß die chinesischen Frauen knüppelhart und unter brutalen Bedingungen trainieren (über Monate hinweg Wochenpensen von rund 250 Kilometern), ist bekannt, und mit Sicherheit liegt hier der Schlüssel für die unglaublichen Erfolge der Chinesinnen z. B. bei der Leichtathletik-Weltmeisterschaft 1993. Aber das heißt noch lange nicht, wie Amby Burfoot in einem klugen Artikel in der *Runner's World* schrieb, daß über Doping als ‹Zweitantrieb› der Trainingsweltmeisterinnen nicht weiter nachgedacht werden dürfe: «Zu viele zu schnell in zu kurzer Zeit. Bei diesem Punkt gerät auch die Gegenseite in Erklärungsnotstand. Wie kommt es, daß so viele Chinesinnen derartige Leistungen zur gleichen Zeit bringen? Wenn ein Sportsystem Talente sichtet, sie über viele Jahre mit hartem Training aufbaut, dann müßten die Läuferinnen eine über Jahre nachvollziehbare Spur von Leistungsentwicklungen aufweisen. Nicht aber im Jahre X alle Rekorde brechen. Entwicklungen lassen sich verfolgen bei Läuferinnen wie z. B. Liz McColgan, Elana Meyer, Sonja O'Sullivan, Zola Pieterse oder Lynn Jennings. Sie alle haben sich langsam weiterentwickelt. Die Betonung liegt auf langsam. Die Chinesinnen kamen aus dem Nichts. Deshalb ist es angebracht, Fragen zu stellen. So lange, bis wir Antworten erhalten, die einen Sinn ergeben.» [15]

Anmerkungen

1 Zit. nach: F.A.Z. v. 6. 12. 94
2 condition 1-2/95
3 Zit. nach: F.A.Z. v. 2. 12. 94
4 Vgl. Michael Sehling/Reinhold Pollert/Dieter Hackfort: Doping im Sport, München 1989, S. 18 ff.
5 Dr. med. Tasso Vounatsos, in: Spiridon 3/89
6 Zit. nach: sport special/condition 3/91
7 Vgl. Michael Sehling u. a., a. a. O., S. 45
8 Vgl. a. a. O., S. 42 f.
9 Melvin H. Williams: Rekorde durch Doping? Aachen 1990, S. 119
10 Dr. med. Tasso Vounatsos, a. a. O.
11 Vgl. taz v. 5. 2. 94
12 Zit. nach: Sport Bild v. 23. 5. 89
13 Prof. Dr. med. Gerhard Uhlenbruck, in: Spiridon 8/94
14 Zit. nach: F.A.Z. v. 13. 10. 94
15 Amby Burfoot, in: Runner's World v. Dez. 1993/Jan. 1994

New York im Laufschritt

Der größte Stadtmarathon der Welt kommt in die Jahre

28

«Behaltet, alt ehrwürdige Länder, Euren aufgehäuften Pomp. Bringt mir Eure Müden, Eure Armen, Eure zusammengepferchten Massen, die sich danach sehnen, frei zu atmen»: so steht es in dem Sockel der Freiheitsstatue eingraviert, jene berühmten Worte der New Yorker Jüdin Emma Lazarus, die jede amerikanische Göre in der Schule auswendig lernen muß.

Und so packen alle Jahre wieder Anfang November Tausende unternehmungslustiger Menschen in aller Welt mit besonderer Sorgfalt ihre Reisetaschen, um dorthin zu eilen, wo der Puls der Welt am rasendsten schlägt: nach New York. Allzu arm sind sie nicht, zweieinhalbtausend Mark verschlingt das Unternehmen mindestens, aber Sehnsucht – die treibt sie alle um.

Schuhe besonderer Machart gehören ins Reisegepäck für New York: futuristisch anmutende Sneakers mit raffinierten Luft- oder Gel-Dämpfungssystemen, unterstützt von Vorfuß-Flexkerben, Antipronationskeilen und Torsionsstäben. T-Shirts aus Baumwolle mögen für den touristischen Teil der Reise taugen; für den ernsten Teil der Mission kommen nur atmungsaktive High-Tech-Textilien in Frage.

In den Seitentaschen wollen diverse Hilfsmittel verstaut sein, Reserveschnürsenkel zum Beispiel, banal, aber von existentieller Bedeutung. Auch Melkfett oder Ringelblumensalbe gehören ins Überlebensgepäck: Brustwarzen müssen einbalsamiert und sorgsam mit Leukoplast gesichert sein; auch andere erogene Zonen wollen eingefettet und scheuerfest durch die Stadt der himmelstürmenden Vertikalen bewegt werden. Das Weltfest der Marathonfreaks steht bevor, New York hat geladen – und alle, alle kommen, die eines der heißbegehrten Starttickets ergattern konnten. 1994, im Jahr des 25. Jubiläums («silver anniversary»), dürfen sich rund dreißigtausend auf die Socken machen.

«In New York hat man die Verrückten freigelassen»

So lästerte vor einigen Jahren der französische Philosoph Jean Baudrillard. Dabei dachte er an uns: Leute, die ohne jeden äußeren Zwang notariell beglaubigte 26,2 Meilen über miserable amerikanische Streets und Avenues laufen. Der peruanische Romancier Vargas Llosa behauptete einmal in einem Essay, Laufen sei «ein intelligentes Vergnügen». Diese Haltung wäre von Baudrillard, hätte er sie gekannt, als Beihilfe zum Selbstmord gegeißelt worden – Ausdruck einer Überzeugung, die er bei seinen Exkursionen durch die Metropole am Tag des großen Marathon gewonnen hatte: «Ich hätte nie gedacht, daß einem der Marathonlauf von New York die Tränen in die Augen treiben kann. Es ist ein Spektakel des Weltuntergangs. Kann man von freiwilligen Leiden wie von freiwilliger Knechtschaft sprechen? Bei strömendem Regen, unter Hubschraubern und Beifallsstürmen, von Aluminiumkapuzen bedeckt und auf ihre Stoppuhren schielend, mit nackten Oberkörpern und verdrehten Augäpfeln suchen sie den Tod, den Tod durch Erschöpfung.» Das Glücksgefühl («I did it!») nach dem Überqueren der Ziellinie sei nichts als ein autistischer Reflex, das «Delirium eines leeren Sieges». Im Kern sei Marathon nichts anderes als die trainingsintensivste Form, Suizid zu begehen: Sinnbild für den Totalkonkurs der menschlichen Rasse. Vorher war das Fallbeil nur gelockert, jetzt ist es auf unsere ausgemergelten Nacken herabgesaust. Daß wir alle die Reise in den «Tod durch Erschöpfung» (samt Rückflug!) gebucht haben, muß Baudrillard als tolldreiste Herausforderung erscheinen.

Willkommen im «Big Apple»!

Endlich auf dem JFK-Airport gelandet, treibt uns ein mit «Willkommen in den Vereinigten Staaten» überschriebenes Formular die ersten Schweißperlen auf die Stirn. «Steht hinter Ihrer Einreise die Absicht, sich an strafbaren oder unmoralischen Handlungen zu beteiligen?» Nicht zwingend eigentlich. Im Prinzip sind wir nur nach New York gekommen, um die klassischen 42,195 Kilometer auf dem nicht gerade makellos glatten Asphalt hinter uns zu bringen, malträtiert von zahllosen Schlaglöchern, Gullideckeln, stählernen Abdeckplatten und den Gitterrosten der Brücken. Vom Fort Wadsworth in Staten Island bis in den Central Park. Ganz schön verrückt.

Es ist schon ein seltsames Völkchen, das sich unter den Fittichen des erfahrenen Münsteraner Sportreisen-Veranstalters Große-Coosmann hierher aufgemacht hat. Gleich am ersten Morgen in New York geht es richtig bizarr zu, als wir vom Milford Plaza Hotel am quicklebendigen Times Square zum Southgate Hotel aufbrechen, zu unserer «Vollversammlung»: 500 Läuferinnen und Läufer um acht Uhr in der Frühe – halb Prozession, halb Demonstration von «goodwill» und «wellness».

Fast noch im Halbschlaf, prasselt auf uns eine Wer-wo-wie-was-wann-Infomoderation herein. Das Streckenprofil in New York sei «topfflach», mit Ausnahme der Brücken, meinte einer. Von wegen! Heinz Spies, der ehemalige Organisator des Bremen-Marathon, widerspricht energisch: «Es geht s-tetig auf und ab. Der Kurs ist ges-pickt mit einer Menge vers-teckter Neigungen und S-teigungen.» Viel bejohlter Höhepunkt sind

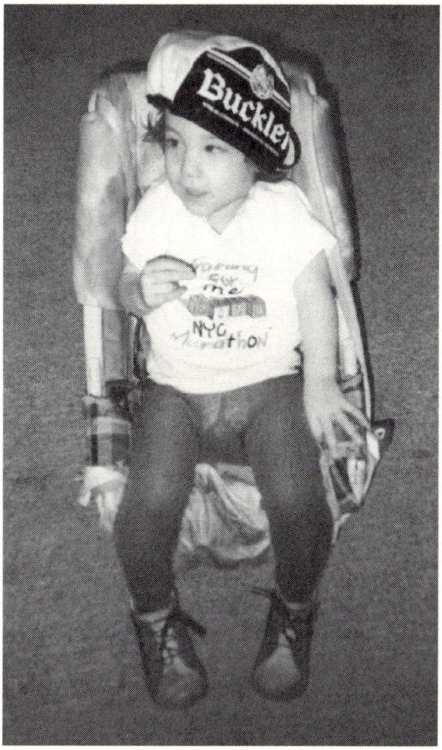

Gina Velasco – training for the New York City Marathon 2013

die hochdiffizilen Ausführungen unserer Reiseleitung zu der Frage: Wohin mit den diversen Litern Wasser, die man in den Stunden vor dem Lauf in sich hineinschüttet? Solange man sich auf dem Gelände am Fuß der imposanten Verrazano Narrows Bridge befindet – kein Problem: Hunderte von Toilettenhäuschen und die längste Pinkelrinne der Welt («world's longest urinal») geben allen Ausscheidungen ein Zuhause. (Im offiziellen Buch zum Marathon wird das Input-Output-Dilemma wunderbar beschrieben: «Eine Million Becher Wasser verschwören sich gegen die 400 tragbaren Toiletten.») Eine halbe Stunde vor dem auf 10.47 Uhr anberaumten Start wird man dann auf die Zufahrtsrampen der Brücke geführt.

«This run's for you, Fred!»

Alle, die den New York City Marathon schon einmal gelaufen sind, kennen diesen magischen Augenblick – wenige Sekunden vor dem traditionell vom New Yorker Bürgermeister abgegebenen Startschuß. (Die Zeitschrift *Sports* hat die Füße auf der Verrazano Bridge genau gezählt; es sollen 62254 gewesen sein.) Plötzlich senkt sich ein Moment tiefer Stille über die nervöse, wie elektrisiert verharrende Masse von Menschen. Ein Gefühl von unheimlicher Intensität, ein allerletztes Innehalten. Am Morgen dieses 6. November 1994 waren es Sekunden, in denen manche noch einmal an Fred Lebow gedacht haben mögen. Er galt als der «Vater des New York City Marathon», bereits zu Lebzeiten war er eine Legende. Zu seinem Gedenken wurde jetzt in der Nähe der Ziellinie am Tavern on the Green-Restaurant im Central Park eine lebensgroße Statue aufgestellt: Fred im Trainingsoutfit und mit der unvermeidlichen Kappe, wie er sorgenvoll auf die Stoppuhr schaut. Seit Dr. Norb Sander, ein Krebsspezialist des Mount Sinai Medical Center (und Gewinner des Marathons von 1974) im März 1990 dem damals 58jährigen die Diagnose «Gehirntumor im finalen Stadium, Lebenserwartung: maximal ein Jahr» gestellt hatte, wußte er, daß seine «finish line» in Sichtweite war. «Jeder neue Tag ist plötzlich wichtiger als der letzte», wurde die Lebensmaxime seiner letzten Jahre. Seit Lebows Krebserkrankung hat der New York City Marathon eine Patenschaft für das Memorial Sloan-Kettering Cancer Center übernommen («26.2 Miles of Hope»), eine Einrichtung der ambulanten Kinderkrebsvorsorge und -behandlung. Weit mehr als eine Million Dollar flossen bisher der Klinik zu. Als er am 9. Oktober starb, durfte er zwar bei der 25. Auflage seines Laufes nicht mehr dabeisein. Aber bis zum Schluß hatte er vom Krankenbett aus Allan Steinfeld mit Rat und Tat zur Seite gestanden, seinem kongenialen Nachfolger als Renndirektor und Präsident des auf über 29000 Mitglieder angewachsenen New York Road Runners Club.

Mit Ausnahme vielleicht des Äthiopiers Abebe Bikila, der 1960 als Barfußläufer mit seinem Sieg im olympischen Marathon von Rom die Epoche der uneingeschränkten weißen Dominanz in der Leichtathletik mit einem Schlag zertrümmerte, war Lebow die berühmteste Gestalt im Marathon weltweit, obwohl er als Marathonläufer (69 Läufe im 3:30 bis 4:00-Stunden-Bereich) nicht zu den begnadeten Talenten gehörte. Millionen New Yorker wußten, wer Fred war, und sie wußten es nicht nur in den Tagen des Medienrummels vor und nach dem New York City Marathon.

In Lebow verband sich großes Organisationstalent mit dem Charisma eines vi-

Fred Lebow: lebensgroß im Central Park

sionären Pragmatikers. Ein Hansdampf in allen Gassen der Welt, durch die sich der Marathontroß bewegte. Von überall her brachte er Ideen mit: So schmuggelte er die blaue Ideallinie vom Olympia-Marathon in Montreal ein, die rote Rose für alle weiblichen Finisher schaute er den Berlinern ab. Und von überall her brachte er Menschen mit, zog wie ein Magnet Laufbegeisterte aus aller Welt in das Kraftfeld des Marathons im Big Apple.

In der Geschichte seines Lebens haben die großen Themen dieses Jahrhunderts ihren Niederschlag gefunden: Bedrohung, Gewalt, Emigration – und das Glück eines zweiten Lebens in Freiheit. Geboren 1932 unter dem Namen Fischel Lebowitz im transsylvanischen Arad in Rumänien, als sechstes von sieben Kindern einer orthodoxen jüdischen Kaufmannsfamilie, floh er vor den Nazis und später vor der sowjetischen Besatzungsarmee. Nach einer kurzen Episode als Zucker- und Diamantenschmuggler kam er 1951 mit einem Stipendium für eine Talmud-Schule über Irland nach Brooklyn. Um das Stigma des osteuropäischen Immigranten abzustreifen, amerikanisierte Fischel Lebowitz seinen Namen zu Fred Lebow – aber den reizenden transsylvanischen Akzent behielt er zeit seines Lebens. Im New Yorker Garment District machte er mit der Firma Arowtex sein Glück. Er spezialisierte sich auf das Umgestalten teurer Designermodelle zu raffinierten Billigversionen und deren Vermarktung.

Unter seiner Ägide wurde der New York City Marathon das, was Jahr für Jahr Zehntausende von Läufern in die Stadt zwischen East River und Hudson zieht: die faszinierendste Art, sich durch diese Stadt zu bewegen, eine Sightseeing-Tour der besonderen Art. Im Laufschritt durch die schillernde Vielfalt der Hautfarben und Kulturen in dieser «Stadt der Dörfer» (Sabina Lietzmann), durch mexikanische Kleinstädte, polnische Straßen und jüdische Schtetl. Vorbei an mehr als zwei Millionen begeisterten Menschen, die diesen Tag der Läufer, ihre Stadt und sich selbst bejubeln. In Deutschland wurden wir nach unserer Rückkehr gefragt: «Wie schnell wart ihr?» In New York sprechen dich nach Tagen noch Leute an, sofern dein Outfit irgendwie ‹verräterisch› ist – und sie interessiert nur eines: «Did you finish?»

Dieser Marathon ist ein logistisches Wunderwerk, ermöglicht durch den brillanten Organisationsstab um Allan Steinfeld und Myriaden von «marathon volunteers», die ein dichtes Netz von «help and advice» für einen Tag über der Stadt ausbreiten. Wenn Steinfeld das «Gehirn» im Hintergrund des gigantischen Unternehmens Marathon war, so war Lebow der «frontman», der sich ins Getümmel warf und keiner Schlacht aus dem

Wege ging. Amerikanische Zeitungen haben von dem Gespann Lebow - Steinfeld bewundernd als «yin-yang» gesprochen. Legendär sind Lebows Wutausbrüche in Williamsburg (Brooklyn), einer Hochburg der chassidischen Juden. Mit dem Megaphon in der Hand und einem kessen Spruch des jüdischen Bürgermeisters Ed Koch auf den Lippen – «In New York sind nur zwei Dinge heilig: der Talmud und der Marathon!» – fuhr er durch die Straßen und raunzte die Bewohner in Jiddisch an, ihre Hände nicht nur zum Beten zu rühren, sondern den dürstenden (Lauf-)Kindern Gottes gefälligst reichlich Wasser anzubieten: Denn es sei nicht ausgemacht, wer die wahren «Heiligen der letzten Tage» seien, sie, die berufsmäßigen Frommen, oder jene, die laufend Buße täten und ihre Demut vor dem Herrn durch tätige Sühne zeigten... In der South Bronx befriedete er rivalisierende Jugendgangs, indem er sie für eine schicke Grundausstattung an Sneakers und T-Shirts als Ordner in die Organisation des Laufs einband.

Die wahren Helden des New York City Marathon sind nicht die Alberto Salazars und Grete Waitz', Juma Ikangaas und Allison Roes. Die wahren Helden sind Menschen, die auf deutschen Marathonstrecken nach Ablauf des Zeitlimits von fünf oder sechs Stunden längst aus dem «Rennen» genommen worden wären. Zoe Koplowitz zum Beispiel – eine Frau, die im Alter von 24 Jahren an Multipler Sklerose erkrankt war. 1992 war sie mit ihrem Lebensmut am Ende, bis sie beschloß, ihrem Leben eine neue Richtung zu geben. Bereits dreimal schleppte sich die schwergewichtige Frau an Krücken, begleitet von «security kids» der Guardian Angels, über die Strecke. 1993 erwartete sie – nach 27 Stunden und 35 Minuten – neben vielen Freunden und Zuschauern auch die neunmalige New-York-Siegerin Grete Waitz am Ziel, aufgewühlt und den Tränen nahe. Da es am Ziel keine Medaille mehr gab, war Waitz ins Hotel gerannt und hatte kurzerhand die Medaille ihres Ehemannes Jack konfisziert. Zoe Koplowitz ist nur eine der vielen im Achilles Track Club organisierten Behinderten, die sich Jahr für Jahr auf die 42 Kilometer lange Distanz begeben. Marathon, so Dick Traum, der Präsident des Achilles Track Club, sei für ihn das Erlebnis des «Glücks, lebendig zu sein». Auch ein nur eingeschränkt funktionsfähiger Körper sei ein wunderbares Geschenk. Nicht darüber trauern und klagen, was der Körper nicht (mehr) kann, sondern das aus ihm herausholen, was immer noch in ihm steckt: das sei für die Achilles-Athleten «positives Denken».

1970 oder Wie alles anfing

Um zu begreifen, weshalb gerade hier das Mekka des Marathonsports ist, müssen wir zurück zu den Anfängen des New York City Marathon gehen.

«Kein Ereignis, nicht einmal New Orleans' Mardi Gras, das 500-Meilen-Rennen von Indianapolis oder die Super Bowl, verändert das Gesicht einer amerikanischen Stadt so sehr wie der Marathon New York verändert.»[1] Das war nicht immer so. Als am 13. September 1970 mitten in New Yorks Central Park der erste Marathon mit 126 Männern und einer Frau gestartet wurde, war das ein Ereignis von nicht einmal lokaler Bedeutung. Das Baby von damals ist mächtig gewachsen. Die faszinierenden Bilder von der wimmelnden Masse der dreißigtausend auf der Verrazano Narrows Bridge in Staten Island, die 1994 das silberne Dienstjubiläum des größten, schillerndsten, mitreißendsten Stadtmarathons der Welt zelebrierten, machen eines deutlich: Was 1970 noch die Selbstinszenierung einer belächelten Hundertschaft war, ist 25 Jahre später zu einer Massenbewegung geworden. Oder in den Worten von Fred Lebow: «Marathon ist ein Lebensstil.»

Über Jahrzehnte hinweg gab es in den USA nur einen Marathon, der neben dem legendären Boston Marathon nationale Bedeutung hatte: der Yonkers Marathon, der 1997 seine 60. Auflage erleben wird. Andreas Nolte hat in der *Spiridon* die Stationen dieses Veteranenlaufs und seiner Laufveteranen (John A. Kelley gewann das Rennen zwischen 1956 und 1963 achtmal hintereinander) nachgezeichnet – eine Geschichte aus der «guten alten Zeit, als es noch keine Nudelparties, Digitaluhren und zusammengepreßte Luft in den Schuhsohlen gab». Schuld an der Entstehung des Yonkers Marathon war der Laufgott, dem das Vorzeigeobjekt Boston in der interkontinentalen Konkurrenz mit der europäischen Leichtathletik nicht mehr genügte: «Er machte sich auf die Suche nach einer zweiten Strecke für die Amerikaner, auf der nun wirklich kein normal denkender und fühlender Mensch einen Marathon laufen würde, ohne im Ziel den Göttern – sozusagen auf dem Zahnfleisch – dafür zu danken, daß er es geschafft hatte. Dieser Laufgott blickte suchend von seinem Platz hoch oben auf die Erde herab und sah eine kleine Stadt, etwas nördlich von New York City, eingebettet in eine grüne Hügellandschaft, mit reizvollen Seen und großen Wäldern und vor allem keinen flachen Straßen. Er schmunzelte. Er hatte gefunden, was er gesucht hatte.»[2] Yonkers ist, unter Leistungsgesichtspunkten betrachtet, ein Denkmal für trainingsmethodischen Widersinn und nationalen Masochismus. Um sich für das US-Marathonteam bei Olympischen Spielen zu qualifizieren, mußten die Athleten im April in Boston und im Mai in Yonkers antreten. Beide Rennen wurden mittags um 12 Uhr gestartet, oft bei hohen Temperaturen; und beide galten als knüppelhart. Nominiert wurden die Läufer mit den besten Durchschnittsplazierungen aus beiden Rennen. Wer dieses Fegefeuer heil überstanden hatte und nominiert war, erlebte in der Regel bei der Olympiade den Marathon als Hölle; die katastrophalen Plazierungen der amerikanischen Asse sprechen Bände. Bis 1964 war Yonkers eines der olympischen Qualifikationsrennen, 1966 wurde hier zum letzten Mal ein amerikanischer Marathonmeister gekürt. Heute ist Yonkers einer der vielen reizvollen Provinzmarathons. Große Namen findet man hier nicht mehr – aber darauf können die Zuschauer dort auch leichten Herzens verzichten.

Die New Yorker Laufszene traf sich im und um den Macombs Dam Park, ganz in der Nähe des berühmten Yankee Stadium in der Bronx. Dort wurde seit 1959 der Cherry Tree Marathon ausgetragen. Der namengebende Wendepunkt der Strecke war ein Baum, den die Veranstalter als Kirschbaum identifiziert zu haben glaubten. Der erste Sieger (2:38 h) hieß Ted Corbitt, der später der erste Präsident des Road Runners Club of America werden sollte, der Vorläuferorganisation des New York Road Runners Club (NYRRC). Eine Highway-Rampe mitten durch den Laufparcours und Kindergangs in den Hochhausslums, die von den Balkonen aus mit Steinen die Läufer malträtierten, bedeuteten das Aus für diesen ersten städtischen Marathon auf New Yorker Pflaster.

1969 hatte Vince Chiapetta, der Präsident des NYRRC, Himmel und Hölle in Bewegung gesetzt, um die «26.2», wie die Amerikaner in ihrem rigorosen Hang zur Sprachökonomie den 26,2 Meilen langen Marathon abkürzen, in den Central Park zu bringen.

Die Initiative scheiterte wesentlich am Widerstand des Department of Parks and Recreation. 1970, mittlerweile im Gleichschritt mit dem langlaufenden Textilkaufmann Fred Lebow, war Chiapetta dann erfolgreich. Eine neue Parkordnung war erlassen worden, und Bürgermeister John Lindsay hatte den Central Park an Sonntagen zur autofreien Zone erklärt.

So kam es, daß am 13. September 1970 Nina Kuscsik von 126 Männern in die Mitte genommen wurde, um die klassischen 26,2 Meilen hinter sich zu bringen. Vier volle Runden über den Main Drive des Parks und eine kleine Zwei-Meilen-Schleife über ein extrem kraftraubendes Terrain (Bill Rodgers: «Killer-Kurs») zermürbten bei hohen Temperaturen fast die Hälfte des Teilnehmerfelds. Nina Kuscsik war von einer Grippeattacke noch so geschwächt, daß sie nach 14 Meilen aussteigen mußte. Aber sie gehörte zu denen, die zurückkommen würden, um diesen Marathon zu laufen, durchzuhalten und zu gewinnen. Zusammen mit Kathrine Switzer sollte sie Marathon-Geschichte schreiben, als Läuferin und als Aktivistin für das Recht von Frauen in aller Welt, so weite Strecken zu laufen, wie sie es wollen, und nicht, wie von Männern verfaßte Statuten es vorschreiben.

Der 30jährige Gary Muhrcke, zweimaliger Yonkers-Sieger, gewann vor Tom Fleming, einem 19jährigen Studenten, der sich 1973 und 1975 in die Siegerlisten in New York eintragen würde. Muhrcke war Feuerwehrmann beim New York Fire Department. Als er nach einer anstrengenden Nacht mit mehreren kräfteraubenden Einsätzen sich zu Hause aufs Ohr legen wollte, bat ihn seine Frau, sie mit den drei kleinen Kindern in den Park zu begleiten. Ein wunderschöner, warmer Spätsommertag trieb die Menschen aus den Häusern nach draußen. Er willigte unter einer Bedingung ein: den Central Park-Marathon mitzulaufen. «Die ganze Stadt war im Park», erzählte er später, «aber niemand wußte vermutlich, was ein Marathon war.»[3] Frisbeescheiben umschwirrten die Köpfe der Läufer, Flaneure und Sonnenhungrige kreuzten ihren Weg. «Wir sind ihnen über die Füße gelaufen und sie uns.» Von lückenloser Absperrung der Strecke konnte damals noch keine Rede sein. Weshalb auch einen solchen Aufwand für dieses kleine Häuflein Aufrechter treiben? Nach zwei Stunden, 31 Minuten und 38 Sekunden konnte Mrs. Muhrcke ihren siegreichen Mann am Ziel in die Arme schließen – allzu viele außer ihr waren nicht da. Fred Lebow stand, anders als in all den folgenden Jahren, nicht am Ziel, weil er selbst noch eine ganze Weile unterwegs war. Gary Muhrcke ahnte an diesem Sonntag im September noch nicht, daß er im Central Park Laufgeschichte geschrieben hatte. Das «Preisgeld» – eine von Lebow im Dutzend billiger erstandene Armbanduhr und ein recycelter Pokal – war auch nicht so üppig ausgefallen, daß irgend jemand das Gefühl haben konnte, Zeuge eines historischen Moments zu sein. «Irgendwie tun mir Leute wie Bill Rodgers und Alberto Salazar leid. Rodgers lief Meilenschnitte unter fünf Minuten und sah dabei aus wie ein Ballettänzer. Salazar war ein unglaublicher Marathonläufer. Seine 2:08 h in New York, mit dieser Schlaglöcherpiste auf der First Avenue, war einer der größten Läufe überhaupt. Aber in 50 Jahren werden sie vergessen sein, doch meinen Namen werden zumindest einige Leute kennen, weil ich es war, der den ersten New York City Marathon gewonnen hat.»[4] Noch heute lacht er, wenn er auf die finanziellen Modalitäten dieses Laufs zu sprechen kommt. «Die Startgebühr betrug nur einige Dollar. Ganz sicher keine zehn – das wäre verdammt viel Geld gewesen.»[5] Auch die Getränkeversorgung nach dem Rennen gestaltete sich schwierig. Zwar hatte ein umsichtiger Mensch einige Büchsen Cola besorgt, aber keinen Dosenöffner. Und die brauchte man in jenen guten alten Zeiten noch.

Nach einer schweren, bei Löscharbeiten zugezogenen Rückenverletzung quittierte Muhrcke 1973, mit einer 75prozentigen Arbeitsunfähigkeitsrente abgefunden, den Dienst beim New York Fire Department. Zwei Jahre später begann er wieder mit vorsichtigem Lauftraining – und 1977 sprang er dann zum ersten Mal richtig in die Schlagzeilen. Er hatte eines der bizarrsten Unternehmen für sich entschieden, das die Laufwelt kennt, den Empire State Building Run-Up: einen masochistischen Kraftakt, knapp hundert Stockwerke und anderthalbtausend Stufen hoch, immer bergauf, immer haarscharf am Rande des Kreislaufkollaps. Sieger: Gary Muhrcke!? Ein Sturm der Empörung erhob sich und entlud sich fürchterlich über dem wundersam genesenen Rücken des Ex-Feuerwehrmanns. Pensionserschleicher! Edelrentner! Zurück in die Flammen! Die *New York Times* widmete ihm ein Editorial, eine Ehre, die nicht allzu vielen Sterblichen widerfährt, und eine öffentliche Untersuchung zur Klärung der Vorwürfe wurde angestrengt. Aber der flinke Dreiviertel-Rentner konnte überzeugend darlegen, daß Laufen etwas ganz anderes sei als die Anstrengung, eine Person von hundert Kilogramm Körpergewicht aus einem brennenden Gebäude zu ziehen. In diesem bewegten Jahr beschloß Gary Muhrcke, sein Lebensglück endgültig auf Laufschuhe zu gründen. Kaum hatte er sich einen soliden Grundstock aus Modellen von Nike, Tiger und New Balance zugelegt, die er aus einem Lieferwagen heraus verkaufte, schrillte das Telefon, um nicht mehr stillzustehen. Muhrcke ist heute ein gemachter Mann. Seine Firma, die Super Runners Shops, besitzt fünf Filialen in New York und eine in Bermuda.

1971 unterboten mit Beth Bonner (2:55:22 h) und Nina Kuscsik (2:56:04 h) zum ersten Mal Frauen in einem offiziellen Rennen die Drei-Stunden-Marke. Ein Jahr später organisierte die kämpferische Nina ein Frauen-Sit-In an der Startlinie – ein medienwirksam inszeniertes Manöver, um die AAU unter Druck zu setzen. Sollte Frauen als potentiellen Müttern überhaupt erlaubt werden, ihre Körper 42 Kilometer lang ruinösem Asphalt auszusetzen? Wenn, so die AAU, Frauen glaubten, dies verantworten zu können: bitte schön – dann aber getrennt von den Männern! Die Frauen sollten sich zehn Minuten vor den Männern auf die Strecke machen. Das Sit-In unterlief diesen «Kompromiß». Der Streik der Frauen bescherte der AAU einen Prozeß wegen geschlechtlicher Diskriminierung, und der Männerklub zog kollektiv den Schwanz ein. Ab 1973 war der New York City Marathon ein Ort, wo die staatsbürgerlichen Rechte aller respektiert wurden. Von diesem Jahr an interessierte sich die New Yorker Presse für den Lauf: nicht als sportliches Ereignis, sondern als Spektakel.

1976: ein Mißverständnis mit grandiosen Folgen

Das schmale Budget der ersten Jahre sorgte dafür, daß der New York City Marathon ein reines Vabanquespiel war – Neuauflage ungewiß. Letztlich war es Fred Lebows Privatschatulle, die immer wieder im letzten Moment «beliehen» werden mußte.

Daß 1976 der New York City Marathon durch alle fünf Stadtgebiete und nicht mehr in viereinhalb Loopings durch den Central Park führte, von Staten Island über Brooklyn,

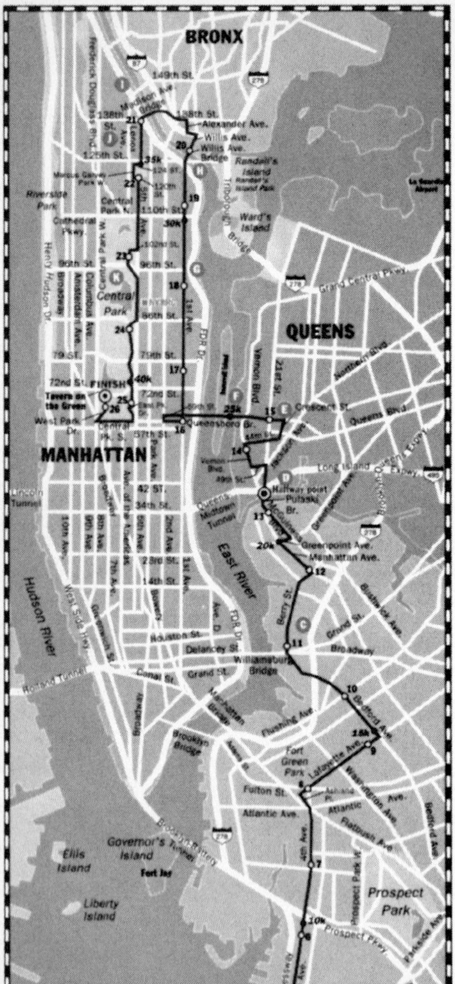

Queens und die Bronx nach Manhattan, ist wohl auf ein Mißverständnis zurückzuführen – wenn man der Legende glauben darf. Ted Corbitts ursprüngliche Idee war, anläßlich der 200-Jahr-Feier der USA den Lauf durch einen Wettbewerb von Läuferteams aus den fünf Boroughs aufzupeppen. George Spitz, sein Freund und Mitläufer, scheint diese Idee planvoll nach dem Motto «Why New York could not have an extravaganza like Boston?» mißverstanden zu haben und plauderte sie an Percy Sutton weiter, den jüngst zum Marathon konvertierten Präsidenten des Stadtbezirks Manhattan. Lebow hielt das ganze für einen Aprilscherz. Sein Kommentar: Weder politisch durchsetzbar noch finanziell realisierbar, geschweige denn logistisch. Allein fünf zentrale Brücken und mehr als 300 Straßenkreuzungen müßten über Stunden gesperrt und Wasser, Verpflegung und medizinische Versorgung über eine Strecke von mehr als 40 Kilometern bereitgestellt werden – unmöglich!

Sutton war Feuer und Flamme; er hatte als erster die Vision, einen «five-borough marathon», den Lauf durch die vielsprachigen «neighborhoods», zum Symbol für eine weltoffene, vitale Metropole zu machen. Lebows Zweifel wurden Punkt für Punkt entkräftet. Ansonsten mit seinen Ideen und Initiativen weit vorauspreschend, war er in diesem historischen Moment der entschiedenste Bremser. Aber er wurde nach allen Regeln der Überzeugungskunst zurechtgestutzt. Bürgermeister Abe Beame sagte, nicht ganz uneigennützig, seine volle Unterstützung beim Paragraphen- und Verordnungsslalom durch den Behördendschungel der Stadt zu. Jack und Lewis Rudin, die Erben des 1975 gestorbenen Immobilienmaklers und

New York City Marathon = Staten Island + Brooklyn + Queens + Bronx + Manhattan

begeisterten Hobbyläufers Samuel Rudin, steuerten einen Sponsorenbetrag von 25 000 Dollar bei. (Das Rudin-Imperium, dessen gigantisches Immobilienkapital seine Basis in 22 Apartmenthäusern und 14 Bürohäusern in Manhattan hat, ist bis heute einer der Hauptsponsoren des New York City Marathon geblieben. Dieses Geld wird in den Bilanzen unter dem schönen Namen «Samuel Rudin Trophy» verbucht.) Um die roten Zahlen nach dem ersten Lauf einzuschwärzen, griffen die Rudins noch einmal in ihre Portokasse und organisierten als Co-Sponsoren Manufacturers Hanover Trust, die heutige Chemical Bank, und George Hirschs *New Times Magazine.* (Der begeisterte Marathonläufer wurde später Herausgeber der beiden bedeutenden Laufmagazine *The Runner* und *Runner's World,* das übrigens heute immer noch zum Pool der Hauptsponsoren zählt.)

Die erste Pressekonferenz im Frühsommer 1976, auf der der neue Marathon der interessierten Öffentlichkeit vorgestellt werden sollte, geriet zum Debakel. Niemand erschien. Den Veranstaltern wurde angst und bange. «Ich hätte auch», notierte Lebow später in seiner Autobiografie sarkastisch, «ankündigen können, wir würden Frisbees werfen.»[7]

Dann wurde aber schon die erste Auflage des «five-borough marathon» zu einem unerwarteten Erfolg. 1975 waren 534 Läufer und Läuferinnen am Start gewesen, ein Jahr später schon mehr als 2000. Daß nicht allein der Rummel um die 200-Jahr-Feier der USA für diesen Zulauf sorgte, beweisen die Starterfelder der folgenden Jahre: 4823 (1977), 9875 (1978), 11 533 (1979), 14 012 (1980). Das überragende organisatorische Potential des NYRRC war der Garant für die Bewältigung des mit den Jahren aus allen Nähten platzenden Spektakels: 1994 wurde zum ersten Mal die magische Barriere von 30 000 Teilnehmern überschritten. Technische und organisatorische Innovationen wie die elektronische Zeiterfassung, computerlesbare Startnummern, mehrere Zieleinlaufschleusen mit eigener Zeitnahme, der Teppich auf den Rosten der Queensborough Bridge (1977), die Live-Fernsehübertragung (ab 1979), Videoregistrierung der Startnummern an der Verrazano Narrows Bridge – und nicht zuletzt die großartigen sportlichen Ergebnisse, die auf diesem schweren Kurs erzielt wurden, zeigten, daß New York binnen weniger Jahre zum Mekka der Marathonwelt geworden war.

Helden und Höhepunkte im Zeitraffer

1976 war «Boston Billy» Rodgers nur durch eine Antrittsprämie von 2000 Dollar, die Fred Lebow aus eigener Tasche bezahlte, nach New York zu locken. Sein Verhältnis zum verlogenen Amateurprinzip war erfrischend pragmatisch und zupackend. Rodgers' Sieg in 2:10:10 h vor dem Olympiasieger von 1972, Frank Shorter, der durch einen angebrochenen Knöchel nie eine Siegchance hatte, war der Beginn einer großen Serie von vier Siegen in Folge, die 1980 dann der begnadete Neuling Alberto Salazar beendete. Im Debütjahr verlief der Kurs noch nicht über die schnelle, menschengesäumte First Avenue, sondern mutete den Läufern den beschwerlichen Weg am East River entlang zu, einige Treppenpassagen inklusive. Unter diesen Bedingungen war Rodgers' Zeit exzellent. Miki Gormans 2:39:11 h war die bis dahin zweitschnellste je von einer Frau gelaufene Zeit.

1978 war der Beginn der «Ära Waitz». Im

Ziel schien sich ein mittleres Ehedrama zu entfalten: Voller Wut warf Grete Waitz, nachdem sie überlegen und in Weltrekordzeit im Central Park eingetroffen war, ihre Laufschuhe in Richtung ihres Ehemanns Jack: «So etwas mache ich nie wieder!» Jack hatte Grete gedrängt, Lebows Einladung zum New York City Marathon anzunehmen. Es dauerte einen Moment, bis sie realisierte, daß sie Christa Vahlensiecks Weltbestzeit um mehr als zwei Minuten auf 2:32:30 h verbessert hatte. Aber es dauerte noch länger, bis die Medienmeute Antworten auf ihre Frage «Who the hell ist Grete Waitz?» bekam. In ihrer zusammen mit Gloria Averbuch verfaßten Biografie erinnert sie sich mit Vergnügen an den Rummel: «Meine intensivste Erinnerung an den New York City Marathon betrifft nicht Rekorde, Applaus und Verherrlichung, sondern es ist die Erinnerung an den Tag, an dem ich für immer meine Anonymität verlor. ‹Wer ist Nummer 1173?› fragten die Leute um mich herum ganz panisch, nachdem ich die Ziellinie überquert hatte. Ich konnte sogar hören, wie diese Frage über Lautsprecher gestellt wurde. Das war meine Startnummer, und ich muß jetzt noch lachen, wenn ich daran denke, wie ich von einem zum anderen ging und erzählte, wer ich war und woher ich kam. Das war das erste und letzte Mal, daß ich eine derart hohe Nummer trug und eine derartige Frage hörte.»[8] Die blonde Norwegerin war ohne alle Ambitionen nach New York gekommen; ihre Meriten hatte sie sich auf der Bahn (1500 und 3000 Meter) und als bemerkenswerte Crossläuferin verdient. Wettkampfmäßig war sie niemals weiter als 20 Kilometer gelaufen. Grete Waitz und New York: Das war keine Liebe auf den ersten Blick. Gut, daß ihre Schülerinnen in Oslo sie erst nach ihrer Rückkehr fragten: «Wie weit sind 26 Meilen? Wie oft haben Sie zwischendrin angehalten?»

Die Waitz-Ära dauerte ein ganzes Jahrzehnt. Sie war nicht nur die weltbeste Marathonläuferin dieser Jahre (sie gewann allein neunmal in New York, wurde Weltmeisterin 1983 in Helsinki und holte sich beim ersten olympischen Marathonlauf für Frauen 1984 in Los Angeles die Silbermedaille hinter Joan Benoit); ihre Leistungen auf der Crossstrecke mit fünf Weltmeisterschaftstiteln waren ebenso phänomenal, vergleichbar nur der überragenden Klasse eines John Ngugi bei den Männern. Grete Waitz war aber vor allem eine Läuferin mit Charisma: bescheiden, scheu und auf den ersten Blick zerbrechlich wirkend – und doch von beeindruckender Härte, präzisem Tempogefühl und taktischer Cleverness. Nicht erst seit 1992 liebten die New Yorker «ihre Grete», als sie über fünf Stunden lang den krebskranken Fred Lebow wie auf Engelsflügeln über die endlose Strecke trug. Anders als Ingrid Kristiansen, die nach ihr das Frauen-Marathon dominierte, hatte Grete Waitz sich früh für eine Stadt und für einen Lauf entschieden. Bürgermeister Ed Koch nannte sie eine «New Yorkerin durch Adoption». Heute ist das Laufidol der 80er Jahre als Trainerin und Organisatorin des Grete Waitz-Frauenlaufs aktiv, zu dem zuletzt 44 000 Läuferinnen nach Oslo strömten. Seit 1987 besitzen sie und Jack Waitz eine Wohnung in Gainesville (Florida), eine solide Basis für ihre zahlreichen US-Verpflichtungen.

1980 begann die kurze, aber aufregende Zeit, in der Alberto Salazar alle in Grund und Boden rannte. Nicht seine überzeugenden 10 000-Meter- und Cross-Leistungen hatten ihn in der US-Leichtathletik zu einer kleinen Berühmtheit gemacht, sondern das dramatische Ende eines Straßenrennens in Falmouth / Massachusetts. Völlig überhitzt und dehydriert war er ins Ziel gestürzt. Er wurde sofort in einen Eisbottich gepackt, während Infusionslösungen in seinen Körper gepumpt wurden. Vorsorglich wurden dem Exilkubaner die Sterbesakramente erteilt. Kurz darauf war er wieder putzmunter. Die letzte Ölung hatte ihn wieder für weitere große Auftritte geschmeidig gemacht.

Als er ankündigte, in New York, bei seinem ersten Marathon, gleich unter 2:10 h zu laufen, hielten ihn viele für größenwahnsinnig. Salazar lief mit 2:09:41 h das bis dahin beste Marathondebüt überhaupt, Streckenrekord und die zweitbeste US-Zeit nach Bill Rodgers' 2:09:27 h von 1979. Ein Jahr später lief er, wieder mit Ansage, eine neue Weltbestzeit: 2:08:13 h, und wenige Minuten später tat es ihm die Neuseeländerin Allison Roe in 2:25:29 h gleich. (Beide Bestzeiten wurden später annulliert, weil die Strecke um einige Meter zu kurz war, wie sich bei einer Neuvermessung herausstellte.)

Zwei andere Teilnehmer waren – irgendwo zwischen Exhibitionismus und Masochismus – auf ihre Art auch einzigartig. Ernest Conner aus Harlem lief die ganze Strecke rückwärts in 5:18 h. Die Tortur sei gleichermaßen «Kreuzigung wie Auferstehung» gewesen, bekannte der Herr mit dem Rückwärtsdrall später. Der Holländer Hendrik Doornekamp trug von der Verrazano Bridge bis in den Central Park Holzschuhe und finishte nach 4 Stunden und 27 Minuten. Ob einer von beiden beabsichtigte, die Strecke irgendwann rückwärts in Holzschuhen zu bewältigen, ist leider nicht bekannt.

1982 war das aufregendste Rennen in der Geschichte des New York City Marathon, fast eine Kopie des Boston Marathon vom April des gleichen Jahres. Dort war es Dick Beardsley, der sich dem Kämpfer Salazar nach einem Wimpernschlag-Finale beugen mußte, geschlagen um ganze zwei Sekunden. Hier verlor der Mexikaner Rodolfo Gomez mit der Winzigkeit von vier Sekunden auf Salazar. Seit der Madison Avenue Bridge, nach ungefähr 30 Kilometern, hatte Salazar immer wieder scharfe 200-Meter-Breaks eingestreut, um Gomez' Rhythmus zu stören und seine Kraft zu zermürben, da er dessen überlegene Spurtqualitäten kannte und ein Kopf-an-Kopf-Finish wie in Boston unbedingt vermeiden wollte. Die letzten zehn Kilometer wurden in atemberaubenden 30:13 Minuten «heruntergerissen», die 26. Meile in 4:35 Minuten. Die Entscheidung fiel erst, als die Führungsmotorräder bei der Einfahrt in den Park, kurz vor dem Zielbereich, eine Staubwolke hochwirbelten. Als die Sicht wieder klar war, war Salazar entwischt.

Ein begeisterter Fred Lebow gab den Reportern nach dem Lauf seine Sicht der Dinge mit auf den Weg: «In den vergangenen sechs Jahren hatten wir Gewinner, aber keine Rennen. Ich habe davon geträumt, ruhig weniger Weltrekorde hier zu erleben, dafür aber wirkliche Rennen. Und das hat geklappt.»[9]

«Big Apple» und «Windy City»

Nachdem es **1983** erneut ein großartiges Finish zwischen Rod Dixon (2:08:59 h) und Geoff Smith (2:09:08 h) gegeben hatte, wirbelten **1984** weniger schnelle Beine als gewisse heikle Passagen in Fred Lebows Autobiographie «Inside the World of Big-Time Marathoning» Staub auf. Er gab freimütig zu, was bisher nur gemutmaßt worden war: daß hinter der Kulisse, sprich: unter dem Tisch, seit 1976 mehr als eine Million Dollar an Preis- und Antrittsgeldern an die Top-Athleten geflossen war. Bürgermeister Ed Koch, im übrigen ein untadeliger Anhänger «seines» Stadtmarathons, ließ Lebow eine gepfefferte Rechnung über 300 000 Dollar für ein ganzes Bündel an städtischen Dienstleistungen auf den Schreibtisch flattern. Die Stadt New York ließ sich damals das prestigeträchtige Spektakel rund 600 000 Dollar kosten. (Daß die städtische Ökonomie auch in hohem Maße von den Zehntausenden Läufern, Betreuern und Medienleuten profitiert, verdeutlicht eine Zahl, die die *New York Times* 1994 nannte: Schätzungen gehen von einem durch den Marathon bewirkten zusätzlichen Umsatz von ca. 100 Millionen Dollar aus.) Wer öffentlich mit einem Preisgeldvolumen von gut einer viertel Million Dollar prahlt und städtische Dienstleistungen zum Nulltarif bezieht, braucht sich über eine solche harsche Reaktion nicht zu wundern. Ed Koch drohte, «die Straßen und Brücken nicht mehr absperren und reinigen zu lassen, wenn Lebows Klub sich nicht an den Kosten beteiligen würde. Lebow lenkte ein. Er will für jeden ausgezahlten Sieg- und Platz-Dollar an die Läufer, nämlich 250 000 Dollar, die gleiche Summe an die Stadt zahlen, dazu auch die Hälfte der 100 Fernseh-Millionen.» [10]

Der New York City Marathon konnte sich in der harten Konkurrenz mit den anderen Top-Events des internationalen Marathonkalenders (Boston, London, Chicago, Fukuoka, Rotterdam) eine schlechte Presse Mitte der 80er Jahre nicht leisten. Unter der Regie des klugen Renndirektors Bob Bright und verschwenderisch gesponsert von dem Lebensmittelkonzern Beatrice, war der provinzielle Mayor Delay Marathon in Chicago in The America's Marathon mutiert. Als erstes wich Bright vom September in den kühleren Oktober aus; konkurrenzbewußt kaufte er sich dann erstklassige Startfelder zusammen. Nachdem Steve Jones 1984 bei kühlem, windigem Wetter – «Windy City» machte ihrem Namen wieder einmal alle Ehre – mit 2:08:05 h eine neue Weltbestzeit aufgestellt hatte (Rosa Mota 2:26:01 h), war 1985 sportlich ein Rekordjahr. Steve Jones wiederholte seinen Vorjahressieg und lief in fantastischen 2:07:13 h bis auf eine Sekunde an Carlos Lopes' Traumzeit von Rotterdam (1985) heran. Joan Benoits 2:21:21 h sind noch heute die zweitbeste Zeit nach Ingrid Kristiansens 2:21:06 h beim London Marathon 1985.

In Chicago – das war ein offenes Geheimnis – waren die Top-Läufer auch Top-Verdiener. Aber die PR-Stäbe von Beatrice und Bob Bright verkauften diese Tatsache wesentlich klüger als die New Yorker, wie Manfred Steffny schreibt: Das Startgeld von 10 Dollar der 9000 Läufer «floß nicht in die Organisation, sondern wurde von Beatrice sofort als Spende für den Chicago Boys and Girls Club weitergeleitet. Damit war der Diskussion um die Berechtigung der hohen Preis- und Startgelder für die Top-Athleten schon die Spitze gebrochen. Denn da war man führend. 250 000 Dollar wurden als Preisgelder ausgeschüttet, für den Sieger gab es 35 000 und als Zugabe für die Weltbestzeit weitere 50 000 Dollar. Doch das ist nicht alles, denn die Stars kommen nicht ohne ein Fixum auf die Hand. Dies macht weitere 175 000 Dollar aus. Insgesamt wandte Beatrice die Summe von drei Millionen Dollar für den Lauf 1984 auf, wobei die Fernsehspots während der anderthalbstündigen bundesweiten Fernsehübertragung des Rennens inbegriffen waren.» [11] Erst als die John Hancock Insurance Company und Mercedes als neue Großsponsoren sich in Boston engagierten und 1986 eine Dreierwertung für Boston/Los Angeles/New York auslobten, war Chicago aus dem Rennen. Bob Bright, erzürnt über die Kartellbildung, warf das Handtuch. Mit Beatrices Rückzug als Hauptsponsor fiel The America's Marathon aus dem Elitefeld der US-Marathons heraus.

Fred & Grete

An einem kühlen, sonnigen Sonntag im November 1992 erfüllte sich Fred Lebow zu seinem 60. Geburtstag einen Herzenswunsch. Zusammen mit Grete Waitz lief er zum ersten und letzten Mal *seinen* Marathon vor Millionen gebannt mitfiebernder Menschen. Bevor Fred und Grete aber auf die Strecke gehen konnten, machte der Frühstart der blauen Männergruppe den Perfektionisten Lebow halb wahnsinnig. Ungeduldig nachrückende Läufer – Männer natürlich! – hatten für soviel Chaos gesorgt, daß das Rennen sich sozusagen selbst gestartet hatte. Entnervt diskutierte Lebow mit seiner Crew über Ursachen und Konsequenzen der Panne, bis sich die resolute Grete den Läufer Lebow packte und sagte: Auf geht's, Fred! Als der 80jährige Joe Kleinerman, eine lebendige Legende der New Yorker Laufszene, nach rund 40 Kilometern nahe der NYRRC-Zentrale in der East 89th Street am Central Park auf seinen Freund zuging und ihn auf die stoppelige Wange küßte, brach dieser in Tränen aus. Nach fünf Stunden, 32 Minuten und 42 Sekunden eines triumphalen Laufes durch Staten Island und Brooklyn, Queens, die Bronx und Manhattan erreichte Lebow mit Tränen des Glücks das Ziel. «Es ist egal, ob ich noch ein, zwei oder zehn Jahre lebe. Hauptsache, ich habe diesen meinen Marathon noch erlebt.»[13] Er war einmal von Krebspatienten gefragt worden, weshalb er seinem Körper diese Tortur zumute, worauf er lakonisch antwortete: «Die Frage ist nicht, weshalb ich es tue. Die Frage ist vielmehr: Warum tut ihr es nicht?»

Die monatelange Quälerei mit Chemotherapie und Bestrahlungen und die ständige Angst bei jeder Kopfschmerzattacke hatten seinen Lebenswillen nicht zu brechen ver-

Die Spitzengruppe 1994 in Brooklyn (u. a. mit Arturo Barrios, Benjamin Paredes, German Silva)

mocht. Selbst sein Tod schien einem perfekten Timing zu folgen. Den Jubiläums-Marathon 1994 hatte er, zum Schluß vom Krankenbett aus, fast noch zu Ende organisieren können. Er starb am 9. Oktober 1994. 4000 Menschen, unter ihnen auch seine enge Freundin Grete Waitz und der Läufer Eamon Coghlan, den er immer um das Glück beneidet hatte, Kinder zu haben, schritten wenige Tage nach Freds Tod Hand in Hand über die Ziellinie im Central Park – dort, wo wenig später seine lebensgroße Statue zum beliebtesten Hintergrundobjekt für Erinnerungsfotos der Marathontouristen werden sollte. Bürgermeister Rudolph W. Giuliani adelte ihn in seiner kurzen Ansprache mit den einfachen Worten: «Fred Lebow was a New Yorker.»[14]

Nach dem großen Sieg Uta Pippigs **1993** sorgte die 21jährige Kenianerin Tegla Loroupe beim Jubiläumslauf **1994** mit ihrem Sieg für eine große Überraschung. Nach bedächtigem Anfang – bei Kilometer 25 lag sie noch hinter der späteren Fünften Claudia Lokar, die ihre Bestzeit deutlich verbesserte (2:31:47 h) – ging sie bei Kilometer 30 auf der First Avenue nach vorn und war nach einer rigorosen Temposteigerung auf den nächsten fünf Kilometern am Schluß ungefährdet. Die zartgebaute, mädchenhafte Kenianerin vom Stamm der Bokot war die erste schwarze Läuferin, die einen der großen Marathons gewinnen konnte, und die jüngste, die je in New York vorne lag. Ihre 2:27:37 h waren das zweitschnellste Debüt in New York, nur fünf Sekunden langsamer als Liz McColgan bei ihrem Sieg 1991. Tegla Loroupe, schrieb der Reporter der *New York Times* am Tag nach dem Rennen, sei «eine Frau von dermaßen entwaffnender Schüchternheit, daß sie ganze zwei Jahre benötigte, um den Verantwortlichen des New York City Marathon klarzumachen, daß sie immer ihren Namen falsch geschrieben haben.» Von Schüchternheit war bei Tegla nach dem Rennen überhaupt keine Spur, sie plapperte pausenlos und überglücklich in jedes Mikrophon hinein, das ihr hingehalten wurde. Ihren Sieg widmete sie den kenianischen Frauen und Läuferinnen, die um keinen Deut weniger talentiert sind als die Männer, aber nach wie vor miserable gesellschaftliche Ausgangsbedingungen vorfinden.

Für den einzig spektakulären Moment in der ansonsten braven Männerkonkurrenz sorgte der Mexikaner German Silva, der sich 500 Meter vor dem Ziel, mitten im Dschungel der Großstadt, zum Entsetzen der Rennleitung verlief. Er war kurz vor dem Columbus Circle unvermittelt in einen Seitenweg eingebogen, den vor ihm der motorisierte Troß als Abkürzung zum Ziel benutzt hatte. «Ich sah die Gesichter und wußte, daß ich einen Fehler gemacht hatte», meinte er im Ziel. Dank seines erstaunlichen Spurtvermögens fing er seinen Freund und Trainingspartner Benjamin Paredes wenige Meter vor dem Ziel noch ab. Ganze zwei Sekunden Vorsprung nach 42 195 Metern! Am meisten dürfte sich Agapito Silva über den Sieg seines Sohnes gefreut haben. Jahrelang hatte er ihm die Hölle heiß gemacht und Laufen als närrischen Zeitvertreib, vor allem aber als brotlose Kunst verteufelt. Und nun durfte Sohnemann German nicht nur zwei Säcke voller Dollar, sondern auch einen noblen Mercedes nach Mexiko fahren, während der rechtschaffene Vater immer noch in einer Hütte ohne Elektrizität und fließendes Wasser lebt.

Allan Steinfeld: «the new Fred»

Mit dieser schweren Hypothek trat der langjährige Technische Direktor des New York City Marathon seinen Job als Präsident des NYRRC und Renndirektor des größten Laufereignisses der Welt an. Der 48jährige Steinfeld war schon längst aus Lebows Schatten herausgetreten («after years of playing second fiddle in a one-man-band», wie die *New York Times* am 31. Oktober 1994 schrieb). Insider hielten längst ihn – und nicht mehr Lebow, den «spiritual leader» – für den starken Mann des millionenschweren Unternehmens. Steinfeld, ein echtes Kind der Bronx, kann auf eine bemerkenswerte schulische und berufliche Laufbahn zurückblicken. Nach dem Studium der Radioastronomie war er fünf Jahre lang, bis 1978, Lehrer an einer Schule in Westchester County. Lebow, der Immigrant ohne jede formale Bildung, aber als Autodidakt überaus lernfähig, sprach mehrere Sprachen fließend (und hielt stolz und ein wenig kokett an seinem transsylvanisch eingefärbten Amerikanisch fest). Steinfeld dagegen, der eine solide universitäre Ausbildung vorweisen konnte, flog gleich zweimal vom College, weil er mit Französisch und Spanisch auf Kriegsfuß stand. Bei einem Studienaufenthalt zur Erforschung des Nordlichts in Alaska im Rahmen seiner Doktorarbeit verlor er vor 21 Jahren ein Auge. «Allan's bad eye» nannte es Charles McCabe, der Vizepräsident der Chemical Bank. Fred Lebow machte nie einen Hehl daraus, wen er für den besten Kopf in seiner Organisationscrew hielt: «Ich habe immer gesagt, daß Allan mich gut aussehen läßt.» [17] Lebow und Steinfeld, Yin und Yang: als Team waren sie unschlagbar.

Seit Jahren bildet er zusammen mit Lebow, Charles McCabe und Jack Rudin das «Good Taste Committee», das eigentliche Machtzentrum hinter dem New York City Marathon. Hier ging es nie um Fragen des guten Geschmacks, sondern um ein einvernehmliches Austarieren von manchmal äußerst heterogenen Interessen. «Der New York City Marathon», schrieb Richard Sandomir in der *New York Times*, «ist ein kleines Unternehmen. So klein, daß seine großen Entscheidungen von einem Tisch im hinteren Teil des Brasserie-Restaurants in der East 53rd Street aus getroffen werden.» [18] Hier wurde auch der komplizierte Finanzrahmen für 1993 en detail diskutiert. Für einen eventuellen US-amerikanischen Sieger wurde ein zusätzliches «Stars and Stripes»-Preisgeld ausgelobt: 100 000 Dollar – und viel hätte nicht gefehlt, daß Bob Kempainen nach einer beeindruckenden Leistung (zweiter hinter Andres Espinosa) diesen patriotischen Bonus eingeheimst hätte. Alle Hauptsponsoren müssen 300 000 Dollar beisteuern, die Chemical Bank steht sogar für 700 000 Dollar gerade. McCabe ist überzeugt, daß sich das für seine Bank rechnet: «25 000 Läufer und Läuferinnen tragen den Namen der Chemical Bank auf ihren Startnummern und T-Shirts, zwei Millionen schauen ihnen zu, das Fernsehen überträgt den Lauf. Alle diese Faktoren potenzieren sich.» [19]

Pünktlich zur 25. Auflage wurde, wie man zwei Tage vor dem Lauf in der *New York Times* nachlesen konnte, dem «Good Taste Committee» das Thema seiner nächsten Zusammenkünfte auf den Tisch gelegt: ABC hat sich aus der landesweiten direkten Fernsehübertragung zurückgezogen und schiebt nachmittags eine einstündige Zusammenfassung der Highlights nach; nur in New York selbst überträgt eine lokale Fernsehstation das Ereignis live und in voller Länge. Und die John Hancock Financial Services bleiben dem New York City Marathon zwar weiterhin als Sponsor erhalten, stellen aber mit sofortiger Wirkung die zusätzliche Unterstützung der Eliteläufer ein. Vielleicht ist es an der Zeit, anstatt in Krisenstimmung zu machen, sich an ein Wort Fred Lebows zu erinnern. «New York benötigt keine Stars; New York macht Stars.»

Anmerkungen

1 Peter Gambaccini, in: City Guide, 10. 11. 1994
2 Andreas Nolte, in: Spiridon 6 / 91
3 New York Times v. 31. 10. 1994
4 Metro Sports Magazine, Oct. 1994
5 Ebd.
6 Vgl. New York Times v. 31. 10. 1994
7 Zitiert nach: Der Läufer 12 / 90
8 Grete Waitz / Gloria Averbuch: Worldclass. Eine Frau läuft sich frei, Aachen 1989, S. 28
9 Zitiert nach: New York City Marathon. Twenty-Five Years, New York 1994, S. 50
10 Der Spiegel v. 22. 10. 1984
11 Manfred Steffny: Die schönsten Marathonstrecken in aller Welt, Berlin 1992, S. 42
12 Zitiert nach: New York City Marathon. Twenty-Five Years, a. a. O., S. 57
13 Zitiert nach: Spiridon 11 / 92
14 Vgl. New York Times v. 13. 10. 1994
15 Thomas Steffens, in: Runner's World 2-3 / 94
16 Newsday v. 31. 10. 1994
17 Spiridon, 2 / 90
18 New York Times v. 4. 11. 1994
19 Ebd.

«Slow down, you move too fast» (Simon & Garfunkel)

Gespräch mit einem «Finisher» des New York City Marathon

Du bist mit einem Laufreiseveranstalter zu deinem ersten New York City Marathon angereist. Hast du dich in irgendeiner Form eingeschränkt gefühlt?

Praktisch gibt es keinen anderen sicheren Weg, als Ausländer in New York zu starten. In den USA haben in diesem Jahr rund 50 000 Startwillige keine Startnummern ergattern können; die Chancen auf dem «freien Markt» sind also eher gering. Es gibt nationale Kontingente, die über eine Handvoll Reisebüros verteilt werden. Natürlich ist das einen Tick teurer, als die einzelnen Komponenten der Reise selbst zu organisieren. Ich hätte mir z. B. über einen Freund eine Unterkunft besorgen können. Aber es war schon in Ordnung: Sich mal ein paar Tage versorgen zu lassen, ohne großen Aufwand, war sehr angenehm. Dadurch waren diese paar Tage, trotz Marathon, ein richtiger kleiner Urlaub. Eingeschränkt habe ich mich in keiner Minute gefühlt. Wir wurden abgeholt, es gab eine höchst amüsante Vollversammlung – und das war's schon.

Hattest du Bammel vor dem Marathon?

Erst mal fing der Tag um fünf Uhr morgens ausgesprochen früh, aber sehr lustig an. Um

«If you make it there, you'll make it anywhere: New York, New York» (Frank Sinatra)

die Zeit totzuschlagen, habe ich das Frühstücksfernsehen angeschaltet. Ich platzte pünktlich in die Agitationsveranstaltung eines fundamentalistischen Predigers hinein, der einer riesengroßen Gemeinde mit folgenden Worten einheizte: «Stress will make you graveyard-dead. I didn't say dead. I said: graveyard-dead.» Und das am Morgen eines Marathons, wenn das Adrenalin allmählich in dir zu toben beginnt!

Ich hatte höllischen Respekt vor der schier endlosen Warterei morgens in Fort Wadsworth am Fuß der Verrazano Narrows Bridge. Der Start war für 10.50 Uhr angesetzt. Wir sind morgens um 7.30 Uhr von der Public Library mit Bussen nach Staten Island verfrachtet worden, perfekt organisiert von den resoluten, aber sehr freundlichen «marathon volunteers». Wenn es überhaupt Probleme gab, dann resultierten die aus der immensen Zahl von mehr als 30000 Startern. Alles war zum Bersten voll. Die drei Stunden bis zum Start waren überraschend gut auszuhalten, weil das Wetter angenehm warm war. Wir lagerten auf den Wiesen in oder vor den Zelten, machten einige rhythmische Verrenkungen beim Disco-Stretching mit, tranken lausigen Kaffee und aßen Doughnuts, stellten uns ab und an in die Schlangen vor den Toilettenhäuschen und ließen die Zeit ziemlich entspannt verstreichen. Ab zehn Uhr machte sich dann eine kribblige Nervosität breit. Es wurde wie wild gestretcht, meditiert, die Laufschuhe zum achtenmal sorgfältig geschnürt und die gefährdeten Zonen des Körpers rutsch- und scheuerfest präpariert. Du kennst diese Rituale. Und um zehn vor elf waren wir endlich auf der Piste.

Was hat dich besonders beeindruckt?

Der schönste Lohn: die Traumkulisse von Downtown Manhattan

Der Blick von der Verrazano Bridge auf Manhattan hat mich ganz fiebrig gemacht. Auf vielen Bildern hab ich das schon gesehen, aber ich war überwältigt. Am tollsten war Brooklyn mit den Salsa-, Blues-, Rock- und Funk-Bands an den Straßen: Das war so elektrisierend, ich wäre am liebsten da ausgestiegen, anstatt mich immer mehr von diesen Rhythmen zu entfernen. Denn in Manhattan war's dann mit Musik vorbei für mich.

Mich hat am meisten die Anfeuerung für die mindestens hundert zum Teil schwer behinderten Athleten des Achilles Track Club berührt, die sich gegen acht Uhr auf die Strecke machten, als wir gerade mit den Bussen in Fort Wadsworth ankamen. Wir kennen von deutschen Marathons nur die Rollstuhlfahrer an der Spitze des Marathonfeldes. Hier waren Einbeinige, Spastiker, MS-Patienten und Blinde unterwegs, mit einem oder mehreren Begleitern. Erst war ich ziemlich irritiert und dachte: ein exhibitionistisches Rührstück für die Headlines der Boulevardpresse. Mir war z. B. der Fall eines beidseitig beinamputierten Vietnam-Veteranen bekannt, der vor einigen Jahren in gut vier Tagen bis in den Central Park robbte. Aber dies war ein absoluter Einzelfall. Für sie war der Marathon genauso der großartige Höhepunkt des Jahres wie für uns «normale», nicht behinderte Läufer. Für sie definiert sich das sportliche Element beim Marathon sicher eher als existenzielle Grenzerfahrung.

Hast du während des Laufs jemanden kennengelernt?

Wie kennengelernt? «Die große Liebe des Lebens im Vorbeilaufen gefunden» oder so was? Leider nicht. Kennengelernt habe ich was ganz anderes: die Krämpfe, mit denen mein Körper auf dieses üble, hochchlorierte Wasser reagierte, das wir an den Getränkestellen bekamen. Andere hatten da überhaupt keine Probleme; aber meine Ekelschwelle ist wohl sehr niedrig. Und da ich mit isotonischen Drinks überhaupt keine Erfahrungen hatte, habe ich mich nicht getraut, die ganze Zeit Gatorade zu trinken. Aber elender hätte es mir damit auch nicht gehen können. Ich hab das Wasser getrunken – und mein Magen hat verrückt gespielt. Erst als ich akzeptiert hatte, daß es ein Krampflauf werden würde, hörte der Krampf zusehends auf. Ich bin dann die letzten zehn Kilometer recht locker dem Ziel entgegengetrottet. Ganz tröstlich war der Anblick einer Läuferin in den brasilianischen Farben, deren Lauf-Shirt

UN-Plaza: Stimmungsvoller Auftakt vor dem «Frühstückslauf»

verkündete: «Pain is temporary. Pride is forever.» Der Schmerz vergeht, aber der Stolz bleibt für immer.

Hast du schon am Ziel erfahren, daß zwei Läufer während bzw. kurz nach dem Lauf an Herz-Kreislauf-Versagen gestorben sind?

Nein. Aber im nachhinein erinnere ich mich an zweierlei. Da, wo die Ärzte, Masseure und Krankenschwestern von den Medical Services arbeiteten, ging es trotz des Andrangs ziemlich still zu; vielleicht war da ja schon die Nachricht durchgesickert. Und als ich langsam Richtung Hotel aus dem Central Park schlich, war pausenlos Sirenengeheul zu hören. Aber das kam mir auch nicht verwunderlich vor, so erschöpft wie ich mich nach dieser Tortur fühlte. Als wir abends zur Läuferparty gingen und mittlerweile von dem Tod der beiden wußten, dominierten schon wieder die lockeren, coolen Sprüche. Das ist sicher Verdrängung. Dennoch glaube ich, daß viele von uns das genauso sehen: Wenn es mich schon erwischt, wieso dann nicht während eines Laufes wie diesem? Es ist auch ein Schuß Zynismus dabei. Wieso soll man sich das als Läufer nicht wünschen dürfen? Im Auto, im Aufzug zum Büro oder im Krankenhausbett zu sterben, stelle ich mir auch nicht prickelnder vor.

Noch einmal New York irgendwann?

Keine Frage. Aber 1996 in Boston mitlaufen zu können, zum hundertsten Jubiläum, wäre großartig. Dafür lohnt es sich, in diesem Jahr mal etwas ernsthafter zu trainieren, um die Qualifikationszeit in meiner Altersklasse zu erreichen. Immerhin 13 Minuten müßten da noch runter. Schaun mer mal.

«Ich wollte im Sport ganz nach oben»

Der zweifache Marathon-Olympiasieger Waldemar Cierpinski

In einer Befragung der finnischen Läuferzeitschrift *Juoksija* stellten 31 Langlaufexperten ihre Rangliste der besten Marathonläufer aller Zeiten auf.[1] 30 von ihnen setzten den Äthiopier Abebe Bikila auf den ersten Platz. An seiner überragenden Klasse gab es nicht den leisesten Zweifel. Unmittelbar nach Frank Shorter, aber noch vor Gelindo Bordin, Robert de Castella, Douglas Wakihuri, Carlos Lopez und Bill Rodgers wurde Waldemar Cierpinski, der zweimalige Olympiasieger aus Halle / DDR, auf den dritten Platz gesetzt. Belayneh Densimo, nach wie vor der Mann mit dem schnellsten je gelaufenen Marathon, taucht auf Platz 18, und Ausnahmetalente wie Alberto Salazar und Steve Jones überhaupt nicht auf. So unklar die Kriterien einer solchen «Hitliste» auch sind, zeigt sie doch, wie hoch die Wertschätzung ist, die Cierpinskis läuferischem Können von Experten entgegengebracht wird. Seine besten Zeiten – 2:09:55 h bei seinem Olympiasieg in Montreal, 2:10:24 h in Fukuoka im Dezember 1980 und 2:10:37 h bei der Weltmeisterschaft 1983 in Helsinki 1983 – können dabei keine ausschlaggebende Rolle gespielt haben, gab es doch zum Zeitpunkt der Befragung (Anfang der 90er Jahre) mehrere Dutzend Läufer, die mit besseren Zeiten in den Bestenlisten standen.

Klein, aber überragend: Rosa Mota und Waldemar Cierpinski

Der Grund dürfte eher in Cierpinskis Fähigkeit liegen, ein Leistungshoch über Jahre hinweg systematisch zu planen und mit eiserner Disziplin zu verfolgen: die Kunst, sich auf den Tag fit zu machen. Dieses auf einer genauen Kenntnis trainingswissenschaftlicher Prinzipien und einer geradezu einschüchternden Trainingsdisziplin beruhende Gespür verband ihn mit Läufern wie Abebe Bikila und Lasse Viren.

Dreieinhalbmal um die Erde

In seinem gemeinsam mit Volker Kluge herausgegebenen Dauer(b)renner der Langlaufliteratur «Meilenweit bis Marathon» hat Cierpinski den biographischen Hintergrund seines Aufstiegs vom zweitklassigen Hürdenläufer zu einem der weltbesten Marathonläufer beschrieben. 1950, wenige Monate nach der Gründung der DDR geboren, erlebte er die fürchterlichen Nachwirkungen des Zweiten Weltkriegs am eigenen Leibe. Seine Familie profitierte von der Entmachtung der Großgrundbesitzer: Sie erhielt eine Neubauernwirtschaft in dem Dörfchen Jesar, das heute ein Ortsteil des anhaltinischen Nienburg ist. Im Hause Cierpinski mußte jeder Groschen zweimal umgedreht werden. Mit zwei steifen Knien in seiner Bewegungsfähigkeit stark eingeschränkt, war der Vater auf die Hilfe seines ältesten Sohnes angewiesen. Ausdauer, Disziplin und eine gute Portion Eigensinn gehörten schon früh zu den Eigenschaften, die Waldemar Cierpinski als Marathonläufer auszeichneten.

«Unser Dorf Jesar ist drei Kilometer von der Schule entfernt, und zu der Zeit war an einen Schulbus, wie er heute in meiner Heimat regelmäßig verkehrt, noch nicht zu denken. Es gab aber einen Linienbus, den ich allerdings ausgesprochen ungern bestieg und dessen Benutzung für mich Luxus war. Lieber rannte ich hinter dem Fahrzeug her, nahm es als Gegner in einem ‹großen Rennen›. Später las ich, daß der berühmte finnische Läufer Paavo Nurmi es in seiner Jugend ebenso hielt, er aber mit einem Eisenbahnzug kämpfte.»[2]

Der schmächtige, zähe Junge schloß sich zeitig der Betriebssportgemeinschaft «Aufbau» in Nienburg an. Bald spürte er, daß er immer längere Strecken immer leichter zu laufen vermochte. Erst waren es 15, dann 20 Kilometer. Schließlich bewältigte er die heimische Route Jesar–Calbe–Aken – und war mit 40 Kilometern der klassischen Marathondistanz zum erstenmal wirklich nahe gekommen.

Und dann kam dieser sonnige Sonntagmorgen, als der Jack-London-begeisterte Waldemar Cierpinski seinem «Ruf der Wildnis» folgte und zum erstenmal einen Marathon lief: für sich allein, inoffiziell, ohne Start- und Ziellinie und korrekte Zeitmessung. Noch ganz zerschlagen vom Vortag, als er seinem Vater beim Mauern geholfen hatte und danach todmüde ins Bett gefallen war, siegte am nächsten Morgen «das läuferische Verlangen über die angenehme Wärme des Bettes. Nur mit einem Stück Kuchen im Magen stürzte ich aus dem Haus. Ich rannte einfach aufs Geratewohl. Irgendwie wurde es dann zu einem Kurs, und um die Mittagszeit kam ich dort wieder an, wo ich losgelaufen war. Weil die Beine immer noch nicht anhalten wollten, lief ich eben in Jesar eine ‹Ehrenrunde› und sank dann zu Hause auf einen Stuhl in der Ecke unserer Küche nieder.»[3] Er rechnete und rechnete – und kam auf stolze 55 Kilometer, die er gerannt war. Nun hatte Jesar seinen kleinen Abebe Bikila.

Aber bevor Cierpinski endlich wußte, worin seine sportliche Bestimmung lag, mußte er noch einige Hürden aus dem Weg räumen bzw. überspringen. Bei der 2. Kinder- und Jugendspartakiade in Ost-Berlin stand er über 2000-Meter-Hindernis ganz oben auf dem Treppchen. Als Hindernisläufer hätte er eigentlich freie Fahrt in Richtung Olympia 1972 gehabt, aber eine Laune der Natur machte ihm einen Strich durch die Rechnung. Ein scharfkantiger Stein durchschlug die Sohle seines Laufschuhs und zerriß eine Sehne. Kaum wieder in trainingsfähigem Zustand, warf ihn eine Achillessehnenreizung endgültig aus dem Rennen um die Olympiafahrkarte. Dennoch war er in München mit heißem Herzen dabei, weil im DDR-Team eine 800-Meter-Läuferin mitgereist war, Maritta Politz, die ein Jahr später Frau Cierpinski werden sollte.

Zurückgeworfen in seiner sportlichen Entwicklung und zudem damit konfrontiert, daß die DDR seit 1974 mit Frank Baumgartl und Jürgen Straub zwei hochtalentierte Hürdenläufer besaß, kam Cierpinski ins Grübeln. Sein Ehrgeiz – das wußte er – würde es nicht zulassen, über die Hürdenstrecke der nationalen und internationalen Elite hinterherzulaufen. Zweitklassigkeit war in seiner sportlichen Zielplanung nicht vorgesehen, eher hätte er die Laufschuhe an den Nagel gehängt. Und so stand er am 6. Oktober 1974 mit 350 anderen Läufern frierend am Start des Friedensmarathon von Kosice in der Tschechoslowakei. Als er trotz miserabelster Witterungsbedingungen seinen ersten Marathon als Dritter in 2:20:28 h beendete, war das Kapitel 3000-Meter-Hindernis für ihn definitiv beendet. «Mein Entschluß aber stand fest. Ich war nun Marathonläufer.»[4]

Shorter and faster...

31. Juli 1976, Montreal/Kanada. Drei Wochen hatte sich Waldemar Cierpinski wegen der wechselhaften klimatischen Bedingungen vor Ort auf den wichtigsten Lauf seines Lebens vorbereitet. Nach einem irrwitzigen Hitzelauf beim olympischen Test 1975 hatte das Organisationskomitee den Start um eine Stunde auf 17.30 Uhr verschoben. Dennoch waren die Marathonasse stinksauer auf die Offiziellen. Wieder einmal war das telegene Antlitz einer Strecke wichtiger als das Interesse der Läufer an einem flachen, schnellen Kurs.

Die feuchte Hitze tagsüber ließ das Schlimmste für das Rennen befürchten. Aber ein Platzregen brachte die ersehnte Abkühlung, und als die 67 Läufer das mit 70000 Menschen gefüllte Olympiastadion verließen, setzte ein feiner Nieselregen ein. «Wenn ich in diesem Moment zitterte, dann aus Freude, denn meine letzte Angst, die vor einer Hitzeschlacht, verflog.»[5] Die Expertentips waren eindeutig: Frank Shorter, der Olympiasieger von München, sein Landsmann Bill Rodgers, der Lokalmatador Jerome Drayton und – als Joker – Lasse Viren sollten das Rennen unter sich ausmachen. Der wortkarge Finne lief ein großes Rennen und wurde in 2:13:11 h Fünfter – einen Tag nach dem Finale über 5000 Meter, das er ebenso gewonnen hatte wie die 10000 Meter, eine grandiose Wiederholung seines Doppelsiegs von 1972. Nach rund 30 Kilometern hatte Shorter die Spitzengruppe gesprengt und war plötzlich allein auf weiter Flur. Allein – bis auf Waldemar Cierpinski. Acht Kilometer vor dem Ziel passierte dann das Unglaubliche. Shorter hatte an einer Steigung einen seiner aggressiven Antritte hingelegt. Oben legte er einen Schongang ein, während Cierpinski forsch weiterlief. Aus 20 Metern

Vorsprung wurden 50 – und im Olympiastadion war er 80 Meter vor Shorter. Eine von Cierpinskis Stärken, der Bergablauf, wurde Shorter zum Verhängnis. «Unter diesen Voraussetzungen als Außenseiter in Montreal zu gewinnen: damit habe ich mir einen Kindheitstraum erfüllt. Zwei Jahrzehnte sind in diesem Moment zusammengeflossen. Ein Platz zwischen sechs und zehn war ein realistisches Ziel gewesen, alles andere fast nicht vorstellbar. Ich war total auf Frank Shorter ausgerichtet gewesen, er war mein Stimulans. Ich hatte anderthalb Jahre lang immer wieder seine Tempowechsel trainiert»[6] – jene taktische Waffe, mit der der Amerikaner fast alle seine siegreichen Marathonläufe entschieden hatte. In die Annalen der an kuriosen Vorfällen reichen Geschichte der olympischen Marathonläufe ist Cierpinskis Zieleinlauf vor 70000 jubelnden Menschen eingegangen, weil er, der Sieger, im Ziel vom Zweiten, Frank Shorter, erwartet wurde. Als der DDR-Läufer ins Stadion einlief, leuchtete auf der Rundentafel eine «1» auf: noch eine Runde zu laufen. Sicherheitshalber lief Cierpinski noch die Runde zu Ende, die aber bereits seine Ehrenrunde war. «Pietri Dorandi büßte 1908 seinen Olympiasieg kurz vorm Ziel ein. Gailly hatte sich 1948 auf der Bahn noch abfangen lassen, und Filin war 1954 durch einen Irrtum verkehrt herum in Richtung Ziel gelaufen. Ich jedenfalls, so sagte ich mir, wollte keinen weiteren Stoff für eine Tragödie liefern.»[7]

Seine Endzeit von 2:09:55 h war neuer olympischer Rekord, mehr als zwei Minuten schneller als Abebe Bikilas Siegeszeit von Tokio. Frank Shorter, der mit 2:10:45 h seine persönliche Bestzeit nur um 15 Sekunden verpaßt hatte, anerkannte die außergewöhnliche Leistung Cierpinskis neidlos: «Bei diesem hügeligen Kurs 2:09 zu laufen, das bedeutet 2:06 bis 2:07 auf einem Flachkurs.»[8]

Boykott, Teil 1: Moskau 1980

Reich hatte ihn sein Sieg von Montreal nicht gemacht: Trabi, Garage, ein Familienurlaub auf Cuba – und bergeweise Fanpost, die er über Monate in der ihm eigenen Systematik abarbeitete. Vier Jahre später war Cierpinski wieder auf den Tag fit. Seine Vierjahrespläne waren trainingswissenschaftlich ausgereift und eine schon fast beängstigende Demonstration der quasi maschinellen Programmierbarkeit des menschlichen Körpers. Dennoch betrieb kaum jemand so wenig Raubbau an seinen physischen Ressourcen wie Cierpinski. Durch seinen langjährigen Trainingsaufbau, der selbst Europa- und Weltmeisterschaften zu Aufbauwettkämpfen für das olympische Großereignis degradierte, war er gegen Übertraining und Verschleiß gefeit. Bis 1976 hatte er 65000 Laufkilometer in den Beinen; als er nach Moskau aufbrach, waren in seinem Trainingsbuch exakt 100000 Kilometer verzeichnet.

Die sowjetische Militärintervention in Afghanistan hatte zur Folge, daß viele Länder die Spiele von Moskau boykottierten. Obwohl die starken Läufer aus Japan und den USA fehlten, war in Moskau ein erlesenes Feld zusammengekommen: Gerard Nijboer, Lasse Viren, Karel Lismont, Rob de Castella, Mirus Yifter, Kebede Balcha und das vom amtierenden Europameister Leonid Moseev angeführte starke sowjetische Team. Diesmal galt Cierpinski als einer der heißen Gold-Anwärter. Zwar war er bei der Europameisterschaft 1978 in Prag nur Vierter geworden, lag damit aber exakt in seinem Plansoll für Moskau. «Psychisch fühlte ich mich mit jedem Tag, der verging, mehr in einem Rausch. Alle Nachteile meines langsamen Beginns nach dem Triumph von Montreal schienen sich jetzt zu Vorteilen umzukehren»[9] – bis ihm bei einem Trainingsaufenthalt in Libyen am Ostersonntag 1980 ein Kind einen Kieselstein mit solcher Wucht an die Wade schleuderte, daß eine Muskelfaser riß. Wenig später verstauchte er sich noch den Knöchel: Moskau schien in weite Ferne zu rücken. Nach einer nervenzehrenden zweimonatigen Trainingspause begann er wieder mit intensivem Training: härter und näher an seiner Leistungsgrenze, als es sein ursprünglicher Plan vorgesehen hatte. Als er die letzte DDR-Qualifikation im Stadtwald von Karl-Marx-Stadt Anfang Mai 1980 in guten 2:11:17 h absolvierte, wußte er um seine Chance bei Olympia.

Der Moskauer Olympiamarathon entschied sich bei Kilometer 35, dort, wo die Strecke sich kilometerweit schnurgerade hinzog, als Nijboer und Cierpinski den zwischenzeitlich mit 40 Sekunden enteilten Mexikaner Rodolfo Gomez einholten. Beide legten auf den nächsten fünf Kilometern ein mörderisches Tempo vor: 14:45 Minuten benötigte Cierpinski, der niederländische Europarekordler verlor hier die wenigen, aber entscheidenden Sekunden, kam aber als souveräner Zweiter ins Ziel. «Die fiebernden Zuschauer im brodelnden Olympiastadion waren perplex, als statt eines erwarteten roten Trikots eines in Blau im Marathontor erschien. Die Bildführung des sowjetischen Fernsehens hatte immer die eigenen Läufer in Führung gezeigt, und daher erwarteten alle das Trikot mit Hammer und Sichel. Den Titelverteidiger hatten sie gar nicht gezeigt. Daher ist auch die sich überschlagende Stimme des Sportkommentators Heinz Florian Oertel zu verstehen, der schier aus dem Häuschen schien, als völlig unverhofft Waldemar Cierpinski ungefährdet dem Zielband zulief. Unvergessen seine Empfehlung an die Landsleute, allen neuen männlichen Erdenbürgern, die gerade zur Welt kämen, den Namen des zweifachen Olympiasiegers zu geben: ‹Nennt eure Söhne Waldemar!›»[10] Cierpinski hatte seinen großen Traum wahrgemacht, wie sein Idol Abebe Bikila zweimal in Folge den olympischen Marathonlauf zu gewinnen.

Boykott, Teil 2: Los Angeles 1984

«Ich hatte sofort bei meinem Olympiasieg in Moskau beschlossen, daß ich das Unmögliche noch mal anpacken wollte. Mein ganzes Training und mein ‹Lebensregime› habe ich darauf ausgerichtet.»[11] Aber sein Verband machte ihm einen Strich durch die Rechnung, als die DDR auf unmißverständlichen ‹Wunsch› der UdSSR sich dem Olympiaboykott der afrikanischen Staaten anschloß und ihre Athleten nicht für Los Angeles meldete. Die schleichende Politisierung der olympischen Idee war einer offenen Instrumentalisierung für machtpolitische Zielsetzungen gewichen.

Obwohl er die Begründung für den Boykottbeschluß der sozialistischen Staaten («konsequente Isolierung des südafrikanischen Apartheidsregimes») teilweise nachvollziehen konnte, wandte er sich von einem auf den anderen Tag verbittert vom Leistungssport ab, sehr zur Verärgerung des obersten Sportfürsten der DDR, Manfred Ewald. (Jener Ewald, der in seiner bescheiden mit «Ich war der Sport» überschriebenen Autobiographie mit einem grandiosen Bekenntnis aufwartet. Auf die Frage nach dem Grund von nächtlichen Besuchen in Athletenzimmern gab der ehemalige Präsident von DTSB und NOK der DDR folgende Lachnummer zu Protokoll: «Wenn DDR-Sportler im westlichen Ausland waren, konnte niemand von uns verhindern, daß jemand, der es vorhatte, weglief. Nein, wir wollten nachschauen, ob alle gut schliefen und sich richtig zugedeckt hatten und sich nicht durch die Morgenkühle eine Erkältung holten, die sie in ihrer Leistung beeinträchtigt hätte oder sogar ihre Teilnahme verhindern würde.»[12]) Nie war Cierpinskis Training härter und präziser auf ein Rennen hin geplant gewesen, nie war er in den Zwischenjahren besser in Form gewesen. Bei der Weltmeisterschaft 1983 in Helsinki mußte er sich nur Rob de Castella und dem Äthiopier Kebebe Balcha geschlagen geben und holte in 2:10:37 h die Bronzemedaille, ohne sich voll zu verausgaben.

Mit der phänomenalen Präzision seiner Vorhersagen hatte Cierpinski Ende 1983 in Japan für Furore gesorgt. «Es war schon ein verrückter Auftritt», erzählte er mir in Halle stolz und amüsiert zugleich. «Ich bin nach Japan gekommen und habe den Journalisten gesagt: Ich renne hier 2:15 h. Ich komme im Februar wieder und werde 2:12 h rennen. Und dann fahre ich nach Los Angeles und werde eine Weltbestzeit von 2:08 h laufen.»[13] Die Fakten: In Fukuoka kam er im Dezember 1983 nach 2:15:13 h ins Ziel, in Tokio im Februar dann in glatten 2:12:00 h – und in Los Angeles war die unvergleichliche Karriere des Waldemar Cierpinski schon vorbei. Zehn Jahre später erzählte er in einem Gespräch mit der *taz*, ihn schmerze am Olympiaboykott immer noch, daß er seiner Frau so wenig für die langjährigen Opfer zurückgeben könne, die sie für seine Marathonkarriere habe auf sich nehmen müssen. Am 7. Oktober 1985 kehrte Cierpinski noch einmal nach Kosice zurück, wo elf Jahre vorher alles angefangen hatte; es war sein letzter offizieller Wettkampf. Die Ära Cierpinski war zu Ende.

Walter und Waldemar: die Geschichte eines Erfolgsduos

Politisch hatte Cierpinski nie zu den Aufmüpfern oder gar Dissidenten gezählt, aber er war immer schon durch einen «eigenen Kopf» aufgefallen. Er pflegte lieber die idiotischen Leistungsvorgaben seines Verbandes auszutricksen, als sich von den systematischen Plänen Walter Schmidts abbringen zu lassen. Seinen Trainer und väterlichen Freund, der 1991 tödlich verunglückte, hat Waldemar Cierpinski in einem Nachruf als Architekten seines eigenen Erfolges gewürdigt: «Kaum ein Mensch stand mir all die Jahre näher als er. Sein unwahrscheinliches Arbeitspensum, seine Selbstlosigkeit haben ihm unter den Athleten viel Achtung eingebracht. Walter Schmidt ist für mich neben dem berühmten Neuseeländer Arthur Lydiard der beste Langstreckentrainer, den es je gab.»[14]

In dem gemeinsam mit Walter Schmidt entworfenen mehrjährigen Aufbautraining – Faustformel: «vom unspezifischen zum spezifischen Marathontraining» – lag das Erfolgsgeheimnis Waldemar Cierpinskis. 1981 hatte er sein Studium zum Diplom-Sportlehrer mit einer wissenschaftlichen Arbeit über «Geschwindigkeitsorientiertes Marathontraining» beendet, die mit der Note eins bewertet wurde und danach «im Kühlschrank verschwand». Sie scheint reichlich quer zur herrschenden trainingsmethodischen Doktrin gestanden zu haben. In der Zeitschrift *Der Läufer* gab er zum erstenmal den Blick hinter die Kulissen des «Laufwunders Cierpinski» frei:

«Das Trainingsjahr begann bei mir im Herbst, ging über 50 Wochen und war in Blöcke unterteilt. Den Verlauf regelte der Grundsatz ‹vom unspezifischen zum spezifischen Training› sowie der Grundsatz der ansteigenden Belastung. 1. Block: Unspezifisches Training (Wandern, Spiele, Gymnastik, Radfahren, Schwimmen usw.). 2. Block: Grundlagen schaffen für das marathonspezifische Training (ca. 35 Wochen). 3. Block: Unmittelbare Wettkampfvorbereitung (zehn Wochen: der letzte Schliff).»

Unspezifisches Training stärkt also insgesamt die Muskulatur und die Beweglichkeit und bereitet durch eine optimale Kombination vielfältiger Bewegungsformen das marathonspezifische Training vor, so daß z. B. 50 schnelle Runden auf der Bahn ohne Verletzungsgefahr gelaufen werden können.

Langsames, aber konsequentes Training des Fettstoffwechsels durch die Kombination von Läufen mit hohen Geschwindigkeiten über Distanzen von ca. 20 Kilometern und marathonspezifischen Läufen über 35 und mehr Kilometer. In Cierpinskis Blütezeit hieß das: an einem Tag etwa 20 Kilometer in 1:02 h, am folgenden Tag rund 40 Kilometer in ruhigem Vier-Minuten-Kilometer-Schnitt.

Grundsätzlich: «Das Leistungsprofil eines Athleten läßt sich dreidimensional beschreiben: Die Hauptleistung entfällt sicherlich auf das Herz-Kreislauf-System (1); doch auch Persönlichkeitsmerkmale (2) sowie die Struktur im Neuronenbereich (Speicherfähigkeit) (3) spielen eine wichtige Rolle. Wer also Trainingsleistung nur an Kilometerleistung mißt, ist auf dem falschen Weg.»[15]

Um den planmäßigen, olympiafixierten Leistungsaufbau nicht zu gefährden, sah sich Cierpinski (wie übrigens viele andere Vorzeigeathleten der DDR) gezwungen, die Unterlagen zu frisieren, die er den DDR-Verbandstrainern vorzulegen hatte. Er schrieb mehr auf, als er tatsächlich trainierte. Regeneration war in der DDR systematisch und methodisch nicht vorgesehen. «Es ist zwar richtig, daß Trainingsanreize gesteigert werden müssen, aber nicht so automatisch, wie man das mir vorschrieb. Der Athlet braucht auch Pausen, um sich zu regenerieren, physisch wie psychisch.»[16]

Stasi? Doping?

In seiner Heimatstadt, wo er seit einigen Jahren ein Sporthaus betreibt, ist Waldemar Cierpinski eine Institution, ein lebendes Denkmal. Jedes Kind weiß, wer er ist und wo er zu finden ist. Er ist durch tausend Fäden mit dem Laufsport verbunden: Organisator des Stadtlaufs von Halle, der gut 2000 Läufer und Läuferinnen in die Stadt zieht; Trainer von mehreren Mittel- und Langstrecklern und Triathleten (einer seiner Söhne ist dorthin «desertiert»); bei rund 40 Veranstaltungen in Thüringen und Sachsen-Anhalt steht er mit Rat und Tat (und manchmal als Sponsor auch mit anderem) zur Seite.

Daß auch er die Abstraktionswüsten der SED-Doktrin in seiner Zeit als Student an der Deutschen Hochschule für Körperkultur durchlaufen hat, merkt man im Gespräch mit Cierpinski rasch. Wenn er über sein Training spricht, über die Formung von Athletenkörpern, meint man, einem Maschinenprogrammierer zu lauschen. Er spricht gerne von Methodik und Systematik, von Gesetzmäßigkeiten und Untergesetzmäßigkeiten. Und Sehnenzerrungen, Muskelprobleme, schwere Erkältungen? «Das Training mußten wir so aufbauen, daß so etwas nicht passieren kann. Der Mensch ist eine extrem feinfühlige Maschine, die wir nicht ungestraft überbelasten können. Mein Standpunkt ist: Die trainingsmethodische Grundlage muß stimmen, dann erspart man sich Verletzungen, ist nicht so oft erkältet. Dann stimmt alles, weil der Körper das Training Stück für Stück annimmt und Leistung aufbaut.»[17]

Dünnhäutig reagiert er auf Fragen nach den Stasi-Verdächtigungen, die von der Balken- und Regenbogenpresse gegen ihn («gesellschaftlicher Mitarbeiter Willi») und viele andere Prominente der alten DDR lanciert wurden. «Verbittern tut mich eines: daß man die neuen Verhältnisse der Marktwirtschaft, in die wir DDR-Bürger reingeschmissen wurden, mitunter so übel ausnützt. Ein Teil der Kampagnen, die da laufen, finde ich einfach empörend, unmoralisch. Ich habe auf Antrag wesentliche Teile meiner Akte einsehen können. Ich habe es zu Hause schwarz auf weiß, daß ich nirgendwo eine Unterschrift geleistet habe. Diese Schweigepflichterklärung, die man zu unterschreiben hatte, ist was ganz anderes, die hat mit der Staatssicherheit nichts zu tun. Diese Unterschrift mußte jedes Vereinsmitglied der Kaderabteilung des Sportclubs Chemie Halle gegenüber abgeben. Das war kein Stasi-Kontakt. Ich bin über Jahre beobachtet und auch abgehört worden. Das steht zum Glück auch in der Akte drin. Wenn die Presse glaubt, diese Niederträchtigkeiten verbreiten zu müssen, dann habe ich wenig Interesse, mich dazu noch einmal zu äußern. Der Spuk war schnell vorbei, aber so etwas geht nicht spurlos an einem vorüber.»[18]

DDR und Doping – auf dieses Lieblingskind des westdeutschen Sportjournalismus reagiert er immer noch wie auf ein rotes Tuch. Polemisch gegen den Ex-DTSB-Präsidenten Ewald gerichtet, hatte die *FAZ* geschrieben: «Doping, das waren immer die anderen. Stasi, das war ein Apparat mit krankhaften Triebtätern und einem unbeherrschten Fußballfan an der Spitze. Das System, das war langfristiges Erfolgsmanagement. Und das Heute ist Vergeltungspolitik von Ignoranten und Besserwissern.»[19] Was Cierpinski zu systematischem Doping zu sagen hat, klingt in der Tat nicht viel anders, als was Drahtzieher wie Ewald zum besten geben. «Es gab Leute, die zu DDR-Zeiten bewußt oder unbewußt von Doping in Mitleidenschaft gezogen wurden. Manchmal erinnert mich die laufende Kampagne an die Zeit der Hexenverbrennung. Es ist verlogen, nur die DDR des systematischen Dopings zu bezichtigen, wo bekannt ist, daß in der ganzen Welt gedopt wurde. Das wird ignoriert. Sich in Sachen Doping auf die DDR einzuschießen ist unmoralisch und unfair. Womit haben wir das allesamt verdient?»[20] Selbst in Fällen, wo Vorwürfe von den Betroffenen nicht dementiert werden, wie z. B. im Falle von Lasse Virens Blutdoping, reagiert Cierpinski überempfindlich, als müsse er die gesamte Läufergilde weltweit präventiv in Schutz nehmen. Cierpinskis Zorn über die «Plattmacher» aus dem Westen, die nicht nur ein politisches System, sondern auch die Menschen, die in ihm gelebt haben und in ihm leben mußten, in den Dreck ziehen, sitzt noch zu tief, um eine sachliche Debatte über sogenannte «Auswüchse» des DDR-Sportsystems führen zu können.

Weshalb Waldemar Cierpinski sich in der Ex-DDR ungebrochener Sympathie erfreut, wird angesichts eines Zufallsfunds deutlich – eine Kleinanzeige, eingestreut unter «Vermischtes»: «Harz-Weekend mit Waldemar: W. Cierpinski lädt ein nach Friedrichsbrunn. 28.9.91, 19 Uhr – zehn Kilometer Laufen und Wandern, dann Wild am Spieß. 3.9.91 – Harzwanderung über 35 Kilometer. Meldungen: W. Cierpinski, Frunsestr. 5, O-Halle». Ein Olympiasieger zum Anfassen.

Anmerkungen

1 Vgl. Spiridon 4/91
2 W. Cierpinski/V. Kluge: Meilenweit bis Marathon, Berlin/O. o. J., S. 110
3 Ebda., a. a. O., S. 112
4 Ebda., a. a. O., S. 117
5 W. Cierpinski/V. Kluge, a. a. O., S. 118
6 Gespräch mit Waldemar Cierpinski in Halle am 6. 12. 94 (zitiert als: Gespräch...)
7 W. Cierpinski/V. Kluge, a. a. O., S. 124
8 Spiridon 4/76
9 W. Cierpinski/V. Kluge, a. a. O., S. 129
10 W. Wallmann: Olympischer Marathon, Mainz 1993, S. 163
11 Gespräch..., a. a. O.
12 Zitiert nach: FAZ v. 16. 9. 94
13 Gespräch..., a. a. O.
14 LaufZeit 6/91
15 Der Läufer Ende 90/Anfang 91
16 Gespräch..., a. a. O.
17 Gespräch..., a. a. O.
18 Ebda., a. a. O.
19 FAZ v. 16. 9. 94
20 Gespräch..., a. a. O.

Die Jungs vom Falkenberg
Geistig Behinderte laufen Marathon

Am 17. Oktober 1993 gehen in einem Feld von über 8000 Teilnehmern beim DB-Marathon in Frankfurt auch zwei geistig behinderte Läufer an den Start, um zusammen mit ihrem Trainer diese Distanz zu bewältigen: Rolf-Bernd Beging, 39, und Raimund Fenten, 38. Beide leiden an einer schweren cerebralen (gehirnabhängigen) Fehlsteuerung. Sie sind geistig schwach, nicht psychisch krank; der formale Befund – niedriger Intelligenzquotient – hätte auch für sie normalerweise das Aus auf dem Behinderten-Abstellgleis bedeutet. Scheitern in der Hauptschule, Sonderschule, Behindertenwerkstatt, Abtauchen in die schützende Familie, Leben in der Anonymität. Aber Raimund und Rolf haben eine Leidenschaft, die sie aus der Isolation ihres Daseins in das Leben der ‹Normalen› treten läßt: Langlauf, Marathon.

«Normal ist leichter Schwachsinn»

In Hartmut Falkenberg, dem 54jährigen Krefelder Lehrer an einer Sonderschule für geistig Behinderte, haben die beiden einen Mann gefunden, der für sie vieles in einer Person ist: Lehrer und Entwicklungshelfer, Lobbyist, PR-Mann, Trainer und Freund. «Normal ist leichter Schwachsinn»: Das ist einer von Falkenbergs ironisch-aggressiven T-Shirt-Sprüchen, mit denen er seiner Umwelt zu Leibe rückt. Er ist ein Pädagoge von leidenschaftlichem Engagement. Er ist der Typ von Mensch, der Behörden und Mitmenschen mit seiner prinzipiellen, insistierenden Art auf die Nerven fallen kann, weil ihm die Abgestumpftheit vieler seiner «lieben Mitmenschen» an die Nieren geht. Ob Terror von Alt- und Neunazis gegen Ausländer, Gewalt gegen Kinder oder die beschämende Ignoranz gegenüber Menschen mit körperlichen und geistigen Handicaps: Falkenberg treibt's auf die Straße. Manchem mag er als Exzentriker erscheinen – er hat seinen «social appeal» zum Beruf gemacht. «Wer sich nicht bewegt, wird nichts bewegen, und wer nicht laut wird, den hört man nicht»: Das ist der einfache Kern von Falkenbergs Trainingslehre, mit der er Rolf und Raimund Woche für Woche auf die Strecke schickt, um Substanz für ihren großen Lauf, den Frankfurter Marathon, zu tanken.

Ulli Rothaus hat mit einem Filmteam die drei Krefelder über Wochen dabei begleitet: bei der Arbeit, im Uerdinger Stadion am Löschenhofweg, beim Kö-Lauf in Düsseldorf – und natürlich in Frankfurt. Herausgekommen ist ein einfühlsamer Film über zwei Menschen, die anders sind als andere Menschen und doch in vielem ihnen gleich, ein Film über zwei Läufer, die schwerwiegende Beeinträchtigungen für ihren Sport mitbringen und es damit so unendlich weit schon gebracht haben. Wenn der Film eines lehrt, dann dieses: wie relativ die Differenz zwischen Normalität und Andersartigkeit ist, wie ähnlich und nah uns die sind, die in unserem Alltag nicht vorkommen.

Raimund: Marathonkilometer – an zehn Fingern abgezählt

Das Urteil seines Trainers klingt hart: «Raimund ist läuferisch sicherlich der unbegabteste meiner Läufer», aber er ist dennoch voller Bewunderung für die außergewöhnlichen Leistungen seines Schützlings. Anders als Rolf oder Mike Heise, das 19jährige Nesthäkchen des Teams von der Lebenshilfe Krefeld, muß Raimund auch gegen motorische Probleme ankämpfen. Nach Phasen maximaler Belastung gibt es Momente, in denen Gleichgewichtsstörungen auftreten. Beim Laufen kann er diese noch einigermaßen kompensieren, aber beim Radfahren oder Schwimmen könnten sie für ihn äußerst gefährlich werden. Bis er seinen Laufrhythmus nach dem Start gefunden hat, wirkt er tapsig und unsicher: mit leicht schiefem Oberkörper, die Arme an die Seite gepreßt. Seine Füße sind für eine normale Abrollbewegung nicht geschaffen – ein weiteres Handicap. Aber er wird schnell lockerer, und einmal unterwegs, ist er nicht mehr aufzuhalten, spult souverän sein Pensum herunter. Raimunds freundliches Gesicht leuchtet, wenn er von seinen zwei Leidenschaften spricht: dem Laufen und dem Puzzeln. Tausend Teile schrecken ihn nicht, Stunde um Stunde sitzt er über das Puzzle-Torso gebeugt und freut sich über jedes Teil, das er einpassen kann. Koordinatorisches Geschick und unendliche Geduld verbindet das Laufen und das Puzzeln. Das eine ist Marathon auf dem Asphalt, das andere auf dem Tisch – und für Raimund ist beides Selbsttherapie. Ohne fremde Hilfe könnte er nicht leben; vieles wäre zu kompliziert, zu langwierig, zu riskant. Von 8 bis 16 Uhr ist Raimund als Metallarbeiter im Heilpädagogischen Zentrum in Krefeld beschäftigt. Einfache Verrichtungen, kleine Stückzahlen – aber da er genau und zuverlässig ist, bedient er die Bohr- und Fräsemaschi-

Wäre doch gelacht! Raimund Fenten, Hartmut Falkenberg, Rolf-Bernd Beging (v. l.)

nen selbständig. So erarbeitet er sich den Anspruch auf eine bescheidene Rente, für den Rest wird das Sozialamt aufkommen. Unversorgt wird er im Alter nicht dastehen.

«Integration, die in die Beine geht»

Der große Kö-Lauf in Düsseldorf ist die Generalprobe für den Herbstmarathon in Frankfurt. Hartmut Falkenberg kündigt einen Weltrekordversuch für geistig Behinderte über die 10-Kilometer-Distanz an. Nach dem Motto «Tue Gutes und rede darüber!» weiß der PR-Profi, daß Klappern zum Handwerk gehört. Er hat sich längst aus der harmlos-karitativen Atmosphäre von Kaffee und Streuselkuchen mit Ehrenamtlichen in Gemeindehäusern verabschiedet, um seinem Anliegen Öffentlichkeit zu verschaffen. Er steht mit Günter Wallraff in Fußgängerzonen, um die Botschaft der NRW-Aktionsgruppe für die Integration von Behinderten an den Mann und die Frau zu bringen. Auf seinen Lauf-T-Shirts kann jeder lesen, was er politisch fordert. Für adidas und Barilla werben schon genügend andere. Die Ankündigung einer Bestzeit in Düsseldorf hat aber auch den Grund, seine Athleten anzufeuern und ihnen Leistungsziele vorzugeben, die sie in ihrer Entwicklung zu mehr Selbstwertgefühl und Lebenslust voranbringen können: «Die wollen ja was leisten. Die sind ja viel lieber in Frankfurt achttausendster von 10 000 nichtbehinderten Läufern innerhalb der Atmosphäre der Normalität als im Ghetto des Behindertensports zu verharren. Was hilft es denn, wenn einer dreimal hintereinander Sieger bei den Special Olympics oder Paralympics wird, wenn er nicht die Möglichkeit hat, auch einmal etwas mit Nichtbehinderten zu machen? Wenn er es kann, dann ist es doch schlimm, wenn es nicht geschieht.»[2] Während Rolf einen hyperaktiven Eindruck macht und im besten Zockerstil gewagte Prognosen abgibt (Sieg und Bestzeit: keine Frage!), ist Raimund die Ruhe in Person. Seine Freundin Katrin hilft beiden bei der kniffligen Arbeit, die Startnummer mit Sicherheitsnadeln am Laufhemd zu befestigen. Zwar wird es schließlich nichts mit der anvisierten Bestzeit, aber Raimund ist nach 44:10 Minuten im Ziel, als 353. von mehr als 600 Läufern. Und er trägt ein seliges Lächeln im Gesicht, als ihn Katrin am Ziel in die Arme schließt.

Rolf: Ist doch egal, ob 2:70 oder 2:80

Obwohl er 80 Plätze hinter Raimund ins Ziel trottet, ist auch Rolf zufrieden. Zu wenig Training, ein paar Biere und einige Kilos zuviel auf den Rippen: keine rekordträchtigen Voraussetzungen, das weiß er selbst. Aber er markiert schon wenige Minuten nach dem Zieleinlauf wieder den richtig coolen Typen. In Frankfurt will er Revanche nehmen und den Trainer hinter sich lassen. Keine Frage!

Rolf arbeitet in der Lagerhalle eines Kleinbetriebs für Radkappen. Diese Stelle war nicht nur wegen des Monatsverdienstes von rund 1500 Mark ein Glücksfall für ihn. Er konnte nicht einmal die Uhr lesen, als er vor vielen Jahren hier anfing, ein Ungelernter der untersten Kategorie: «Billig eingekauft und nach betrieblichen Anforderungen geformt», wie sein Chef ohne Schnörkel zugibt. Er hat alles (und mehr) gelernt, was er für diesen Job benötigt. Er ist zuverlässig und beliebt bei seinen Kollegen, hat sich ihren Respekt erarbeitet. Als ihn das Filmteam zu Hause besucht, legt er eine Schlager-CD auf, und der Song «Ich bin wie Du» ertönt. (Ein deutlicher Fingerzeig – man vermutet sofort Falkenbergs pragmatische Regie im Hintergrund –, eine programmatische Hymne.) Stolz präsentiert er seine Urkunden- und Medaillensammlung, vor allem die von seinem ersten Marathon 1992 in Frankfurt ist ihm lieb und teuer. Durchhalten und Ankommen sind wichtig, Plazierungen und Zeiten, sagt er, sind egal. «Ich kann 2:60 oder 2:70 oder 2:80 laufen, das spielt keine Rolle.» Man lacht angesichts dieser wundersamen Zeiten still in sich hinein. Aber ist das wirklich eigentümlicher als der halsstarrige Ehrgeiz von uns No-Name-Läufern, unsere Bestzeit von 3:31 h auf 3:29 h drücken zu wollen? Raimund steht zwar mit den Zahlen nicht auf Kriegsfuß, hat aber Probleme mit dem Zählen der Runden bei langen Trainingseinheiten. Eigentlich ein genial einfacher Trick: Er zählt, Runde für Runde, an seinen Fingern mit. Auf Ulli Rothaus' Hinweis, so viele Finger habe er doch gar nicht an seinen zwei Händen, kontert Raimund verschmitzt: «Nee, aber dann fange ich wieder von neuem an.»

Obwohl Rolfs kraftvoller, runder Laufstil kaum etwas von seinem Handicap verrät, hat er auf der Strecke mehr Probleme als Raimund. Er verliert manchmal die Orientierung, hat kein sicheres Tempogefühl. Von klatschenden Zuschauern läßt er sich leicht so sehr mitreißen, daß er sich mit überflüssigen Zwischenspurts zuviel zumutet. Und bekanntlich büßt man für diese Undiszipliniertheit am Ende eines Laufes gnadenlos, das ist bei Rolf nicht anders. Aber auch das paßt gut zu ihm, denn er ist ein Mann mit kühnen Visionen und einem wilden Kämpferherz. Fragen nach dem möglichen Rennverlauf beantwortet er selbstbewußt und ohne Umschweife. Ja klar: 1. gewinne er, 2. mit Bestzeit und 3., das scheint ihm besonders wichtig, sei er vor dem Trainer im Ziel. Das klappte zwar bisher nicht, im Spurt haben Falkenberg – der mittlerweile mehr als 30 Marathons auf seinem Buckel hat – und Raimund, der schlaue Fuchs, die Nase immer um eine Winzigkeit vorn, aber das ist ja auch egal. Für den DB-Marathon '93 tippte er wahrhaft anarchisch. Rolf gewinnt vor Raimund, und der Trainer wird Vierter – was bei nur drei Läufern der «Lebenshilfe Krefeld e. V.» schon ein tolles Resultat gewesen wäre. Aber: Hartmut Falkenberg ist ja nicht nur Lehrer und Läufer, sondern auch Clown. Und Clowns sind ja eigentlich nichts anderes als kleine (Ver-)Zauberer, deren Lebenselixier die Magie der Kinderträume und nicht die korrekten Zahlen sind.

«Wäre gut, wenn die Welt von Clowns regiert würde»

Weit über Krefeld hinaus ist Falkenberg als Clown (und Puppenspieltherapeut) bekannt. Künstlername: Hardy Falcani. Am liebsten tritt er vor Kindern auf, vor behinderten und nichtbehinderten. Sein Herz gehört denen, die klein sind und Schutz benötigen, und denen, die groß und erwachsen und dennoch in vielem so schutzbedürftig sind wie Kinder. Bei Ernst Kiphard, dem mittlerweile emeritierten Professor an der Sportwissenschaftlichen Fakultät der Universität Frankfurt/M. (Spezialgebiete: Körperbeherrschung und Bewegungsstörungen), hat er Clownkurse belegt; Kiphard selbst war – wundervoll unprofessoral – schon als Clown Johnny und als Trapezkünstler in der Manege des Circus Althoff zu bewundern. Mit einer Vielzahl motopädagogischer Übungen und Spiele (Höhlenbauen,

Luftballonmeditationen, Gleichgewichtsartistik, Traumreisen) schult Falkenberg an seinen jungen Zöglingen gleichermaßen die Koordinationsfähigkeit wie die soziale Sensibilität. Ziel all dieser Anstrengungen ist es, ein Gespür für die gesunde Balance von gemeinsam und allein, frei und diszipliniert, laut und leise zu finden.

Als Hanswurst und dummer August baut Falkenberg gerade bei Kindern mit motorischen Störungen oder geistigen Schäden die Ängstlichkeit und Zurückhaltung ab. «Kranke Kinder empfinden alle anderen Menschen als überlegen. Ich bin ihnen als dummer August unterlegen.» Das selbstvergessene Lachen der Kinder, ihr Spaß an seinen Witzen und an sich selbst ist ihm das Allerliebste. Niemand könne so gut trösten wie diese Kinder – und niemand könne sich ihrer Freude und Lebenslust entziehen. «Hardy Falcani», sagt Falkenberg, «das ist meine zweite Identität, das zweite Ich. Gefällt mir besser als das andere, ehrlich gesagt. Wäre gut, wenn die Welt von Clowns regiert würde.» Kein Fettnäpfchen, in das er nicht seinen Fuß setzt. Zum Beispiel: die Sexualität von Behinderten. «Geistig behinderte Menschen werden nicht nur um ihre geistigen Möglichkeiten oftmals betrogen. Sie leben auch von ihrem Körper wie abgetrennt. Aber es geht nicht nur um Sexualität. Es geht um den Zugang zum Körper überhaupt. Wie soll ein Mensch lernen, sich selbst zu lieben, wenn ihm sein Körper tabuisiert wird?»[3]

Jeder Spaß vergeht Falkenberg, wenn er auf die Weigerung der Sportverbände von körperlich Behinderten zu sprechen kommt, Wettkämpfe zusammen mit geistig Behinderten auszutragen. «Da, wo er mit seinen Schützlingen steht, ist wohl ganz unten.»[4] Daß die Abstufung von Olympiade, Paralympics und Special Olympics, ein Absturz in schroffen Brüchen (brutal gesagt: gesund – amputiert – blöd), auch von Opfern dieser Hierarchie mitgetragen wird, macht den Krefelder Sozialpädagogen fassungslos. Körperbehinderte Athleten waren in dieser Frage immer schon zerstritten. Die unterschenkelamputierte Skirennläuferin Reinhild Müller, mit einem weltweit einmaligen Sponsorenvertrag von einer Million Mark der Star schlechthin im Behindertensport, findet gemeinsame sportliche Wettkämpfe mit geistig Behinderten problematisch, weil diese auch hier abgehängt, deklassiert wären. Als wäre das zwangsläufig! Als hinge dies nicht von der Haltung *aller* Aktiven, Funktionäre und Zuschauer ab! Dagegen bezieht der Weitsprung-Weltmeister Gunter Belitz, 32, entschieden Position: «Diskussionen um den Ausschluß bzw. die Einbindung der geistig Behinderten sind absolut gefährlich. Wenn jetzt auch noch innerhalb des Behindertensports versucht wird, eine Hierarchie der Normalität einzuführen – grauenhaft. Ich und viele andere würden eine Integration der geistig und Lernbehinderten begrüßen. Die abweisenden Äußerungen erinnern an eine politische Richtung, die wir in der BRD eigentlich überwunden zu haben glaubten.»[5]

Raus aus dem Ghetto!

Manche Dinge wenden sich nach zähem Stillstand und vielen Rückschlägen doch noch zum Guten. Mit dem KTSV Preußen Krefeld scheint endlich ein Leichtathletikverein gefunden worden zu sein, in dem auch Rolf-Bernd Beging, Raimund Fenten und Mike Heise als normale Athleten mit besonderen Voraussetzungen mittrainieren können.

Guter Tradition folgend ist Raimund nach wie vor im Spurt den kleinen Tick schneller als Rolf; er hat zwischenzeitlich mehrere Weltbestzeiten für geistig Behinderte aufgestellt. Beim Frankfurter Marathon ist die Krefelder Troika 1994 zum drittenmal in Folge gelaufen. «Diese Leistung ist mit ‹normalen› Maßstäben nicht zu ermessen.»[6] Die Leistungsentwicklung ist erstaunlich: 1992 in 4:26 h und 1993 in 4:09 h. 1994 dann der bisherige sportliche Höhepunkt. Am gleichen Tag, als die Schweizer Rechtsanwältin Fränzi Moser mit ihrem Sieg beim Marathon in Frankfurt in 2:27:44 h in die Weltspitze hineinlief und Stephan Freigang trotz deutschen Meistertitels mit einer rabenschwarzen 2:16er Zeit sein «sportliches Waterloo» erlebte, lief Raimund Fenten mit 3:58:46 h erneut Weltbestzeit für geistig behinderte Marathonläufer. Tausende nichtbehinderter Läufer und Läuferinnen kamen nach Raimund und Rolf ins Ziel. Im Ziel schwelgen die Krefelder in Glück und Seligkeit. Bestzeiten zu verbessern ist gut und schön, wenn es einmal gelingt. Aber Rolf, noch etwas außer Atem, formulierte für sich, worauf es wirklich ankommt: «Immer durchhalten. Ich denk, Rolf, du mußt das durchhalten. Und da bin ich ein bißchen stolz drauf, daß ich durchgehalten habe.»

Der Film über die «Marathon-Männer» von Krefeld hilft, stereotype Bilder von Normalität und Behinderung zu korrigieren. Das narzißtische Ideal perfekt gestylter Körper, deren natürliche Alterungsprozesse wir so gerne sabotieren würden, dieses lächerliche Hinterherhecheln hinter dem Ideal ewiger Jugendlichkeit läuft in der Konsequenz auf eine behindertenfeindliche Haltung hinaus. Ein zentrales Anliegen des Films ist die Aufforderung, in Vereinen und Lauftreffs dafür zu sorgen, daß körperlich und geistig Behinderte beim Sport dabeisein können. Das mag anfangs kompliziert sein, aber wir ‹Normale› haben es in der Hand, das Ziel der Integration von Menschen mit körperlichen und geistigen Handicaps von einer wohlfeilen Phrase zur Selbstverständlichkeit zu machen. Dann ist das gemeinsame Laufen, Schwimmen und Radfahren die neue Normalität.

Bei der von der *Westdeutschen Zeitung* veranstalteten Wahl zum «Sportler des Jahres 1995 in Krefeld» belegte Raimund Fenten überraschend den ersten Platz – vor den Assen des Fußball-Bundesligisten Bayer Uerdingen und den Eishockeystars des Krefelder EV! (Raimund strahlte vor Glück, als er erfuhr, daß ihm dafür – zusammen mit seinem Trainer – der Flug zum New York City Marathon 1995 spendiert wurde.) Sicherlich ein Zeichen dafür, daß dank der Hartnäckigkeit Falkenbergs am Niederrhein die Leistungen behinderter Athleten weniger als anderswo durch die Brille von falschem Mitleid und Arroganz der «Normalen» wahrgenommen werden. «Die können doch nicht mal bis 42 zählen» – und wenn schon!

«Ich rede mit denen fast nie, weil die mit mir auch nicht reden.» In diesem Satz von Mike Heise liegt die ganze Tragik seiner Situation. Und dann sagt der so sanft wirkende Junge einen Satz, in dem die ganze Botschaft des Films steckt: «Ich denk mir immer, die Behinderten und Nichtbehinderten sind genauso.» Ich bin wie du – und du bist wie ich.

Anmerkungen

1 Die Welt v. 12. 9. 1960
2 Alle folgenden Zitate, falls nicht anders ausgewiesen, entstammen dem für das ZDF produzierten Film «Die Marathon-Männer». Buch: Ulli Rothaus. Kamera: Werner Ack – Sabine Eggeling – Strupp Göbel. Produktion: Josef Stader. Redaktion: Rudolf Blank
3 Zitiert nach: sozialmagazin, Februar 1983
4 Frankfurter Rundschau v. 7. 1. 1993
5 max 10/94
6 Frankfurter Rundschau v. 7. 1. 1993

«Ich dachte, Olympia sei nur eines von diesen großen Sportfesten ...»

Das kenianische Laufwunder

21. März 1992: Bei den Cross-Weltmeisterschaften im Franklin Park in Boston wird die hohe Schule kenianischer Laufkunst mit einer Galavorstellung zelebriert: One-man-Show und beeindruckende Mannschaftsleistung in einem. Mit einem furiosen Tempolauf verblüfft der 30jährige John Ngugi, der große alte Mann des Cross, die Fachwelt und seinen härtesten Kontrahenten, den marokkanischen Titelverteidiger Khalid Skah. Nach zwei frustrierenden Jahren, in denen sich der 5000-Meter-Olympiasieger von Seoul 1988 von Verletzung zu Verletzung quälte, war Ngugi plötzlich wieder da, gewann zum fünften Mal den WM-Titel und demonstrierte einmal mehr seine Ausnahmestellung in der Welt des Cross Country. Trotz Schnee und bitterkaltem Wind düpierte er seine Konkurrenz in einer Weise, die den südafrikanischen *New African* von «Ngugis miracle run» (Wunderlauf) schwärmen ließ. Nach dreieinhalb Kilometern verschärfte er überfallartig das Tempo und setzte sich mit deutlichem Vorsprung an die Spitze. In 37:05 Minuten gewann er das vielleicht perfekteste Rennen seines Lebens. Hinter ihm rieb ein Quartett kenianischer Weltklasseläufer (Chelimo, Mutwol, Sigei und Kirui) den Äthiopier Fita Bayissa und den entnervten Favoriten Khalid Skah auf.

Ob Ngugis Parforceritt von Boston, Yobes Ondiekis Weltrekordlauf im Osloer Bislett-Stadion, wo er als erster Mensch die 10000 Meter unter 27 Minuten lief, oder Cosmas N'Detis überragender Siegeslauf beim Boston Marathon 1994 – immer wieder setzten Läufer aus dem kenianischen Hochland die Glanzlichter bei den großen Bahn- und Straßenläufen der letzten Jahre. Lange sah es so aus, als ob lediglich die klassischen Mittel- und Langstrecken von 800 bis 10000 Meter und der Cross kenianisches Terrain wären, nicht aber der Marathon. Mit Douglas Wakihuri, Ibrahim Hussein, N'Deti und Tegla Loroupe, die 1994 als erste schwarze Läuferin einen der großen Stadtmarathons (in New York) gewann, hat sich das grundlegend geändert. Wenn Ondieki nach seinem Weltrekordlauf andeutete, er werde «irgendwann» auf Marathon umsteigen und halte eine Zeit von 2:05 h für ein realistisches Ziel, oder wenn der Halbmarathon-Weltmeister Benson Masya in Zukunft stärker die 42,195 Kilometer anpeilen wird, dann heißt das folgendes: Wer heute eine Ahnung von den Ausnahmeathleten auf der Marathondistanz der nächsten Jahre haben will, sollte sich die kenianischen und äthiopischen, die südafrikanischen und nordafrikanischen Laufasse auf den kürzeren Strecken genau anschauen.

Mythen und Blüten

Tempohärte, Mut, taktische Abgebrühtheit und mentale Stärke: mit diesen Qualitäten haben die Kenianer die Machtverhältnisse in der Welt der Leichtathletik umgekrempelt. «Alle Ostafrikaner gelten als ‹Rudelläufer›, sie halten bis zu einem gewissen Punkt des Rennens verschwörerisch zusammen und überlisten ihre Konkurrenten. Noch ihre Vä-

ter nahmen an den nächtlichen *raids* teil, Zügen bis zu hundert Kilometer Länge, auf denen anderen Stämmen das Vieh abgenommen wurde, damit man daheim mit dem Erlös eine Braut nach eigenem Gusto erwerben konnte.»[1] Seit den Zeiten der kenianischen Lauflegenden Kipchoge Keino, Henry Rono, Ben Jipcho und Mike Boit wird in der Laufszene über die Ursachen dieser Entwicklung spekuliert. «Black man's burden» schien plötzlich von Nairobi und Addis Abeba bis Daressalam und Soweto abgeschüttelt zu werden – eine neue Ära hatte begonnen. Denn neben Kenianern sind es vor allem Athleten und Athletinnen aus Äthiopien, Tansania, Somalia, Marokko, Algerien und aus der Republik Südafrika, die in diesen Jahren Leichtathletikgeschichte schreiben. Das Auftreten der chinesischen Läuferinnen um das «Jahrhundert-Talent» Junxia Wang, die bei der Leichtathletik-WM 1993 auf den Strecken zwischen 800 und 10 000 Metern jede zweite Medaille errangen, muß bei so manchem europäischen Sportjournalisten Gefühle von Belagerung ausgelöst haben. Verkehrte Welt? Die Kolonialära ist endgültig vorbei, die «zivilisatorische Überlegenheit» der Europäer und Nordamerikaner ist zurechtgestutzt worden. Afrika und Asien übernehmen in der Arena des Weltsports die Rolle, die ihnen zusteht.

«Talente fallen vom Himmel, Meister aber nicht», lautet ein Satz aus der Feder des Kenia-Spezialisten Robert Hartmann. Was also war passiert? Michael Spöttel macht sich in seinem Essay «Die Macht des weißen Mannes und schwarze Wunderläufer» über die «romantische Journaille» lustig, die trotz aller uns zur Verfügung stehenden seriösen Informationen über das kenianische Lauf-«Wunder» unbekümmert ihre Klischees weiter ausmalt: «Edle Naturburschen oder -maiden, die weit ab von der zersetzenden Zivilisation, von Umweltverschmutzung und vergifteten Nahrungsmitteln getreu den Traditionen ihres Volkes leben, betreten unverdorben, ungedopt und ob ihrer ‹natürlichen› Gaben siegesgewiß die europäischen Tartanbahnen und zeigen ihren GegnerInnen aus aller Welt die Hacken. Winnetou in Afrika, lebend in der sauberen Frischluft der heutigen Steppenwelt.»[2] Liest man dagegen Interviews mit Mike Kosgei, dem kenianischen Cheftrainer, werden die Gründe für die Siegesserie seiner Athleten Punkt für Punkt benannt, unsentimental und bar aller Klischees von einem genetischen «Black Power»-Potential.

Laufen, laufen, laufen

Von Kindesbeinen an wird in Afrika gelaufen: zum Brunnen, zur nächsten Stadt, zu den Herden auf die weiten Steppen des Hochlandes. Wo bei uns Kinder im elterlichen Auto oder im Schulbus zum Unterricht gebracht werden, gehen oder laufen Millionen afrikanischer Kinder zur Schule, jahraus, jahrein. Stellvertretend für zahllose andere afrikanische Läuferkarrieren beschreibt der Tansanier Suleiman Nyambui, Marathonsieger von Berlin 1987 und 1988, Laufen als natürliche Fortbewegung und alltägliche Selbstbehauptung. «Ich hatte als Junge einen 16 Kilometer langen Schulweg zu absolvieren. Früher gab es nämlich kaum Schulen, und die wenigen, die vorhanden waren, lagen meist weit entfernt. Also bin ich morgens losgelaufen, und wenn der Unterricht zu Ende war, den gleichen Weg noch mal zurück. Außerdem mußte ich mit meinen Geschwistern, ich habe noch zwei Brüder und drei Schwestern, regelmäßig auf die Rinder- und Schafherden aufpassen, und wenn nichts zu tun war, haben wir zwischendurch gespielt und dabei weitere Kilometer zurückgelegt.»[3] Und wer spät nach Hause kam, wußte, daß die leckersten Happen längst in die anderen hungrigen Mäuler gewandert waren.

Ein anderes Beispiel: 1985 wurde die Marathonwelt von Läufern aus Djibouti durcheinandergewirbelt. Beim exzellent besetzten Marathon-Weltcup in Hiroshima belegten Ahmed Saleh (2:08:09 h), Djama Robleh (2:08:26 h) und Abdillahi Charmarke (2:10:33 h) die Plätze eins, drei und sieben in der Einzelwertung und unangefochten Platz eins in der Mannschaftswertung. «Es ist so», jubelte der Präsident des erst 1982 gegründeten Leichtathletikverbandes Djiboutis, «als hätte man uns mit einer Rakete von der Erde auf den Mond geschossen.» Die Leichtathletik-Experten standen vor einem Rätsel: Wie konnten aus einem Land mit gut 300000 Einwohnern und Temperaturen zwischen 30 Grad im Winter und 50 Grad im Sommer eine Reihe von Marathonläufern dieses Formats kommen? Ein Artikel des französischen Ultralangläufers Francis de Barbeyrac, der acht Jahre vorher in *Spiridon* abgedruckt worden war, vermittelte eine Ahnung von den Ursachen dieses beeindruckenden Laufvermögens.[4] De Barbeyrac hatte Kath-Träger bei einem 80 Kilometer langen Lauf durch die äthiopischen Berge im Gebiet von Dira Dawa ins benachbarte Djibouti begleitet.

Kathblätter zählen zu den wenig giftigen halluzinogenen Drogen und werden – wie Cocablätter – gekaut. Ihre Rauschwirkung entfalten sie unter Bedingungen von extremer Hitze nur 24 Stunden lang; sie müssen also direkt nach dem Pflücken transportiert werden. Kathläufer laufen 80 Kilometer, ruhen einen Tag und eine Nacht aus und laufen zurück. Dreimal in der Woche. Selbst einem nimmermüden Ultraläufer wie Yannis Kouros dürfte eine jährliche Trainingsleistung von rund 18000 Kilometern bergiger, unwegsamer Strecke imponieren.

Ob Kenia oder Djibouti, Äthiopien oder Südafrika: Läufer und Läuferinnen aus den bitterarmen Regionen des ländlichen Afrika bringen besondere Voraussetzungen für erfolgreiches Laufen mit. Es gibt dort eine Kultur, nicht nur eine Tradition des Laufens.

Kenianische 20-Shilling-Note: Laufen – ein Weg aus der Armut

Die Himmelsstürmer aus den Nandi Hills

Zu Beginn des 20. Jahrhunderts hatten englische Siedler in Kenia die moderne Kolonialära eröffnet. Ökonomische Ausbeutung, politische Abhängigkeit und kulturelle Fremdbestimmung waren der (übliche) Preis, den die Bevölkerung für den Anschluß ans britische Empire zu zahlen hatte. Um die Schwarzen gar nicht erst auf dumme Gedanken bezüglich der Verteilung von Reichtum und politischer Macht in ihrem Land kommen zu lassen, bauten Sportfunktionäre der Kolonialregierung ab 1922 den kenianischen Sportverband auf. 1951 wurde der kenianische Leichtathletikverband (KAAA) aus der Taufe gehoben. Bei den «Kenyan Olympics» nahmen bis 1953 nur schwarze Sportler teil; 1954 wurde die Rassentrennung für offiziell beendet erklärt. Viele europäische Leichtathletikfunktionäre und Trainer wie Onni Niskanen (trainierte Abebe Bikila), Archie Evans, John Velzian (heute Leiter des IAAF-Entwicklungshilfezentrums in Nairobi) und Walter Abmayr leisteten engagierte Aufbauarbeit. «Doch der Siegeszug der ostafrikanischen Läufer begann erst nach der Dekolonisierung der schwarzafrikanischen Nationen. Vor 1960 existierten erst fünf afrikanische Staaten. Im Jahr des olympischen Triumphes von Abebe Bikila, der sich in den Straßen Roms als erster schwarzafrikanischer Läufer eine Goldmedaille erlief, riefen 16 Staaten ihre Unabhängigkeit aus.»[5]

1964, ein Jahr nach der Emanzipation Kenias zum Nationalstaat, gewann Wilson Kiprogut bei den Olympischen Spielen in Tokio über 800 Meter eine Bronzemedaille – die erste für Kenia überhaupt. Mit den Weltrekorden Kipchoge Keinos über 3000 und 5000 Meter und seinen vier olympischen Medaillen 1968 und 1972 war Kenia auf die Weltkarte des Sports gesetzt worden. Wie wenig man in Kenia mit den Medaillen anzufangen wußte, die seine Athleten mit nach Hause brachten, verdeutlicht eine von Robert Hartmann erzählte Anekdote um Mike Boit. «Boit war von den Olympischen Spielen 1972 in München mit einer Bronzemedaille im 800-Meter-Lauf heimgekehrt. Die Gleichaltrigen im Dorf wußten ihren Wert nicht einzuordnen, also fragten sie ihn, ob er mit bloßen Händen eine Antilope fangen könne, denn das war damals, ehe die Teefelder die Nandi Hills im Nordwesten Kenias zu überziehen begannen, ein beliebtes Laufspiel. Boit: ‹Ich antwortete ihnen, daß ich es nicht könne, denn ich hatte das, weil ich aufs Schulinternat ging, nicht mehr gelernt. An ihren Gesichtern konnte ich genau ablesen, was sie dachten: Wie leicht muß es sein, bei Olympischen Spielen eine Medaille zu gewinnen.›»[6]

Kip Keino war «der erste afrikanische Weltstar des Sports»[7], das Idol der nachfolgenden Generationen kenianischer Läufer, die zum überwiegenden Teil aus dem Hochland der Nandi Hills kommen. Die Nandi gehören zur Ethnie der nilotischen Kalenjin, die vor Jahrhunderten als Viehzüchter aus dem Nilgebiet kamen und bis nach Tansania wanderten. Sie siedelten in den fruchtbaren Hochebenen des Rift Valley. In den Hütten und Dörfern rund um Kapsabet, 30 Autominuten von der Provinzstadt Eldoret entfernt, sind mehr Weltklasseathleten aufgewachsen als auf einem vergleichbaren Fleckchen Land auf dieser Erde. «Kipchoge Keino, Benjamin Kogo, Amos Biwott, Julius Sang, Mike Boit, Henry Rono, Kipkemboi Kimeli, Peter Rono, Peter Koech, Patrick Sang, Moses und William Tanui, Moses Kiptanui, Paul Bitok: Alle haben mindestens eine Medaille bei den Olympischen Spielen gewonnen, alle wohnen weniger als fünf Kilometer von dieser

Straße entfernt, und alle sind Nandi.»[8] Eine wunderschöne Landschaft, angenehme Temperaturen (sonnig am Tag, nachts erfrischend kühl), hügelige Laufstrecken auf den für die Nandi Hills typischen roten Naturstraßen und dazu die Höhenlage von gut 2000 Meter über dem Meeresspiegel: exzellente Bedingungen, um aus dem schier unerschöpflichen Reservoir herausragende Läufer heranwachsen zu lassen. Aber auch Ausnahmetalenate wie Richard Chelimo, William Sigei oder Ismail Kirui benötigen Jahre, um von «Rohdiamanten» (Kip Keino) zu Weltklasseläufern zu werden. Bis in die 60er Jahre waren afrikanische Athleten auf europäischen Aschenbahnen bekannt für ein irrsinniges Anfangstempo, dem sie später meist Tribut zollen mußten. Die Afrikaner seien die Clowns der europäischen Leichtathletik-Szenerie, schrieb vor Jahren ein Sportkommentator. «Diesem zeitgenössischen Betrachter war ersichtlich nicht bewußt, daß die mentalen Fähigkeiten, die sportliche Erfolge zumal auf der internationalen Ebene erst gewährleisten, Resultat eines historischen Lernprozesses sind, des ‹Prozesses der Zivilisation› eben, den Elias so eindrucksvoll beschrieben hat. Es gehört zu den hervorragenden Eigenschaften jedes erfolgreichen Mittel- oder Langstreckenläufers, ein Zeitgefühl zu besitzen und sich also selbst zu kontrollieren – eine Fähigkeit, welche den damaligen Teilnehmern zwangsläufig fehlen mußte. Der vielberedete Terminus ‹innere Uhr› gibt sehr schön wieder, daß soziale Zwänge, kontrolliert mit dem Instrument ‹Uhr›, ‹allgegenwärtig und unentrinnbar› verinnerlicht werden.»[9]

Neben Armee und Polizei, die eigene Sporteinheiten haben, sind die Schulen unschätzbar wichtig für die Sichtung und Förderung von Talenten. Weltbekannt wurde die St. Patrick's High School in Iten, wo Patres der irischen Patrician Brothers eine als Internat geführte Schule leiten. Jährlich bewerben sich rund 1000 Schüler, nur 75 können aufgenommen werden. Die Liste der Absolventen liest sich wie ein Who is who der Mittel- und Langstrecken. Mike Boit, über zehn Jahre lang einer der weltbesten 800-Meter-Läufer und später Commissioner of Sports in Kenia, trainierte hier Kopf und Beine ebenso wie Peter Koech, Peter Rono, Wilfred Kirochi, Sammy Biwott, Mathew Birir, Ibrahim Hussein – und Mike Kosgei, der kenianische Cheftrainer. Pater Colm O'Connell, der sich in St. Patrick's vom sportlichen Kostverächter zum laufvernarrten Schultrainer gemausert hat, behauptete einmal voller Überzeugung, er «überschaue hundert Kilometer im Umkreis, und darauf ist mehr Lauftalent versammelt als im gesamten Rest der Welt». Eine Goldgrube an Talent, Begeisterung und Siegeswillen. «I want to be a champion» ist – wie der begeisterte Kinderschrei «Simba (= Löwe) Keino» – ein Satz, den jedes Kind auf den Lippen führt, das, barfuß oder in abgerissenen Turnschuhen, sich eine ebenso glänzende Zukunft wie die der Keinos, Kiptanuis und Husseins erträumt.

Als Anfang der 90er Jahre auch kenianische Frauen bei europäischen und amerikanischen Straßenrennen erstklassige Plazierungen erzielten, geriet die Singore Girls Secondary School in Iten mit ihrem einzigartigen Reservoir an Talenten ins Rampenlicht. Was Brother Colm O'Connell für St. Patrick's, ist Sister Christine für Singore. Aus ihrer Gruppe sind mehrere «outstanding girls» hervorgegangen. Lydia Cheromei siegte 1991, damals 14jährig, bei der Cross-WM in der Juniorinnen-Klasse, die bis 19 Jahre reicht, mit einem Riesenvorsprung. Sie war dermaßen «außergewöhnlich», daß ihr ausländischer Agent sie viel zu viele Rennen laufen ließ. Mike Kosgei fürchtet, daß der behutsame

Aufbau dieser begnadeten Läuferin durch frühzeitiges Verpulvern ihrer Reserven gefährdet ist. Der Mustervertrag, mit dem der KAAA die ausländischen Agenten binden will, zielt auf die Kontrolle der Wettkampffähigkeit der Athletinnen und Athleten. «Manager wollen nur eines: Geld. Und wenn ein Athlet ausgebrannt ist, nehmen sie sich den nächsten. Wir wollen aber in erster Linie Erfolg bei den großen internationalen Meisterschaften. Auch unsere Athleten können nicht das ganze Jahr lang Rennen laufen. Auch sie brauchen einen richtigen Trainingsaufbau, eine Periodisierung mit ruhigeren und intensiveren Phasen. Bis jetzt hat noch kein Manager den Vertrag unterschrieben.» [10]

Sally Barsosio ist ein weiteres großes Talent des kenianischen Langlaufs. Als 15jährige gewann sie bei der WM 1993 in Stuttgart die Bronzemedaille über 10 000 Meter in einer Unbekümmertheit, die verblüffte. Sie war die jüngste Leichtathletin, die jemals bei Olympischen Spielen oder Weltmeisterschaften den Sprung aufs Medaillenpodest schaffte. 1994 holte sie sich den Juniorinnen-Titel bei der Cross-WM in Budapest. Sie trainiert pro Tag zwei Einheiten, wie ihre Singore-Freundinnen Lydia Cheromei und Lena Chesire auch: morgens gegen 6.00 Uhr zwischen 12 und 20 Kilometer ruhiger Dauerlauf, nach 16 Uhr dann mit deutlich höherer Intensität schnelle Hügelläufe. «Was sie dort auch tun, es könnte von den weißen Gleichaltrigen nicht ausgehalten werden.» [11] Kenia-Experten stufen das Potential der afrikanischen Frauen ungleich höher ein als das der Männer. Würden Mädchen und Frauen aus dem Atlas-Gebirge, dem ostafrikanischen Rift Valley oder aus Südafrika unter nur annähernd vergleichbaren Trainingsbedingungen gefördert, wäre das für die Leichtathletikwelt eine «Zeitbombe».

Training: Kein Geheimnis – und doch unfaßbar

Gab es zwischen 1968 und 1972 nur zwei hauptamtliche Trainer in Kenia, änderte sich das nach 1981 mit dem von der BRD finanzierten Programm zur Trainerausbildung grundlegend. Rund 700 Trainer wurden in einem Fünfjahresprogramm ausgebildet. Jede Provinz verfügt jetzt über einen Chefcoach, von denen viele ihren Feinschliff an der Mainzer Ausbildungsakademie erhielten. Das dort vermittelte Wissen von Leistungsphysiologie und Trainingsdiagnostik scheint sie aber nicht dazu verführt zu haben, ihren Läufern die Abstrakta westlichen Expertenwissens aufzuhalsen und sie in ihrer Dynamik und Spontaneität zu verformen.

Mit Ausnahme des mehrwöchigen ‹knüppelharten› Trainingslagers zwischen den Trials und den internationalen Großereignissen sind die Athleten weitgehend auf sich selbst gestellt. Die sklavische Abhängigkeit von computergestützten Trainingsplänen, Laktattests und ausgeklügelten Ernährungsritualen spielt dort nach wie vor kaum eine Rolle. Die Auskünfte über das, was als funktionale Ernährung ihrer «hard working top guys» angesehen wird, sind klar: Ugali, der traditionelle Maisbrei, Gemüseeintopf, Reis, Kartoffeln, Bohnensuppe, kleine Portionen von Hühner-, Rind- und Ziegenfleisch und Milch. Eine natürliche, ausgewogene Ernährung: fettarm, protein- und kohlenhydratreich. Nachdem Henry Rono die Leichtathletik-Welt im Sommer mit seinen innerhalb von 80 Tagen gelaufenen vier Weltrekorden über 3000 Meter, 3000-Meter-Hindernis, 5000 Meter und 10 000 Meter elektrisierte, beantwortete seine Mutter die Frage nach Ronos Erfolgsgeheimnis schlüssig mit dem Satz: «Milch, es ist die Milch.» Das Getränk aus Kuhblut und Milch aber, das zu feierlichen oder rituellen Anlässen gereicht wird, dürfte für den kenianischen Trainingsalltag die gleiche Bedeutung haben wie das Schildkrötenblut, das der chinesische Trainer Ma Junren spöttisch als Grund für die erdrückende Überlegenheit seiner Mittel- und Langstrecklerinnen bei der WM 1993 in Stuttgart nannte. (Anstatt die erhobenen Dopingvorwürfe ernsthaft zu recherchieren, hatte die Sportjournaille Blut geleckt und konnte die Gruselstory nicht oft genug abdrucken. Ein Witz.)

Kenianische Athleten, schrieb Walter Abmayr, «lernen, mit ihren ‹Wehwehchen› umzugehen, und entwickeln dadurch ein natürliches Gefühl für Belastung und Überlastung. Es ist nach meiner festen Überzeugung auch dieses Bewegungs- und Laufgefühl – die Kunst des In-sich-hinein-Horchens –, das die afrikanischen Läufer diese herrlichen Tempospiele machen läßt, sie an, in und über den Bereich der anaeroben Schwelle laufen läßt. Diese Läufer sind daher, nicht nur aufgrund ihrer Unbedarftheit oder Unwissenheit, beim Laufen mental weniger belastet.»[12] Typisch für das Gruppentraining ist die «Hasenjagd». Nacheinander stürmen sie nach vorne, treiben so das Tempo hoch, wahre Jagden aus Verspieltheit und Härte. Owen Anderson hatte 1993 die Gelegenheit, das Training der kenianischen Nationalmannschaften für die Cross-WM im St. Mark's College nahe Embu am Mount Kenya aus der Nähe zu verfolgen. Sein Fazit vorweg: «Kenianische Läufer sind furchtlose Kämpfertypen, die im Training Schmerzen und Entbehrungen nicht scheuen. Dennoch hört man im Lager kein lautes Wort von ihnen… Während es die einen auf ein unglaublich hohes Leistungsniveau bringt, zwingt es andere erbarmungslos in die Knie.»[13]

Vorbei sind die Zeiten eines Kipchoge Keino, als Training praktisch ausschließlich Höhentraining und Intervalle, Fahrtspiele, Arbeit mit Gewichten und Stretching verpönt oder noch unbekannt war. In der dreiwöchigen Trainingsperiode im «Fegefeuer von St. Mark's», an deren Ende das Team nominiert wird, sieht der Trainingsplan im Kern so aus:

- Pro Woche 19 Trainingseinheiten; von Montag bis Samstag täglich drei (6 Uhr, 10 Uhr, 16 Uhr), sonntags eine (22 Kilometer im mittleren Tempo – «weekend jogging»).
- Täglich rund 35 Trainingskilometer, ca. 230 Kilometer wöchentlich, davon gut ein Viertel an der Laktatschwelle oder schneller.
- Extrem hart sind die Haupteinheiten morgens um 10 Uhr. Sie bestehen u. a. aus Fahrtspielen, Intervalläufen und sehr schnellen langen Läufen. Zwei Beispiele für solche Einheiten:

Trainingseinheit 6: «22 Kilometer Dauerlauf mit vielen langen Steigungen. Tempogestaltung nach Gefühl, doch zumeist zwischen 3:25 und 3:20 Minuten pro Kilometer. Auf dem Schlußabschnitt Steigerung auf etwa 3:10er Tempo (über drei Kilometer), dann 2:55 (1,6 Kilometer) und die letzten 800 Meter in 2:05 bis 2:10 Minuten.»

Trainingseinheit 7: «Eine höllische Einheit! Zwölf Kilometer Hügellauf, von ca. 5 min-Tempo auf 3:55 bis 3:25 gesteigert. Danach Wiederholungsläufe bergauf mit 40 Prozent Steigung. Für die Männer 25, Junioren 20, Frauen 15 und Juniorinnen 10 Wiederholungen. Pausen sind zwischendurch nicht vorgesehen, die Trainer schicken die Läufer sofort wieder zum Fuß des Hügels für den nächsten Berglauf. Das alles in einer Höhe von etwa 2150 m. Meine Erfahrungen aus einem ‹Selbstversuch›: Bei 5 Wiederholungen schienen mir die Lungen zu zerbersten, bei 10 habe ich mich krampfhaft zu erinnern versucht, ob meine Lebensversicherung noch gültig ist, und 15 waren ohnehin außerhalb jedes Vorstellungsvermögens. Selbst die Top-Stars der Kenianer können gegen Ende kaum noch kriechen. Zur Nachmittagseinheit treten allerdings alle wieder an.» [14]

Lakonisch resümierte Julian Drew seine Analyse in der *Weekly Mail* über die Ursachen des kenianischen Lauferfolgs: «The truth may be that they just train a lot harder than anyone else.» [15] In Kenia wird härter als irgendwo sonst trainiert. Und Mike Kosgei unterstreicht diese Einschätzung selbstbewußt: «Viele Europäer trainieren zu wenig. Vielleicht würden sich die meisten in unserem Trainingscamp umbringen. Aber andererseits: Wer unser Training durchsteht, ist gerüstet und hat die Fähigkeiten, Weltmeister zu werden.» [16]

Verwunderung lösten immer wieder die Nachrichten über das Pensum und die eigentümliche Zyklusgestaltung im Training von John Ngugi aus. Über lange Zeiträume belastete er sich relativ gering und explodiert dann förmlich während intensiver Phasen wie in Embu. Die Resultate der Schinderei – blitzschnelle Antritte und eine unglaubliche Tempohärte über eine lange Distanz – haben jahrelang seine Konkurrenten zermürbt.

Embu – Schule für den Kampfgeist

Embu, das heißt vor allem: Schulung des Teamgeistes und Erzeugung einer «Kampfmoral der Unbezwingbarkeit» (Robert Hartmann). Seit acht Jahren bereiten sich die Kenianer dort auf die großen Ereignisse vor – exakt so lange, wie es etwa im Cross die erdrückende kenianische Dominanz gibt. Wenn junge Burschen sich ständig mit Weltmeistern und Olympiasiegern messen können und müssen, entsteht unweigerlich das Gefühl, nichts und niemanden in den Leichtathletik-Stadien der Welt fürchten zu müssen. Ihre Lust am Spiel mit dem Tempo und ihre Risikobereitschaft macht sie zu Siegläufern. Natürlich gibt es auch im kenianischen Team eine Rollenverteilung mit Front- und Backrunners, aber oft wird die Ausgangstaktik von der Dynamik eines Rennens völlig über den Haufen geworfen. So beispielsweise bei der WM 1993 im 800-Meter-Lauf, als der 32jährige Paul Ruto, statt «nur» die Pace für seine favorisierten Teamkameraden Billy Konchellah und William Tanui zu machen, einen unbekümmerten Start-Ziel-Sieg herauslief. «Das Sich-messen-Wollen liegt uns im Blut. Sogar wenn wir bloß hinter Mädchen hergucken. Wir brauchen das: ein Ziel im Auge. Wir können gradlinig wie ein Speer darauf zusteuern.» [17]

Regeneration

Owen Anderson, *Runner's World*-Kolumnist und selbst ein erfahrener Trainer, kritisiert an den Beispielen von Pauline Konga und Paul Tergat (dem Shooting Star der Kenianer 1992), daß der Zwang zum gemeinsamen Training im «Intensivkurs Embu» manche Ausnahmetalente kaputtzumachen droht, wenn diese mit gesundheitlichen Problemen dorthin kommen. Einige Tage Trainingsstopp und die Behandlung seines entzündeten Fußes mit Eis hätten vielleicht verhindert, daß Tergat in Boston nicht dabeisein konnte. Aber – auch das ist Kenia: Wenn es, wie in Embu, kein Kühlaggregat gibt, woher soll dann das Eis für die Kühlpackungen kommen?

Generell wird aber gerade kenianischen Athleten und Athletinnen ein fast intuitiv richtiges Verhältnis zur Regeneration nachgesagt. So legte etwa Moses Kiptanui eine fünfwöchige Trainingspause ein, nachdem er im August 1992 innerhalb von drei Tagen zwei Weltrekorde (3000 Meter und 3000-Meter-Hindernis) aufgestellt hatte. Ähnliches ist von allen kenianischen Laufstars bekannt. Mark Plaatjes, der Marathonweltmeister von 1993, hat in einem Interview dieses Wechselspiel von hartem Training und langen regenerativen Pausen bei den Kenianern hervorgehoben. «Wenn die nach Hause gehen, trainieren sie nicht, oft zwei oder gar drei Monate lang. Und dann genügen ihnen zwei intensive Trainingsmonate, um in Bestform zu kommen. Diese Lektion sollten wir alle lernen, aber statt dessen fragen sich viele nur, was die Kenianer trainieren, und vergessen dabei, daß sie sich daneben auch viel Zeit für die Regeneration nehmen. Viele Läufer glauben, sie würden sich schon erholen, wenn sie keine Rennen laufen. Aber das ist ein Irrtum: Nur eine vollständige Pause bringt eine echte Erholung für Körper und Kopf.»[18]

Nicht alle kenianischen Laufasse haben die Verlockungen von Geld und Ruhm verkraftet. Henry Rono ist in den USA förmlich untergegangen. Sein Psychologiestudium an der Universität von Pullman im Bundesstaat Washington hat er längst aufgegeben. Er lebt als Alkoholiker auf der Straße, schläft in Obdachlosenasylen. Mehrfach brach er Entziehungskuren ab, um dann rastlos von einem US-Staat zum nächsten zu ziehen. Auch Richard Chelimo, der fünf Tage lang den 10 000-Meter-Weltrekord hielt, scheint mit schweren Alkoholproblemen zu kämpfen zu haben.[19]

Anmerkungen

1 Robert Hartmann, in: ZEIT-magazin 30 / 1992
2 Michael Spöttel, in: Spiridon 2 / 1992
3 sport special / condition 10-11 / 1990
4 Vgl. Spiridon 2 / 1977
5 Michael Spöttel, a. a. O.
6 Robert Hartmann, in: sports 8 / 88
7 condition 5 / 1994
8 Norbert Wortberg, in: condition 7-8 / 1994
9 Michael Spöttel, a. a. O.
10 Mike Kosgei, in: Der Läufer 4 / 1994
11 Robert Hartmann, in: Der Läufer 6 / 1991
12 Walter Abmayr, in: Der Läufer 1 / 92
13 Vgl. Owen Andersons äußerst instruktiven Bericht in: Runner's World, Dez. 1993 / Januar 1994
14 Ebda., a. a. O.
15 Weekly Mail v. 8.–15. 4. 1993
16 Mike Kosgei, a. a. O.
17 Mike Kosgei, in: Der Läufer 2 / 1989
18 Mark Plaatjes im Gespräch mit Jürg Wirz, in: Der Läufer 6 / 1994
19 Robert Hartmann, in: SZ v. 30. 11. 94

Kipchoge Keino

Kip Keino, 1940 in Eldoret in den Nandi Hills geboren, war das letzte von sechs Kindern, von denen vier bei der Geburt starben. Seine Eltern hatten ihm den Namen Hezekiah Kipchoge arap Keino gegeben. Hezekiah ist «der Junge, der in der Nähe des Krämerladens geboren wurde», arap «als Sohn des» Keino, «wenn die Ziegen gemolken werden». In den kenianischen Namen leben die alten Zeiten fort: Henry Kip-wambok («der Sohn, der in der Regenzeit geboren wurde») Rono, Wilson Kiprugut (rugut = «es gibt nichts zu essen») arap Chumo, Michael Musyoki («der Junge, der nach dem verstorbenen Baby kam»). Als Junge hatte Kipchoge ein elendig schweres Leben. Seine Mutter starb, als er vier Jahre alt war. Er hütete Ziegen, später bohrte er Brunnen, hob Latrinen aus und rodete den Busch. Mit siebzehn bewarb er sich bei der Polizei – und hatte zum ersten Mal Glück. Er wurde wegen seiner guten Laufleistungen angenommen, erhielt eine Ausbildung, lernte Englisch und Suaheli. Doch das Leben hatte für ihn etwas ganz anderes bereitgehalten: eine Laufkarriere, die ihn zu einem der berühmtesten Mittelstreckler aller Zeiten machen sollte.

Ein vierter Platz bei einem Schulcrosslauf brachte ihm ein Stück Seife ein, Kip Keino war gerade einmal 13 Jahre alt. 1962 gewann er den ersten von insgesamt elf nationalen Titeln. Auffallend war seine Vielseitigkeit – er holte vier Medaillen in drei Disziplinen bei Olympischen Spielen (Gold 1968 in Mexiko über 1500 Meter mit 3:34,9 Minuten gegen Jim Ryan, wegen der Höhenlage eine der besten Zeiten, die je auf dieser Strecke gelaufen wurden, und 1972 in München über 3000-Meter-Hindernis – eine Strecke, die er vorher erst sechsmal gelaufen war; Silber 1968 über 5000 und 1972 über 1500 Meter). Seine Karriere berührte auch die des legendären Australiers Ron Clarke, der in den 60er Jahren Weltrekorde am laufenden Band lief – und in den entscheidenden Rennen fast immer die Hacken des Kenianers sah.

Seine außergewöhnlich erfolgreiche Karriere setzte Keino im US-amerikanischen Laufcircuit des ITA-Profiverbandes fort, bei dem er sich im Februar 1973 für ein Salär von 40 000 Dollar verdingte. Im Alter von 23 Jahren kaufte er seine erste Farm: Es war das Jahr der Unabhängigkeit. Im Zeichen der Afrikanisierung von Politik und Wirtschaft war es damals einfach, preiswert Land vom Staat zu erwerben. Heute sind in Kenia viele Sportplätze und Straßen nach ihm benannt – und schnellen Kindern wird «Kipchoge» hinterhergerufen.

Als Nationaltrainer, Vizepräsident des Nationalen Olympischen Komitees und Mitglied der Athletenvereinigung des IOC blieb er immer der Leichtathletik verbunden. Aber sein eigentliches Lebensziel hat der in Kenia ebenso wie im Ausland wegen seines bescheidenen Auftretens beliebte Keino jenseits der Aschenbahn gefunden. Zusammen mit seiner Frau Phyllis zieht er neben seinen sieben eigenen über 60 adoptierte Kinder im Kipkeino-Childrens-Home auf. «Ich habe immer soviel Glück gehabt» – und dieses Glück gibt Kip Keino gerne weiter.

Kipchoge Keino bei seinem 5000-Meter-Weltrekordlauf 1965 in Auckland

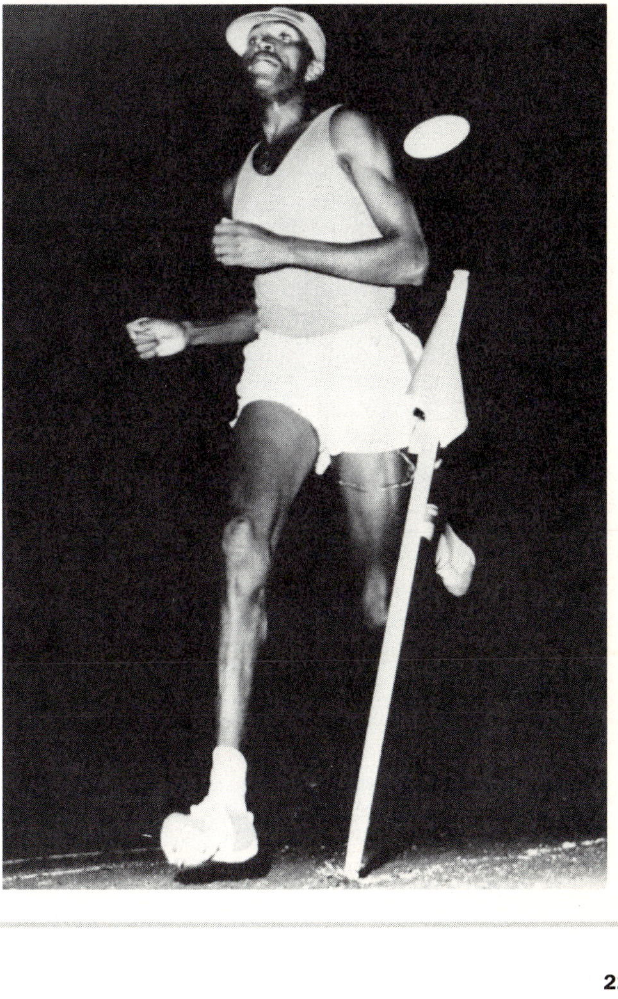

Claudia Schink: Die Schwere

Der Läufer vernimmt eine Orientierungsreaktion in bezug auf die Schwerkraft: Da die Beine dem Kraftfeld der Erde *am nächsten* ausgesetzt sind, macht sich die bodenwärts gerichtete Kraft bei diesen besonders bemerkbar. Doch auch die Arme wachsen zu bleiernen Gewichten heran.

Die Muskeln vergrößern sich unaufhaltsam und erstarken, um daraufhin zu verspröden und zu erhärten. Die Muskeln werden Steine. Deren Handhabung kostet den Läufer mehr Anstrengung als die Bewegung der zuvor bluterfüllten und geschmeidigen Glieder. Das magnetische Feld der Erde versucht seine gesamte Kraft an dem bald eisenschweren Körper. Den ganzen Läufer zieht es zu Boden. Sein Leib verhält sich in rigidem Maße geotaktisch. Dessen Trägheit widersetzt sich zunehmend dem Willen des Laufenden.

Die Erde greift nun *ungehemmt* den Körper an, der das Doppelte seiner ursprünglichen Gewichtskraft erreicht hat. Diese wirkt nach unten zum Erdmittelpunkt hin. Der Läufer wirft alle Kräfte der Erdanziehung entgegen, denn je näher sein Körper dem Boden kommt, desto stärker ergreifen ihn die Mächte der Gravitation. Auch die Masse seines Leibes scheint sich in der Weise zu vervielfachen, daß sie den Kräften der Erde noch mehr Angriffsfläche bietet. (Der Läufer versuchte mittels einer Wochen währenden Nahrungsreduktion, seine Körpermasse auf ein Minimum zu vermindern, um der Massenanziehung durch die Erde möglichst zu entgehen.)

Erde und Körper streben nach Vereinigung. Das Leibliche des Laufenden wendet sich ab von seinem Bewußtsein und flieht der Materie zu. Dabei vermehren sich die einander gegenseitig anziehenden Kräfte zwischen Läufer- und Erdkörper im umgekehrten Maße zu der Verringerung ihres Abstandes voneinander.

Der Läufer ist bestrebt, sich sein gesamtes Eigengewicht auf einen Punkt *konzentriert* zu denken. Unterstützt er seinen Körper in diesem Schwerpunkt, so kann er nicht stürzen.

Die Sinnlosigkeit

Der Läufer wird zum zweifelnden Betrachter seiner Tätigkeit, er blickt spähend umher als Skeptiker gegenüber der eigenen Sache: Was bedeutet und zu welchem Ende dient dieser Lauf? Er versucht, durch eine kritische Durchleuchtung den verborgenen Zweck seines Tuns zu erforschen, den Stellenwert dieses Bewegungsaktes *innerhalb seines Lebensgesamtplanes* zu erfassen.

Das Laufen als solches ist reine Muskeltätigkeit und hat weder Sinn noch Unsinn, es liegt jenseits der Sinnfrage. Ein möglicher Sinn kann nur durch den Läufer in die Tätigkeit *gelegt* werden. Dabei ist die Beantwortung der Sinnfrage abhängig von der Gemütsverfassung des Sinnentscheidenden und den näheren Umständen, in welche die Sache eingebettet ist.

Dem Läufer wird seine eigene, über Monate und Jahre vorbereitete Handlung zum Gegenstand der Forschung. Durch das intensive Training hatte der Läufer eine Sinngebung (den angestrebten Marathonlauf und die dazu notwendigen Übungseinheiten betreffend) in fahrlässiger Weise vernachlässigt, ein Fehler, der ihm nun zu Selbstvorwürfen und Selbstbeschimpfungen Anlaß gibt. Sinnhaltig wäre seine Tat für den Läufer dann, wenn sie in einen kausalen Vorgang eingebunden wäre, in welchem *Grund und Folge klar erkennbar* hervorträten.

Der Läufer erwägt zehn Gründe für seinen Zweifel:

1. die fragwürdige Einmaligkeit des Ereignisses
2. die Relativität seiner Leistung
3. die ausschließliche Vereinnahmung seines Körpers durch die Tätigkeit
4. seine für die Handlung nicht eindeutig prädestinierten Wesensmerkmale
5. die Unangemessenheit seines Stolzes über den zu erwartenden Sieg
6. seine zu Megalomanie und Idiolatrie neigende Selbstüberschätzung
7. die Unwahrscheinlichkeit einer verbalsprachlichen Kommunikation a posteriori
8. die Beeinflussung seiner Selbstwahrnehmung durch Fremdbestimmtheit (Ursachen seines Ehrgeizes und seiner Erfolgsgefühle)
9. die Verursachung der Tätigkeit und ihrer Bewertung in Abhängigkeit von seiner Bildung, seinen religiösen und moralischen Anschauungen
10. die zeitlich begrenzte Bedeutungsaufladung seiner Handlung, stellvertretend für die Fragwürdigkeit aller Anstrengungen in bezug auf die Kürze der Existenz als solcher

Die Schwäche

Der Krampf ist das letzte Entscheidungsexperiment. Asphalt verbrennt im Feuer der Fußsohlen. Sprunggelenke schmerzen vom falschen Aufsetzen der Füße, bedingt durch eingefahrene Zehen. Schmerz zersticht die Waden, blutvolle Blasen zerspringen. Muskel und Muskelsysteme reagieren nicht mehr auf entsprechende Reize, der Körper des Läufers wird widerstandslos. Die Schenkel sind ohne Gefühl und zerfließen. Der Läufer versucht, den Geschwindigkeitsabfall ins Gehen zu vermeiden, und leert seine Fettkammern. Reste von Energiereserven werden in vollem Umfang und *ohne Verzögerung* bereitgestellt, um dem Notfall zu begegnen: Der Organismus leistet stereotype Bewegungsabläufe zum Ausgleich der bedrohlichen Überlastung. Automatismen bewirken komplexe Bewegungsabläufe ohne Beteiligung des Bewußtseins.

Schnelles und in Wellen erfolgendes Muskelzittern setzt ein, durchwirkt von temporären Zuständen der Erstarrung und des totalen Reaktionsausfalls. Spasmen und Konvulsionen, krampfartige Kontraktionen der Muskeln mit heftigen, schmerzhaften Schüttelkrämpfen werden durch zentralnervöse Prozesse ausgelöst.

Unfähig zu jeder Willenshandlung erleidet der Läufer die vollkommene Abulie mit begleitender Halbstarre und Starrsucht. Nach einem Anfall der Amimie tritt apathische Geistesabwesenheit im fortgeschrittenen Stadium auf, das Gedächtnis *versagt erst teilweise, dann vollständig* durch Amnesie. Sinneseindrücke kann der Läufer wegen fortschreitender Agnosie bald nicht mehr in ihrer Bedeutung erfassen, ein betäubungsnaher Zustand befällt seinen Geist, verbunden mit Bewußtseinstrübung: Tremor, Torpor und Stupor geißeln den Bestraften. Auditive und visuelle Empfindungen des Laufenden erreichen die *kritische Flimmerfrequenz*: Orientierungsmangel folgt dem Gedächtnisverlust, ein Ohrenrauschen weist auf gestörte Informationsaufnahme gesendeter Wahrnehmungseinheiten, rasches und ruckhaftes Augenzucken läßt eine Perturbation mit beginnendem Nygasmus erahnen. Hämmerndes Blut umströmt das Hirn, Halluzinationen versinken in schwarzer Umnachtung, den Läufer rettet eine Dunkeladaption.

34

Am Horizont der Fudschijama

Marathon in Japan: Eine nationale Herzensangelegenheit

In keinem Land der Welt hat der Marathon einen solchen Stellenwert wie in Japan. In Sachen Organisation, Vermarktung und telegener Präsentation stellen die hochdotierten Eliterennen in Japan weltweit alles in den Schatten. Statistiken mit endlosen Zahlenkolonnen, Namenslisten, Zeiten und Weiten lesen sich selten aufregend; Marathonstatistiken machen da keine Ausnahme. Aber sie sind manchmal doch höchst aufschlußreich. 1989 präsentierte der Italiener Ottavio Castellini das fundierte «IAAF Handbook Marathon»; Herbert Steffny, das deutsche Marathon-As vergangener Tage, hat die Daten bis 1994 aktualisiert. Der Befund ist eindeutig: Japan ist die Marathonmacht Nr. 1 in der Welt. 2 : 12 h gelten als das Eintrittsbillet zur absoluten Weltklasse. Diese Marke erreichten bzw. unterboten (Stand Februar 1994) 188 Amerikaner, davon aber nur 24 in den letzten fünf Jahren. Dagegen stehen 187 Zeiten von Japanern unter 2 : 13 h – und doppelt so viele Topzeiten, verglichen mit ihren amerikanischen Konkurrenten, seit 1989.

Die Kenianer und besonders die Mexikaner haben momentan wohl die schnelleren Läufer, aber in der Relation von Klasse und Masse ist Japan bei weitem das Land mit dem größten Marathonpotential. Der herausragende Erfolg der japanischen Läuferinnen seit Anfang der 90er Jahre unterstreicht das: Bei den Weltmeisterschaften 1991 in Tokio belegten Sachiko Yamashita (hinter Wanda Panfil) Platz zwei und Yuko Arimori (hinter Katrin Dörre) Platz vier. Bei der WM 1993 in Stuttgart holte Junko Asari in einem Hitzerennen Gold (gegen die Portugiesin Manuela Machado, die 1994 in Helsinki Europameisterin wurde) und Tomoe Abe Bronze. Gleich drei Japaner konnten sich in den letzten Jahren in den Elite-Kreis der 2 : 07 h-Heroen hineinlaufen (Kodama 2 : 07 : 35 h, Taniguchi 2 : 07 : 40 h, Itoh 2 : 07 : 57 h).

Samurai und Ekiden

Die Dominanz des Marathons in der japanischen Leichtathletik hat eher mit kulturellen Besonderheiten als mit geographisch günstigen Voraussetzungen zu tun: Japan stellt sich topographisch als eine Kette ziemlich gebirgiger Inseln mit einem nicht unbedingt laufgünstigen Profil dar.

Die japanische Langlauftradition geht mindestens 150 Jahre zurück, in die kriegerische Epoche des Herrschers Yasunaka, dessen Samurai-Krieger einen 29,2 Kilometer langen Lauf bewältigen mußten. (Der Antseitoashi-Marathon hat diesen Streckenabschnitt des zum historischen Mythos stilisierten Samurai-Laufs integriert.) Ziel dieser Übung war die rigorose Schulung von Disziplin, Willenskraft und Gehorsam. Laufen als Akt meditativer Sammlung und Kontemplation – Schritte auf dem Weg nach innen: das entsprach den Prinzipien des Samurai. «Sein Wunsch richtet sich darauf, in die Sphäre einzugehen, in der es weder Furcht vor dem Sterben noch Hoffnung auf ein Leben danach gibt, weil die Grenzlinie zwischen Leben und Tod sich ihm als illusorisch erwiesen hat, und in der keine verdienstvollen Taten zählen, weil Gut und Böse ihre kindhafte Einfachheit verloren haben.»[1]

Ereignisse von nationaler Bedeutung sind die Ekiden-Staffeln, die über riesige Distanzen – vom Marathon aufwärts bis zu 1000 Kilometern – gehen können. Diese spannenden Laufstaffeln wurzeln historisch in dem Dualismus des japanischen politischen Systems vergangener Jahrhunderte. Der Kaiser residierte in Kyoto, während das politisch-kulturelle und vor allem militärische Zentrum des Landes Edo war, das heutige Tokio, mit dem Sitz des Shogun. Rund 500 Kilometer trennten die beiden Schaltstellen der Macht, und zur raschen Überbrückung dieser Distanz wurden Stationen errichtet, sogenannte Ekis. Nachrichten und Lasten wurden von Station zu Station gebracht, gehend oder laufend. So ist «Ekiden» nichts anderes als die «Übertragung einer Mitteilung von Station zu Station», die rationelle Form eines Kommunikations- und Transportsystems. Dem zu Ehren der Verlegung der kaiserlichen Residenz von Kyoto nach Tokio ausgerichteten Ekiden wird in Japan auch heute noch gedacht.

Legendär ist der Neujahrs-Ekiden von Tokio nach Hakone und zurück (220 Kilometer über 16 Teildistanzen) – ein Lauf, der von vielen Millionen Menschen an der Strecke und vor dem Fernseher verfolgt wird. Auch im Ausland – in Berlin, Barcelona, New York, Hawaii – werden mittlerweile Staffelrennen dieses Typs veranstaltet und von japanischen Fernsehsendern ins Ekiden-Mutterland übertragen. Aber sie fristen, verglichen mit der in Japan verbreiteten Leidenschaft, nur ein Schattendasein. Der Grund liegt im Wesen dieser Läufe: Ekidens sind Kampfläufe. Ihre Grundidee und dramaturgischen Konzepte sind perfekter Ausdruck der japanischen Mentalität: eine Konfrontation mit den eigenen Grenzen und der Stärke der gegnerischen Teams. «Die Basis sind Teamwork, Solidarität, geteilte Freude, geteiltes Leid sowie kollektives Verantwortungsgefühl; das Individuum darf nicht aufgeben, sonst scheidet das Team aus.»[2] Die Streckenaufteilung eines Ekiden über die normale Marathondistanz kann von Lauf zu Lauf verschieden sein, bietet aber reichlich Möglichkeiten für taktische Finten und Finessen. Beim großen Yokohama-Ekiden sah die Aufteilung so aus: 5 km – 10 km – 5 km – 10 km – 7,195 km – 5 km. Beim Potsdam-Berlin Memorial Ekiden legten fünf Läufer Teilstrecken von 8,5 km, 7,8 km, 10,3 km, 5 km und 10,595 km zurück. Anstelle eines Staffelstabes wird eine Schärpe, das «Tasuki», von Läufer zu Läufer weitergegeben.

Daß in Japan Marathon so wichtig ist, liegt nicht allein daran, daß die körperlich unterlegenen Japaner gegen die größeren und athletischeren Sportlertypen aus Europa und den USA nur in wenigen leichtathletischen Disziplinen eine Chance besitzen. Schon in den Schulen wird die Lust am Langlauf geweckt. Ohne die Schulen wären die Massenlust am Marathon und der erstaunliche Sachverstand des japanischen Publikums nicht zu erklären. Bruno Lafranchi, der mit einer Japanerin verheiratete ehemalige Schweizer Marathon-Rekordhalter, weiß von einer Episode zu berichten, die hierzulande völlig undenkbar wäre: «In japanischen Schulen laufen schon die Erstkläßler längere Strecken. So mußte zum Beispiel meine Nichte als Achtjährige im Zeichenunterricht eine Schlange zeichnen und in 42 Felder unterteilen. Während der nächsten 42 Schultage mußte die ganze Klasse morgens vor dem Unterricht auf dem Schulhof einen Kilometer zurücklegen. Nach vollbrachter Leistung durften die Kinder je ein Feld fertig ausmalen, nach sieben langen Schulwochen war die Schlange endlich vollkommen ausgemalt, und somit war auch ein Marathon zurückgelegt.»[3]

Kitei Son? Ki Chung Sohn!

Die Ekidens sind die hohe Schule des japanischen Marathons, von dort kommen in der Regel die späteren Marathon-Asse, nicht von der Bahn. Angefangen hatte alles mit Kitei Son, der 1936 für Japan bei der Olympiade den Marathonlauf gewann. In dem legendären, in blaues Leinen eingebundenen offiziellen Buch der Olympiade 1936, zusammengestellt vom «Sportschriftleiter» Walter Richter und herausgegeben vom Cigaretten-Bilderdienst Hamburg-Bahrenfeld, findet sich auch ein Bericht über den Marathonlauf, der zwischen Nazi-Jargon und emotionalisierter Tonlage von Sportreportagen oszilliert: «Kurz vor Beginn des Marathonkampfes setzt im Stadion großer Jubel ein. Der Führer Adolf Hitler erscheint und mit ihm fast sämtliche Reichsminister. In seiner Begleitung ist weiter der greise Feldmarschall von Mackensen in der Uniform der Totenkopfhusaren. Japan hat sich mit diesem Erfolg» – 1. Kitei Son 2 : 29 : 19 h, 3. Shoryu Nan 2 : 31 : 42 h – «die Vorherrschaft auf der Marathonstrecke erobert. Kitei Son entwickelte Fähigkeiten, wie sie noch kein Marathonläufer vor ihm gezeigt hat. Sicher ist Kitei Son der Idealtyp eines Marathonläufers. Klein und leicht, begabt mit einem außergewöhnlich ergiebigen Schritt, der locker und ungekünstelt stundenlang beibehalten werden kann, bringt Son für diesen Langstreckenkampf die ganze Zähigkeit seiner Rasse mit. Die unerschöpfliche Geduld, die immer wieder bereit ist, neue und schwere Strapazen auf sich zu nehmen, die traditionsmäßige und vorbildliche Willensschulung der Japaner bilden die Grundlagen der zielbewußt seit 1928 angestrebten Erfolge.»[4] Sportjournalistisch war hier der spätere Schulterschluß zwischen den Protagonisten der Weltkriegsbarbarei, den Achsenmächten Deutschland, Italien und Japan, schon vollzogen. Kleiner Schönheitsfehler der Berichterstattung: Kitei Son hieß erstens nicht Kitei Son, sondern Ki Chung Sohn, und war zweitens nicht Japaner, sondern Koreaner. Er war von der japanischen Militäradministration, die das besetzte Korea terrorisierte, gezwungen worden, einen japanischen Namen anzunehmen und unter der Fahne der Besatzer in Berlin anzutreten. Als nach seinem glanzvollen Sieg in neuer olympischer Bestzeit ein koreanischer Zeitungsverleger es wagte, Kitei Sons richtigen Namen in seiner Zeitung zu nennen und die japanischen Embleme auf dessen Trainingsanzug zu «koreanisieren», wurde er inhaftiert und das Blatt kurzerhand geschlossen.[5]

Strikter Dualismus von Elite und Fußvolk

Mit einem Koreaner wurde die Ahnengalerie des japanischen Marathons eröffnet. Aber noch immer wollen eingefleischte Lauf-Patrioten nicht wahrhaben, daß die erste ‹japanische› Goldmedaille im Marathon ins Land des Erzfeindes Korea gehört. Danach sind die Erfolge japanischer Athleten in dieser Disziplin bei olympischen Marathonläufen dünn gesät (im Gegensatz etwa zu sieben Siegen beim Klassiker von Boston seit 1951): 1964 Kokichi Tsuburaya – Bronze, 1968 Silber für Kenji Kimihara, 1972 Kimihara – fünfter, 1984 Takeshi Soh – vierter, 1988 Takeyuki Nakayama – vierter.

Anders als in Europa und den USA gibt es in Japan eine eindeutige Trennung von Spitzen- und Breitensport im Marathon. Massenrennen wie dem Lake Kawaguchi Marathon am Fuße des Fudschijama (Ende November) stehen Eliterennen mit handverlesenen Spitzenläufern und -läuferinnen entgegen: Fukuoka, Tokio, Beppu – Oita bei den Männern, Osaka, Nagoya und Tokio bei den Frauen. Qualifikationszeiten von 2 : 30 h in der Männerkonkurrenz schließen das Riesenfeld der Jedermannsläufer natürlich von vornherein aus. Das Signal ist klar: Hier geht es ausschließlich um die Vermarktung von Weltklasseathleten mit exorbitant schnellen Zeiten. Dafür wird dann bei den Fernsehübertragungen alles an High-Tech-Finessen aufgeboten, was der Elektronikgigant Japan zu bieten hat. Brillante Bilder aus mobilen Kameras in eigens konstruierten Kleinbussen, die immer auf der Höhe des Geschehens sind und mit Nahaufnahmen die Dynamik und Spannung in jeder Phase des Rennens einfangen können; Einblendungen mit medizinischen Werten, Zwischenzeiten, Hochrechnungen etc.: statistischer Schnickschnack und ähnlich relevant wie das monströse Material, das amerikanische Basketball-Statistiker in ihrer Detailverliebtheit den Fernsehzuschauern glauben bieten zu müssen. «Die Japaner lieben diese Art von Präzision», meint Jiro Mochizuki. «Was sie aber mindestens gleichermaßen fasziniert, ist die Unwägbarkeit des Marathons, die Ungewißheit des Ausgangs. Wie im richtigen Leben.»[6]

Nakamura: «Satan» und Genie

In Fukuoka und Osaka, Tokio und Nagoya geht es um sehr viel Geld. Da werden schon mal 1,5 Millionen Dollar investiert, um ein handverlesenes Feld von Weltstars auf japanischem Boden über die 42,195 Kilometer schicken zu können. Seit Jahren hält sich hartnäckig das Gerücht, Lisa Martin-Ondieki, die Olympiazweite von Seoul, habe 1989 in Nagoya die üppige Antrittsprämie von 200 000 Dollar kassiert, nur um die ersten zehn Kilometer zu laufen. Daß sie schwanger war und daher allenfalls zu einem Teilzeitjob antreten würde, wußten natürlich auch die Veranstalter.

Marathon hat in Japan ein sauberes Image: Symbol einer existenziellen Herausforderung, inszeniert als Spektakel großer Hauptdarsteller (und vieler Laiendarsteller bei den Volksläufen) für ein sachkundiges, begeistertes Publikum. Von Honda über Sony bis zu der täglich in Millionenauflage erscheinenden Sport-Tageszeitung *Hochi-Shimbun*: japanische Firmen reißen sich um die Gunst, als Sponsoren von Ekidens und Marathonläufen mitmischen zu dürfen. Das Chemieunternehmen Ashai Kasei bot seinen Laufstars wie Hiromi Taniguchi und Koichi

Morishita eine überdachte 400-Meter-Bahn, einen eigenen Wohntrakt samt Kantine und Chefkoch und die beiden Soh-Brüder als Trainer. Eine professionelle Rundumversorgung: Geld, Job, Trainingslager. Ein weiteres prominentes Beispiel ist die Lebensmittelkette S&B-Foods. Sie holte den kenianischen Läufer Douglas Wakihuri, den späteren Marathon-Weltmeister (1987) nach Tokio, wo er Japanisch lernte und fünf Jahre lang im Firmenteam von S&B unter dem legendären Trainer Kyoshi Nakamura trainierte (und nach dessen Tod unter dessen Assistenten Shinetsu Murao, der formell als Manager von S&B firmierte). Den inneren Konflikt zwischen seiner Heimat Kenia und seiner Wahlheimat Japan hat Wakihuri, mehr Taktiker als bedingungsloser Frontrunner, durchaus produktiv genutzt. Auf die Frage des Schweizer Langstrecklers Markus Ryffel, ob er nach seiner Silbermedaille von Seoul in Kenia Heldenstatus erlangt habe, antwortete er: «O nein, ich hatte ja nur Silber gewonnen. Kenia holte fünf Goldmedaillen über 800, 1500, 5000 Meter, 3000-Meter-Hindernis und im Boxen – da ist eine Silbermedaille nicht mehr so viel wert.»[7] Wakihuri, der «kenianisch-japanische Zen-Meister des Laufens» (Tom Fleming), trainierte immer allein. Er forcierte, wie auch der andere berühmte Nakamura-Schüler Toshihiko Seko, die mentale Belastungskomponente, indem er oft riesige Strecken in Tokio auf einer 1,3 oder 2,5 Kilometer langen Runde zurücklegte.

Für Wakihuri und viele andere aus dem «inner circle» der japanischen Langläufer war Nakamura geliebt und gefürchtet zugleich, Trainer und Vaterfigur, Schinder und Freund. Dieser hatte sich 1965 aus seinen zahlreichen geschäftlichen Unternehmungen zurückgezogen, die ihn zu einem reichen Mann gemacht hatten. Er, der selber lange den japanischen 1500-Meter-Rekord gehalten hatte, zog in ein kleines Haus auf dem Campus der Waseda-Universität, ließ sich das karge symbolische Jahresgehalt von 150 Dollar auszahlen, führte ein einfaches Leben, studierte den Zen-Buddhismus und die Maximen anderer Religionen – und schuf eine effiziente Trainingslehre. Er nahm jeden Tag mehrere seiner Zöglinge mit nach Hause, bekochte sie und unterwies sie in Marathonsystematik. Sein Musterschüler war Toshihiko Seko, der heute in Japan ein lebendes Laufmonument ist. Zusammen mit den Soh-Zwillingen Takashi und Shigeru, mit Akio Usami und Takeyuki Nakayama zählte er in den 70er und 80er Jahren zu den herausragenden Läufern auf den Marathonstrecken der Welt. Unvergessen ist in Japan das atemberaubende Finish beim Fukuoka-Marathon 1979: 1. Seko 2:10:35 h, 2. Shigeru Soh 2:10:37 h, 3. Takashi Soh 2:10:40 h. (Ein ähnlich knappes Ergebnis gab es 1994 beim Osaka-Marathon der Frauen: 1. Tomoe Abe 2:26:09 h, 2. Nobuko Fujimura 2:26:09 h, 3. Junko Asari 2:26:10 h). Sein stärkstes Jahr war 1986/87, als er nacheinander in London, Chicago und Boston gewann.

Einen Teil seiner Bekanntheit verdankt er der komplexen Beziehung zu Nakamura, dessen rüde Methoden im Westen ebenso auf Befremden stießen wie die devote Haltung der Athleten. Spitzname – «Satan»: – «They nicknamed him Satan because of his brutal practises»[8]. Nakamuras Trainingsphilosophie war eine eigenartige Mixtur aus religiösen Maximen, die auf einen simplen Lehrsatz hinausliefen: Was dich nicht umbringt, macht dich stark. Nakamura war Sekos Gott, sein Leben wurde von seinem Trainer bis in die entferntesten Alltagsdetails geregelt. Ob Gehirnwäsche oder krasse Form eines ritualisierten Abhängigkeitsverhältnisses: Seko wirkte oft roboterhaft, eine perfekt ausgerichtete Laufmaschine, immun gegen alles, was nicht von seinem Trainer-Gott autorisiert war. Seko lief – manche meinten: wie in Trance – oft unfaßbare Trainingspensen von monatlich 1500 Kilometern unter extrem eintönigen Bedingungen (z. B. auf einer 1300-Meter-Bahn im Tokioter Olympiastadion). Kyoshi Nakamura trat im Mai 1985 durchaus standesgemäß ab: Tod durch Ertrinken. Aber es gab viele Stimmen, die hier eine rituelle Selbstopferung nach dem Versagen Sekos bei den Olympischen Spielen 1984 in Los Angeles vermuteten.

Die große Selbsttäuschung der japanischen Marathonläufer lag darin, daß ihre Erfolge fast ausschließlich bei Läufen unter günstigen Bedingungen auf den heimischen Hochgeschwindigkeitsstrecken zustande kamen, also in der kurzen Spanne von Dezember bis März bei meist günstigen Temperaturen (5 bis 15 Grad). «Solche Verhältnisse findet man aber nicht vor, wenn es im Spätsommer um internationale Medaillen geht.»[9] Ein schmerzlicher Einschnitt war das Abschneiden der Japaner bei der Olympiade 1988 in Seoul, wo – im Land des Erzfeindes! – Takeyuki Nakayama nur einen vierten Platz belegte. Nach Seoul wurden die japanischen Asse durch Auslandsstarts auf Sommerverhältnisse und damit auf Medaillenränge bei internationalen Events eingestellt. Bereits der Sieg Taniguchis bei den Weltmeisterschaften von 1991 in Tokio zeigte die Richtigkeit des Kurswechsels. «Dabei war Hiromi Taniguchi im Feld der lange zusammen laufenden Spitzenläufer der mit dem kraftraubendsten und unästhetischsten Laufstil. Mit schiefem Hals, eingezogener Schulter und verkürztem Schaukelschritt wirkte er gegen die stilistisch überwiegend sauber laufende Konkurrenz fast wie behindert. Die Japaner wollen nicht einen fließend laufenden Nakayama, der schließlich aufgibt, sondern einen fightenden Siegertyp.»[10] Bei den Frauen belegten die Japanerinnen Platz zwei (Sachiko Yamashita) und vier (Yuko Arimori).

Marathon: eine Sache auf Leben und Tod

Zu trauriger Berühmtheit gelangte Kokishi Tsuburaya, der japanische Bronzemedaillen-Gewinner bei den Olympischen Spielen von 1964. Eigentlich begann sein Leidensweg in der Stunde seines größten Erfolgs, im Olympiastadion von Tokio. Das Publikum feuerte ihn begeistert an – aber ihn, der mit seinen Kräften völlig am Ende war, müssen die anfeuernden Zurufe wie unbarmherzige Schläge getroffen haben. Der traditionelle japanische Läufergruß «Gambatte! – Durchhalten!» wurde für ihn zu einer fürchterlichen Last. Auf der Zielgeraden ging der Engländer Basil Heatley noch an ihm vorbei und gewann Silber. Für andere wäre ein Platz auf dem Treppchen beim olympischen Marathon die Krönung ihrer Karriere gewesen; für Tsuburaya war es eine Schmach, vor den Augen der kaiserlichen Familie und eines euphorischen Publikums noch die sicher geglaubte Silbermedaille zu verlieren. Unter öffentlichem Erwartungsdruck, immer wieder von Verletzungen zurückgeworfen, vor allem aber sich selbst mit irrealen Leistungszielen terrorisierend, brach er schließlich zusammen. Tsuburaya nahm sich im Alter von 27 Jahren das Leben. Sein Abschiedsbrief gipfelte in dem trostlosen Satz: «Ich kann nicht mehr laufen.» Ein Todesurteil: von ihm selbst ausgesprochen, von ihm selbst vollstreckt. Tsuburayas Tod war der Aufschrei eines Verzweifelten, eines Fanatikers, der an der grausamen Härte äußerer und innerer Ansprüche zerbrach.

Marathon ist in Japan immer ein Politikum und manchmal auch eine Sache auf Leben und Tod; der tragische Tod Tsuburayas ist nur der spektakulärste Fall. Bei der Olympiade 1984 in Los Angeles stieg Akemi Masuda aus – und sah sich prompt zu Hause für dieses «Versagen» angegriffen. Völlig demoralisiert gab sie das Marathonlaufen auf. Auch 1992, bei den Nominierungen für die Olympischen Spiele von Barcelona, wurde im Vorfeld mit knallharten Bandagen operiert. Das Ergebnis des Selektionsentscheids sollte am 28. März 1992 bekanntgegeben werden. Zwei Tage vorher trat die 23jährige Akemi Matsuno vom Laufclub der großen Lebensmittelkette Niko Niko Do vor die Fernsehkameras, um kundzutun, daß sie eine sichere Bank für eine japanische Medaille sei und deshalb unbedingt nominiert werden müsse. Als sie nicht einmal als Ersatzläuferin aufgestellt wurde (Sachiko Yamashitas Nominierung stand außer Frage, dazu wurden Jumi Kokamo und Yuko Arimori gemeldet), brach in ihrer Heimatstadt Komamo City auf der Insel Kyushu ein Sturm der Entrüstung los. Arimori wurde massiv eingeschüchtert und erhielt Morddrohungen; Kokage, dem Cheftrainer des Verbandes, wurden Imitationen von Briefbomben ins Haus geschickt, seine Frau erlitt einen Nervenzusammenbruch. Japan – «it's so basic» (Hans Liberg) …

Anmerkungen

1 Kurt Singer, Schwert und Edelstein, Frankfurt/M. 1991, S. 316
2 Jiro Mochizuki, in: Der Läufer 7/91
3 Bruno Lafranchi, in: Der Läufer 7/91
4 Olympia 1936, Band II: Die XI. Olympischen Sommerspiele in Berlin 1936, Hamburg 1936, S. 53 ff.
5 Rolf von der Laage, in: F.A.Z. v. 30.9.94
6 Jiro Mochizuki, a. a. O.
7 Der Läufer 5/89
8 Tom Derderian: Boston Marathon, Champaign 1994, S. 431
9 Manfred Steffny, in: Spiridon 3/89
10 Ebd.

Pasta und Banane, Banane und Pasta

Ausdauersport und Ernährung

Hildegard Klus

Viele Langläufer glauben, Glück und Gelingen eines kraftzehrenden Marathonläufers hänge in erster Linie nicht von Kraft, Ausdauer und Schnelligkeit ab, sondern von der «richtigen Ernährung». Richtig ist, daß es in kaum einem anderen Ausdauersport so sehr auf die richtige Nahrungsmittelauswahl und das richtige Ernährungsverhalten ankommt. Gerade wir Feld-, Wald- und Wiesenjogger verlieren in dem unüberschaubaren Wust von «Geheimtips» langsam aber sicher den Überblick. Wer nicht bereit ist, sich ausgiebig mit der Wie-ernähre-ich-mich-richtig-Literatur auseinanderzusetzen, dem kann das folgende Basiswissen vielleicht helfen, wenigstens etwas Licht in die heillose Verwirrung zu bringen.

In einem Punkt sind sich die meisten Ernährungsphysiologen einig, wie ein Kongreß im Vorfeld des letztjährigen Swiss Alpine Marathon zeigte: «Eine vollwertige, vielseitige und kohlenhydratreiche Ernährung in Verbindung mit großer Flüssigkeitsaufnahme während des Rennens reicht für praktisch alle Arten von Läufen vollkommen aus. Der geringfügig erhöhte Bedarf an Mineralien und Spurenelementen wird durch die automatisch größere Nahrungsmenge gedeckt.»[1]

Basisernährung im Alltag

Trotz unterschiedlicher Trainingsintensität gilt sowohl für Leistungs- als auch für Freizeitläufer eine ausgewogene Ernährung im Alltag als Grundvoraussetzung für körperliche Leistungsfähigkeit und Gesundheit. Hierfür benötigen sie keine Spezialernährung.

Empfehlenswert ist eine abwechslungsreiche, vorwiegend vegetarische kohlenhydratreiche und fettreduzierte Kost, deren Hauptnährstoffe sich in der Relation 55–60 Prozent Kohlenhydrate, 25–30 Prozent Fette und ca. 15 Prozent Eiweiß verteilen sollten.

Die kohlenhydratreichen pflanzlichen Lebensmittel – Getreide, Kartoffeln und Hülsenfrüchte – sichern eine ausgewogene Ernährung. Sie liefern zusätzlich Ballaststoffe, Eiweiß, Vitamine und Mineralien.

Einfach ausgedrückt stehen der «Maschine Mensch» im Ausdauerbereich zwei Treibstoffe zur Verfügung: Glykogen und Körperfett. Kohlenhydrate sind die wichtigste Energiequelle für die Muskelarbeit und die einzige für die Nerven. Das Gehirn als zentrales Steuerungsorgan ist ausschließlich auf Traubenzucker angewiesen und verbraucht allein ungefähr 20 Prozent der Gesamtglukose des Körpers.

Doch zunächst zu den **Kohlenhydraten**. Unter dieser Sammelbezeichnung werden alle Zuckerarten, Stärke und Ballaststoffe erfaßt. Der bekannteste Grundbaustein ist der Traubenzucker (Glukose). Dieser gehört zur Gruppe der sogenannten Einfachzucker (Monosaccharide). Zu den aus zwei Grundbausteinen bestehenden Zweifachzuckern (Disaccharide) gehören der Haushaltszucker (Saccharose) und der Milchzucker (Lactose). Aus bis zu 5000 Grundbausteinen setzen sich die Vielfachzucker (Polysaccharide) zusammen, die allerdings nicht süß schmecken. Hierzu gehören die Stärke, das Glykogen und die Gruppe der unverdaulichen Ballaststoffe. Mit Ausnahme der Ballaststoffe werden alle Kohlenhydrate im Verdauungstrakt in ihre Grundbausteine zerlegt, bevor sie über die Blutbahn an ihre Einsatzorte gelangen.

Für die tägliche Ernährung sind die Einfach- und Zweifachzucker nicht zu empfehlen. Im Gegenteil, diese süßen Verführer bergen eine Reihe von Nachteilen. Durch den Verzehr steigt der Blutzuckerspiegel rapide an. Um ihn konstant zu halten, reagiert die Bauchspeicheldrüse mit erhöhter Insulinausschüttung. Das Insulin bewirkt einen zügigen Transport des Blutzuckers (Glukose). Der Blutzuckerspiegel sinkt im ungünstigen Fall auf ein tieferes Niveau als vor dem Verzehr der schnellen Süßigkeit. Das Ergebnis: Unterzuckerung, Heißhunger, Ermüdung, Schweißausbrüche und verminderte Leistungsfähigkeit. Der Heißhunger auf die nächste Süßigkeit ist programmiert. Diese Blutzuckerschwankungen sind im Ausdauersport unerwünscht. Nur eine weitgehend konstante Blutzuckerkonzentration gewährleistet auch eine längere Leistungsfähigkeit von Körper und Geist, von Muskel- und Nervenzellen. Ein hoher Insulinspiegel hemmt zudem die Energiegewinnung aus dem Körperfett. Kohlenhydrate dieser Art sind leere Kalorienträger. Sie enthalten keine lebensnotwendigen Inhaltsstoffe wie Vitamine und Mineralstoffe. Im Gegenteil: Raffinierter Zucker ist ein Vitamin-B_1-Räuber. Langfristig kann der übermäßige Verzehr von Zucker und daraus hergestellten Produkten zu Mangelerscheinungen bei Vitaminen und Mineralstoffen führen.

Ernährungsphysiologisch wertvoller sind die langsam verwertbaren Kohlenhydrate. Dazu gehören die Stärke, Glykogen und die Ballaststoffe. Stärke besteht aus vielen Traubenzucker-Bausteinen. Sie kommt hochkonzentriert in Getreideerzeugnissen, Kartoffeln, Hülsenfrüchten und Bananen vor. Stärke wird nur langsam abgebaut, so daß die Traubenzuckerbausteine kontinuierlich als Energie zur Verfügung stehen. Vollkornerzeugnisse liefern die benötigten Mengen an B-Vitaminen und Mineralstoffen, die für den Stoffwechsel erforderlich sind. Für die Weißmehlerzeugnisse gilt dies nicht. Ihnen hat man bei der «Veredelung» fast alle guten Eigenschaften ausgetrieben. So besagt die Typenzahl 405, daß nur noch etwa 405 Milligramm Mineralstoffe in 100 Gramm Mehl enthalten sind. Je höher die Typenzahl, um so gehaltvoller ist das Mehl. Gäbe es eine Typenzahl für Vollkornmehl, so würde sie über 2000 liegen. Dagegen ist das Auszugsmehl wirklich nur ein Auszug vom ganzen Korn.

Wenn es bei Ausdauerfreaks ein Nahrungsmittel mit Kultcharakter gibt, dann ist es die Banane – das krumme Früchtchen. Ob Miguel Indurain, Boris Becker oder Uta Pippig: sie alle greifen begierig nach der Frucht, der geradezu phänomenale Qualitäten nachgesagt werden, insbesondere eine perfekte Mischung aus Kohlenhydraten, Vitaminen und Mineralstoffen. Bananen enthalten mehr Kohlenhydrate als jede andere Frucht. Ihr Zuckeranteil setzt sich aus drei verschiedenen Zuckerarten zusammen: (Traubenzucker, Fruchtzucker und Saccharose). «Der Traubenzuckeranteil geht sofort ins Blut und steht damit auch sofort als Energie zur Verfügung. Der Fruchtzuckeranteil geht zwar ebenfalls schnell ins Blut, wird aber erst im Laufe der folgenden Stunde in Traubenzucker umgewandelt. Die vorhandene Stärke wird nach und nach abgebaut.» (2) Damit wird eine Berg- und Talfahrt des Blutzuckerspiegels vermieden, die bei Ausdauerleistungen extrem leistungshemmend wirkt.

Flüssigkeitszufuhr

Wasser ist Transport-, Lösungs- und Kühlmittel zugleich. Wassermangel mindert die Funktions- und Leistungsfähigkeit des Körpers wie kein anderer Nährstoffmangel. Bei mittlerer Trainingsintensität und mäßigen Temperaturen verliert der Körper etwa einen halben bis einen Liter Schweiß pro Stunde, bei intensiver körperlicher Belastung bis zu vier Liter. Durch das Schwitzen reguliert der Körper seinen Wärmehaushalt. Wassermangel wirkt rasch leistungsmindernd: Durst, Schwäche, Schwindel, Muskelkrämpfe und Kopfschmerzen sind deutliche Warnsignale; Kreislaufversagen durch Hitzestau kann folgen. Bereits vor dem Einsetzen des Durstgefühls soll das Flüssigkeitsdefizit ausgeglichen werden. Während des Marathonlaufs sind etwa alle 15 Minuten ca. 150 Milliliter Flüssigkeit zu trinken. Der Wasserverlust wird teilweise wieder ausgeglichen (ca. 0,8 bis 1 Liter pro Stunde). Der Magen nimmt pro Stunde, unabhängig von der ausgeschwitzten Menge, etwa einen Liter Flüssigkeit auf und gibt sie über den Darm an die Blutbahn weiter. Welches Getränk ist geeignet? Empfehlenswert sind Mischgetränke aus natrium-hydrogencarbonatreichen Mineralwässern und Fruchtsäften, die den Blutzuckerspiegel stabilisieren.

Nicht empfehlenswert sind unverdünnte Fruchtsäfte vor und während des Laufs. Sie enthalten zuviel Säure und Kalium, aber kaum Natrium. Fruchtsäfte sollten zum Flüssigkeitsausgleich immer mit Mineralwasser im Verhältnis 1 : 3 bis 1 : 5 verdünnt werden. Das klassische Getränk ist die Apfelsaftschorle. Dagegen ist die positive Wirkung von Isodrinks und Elektrolytgetränken, die seit Mitte der 80er Jahre ein Renner auf dem Markt sind, nicht ausreichend erwiesen – zumindest unterhalb der Ultradistanzen.

Ernährung vor und nach dem Wettkampf

Ziel in der Phase kurz vor dem Wettkampf ist es, die Glykogenreserven aufzufüllen, um eine hohe Belastungsintensität zu ermöglichen. Bei sonst normaler Ernährung könnte man am sechsten bis vierten Tag vor dem Wettkampf ein hartes, erschöpfendes Training durchführen, um die Kohlenhydratspeicher zu entleeren. Drei Tage vor dem Wettkampf werden diese mit kohlenhydratreicher Kost wieder aufgefüllt. Dadurch werden mehr Kohlenhydrate als vorher eingelagert (Prinzip der «Superkompensation»). Das Depot in der Leber und in den Muskeln erhöht sich von etwa 350 auf 650 Gramm.

Am Wettkampftag sollte die letzte größere Mahlzeit mindestens zwei bis drei Stunden zurückliegen. Geeignet sind ballaststoffarme, leicht verdauliche Lebensmittel und kohlenhydratreiche Getränke. Denn das in die Verdauungsorgane transportierte Blut steht dann der arbeitenden Muskulatur nicht zur Verfügung. Während des Laufs den Flüssigkeitsverlust rasch ausgleichen, was naturgemäß nur unvollständig gelingt.

Um die Regenerationsphase kurz und optimal zu gestalten, sollte man nach dem Lauf das Flüssigkeitsdefizit möglichst schnell beheben und Kohlenhydrate zuführen. Wegen des mangelnden Appetits unmittelbar nach dem Wettkampf empfehlen sich kleine Snacks. Auch auf die ausreichende Versorgung mit Vitaminen und Mineralstoffen muß in der Regenerationsphase geachtet werden.

Anmerkungen

1 Roger Baumann, in: Sport v. 28. 9. 94
2 Sylvia Schneider, in: fit for fun 8/94

36

Ein Asphalt-Tarzan macht Furore

Alfred Pohlan – der Tiger von Bogenhausen

Alfred Pohlan genießt mit seinen fast 75 Jahren den Ruf, einer der flinksten Alten der Republik zu sein. Als «Tarzan» ist er in der Laufszene bekannt wie ein bunter Hund. Er hat den Erdball mehrfach umrundet, sammelt Wappen, Wimpel, Medaillons und Urkunden von fast allen Marathons, die irgendwo auf der Welt gelaufen werden – und die er alle gelaufen ist. Ob Illertissen oder Katmandu, Ulm-Söflingen oder Mombasa, Donaueschingen oder Honolulu, von Pflichtveranstaltungen wie in New York oder London ganz zu schweigen – Alfred war überall dabei. In seinem Eigenheim in München-Bogenhausen gibt es im Keller das berühmte «Trinkstüberl zur Roten Laterne», in dem er mit seinen Kumpanen Pläne ausheckt, Lauf-PR betreibt und dem bayerischen Bier Tribut zollt. Dort, vor dem schwarzen Filz, auf dem Hunderte von Aufnähern Zeugnis geben von seiner Laufleidenschaft, ist ein großer Traum, das Credo seines Lebens, mit Händen greifbar: Leben ist Bewegung – und Bewegung ist Leben.

Sein Markenzeichen ist die Tigerhose, die er sich vor vielen Jahren schon zugelegt hat – und die trägt er solo, ohne Laufhemd. Ein Oben-ohne-Tiger – es sei denn, die rigide Kleiderordnung des DLV nötigt ihm «passende Oberbekleidung» auf. «Ich bin nicht so blöd, ein verschwitztes T-Shirt mitzuschleppen. Außerdem bin ich Sonnenanbeter. Die Leut', die eine Sporthose nach der anderen vorbeilaufen sehen, sollen ja auch mal lachen können.» Wenn er von den «Tiger, let's go»-Rufen in Boston oder London erzählt, bekommt er leuchtende Augen. Und wenn «Tarzan» die 42 Kilometer hin und wieder mit einer hübschen jungen «Jane» zusammen gelaufen ist, dann doch nicht aus Selbstverliebtheit oder Mediengeilheit, wie er mit unschuldigem Augenaufschlag bekennt, sondern weil er der eine Freude habe machen wollen...

Alfred Pohlan sagt von sich, Eitelkeit sei ihm fremd, als «Senkrechtstarter» habe er sie nie nötig gehabt. Daß er kein Kind von Traurigkeit ist und sehr genau weiß, wozu der liebe Gott den Menschen Ellenbogen hat wachsen lassen, zeigt sich an seiner Karriere als Architekt. Spürsinn, Tüchtigkeit und eine gute Portion «Abgezocktheit» waren die Basis seines Geschäftserfolges: Von nichts kommt nichts, und was er mache, mache er perfekt, betont Pohlan. «Ich hab schon geschaut, daß ich das Fettauge in der Suppe finde.»

Kein Supernazi, aber «supernazi»

Die Offenheit und vermeintliche Naivität, mit der Pohlan über seine Prinzipien und Kapriolen erzählt, hat – bei aller Zwiespältigkeit – etwas Einnehmendes. Er strahlt die Selbstsicherheit eines Mannes aus, dessen Wohlstand ihm jeden Tick, jede Marotte erlaubt. Aber Pohlan steht zu seiner Geschichte. Wo andere die «Gnade der späten Geburt» für sich reklamieren oder in das schwarze Loch ihrer Erinnerung starren, erinnert er sich.

Sein vom 1. Juli 1988 datiertes Dossier in eigener Sache mit dem schlichten Titel «Alfred Pohlan (bekannt als TARZAN), geb. 08.05.1920» beginnt mit der akribischen Auflistung seiner Leistungen und Dienstleistungen im Dritten Reich. Es erwähnt das HJ-Leistungsabzeichen, das SA-Sportabzeichen, das Reichssportabzeichen. Wie die meisten Männer seiner Generation zog er für die Nazis in den Krieg, war ein stolzer Soldat im Dienste des Regimes, das Millionen Menschen den Tod brachte. Wie viele seiner Generation hält er an der perversen Spaltung in Licht- und Schattenseiten der Nazijahre fest: Gut seien die Beseitigung der Arbeitslosigkeit, Zucht und Ordnung nach dem Chaos der Weimarer Zeit und die sportliche Ertüchtigung gewesen. Schlecht war die maßlose Kriegspolitik, der Holocaust. Pohlan ist keiner von denen, die vorgeben, 1945 mit einer blitzsauberen «Stunde Null» begonnen zu haben. Er sagt, er sei «supernazi» gewesen: «Meine Generation ist eine, die vom Dritten Reich herkommt. Und da hat es einen gegeben, der gesagt hat: ‹Zäh wie Leder, hart wie Kruppstahl, flink wie Windhunde›. Diese Droge habe ich so richtig geschluckt. Ich habe die Sache des Dritten Reichs insofern anerkannt, weil sie sportlich für die Menschen was gebracht hat. Denn '33 war alles arbeitslos, und da kommt so ein Verrückter und bringt jedem Arbeit. Ich bin in diese Generation hineingewachsen.» Pohlan war ein Sportnazi, einer, den die militaristische Ausrichtung von Sport, Spiel und Freizeit förmlich in das NS-System hineinsog. Für Männer wie Pohlan galt, was Klaus Theweleit in den «Männerphantasien» über die Zurichtung von Kadettenkörpern schrieb: «Bis an die ‹Grenze der letzten Anstrengung› geht jede Übung, bis der Schmerz umschlägt in Lust... Der Körper schluckt Angriff auf Angriff, bis er süchtig wird.»

Nach amerikanischer Kriegsgefangenschaft war er im Mai 1946 wieder in München. Auf dem Fragebogen, den er zu Beginn seiner Gefangenschaft ausfüllen mußte, hatte er – ganz Überzeugungstäter – unverblümt alle seine Verdienste um das NS-System ausgeplaudert. Aber er hatte Glück, sein Fragebogen wurde nicht mehr rechtzeitig gefunden. Und da er ja «Demokratenschule gekriegt hatte von den Amis» (so seine lockere Umschreibung für das «reeducation to democracy»-Programm der U.S. Army), konnte er sich in München beim Alliierten Militärkommandeur im Rathaus melden. Von diesem Tag an fiel er nur noch die Treppe hoch: ein Senkrechtstarter und Glücksritter, unbeleckt von Skrupeln. Als 26jähriger dirigierte er die Renovierung von Häusern, die die Alliierten von deutschen Kriegsverbrechern requiriert hatten. Der Rest ist schnell erzählt: ein bißchen Schwarzmarktschieberei, Architekturstudium, bald selbständig, Eigenheimbau in München, Immobilienbesitz. Pohlan war schnell ein gemachter Mann.

Laufen, laufen laufen...

Am liebsten würde er jeden Quadratmeter des Planeten unter die Füße nehmen und mit seinem Fußabdruck weihen. Ob 42 oder 180 km, Wüstenhitze oder bittere Kälte, er ist immer gelaufen. Aber Verbissenheit ist ihm fremd: Für ein kühles Bier oder einen prikkelnden Champagner am Wegrand hatte er immer schon manchen Umweg in Kauf genommen. Das einzig Gefährliche an seinen sportlichen Obsessionen waren die rasanten Anreisen zu den Läufen im Auto oder auf seiner geliebten BMW K 110.

Seine Besessenheit brachte ihm am 4. Juli

1988 den Hauptartikel auf der Sportseite der Münchener *Bild* ein. Nach einem üblen Motorradunfall mit 50 Stichen genäht, brach er aus der Klinik aus, um mit seinen Lauffreunden einen Fünf-Kilometer-Lauf zu bewältigen – versprochen ist versprochen. Originalton *Bild*: «Klinikum ‹rechts der Isar›, Samstag kurz nach 11 Uhr. Die Tür von Zimmer 110 auf der Unfallchirurgie öffnet sich einen Spalt, ein Mann äugt verstohlen über den Flur. Die Luft ist rein. Der Mann, getarnt mit einem weißen Krankenhauskittel, stiehlt sich aus dem Zimmer, durch die Gänge, vorbei am Pförtner in der Eingangshalle – geschafft! Eine Stunde später im Perlacher Forst…»

Der Ehrgeiz, immer vorn dabeizusein, ist ihm nie verlorengegangen. Dennoch kommt es ihm auf Bestzeiten nicht an, dafür ist er allein durch die kleinen Versuchungen am Rande zu sehr gefährdet: «Wenn wo a Bier zu sehen ist, bin ich direkt dran, das pack ich sofort.» In dem Zusammenhang muß noch eine Geschichte erzählt werden, über die Pohlan heute lacht: seine kuriose Fehde mit Rolf Brokmeier, einem anderen Vielläufer im Lande. Beide haben mit der Präzision von Buchhaltern ihre Läufe gezählt. Das war ein Privatkrieg ohne Kriegserklärung – und ohne Kapitulation. Zwei «verrückte Alte», eine Posse um die weltbewegende Frage: Wer von uns hat mehr Marathonkilometer unter den Schuhen gehabt?

Brokmeier und Pohlan: welcher Gegensatz! «Tarzan», der lebensfrohe Architekt aus München, materiell auf Rosen gebettet, der sich jede Reise zu jedem Punkt der Erde leisten kann, ein rigoroser Erfolgsmensch – und einer, der sich nahezu ohne jede Verletzung seinem Hobby widmen konnte. Dagegen hatte es Rolf Brokmeier immer schwer in seinem Leben. Er kam mit einer halbsteifen Hüfte und einem verkürzten Bein aus dem Krieg, schuftete fast zwei Jahrzehnte für VW am Band, hatte 1956 einen schweren Motorradunfall. Sein Glück war, auf Dr. Ernst van Aaken zu treffen, der ihm riet, was er fast allen seinen Patienten riet: laufen, laufen, laufen. Und das tat Brokmeier. Immer länger, immer weiter. Er verdingte sich als Bürobote bei der Bundesknappschaft, um mehr Zeit fürs Training zu haben. Als er seine Frau verlor, wurde das Laufen immer mehr zum Mittelpunkt seines Lebens. Anders als Pohlan verkörpert er den disziplinierten, asketischen Läufertyp, der exakt auf die anvisierte Minute hin laufen kann. Er lief Rennen auch schon einmal mit einem Muskelfaserriß oder angebrochenem Mittelfußknochen zu Ende. Was bei Pohlan Lebensgestaltung einer ex-

«Tarzan» in Arbeitskleidung

zentrischen Persönlichkeit war, sah bei Brokmeier mehr nach Lebensbewältigung und täglicher Anstrengung aus. Tausende und Abertausende Kilometer fuhr er mit dem Auto, um zu den Rennen zu kommen. «Mein Auto benutze ich nur fürs Laufen.» Zweimal am Wochenende? Problemlos. Sein Lebens-Lauf wurde bewundert und allmählich auch honoriert. Als brillanter Altersläufer und Weltrekordler wurde er oft eingeladen und soll kurz vor einem Sponsorenvertrag gestanden haben. Und dann spuckte ihm «Tarzan» in die Suppe. In *Spiridon* war eine Hymne auf Alfreds Verrücktheiten und die schier endlose Zahl von Marathons erschienen. Auf einmal war «Tarzan» die Nr. 1 – ein Lebemann und Spezialist der Selbstvermarktung. Für Brokmeier war der aber ein «Lügen-Baron», ein skrupelloser Scharlatan, der auch Halbmarathons und andere Läufe weit unterhalb der 42,195 Kilometer unter der Rubrik «Marathon» verbuchte. Für Pohlan ist das «ein Schmarrn», er habe das Laufen immer locker gesehen. Vielleicht sei bei Brokmeier ein wenig Neid dabei, der habe es im Leben immer «sauschwer» gehabt; der sei ein richtiger Laufarbeiter, vielleicht ein bißchen verkniffen, aber sonst ganz in Ordnung. Sagt «Tarzan» – und ihm blitzt der Schalk aus den Augen.

Augen auf und durch!

Alfred Pohlan, wen wundert's, ist nicht nur gelaufen, was die Sohlen hergaben. Er spielt Tennis, fährt mit dem Rad bei den Rennen von St. Johann mit und liebt das Kanufahren. 1985 war er bei der Tour International Danubien dabei, der größten Kanuwanderfahrt der Welt von Ingolstadt nach Silistra in Bulgarien. Abends lief er nach kräftezehrenden 50-Kilometer-Etappen noch ein paar Kilometer und suchte nach Tennisgegnern, falls er irgendwo einen Platz aufgetan hatte.

Außerdem machte er sich als Lauforganisator einen Namen. Als Präsident der Turnerschaft Jahn stellte er, trotz geringer finanzieller Mittel und nicht gerade überschäumendem öffentlichen Interesse, den Oktoberfest-Marathon und später den Olympiamarathon auf die Beine. Auch bei Marathonläufen in Ägypten, Kaschmir, Istanbul und Madagaskar betätigte sich der agile Senior als Organisator. Mit dem Road Runners Club München, dessen Präsident er auch war, übernahm er die technische Ausrichtung des City-Marathonlaufs. Als Läufer hat er seine Ziele mittlerweile zurückgeschraubt: «Ich laufe noch Halbmarathon, keine Marathons. Ich könnte schon noch. Aber warum soll ich die Leute fünfeinhalb Stunden warten lassen!» Ob er sich noch an seinen ersten Marathon erinnere? «Mein erster Marathon? Da muß ich direkt simulieren: Ja, weiß ich, das war hier in München so '56 oder '57, da ham sie mich schwer beschissen...»

Aber das Alter hinterläßt auch an «Tarzans» Astralleib seine Spuren. Fünfundsiebzig Jahre unterwegs zu sein ist ja auch nicht von Pappe. Daß ein Mensch wie Alfred Pohlan auch klare Vorstellungen davon hat, wie er den Lauf in die ewigen Jagdgründe angehen möchte, überrascht nicht. «Ich lebe gottesfürchtig und nach meinem elften Gebot: Du sollst gut essen (Vollkornbrot, viel Fleisch), gut trinken (Wein und Bier nach jedem Kampf), viel von der Welt sehen und alles genießen. Dann geht hoffentlich auch mein letzter Wunsch in Erfüllung: Nach meinem Tod möchte ich verbrannt werden und als Asche in einer Sanduhr sein, damit ich immer weiterlaufen kann.» (BILD am Sonntag, 14.7.85)

37

Mittendrin – statt nur dabei?

Beim Marathon unschlagbar: die Rollis

Sie fahren weit voraus und werden doch oft nur als Vortrupp des «regulären» Marathonfelds wahrgenommen. Dafür stehen sie auch zu selten im Licht der Kameras. Gesund – körperbehindert – geistig behindert: Solange die Leichtathletik weiterhin als Drei-Klassen-Gesellschaft funktioniert – und es spricht nichts dafür, daß sich das sehr schnell ändern könnte –, werden auch die Rollifahrer weiterhin im toten Winkel der Medien sein.

Keine Sponsoren, keine Fernsehbilder, keine Öffentlichkeit: In diesem Gewirr wechselseitiger Abhängigkeiten bleiben die behinderten Sportler meist auf der Strecke. Ihre Leistungen werden allenfalls routinemäßig «gewürdigt»: in der Kategorie «ferner liefen» (bzw. fuhren). Nur wenige herausragende Athletinnen und Athleten im Rollstuhlsport wie Heinz Frei, Jim Knaub, Jean Driscoll oder Lily Anggreny haben überhaupt eine Chance, unter halb- oder viertelprofessionellen Bedingungen zu trainieren. Von ihrem Sport leben können auch sie nicht. «Traurige Wahrheit: Von einem soliden Sponsor-Vertrag können behinderte Leistungssportler nur träumen. In der Regel übernehmen Sponsoren die Kosten für technische Hilfen (z. B. Rennprothesen), manche Firmen beschränken sich lediglich auf Sportkleidungs-Aus-

Seit Jahren Weltspitze: der Schweizer Heinz Frei

stattung. Einsame Ausnahme: die unterschenkelamputierte alpine Skiläuferin Reinhild Möller, die jüngst mit der Salzburger Firma Landhausbau einen Deal über eine Million Dollar abschloß. Darüber hinaus macht nur noch ein Sponsor mit regelmäßigen Zahlungen schlecht von sich reden: das Bundesinnenministerium. 1994 betrug der Zuschuß magere 6,1 Millionen Mark (Sportfördermittel 1994 insgesamt: 210 Millionen Mark).»[1]

In einem Gespräch mit der Zeitschrift *Sport Special* hat Errol Marklein die Schwierigkeiten beschrieben, sich als Rolli in der Marathonszene durchzusetzen: «Ich betreibe ja – für mich persönlich – keinen ‹Behindertensport›. Ich betreibe ‹Sport›. Ich bin zwar behindert und sitze im Rollstuhl, aber wenn ich irgendwo hingehe, wo andere Leute auch Sport machen, so bin ich Sportler unter Sportlern. Das will ich erreichen.»[2]

Lily Anggreny, die Weltrekordlerin und Goldmedaillen-Gewinnerin von Barcelona, trainiert vor großen Wettkämpfen in zwei Einheiten täglich rund 40 Kilometer. Wenn es ihr auf der Bahn im Bochumer Ruhrstadion zu langweilig wird – und das kann bei andauerndem Kreisverkehr leicht passieren –, weicht sie auf normale Straßen aus. «Wenn ich frech bin, fahre ich schon mal auf der Straße. Es ist ziemlich riskant, auf dem Bürgersteig zu fahren. Autofahrer, die aus einer Garageneinfahrt kommen, gucken selten.»[3] Im August 1994, kurz nach der Weltmeisterschaft in Berlin, verunglückte Daniela Jutzeler beim Training in ihrem Heimatort Littau tödlich, als ein Lieferwagen auf der Gegenfahrbahn ins Schleudern kam und in ihren Rennrollstuhl raste. Die Schweizerin war auf dem Radweg gefahren – genützt hat es ihr nichts.

Die funktionelle Klassifizierung

Seit Behinderte wettkampfmäßig Sport treiben, ist das komplizierte Schadensklassen-System umstritten. Der Sinn der verwirrenden Klassifizierung liegt auf der Hand. Nur Vergleichbares kann miteinander verglichen werden: Doppelunterschenkelamputierte, Oberschenkelamputierte, von spinaler Kinderlähmung Betroffene, Blinde – behindert ist nicht gleich behindert. So gab es bei der Leichtathletik-Weltmeisterschaft der Behinderten 1994 allein dreizehn Finalläufe über 100 Meter bei den Herren. Selbst Funktionäre verlieren hier leicht den Überblick. Eine Zusammenlegung der Schadensklassen unter Berücksichtigung der extrem verschiedenen Grade von körperlicher Behinderung mag wie die Quadratur des Kreises erscheinen; aber es wird vielerorts über Alternativen zum jetzigen hochkomplizierten Reglement nachgedacht. Denkbar wäre die Übertragung der sog. Gundersen-Methode aus dem Ski-Nordisch-Bereich auf die Leichtathletik. Sie sieht vor, die am schwersten behinderten Athleten als erste starten zu lassen; die weniger behinderten Konkurrenten gehen in exakt errechneten zeitlichen Abständen ins Rennen.

In der Rollstuhlleichtathletik gibt es in den Fahrdisziplinen vier Klassen, von T1 bis T4 (von *track* = Bahn), in den technischen Disziplinen acht Klassen von F1 bis F8 (von *field* = Feld).

T1

Tetraplegiker ohne Fingerfunktion und ohne Armstrecker. Komplette Lähmung der Rumpf- und Beinmuskulatur. Der Krafteinsatz kommt vom Armbeuger. Fährt mit der typischen Backhand-Technik.

T2
Tetraplegiker mit reduzierter Fingerfunktion. Armmuskulatur funktionell einsetzbar. Lähmung der Rumpf- und Beinmuskulatur. Der Krafteinsatz kommt vom Armstrecker. Fährt mit der typischen Backhand-Technik.

T3
Paraplegiker mit normaler oder fast normaler Funktion der oberen Gliedmaßen. Keine aktive Rumpfbeugung. Teilweise Lähmung der Rumpfmuskulatur. Komplette Lähmung der unteren Gliedmaßen.

T4
Paraplegiker mit aktiven Rumpfbewegungen in allen Ebenen. Kann deshalb den Oberkörper beim Start, beim Beschleunigen, beim Bremsen, in Steigungen und zum Steuern einsetzen. Funktionell sind dieser Klasse auch alle Beinamputierten zugeteilt.[4]

Bei den Fahrdisziplinen ab 1500 Meter, also auch beim Marathon, werden die Klassen T3 und T4 (Paraplegiker) gemeinsam gewertet.

Der Rennrollstuhl – ein High-Tech-Sportgerät

Mit den schwergängigen Kassen-Rollstühlen, die wir aus den Fluren von Krankenhäusern und Altenheimen kennen, haben diese «Geschosse» praktisch nichts mehr gemein. Die mit ihnen erzielbaren Geschwindigkeiten – 33 km/h auf der Bahn, 26 km/h in der Kurve, 40 km/h auf Asphalt und gut 60 km/h bergab – verlangen eine außergewöhnliche Haltbarkeit bei extrem niedrigem Gewicht. Die heutigen dreirädrigen Rennrollstühle werden den Athletinnen und Athleten wie Maßanzüge auf den Leib konstruiert: Einzelanfertigungen – denn zu verschieden sind die Körperproportionen, individuelle Sitzposition und Körpergewicht der behinderten Sportler. «Die verwendeten Materialien», betont Errol Marklein vom Forschungs- und Entwicklungsstab der Firma Sopur, «sind inzwischen hochwertiges Aluminium oder Titanrohr. Was Greg Lemond recht ist, ist Markus Pilz billig. Die Aerodynamik spielt eine immer größere Rolle, so daß eigentlich durchgängig verkleidete Antriebsräder mit Felgen und Reifen aus dem Radrennsport eingesetzt werden. Das Wesentliche beim Schnellfahren ist und bleibt aber die ‹Vereinigung› von Athlet und Wettkampfgerät. Die Sitz- bzw. Knieposition, die der Athlet in seinem Rennstuhl einnehmen kann, ist der Garant für maximale Kraftübertragung, damit Beschleunigung und Geschwindigkeit.»[5] Die gummiüberzogenen Greifreifen haben einen relativ kleinen Durchmesser, damit sie eine höhere Geschwindigkeit erzielen können.

Auf eine Besonderheit weist Axel Wiese, der Fachwart Leichtathletik des RSC Hamburg hin: auf den Schutz der Hände. Während wir «Fußgänger» (wie Nichtbehinderte kurz und bündig genannt werden) unsere Hände beim Marathon im wesentlichen nur benötigen, um nach Wasserbechern und Schwämmen zu greifen, sind Finger und Hände bei den Rollis schwer malträtierte Arbeitsmittel, mit denen sie über mehr als 40 Kilometer die Greifreifen traktieren: in hoher Frequenz und mit ungeheurem Kraftaufwand. «Besondere Bedeutung kommt den speziell präparierten Handschuhen zu: Um die Belastung der Finger bei der langen Marathondistanz möglichst gering zu halten, werden die Handschuhe nach individuellem ‹Geheimrezept› mit Klebeband und Lederstücken verstärkt.»[6]

Heinz Frei: «Ich habe die gleichen Träume und Sehnsüchte wie jeder andere Mensch»

Zur Person:
Heinz Frei, geboren am 28. Januar 1958, Größe 1,78 m, Gewicht 59kg, Beruf Vermessungszeichner, seit 1989 verheiratet mit Barbara, Kinder Jan (4) und Tamara (1)

Stationen und Erfolge:
Rollstuhlsport seit 1981; 1984 Winter-Paralympics: 3. Rang 3×2,5-km-Staffel Langlaufschlitten, Sommer-Paralympics: Zwei Goldmedaillen (5000 m, Marathon); 1986 WM: Zwei Goldmedaillen (5000 m, Marathon); 1988 Winter-Paralympics: Je eine Gold- (5 km), Silber- (10 km) und Bronzemedaille (Staffel); Sommer-Paralympics: Je zwei Gold- (1500 m, 10 000 m) und Silbermedaillen (800 m, 5000 m); 1990 WM: Je eine Silber- (800 m) und Bronzemedaille (5000 m); 1992 Paralympics: Drei Gold- (800 m, 5000 m und Marathon) und eine Silbermedaille (10 000 m). Total 30 Marathonsiege, Inhaber der inoffiziellen Weltbestzeit (1 : 21 : 23 in Boston).

Wie erklären Sie sich die Tatsache, daß die Bestzeiten im Rollstuhl-Marathon jeweils gleich um Minuten verbessert werden?

Ich glaube, daß sich sowohl Material als auch Athleten immer noch weiterentwickeln. Ich selbst gehöre schon fast zu den Pionieren. Vor zwölf Jahren reichte es noch, zwei- bis dreimal pro Woche zu trainieren und trotzdem ganz vorne mitfahren zu können. Mittlerweile ist es selbstverständlich, ein- bis zweimal pro Tag zu trainieren. Dazu kommt die starke Konkurrenz in der Schweiz, wenn Berset, Nietlispach oder Müller am Start sind, dann gibt es gleich ein hartes Rennen.

Wie groß ist der Anteil des Materials?

Heute kann man zwischen etwa fünf Produkten auswählen, die qualitätsmäßig alle etwa das gleiche Niveau haben, wobei die meisten Spitzenathleten ihre Stühle selbst noch modifizieren. Ich könnte auf jedem dieser Rollstühle sehr schnell sein. Das Sportgerät an sich ist ausgereizt.

Und wie eng ist die Zusammenarbeit zwischen Hersteller und Sportler?

Die Rennstühle entstehen schon vorwiegend nach unseren Ideen, derzeit geht es allerdings bloß noch um Finessen.

Hat aber jeder Rollstuhlsportler Zugang zu jedem Produkt?

Im Prinzip schon. Aber eigentlich geht die Wahl des Produktes eher Richtung Sponsoring. Ich wähle das Produkt, von dem ich insgesamt am besten unterstützt werde. Wenn ich also neben dem Rennstuhl noch einen Alltags-Stuhl erhalte, plus Sportbekleidung, oder wie in letzter Zeit auch etwas Bargeld, so fällt die Entscheidung leichter. Mittlerweile gibt es auch Verträge mit Leistungsprämien.

Die ganze Entwicklung vom Pionier zum Spitzensportler ist doch sehr schnell gegangen. Ist denn das Ganze gesund gewachsen?

Ich habe schon den Eindruck. Es hat Phasen gegeben, in denen es problematisch wurde, aber meistens waren das Einzelfälle. Es hängt sehr von den einzelnen Sportlern ab. Wenn sich einer mit Werner Günthör gleichsetzt und auf dieser Basis Geschäfte machen will, dann geht das einfach nicht. Wir sind immer noch eine Randsportart und werden immer eine bleiben.

Wie treten Sie gegenüber einem Veranstalter auf? Führt da ein Manager die Verhandlungen?

Bis jetzt habe ich das immer selbst gemacht. Sehr oft melde ich mich auch via Ausschreibung der Schweizerischen Paraplegiker-Vereinigung an und erhalte so einen Teil der Spesen zurück. Und wenn ich dann Glück habe, kann ich dank eines Spitzenranges etwas verdienen.

In welchen Dimensionen bewegen sich diese Preisgelder?

Das ist immer noch sehr unterschiedlich. Boston ist sicher eine Ausnahme, die ich selbst übertrieben finde. Wenn ich, wie dieses Jahr, für einen Sieg mit Strecken- und Weltrekord 26 500 Dollar erhalte, der Zweite noch 3000 und der Dritte noch 1000 Dollar kassieren und der Rest leer ausgeht, dann finde ich das nicht gut. Besser wären Preisgelder bis zum zehnten Rang.

Sie sind einer der Stars der Rollstuhlszene. Wie sieht Ihre finanzielle Bilanz übers Jahr aus?

1994 könnte erstmals etwas übrigbleiben, zuvor bin ich jeweils zum Nulltarif gefahren. Ich bin in einer Situation, die ich jedem andern Invalidensportler gönnen würde. Man könnte fast sagen, wir Behindertensportler seien die einzigen Sportler, die irgendwie staatlich unterstützt werden. Bei mir ist es so, daß die Sozialversicherungen (Suva / IV) entschieden haben, daß ich eine 50-Prozent-Stelle bewältigen könne. Weil ich für alltägliche Verrichtungen viel länger brauche als ein Nichtbehinderter, weil ich beispielsweise täglich ein Gymnastikprogramm für den gelähmten Teil meines Körpers und ein einstündiges Stehtraining für die Knochen durchführen muß und ähnliches mehr, bezahlen die Sozialversicherungen die andern 50 Prozent. Erst diese Ausgangslage ermöglicht mir, in diesem Ausmaß Sport zu treiben.

Wie reagieren denn die Versicherungen, wenn sie sehen, daß Sie mit oder dank dieser teilfinanzierten Freizeit Geld verdienen können?

Bei mir selbst hat es noch nie Diskussionen gegeben, aber es gibt ja das Beispiel des Franz Nietlispach, bei dem aus genau diesen Überlegungen versucht wird, ein Präjudiz zu schaffen. Aus der Überlegung, daß er zu 100 Prozent arbeitsfähig sei, hat man ihm die IV-Rente gestrichen, der Fall ist allerdings noch hängig.

Halten die Rollstuhlsportler in diesem Fall zusammen, oder ist Nietlispach ein Einzelkämpfer?

Wir sprechen schon zusammen darüber, und ich kann ihm auch mal Tips geben, wie er sich wehren kann. Aber im Prinzip können wir nur auf einen definitiven Entscheid warten. Aber wenn dieses Beispiel Schule macht, müssen wir uns schon gemeinsam wehren.

Ich meine, daß diese beiden Beine gelähmt sind, daß wir neben Beruf und Familie einiges mehr wegen dieser Lähmung zu tun haben, das schleckt keine Kuh weg.

Das Urteil im Fall Nietlispach wird ja bestimmt Auswirkungen auf den Leistungssport haben.

Ja wenn mir die IV dereinst sagt, ab sofort sei meine IV-Rente gestrichen, dann müßte ich schon mehr arbeiten, um Familie und Haus durchzubringen. Da würde sich sicher die Frage stellen, wie ich das schaffe. Ich müßte entweder effektiv mehr arbeiten und mein Training einschränken, oder ich müßte versuchen, den Verdienstausfall über Sponsoren zu kompensieren.

Aber die Paraplegiker-Bewegung profitiert doch sicher auch von euch Spitzensportlern, gerade Spendenaktionen werden ja sehr oft mit euren Siegesbildern geschmückt.

Unsere Erfolge werden sicher ausgenützt, und das ist auch recht so. Ich denke schon, daß wenn ich mich in der Öffentlichkeit bewege, bin ich nicht nur der Sportler Heinz Frei, sondern sicher auch ein Beispiel oder sogar ein Vorbild für Behinderte. Und es zeigt einem Nichtbehinderten natürlich auch, daß es ihm ja eigentlich sehr gutgeht.

Nichtbehinderte haben ja sowieso mehr Berührungsängste bei Rollstuhlfahrern als umgekehrt.

Und das bringt man wahrscheinlich auch nicht weg. Ich kann noch so oft sagen, ich sei ja gesund, es fehle mir nichts, ich habe die gleichen Träume und Sehnsüchte wie jeder andere Mensch auch. Aber das ist in den Köpfen fixiert.

Haben Ihre sportlichen Erfolge auch kontraproduktive Auswirkungen, daß also Leute sagen, wenn der jede Woche einen Marathon fahren kann, dann kann er sich doch nicht beklagen?

Nein. So was ist mir noch nie zu Ohren gekommen. Aber in der Behindertenszene selbst gibt es schon mal ähnliches, daß also Behinderte nicht akzeptieren können, wenn ich sage, mir fehle nichts, mir gehe es gut. Es gibt auch Leute, denen ihre Behinderung manchmal gar nicht so ungelegen ist, weil ihnen überall Mitleid sicher ist.

Was sagen Sie in solchen Fällen?

Ich versuche einfach klarzumachen, wieviel eine gewiße Fitneß einem Rollstuhlfahrer im Alltag bringen kann. Und sehe als Präsident des hiesigen Rollstuhlklubs auch, wie viele Fortschritte jemand macht, wenn er Sport zu treiben beginnt.

Bald nach einem Unfall, der einen Menschen in den Rollstuhl zwingt, hat der Sport ja sowohl physio- als auch psychotherapeutische Aufgaben. Viele Leute haben wahrscheinlich eher mit dem Schritt zum Spitzensport Probleme.

Ja, ich werde öfters gefragt, ob es sinnvoll sei, daß ich durch Spitzensport meine Gesundheit aufs Spiel setze, nachdem mir der Sport schon einmal – eben bei meinem Unfall – sehr viel genommen hat. Da muß ich aber sagen, daß ich wegen dieses Unfalls keine Lust habe, mich nur noch einzusperren und möglichst allen Risiken aus dem Weg zu gehen.

Wie ist das bei Leichtathletik-Meetings? Wie werdet ihr Rollstuhl-Spitzensportler von den nichtbehinderten Spitzensportlern behandelt?

Früher waren wir nur Anhängsel, mittlerweile hat sich das aber schon geändert. Auch bei den Veranstaltern. Gerade bei Marathons sind die Veranstalter froh, wenn vor dem eigentlichen Läuferfeld schon etwas los ist, was das Interesse der Zuschauer weckt. Mittlerweile sind wir jedoch so schnell, daß wir fast zu lange vor den Läufern irgendwo durchfahren.

Marathonläufer sind meist spindeldürr, Marathon-Rollstuhlfahrer ziemliche Muskelpakete. Können Sie, bezogen auf das Training von einem Läufer, in irgendeiner Form profitieren?

Wir haben uns (zu) lange an der Leichtathletik orientiert, aber wir haben allmählich gemerkt, daß wir von der Belastung her eher den Radfahrern nahestehen. Wenn ich jemandem erklären muß, daß ich acht bis zehn Marathons pro Jahr fahre oder daß ich sowohl über 800 m als auch im Marathon vorne dabeisein kann, dann muß ich schon den Radsport als Vergleich nehmen.

Gerade bei sehr wichtigen Rennen auf der Bahn gibt es ab und zu Kollisionen und Stürze. Wie reagiert das Publikum auf diese Härte?

In Barcelona beim 5000-m-Rennen wurde es einen Moment totenstill im Stadion, die Leute erschraken schon. Aber ich glaube, das war ganz gut, das hat gezeigt, daß wir halt wirklich Sport treiben, Glück und Unglück, Mißgeschicke, auch Risiko, all das gehört zum Sport.

Ist Rollstuhlfahren in den letzten Jahren auch von Außenstehenden als Sport akzeptiert worden?

Ja schon, es wird immer besser. Gerade wenn man sieht, daß wir einen Marathon 45 Minuten schneller bewältigen als Weltklasse-Läufer.

Wieso ist gerade die Schweiz so stark im Rollstuhlfahren?

Wir sind drei Fahrer, die schon sehr lange dabei sind. Zudem haben viele andere Länder nie die gleichen Möglichkeiten gehabt. Wir konnten schon früher relativ teure Rennstühle kaufen, während es beispielsweise in Rußland offiziell gar nie Behinderte oder Rollstuhlfahrer gegeben hat. Und in Afrika hat es ja kaum Straßen, auf denen man trainieren könnte. Da sind wir halt schon privilegiert.

Sie haben vor und nach Ihrem Unfall Ausdauersport betrieben. Würden Sie sagen, Ihnen fehlt eigentlich gar nichts in Ihrem Leben?

Ja, richtig. Ich war vor meinem Unfall polysportiv tätig, habe nach dem Unfall einige Zeit Probleme gehabt und merkte dann doch einmal, daß ich der gleiche Heinz Frei geblieben bin. Allmählich verspürte ich dann so etwas wie Bewegungsmangel und habe wieder begonnen, Sport zu treiben, und war bald wieder der alte.

Ist das im Rückblick für Sie, wie wenn ein Radfahrer zum Triathlon wechselt oder ein OL-Läufer zum Berglauf?

Genauso. Für mich ist der Rollstuhl ein Fortbewegungsmittel im Alltag, aber der Rennstuhl ist für mich ein reines Sportgerät wie für den Kanuten das Kanu. Für mich ist der Rennstuhl ein vollwertiger Ersatz.

Bloß kann man sich das als Nichtbehinderter nicht oder kaum vorstellen.

Nein, selbst meine Eltern haben manchmal noch Probleme mit dieser Situation.

Apropos Spitzensport: Halten auch die negativen Seiten davon Einzug bei den Rollstuhlfahrern?

Ich weiß einfach, daß ich ohne Doping ganz vorne mitfahren kann, und deshalb kann ich nicht andere Fahrer des Dopings bezichtigen.

Und was, wenn Sie einmal nicht mehr ganz vorne mitfahren können?

Dieser Zeitpunkt ist gar nicht mehr allzu fern. Dann trete ich etwas kürzer und lasse Jüngere vor, die – so hoffe ich wenigstens – besser trainiert haben als ich.

Gibt es Dopingkontrollen?

Ja, ich wurde als Sieger oder Weltrekordhalter regelmäßig kontrolliert.

Diese Kontrollen sind bei Behinderten aber sicher nicht so einfach.

Ja, es gibt schon Leute, die auf Medikamente angewiesen sind, und da braucht es schon Kontrolleure, die wissen, was läuft. Es ist trotz Medikamentenpaß der Athleten nicht gerade einfach.

Haben Sie das Gefühl, Sie seien von fähigen Leuten kontrolliert worden?

Ich hatte bei mir noch nie das Gefühl, es seien bloße Alibiübungen gewesen.

Gerade bei den Radprofis gibt es ja eigentliche Trainingsgeheimnisse – sowohl chemischer als auch wissenschaftlicher Art. Wieviel davon können Sie für sich verwenden?

Nun, Dinge wie Laktatwertmessungen oder ähnliches mache ich auch ab und zu. Es gibt auch andere medizinische Tests, die uns weiterhelfen. Ansonsten verfolgen wir natürlich den Stand der Trainingslehren schon sehr genau.

Wie oft trainieren Sie?

Pro Woche trainiere ich etwa acht- bis neunmal und fahre dabei etwa 200 km, zudem sind für mich Rennen immer auch ein sehr gutes Training. Wöchentlich mache ich ein Krafttraining, im Winter trainiere ich auch auf der Rolle.

Trainieren Sie vorwiegend alleine?

Es gibt Trainingskurse von der Nationalmannschaft aus, aber Trainer im eigentlichen Sinn gibt es noch nicht, da gibt es ein eigentliches Vakuum.

Würde Sie ein Trainerjob reizen?

Ja, ich glaube schon, daß wir Pioniere einmal unsere Erfahrungen weitergeben könnten und sollten.

Bei Bahnwettkämpfen hat man manchmal das Gefühl, daß es Absprachen unter euch Schweizern gebe, also daß Sie auf den Kurzstrecken beispielsweise einem Franz Nietlispach praktisch den Spurt anziehen.

Es läuft darauf hinaus. Ich meine, wir kennen uns schon sehr, sehr gut. Ich weiß, daß ich in einem 1500-m-Lauf im Schlußspurt gegen Franz kaum eine Chance habe. Also fahre ich lieber an der Spitze und werde hinter Franz Zweiter, und wenn sich die Situation ergeben sollte, daß er Probleme hat, dann kann ich gewinnen.

Ihre Taktik ist ja mittlerweile allen bekannt, gibt es denn immer den großen Kampf darum, wer in Ihrem Windschatten fahren kann?

Ja, in etwa. Wobei das im Moment so ist, weil ich im Marathon die Gegner zermürben kann. Wenn sich das ändert, muß ich meine Taktik umstellen.

Wie ist unter euch Pionieren das Verhältnis über all die Jahre gewesen?

Das war ein dauerndes Auf und Ab. Speziell mit Franz hat es auch mal Probleme gegeben. Aber heute ist unser Verhältnis so gut wie noch nie. Und mit Jean-Marc Berset trainiere ich einmal wöchentlich hier in der Umgebung.

Haben die Spitzenfahrer NKES-Ausweise?

Nein. Es gibt eben zwei Verbände. Der Schweizerische Verband für Behindertensport ist SLS-Mitglied und seine Mitglieder können NKES-Mitgliedschaft beantragen. Aber ich hoffe, daß wir von der Schweizerischen Paraplegiker-Vereinigung bald einmal auch Mitglied sind; soviel ich weiß, ist gerade wieder ein Aufnahmegesuch hängig.

Irgendwie tönt es paradox: Gibt es fast so etwas wie Talente für den Rollstuhlsport?

Ja, ich denke schon, daß Talent mit eine Rolle spielt, um Erfolg zu haben. Ich sehe auch Leute, die immer Rollstuhl-Volkssportler bleiben werden. Daneben spielen aber auch noch die körperlichen Voraussetzungen – vor allem Oberkörper- und Armlänge – eine wichtige Rolle. Ich selbst habe in dieser Beziehung sehr gute Voraussetzungen.

Gibt es für einen Behinderten einen anderen Bereich im Leben, in dem er sich so verwirklichen und bestätigen kann wie im Sport?

Es ist am einfachsten via Sport. Zuerst um eine gewisse Selbständigkeit und ein gewisses Selbstwertgefühl aufzubauen. Aber ich habe mich auch schon gefragt, was ich gemacht hätte ohne Sport. Ich denke, beruflich kann man heute auch im Rollstuhl alles erreichen.

Wie reagieren Ihre Kinder auf den Sportler und Vater im Rollstuhl?

Jan bemerkt es allmählich, weniger die sportlichen Resultate als den Rollstuhl. Tamara hockt ganz gerne bei mir im Rollstuhl und läßt sich herumkutschieren. Aber es werden schon noch Situationen eintreten, in denen sie den Unterschied gut merken, es wird immer einen Unterschied geben zwischen mir als Vater und andern Vätern.

Das Gespräch mit Heinz Frei führten Roger Baumann und Carl Schönenberger (abgedruckt in *Sport* Nr. 23/94 vom 7. 6. 1994).

Anmerkungen

1 Tom Kerschke, in: max 10/94
2 Zitiert nach: Sport Special 8/88
3 Lily Anggreny, zitiert nach: max 10/94
4 Zitiert nach WM-News (Broschüre zur Leichtathletik-WM der Behinderten in Berlin 1994), o. O., S. 29
5 Zitiert nach: ebda., S. 31
6 Presseinfo des RSC Hamburg zum hanse-Marathon 1994

So weit die Füße tragen

Horst Preisler: Dreimal um die Erde gerannt

Freunde und Kollegen von Horst Preisler haben sich seit Jahren daran gewöhnt: Den Dauerläufer in seiner Freizeit anzutreffen bedarf wochenlanger Vorausplanung. Sicherheitshalber sollte man ein Vierteljahr vorher anfragen, an welchem Wochenende es am ehesten passen würde. Beispiel: Oktober 1994. Eine Woche hatte sich Preisler nach den kräftezehrenden 110 Kilometern von Athen nach Soulinari am 23. September Zeit gelassen. Das scheint zuviel des Guten gewesen zu sein. Dafür mußte im Oktober im Fernduell gegen Frank Norm, den einzigen ernsthaften Konkurrenten im Wettstreit um den Titel des «Laufverrücktesten», kräftig gepunktet werden. Das Oktober-Programm kann sich sehen lassen: Neun Marathonläufe im 3 : 40 h- bis 3 : 50 h-Schnitt am 1. 10. (Lengenfeld), 2. 10. (Aschaffenburg), 3. 10. (Kiel), 9. 10. (Bestwig), 15. 10. (Wernigerode), 16. 10. (Bremervörde), 23. 10. (Frankfurt / M.), 29. 10. (Basel), 30. 10. (Neuf-Brisach). Hätte der Laufkalender mehr hergegeben, Preisler wäre auch anderswo noch an den Start gegangen.

Im Prinzip sind es nur zwei winzige Probleme, die verhindern, daß er jeden Tag einen Marathon wettkampfmäßig zurücklegt: Seine Frau Christa würde im Haus in Hamburg-Berne vermutlich Amok laufen, wenn ihr Gatte noch mehr «auswärts herumflippen» würde – und Preisler ist als Personalchef des Unfallkrankenhauses Boberg zeitlich und kräftemäßig stark gefordert. Anders als viele eher schwärmerisch veranlagte Läufer kennt er das Gefühl des Loslassens und Schwebens nicht: «Mir ist es nie gelungen, mich in einen Rausch zu steigern.»[1] Abheben ist noch nie seine starke Seite gewesen. Allein die Organisation seines weltumspannenden Herumlaufens erdet ungemein: Anmeldung, Packen, Flug, Lauf, Rückflug, Berne, Boberg – und das gleiche wieder von vorn Jahr für Jahr. Wo bliebe da Zeit zum Abheben und Schweben?

Sollte die Akribie im Bilanzieren von Soll und Haben eine spezifische Eigenart deutschen Beamtentums sein, dann ist Horst Preisler ein ausgesprochen deutscher Lauf-Beamter. Sein «Kilometerzähler» ist immer angestellt. Er kann jederzeit präzise Auskunft geben, wie viele Marathons und Ultraläufe er bereits absolviert hat und auf wie viele Kilometer sich das summiert – inklusive der Trainigsläufe, versteht sich. Anfang 1995 waren es 116 765,199 Kilometer.[2] Komma 199! Geradezu lyrisch klingt die Umrechnung in Erdumrundungen: Bald dreimal hat der Hamburger, der in diesem Jahr seinen 60. Geburtstag feiern wird (aber wo??), in seinem typischen schlackernden Laufstil den Erdball abgelaufen. Angefangen hatte alles ganz banal. Eine Frau sah sich eines Abends die Hüftpartie ihres Ehegatten kopfschüttelnd an und machte einige lästerliche Bemerkungen – nicht ahnend, was sie damit anrichtete. «Dann, 1974, meinte meine Frau, ich hätte zuviel faules Fleisch um die Hüften. Sie hat mich gewissermaßen symbolisch rausgejagt, und ich habe mich gleich zu einem Volkslauf über zwanzig Kilometer angemeldet. Und ich bin durchgekommen. Der zweite Wettkampf war schon hundert Kilometer. Da habe ich vorher gerechnet: Beim

Wandern schafft man fünf Kilometer pro Stunde; 24 Stunden war das Zeitlimit – also kein Problem. In 15:48 h war ich im Ziel. Später bin ich mal 8 : 15 h gelaufen.»[3]

«Megarunners meander in the midnight sun»

Unter dieser wunderschönen Überschrift meldete ein kanadisches Laufmagazin ein denkwürdiges Doppeljubiläum in der Marathon- und Ultraszene: Am 3. Juli 1994 waren Horst Preisler und der Amerikaner Don McNelly beim 15. Midnight Sun 52.4-Mile Marathon in Nanisivik nördlich des Polarkreises ihren 500. bzw. 400. Marathon oder Ultra gelaufen. Spannend sind für Preisler eigentlich nur noch die 24-Stunden-Läufe. Bei 42 oder 100 Kilometern weiß er von vornherein, daß er das Ziel erreichen wird – es sei denn, ihn träfe der Blitz oder die Erde bräche unter ihm weg. Und Laufzeiten scheinen ihn nur noch am Rande zu interessieren. Bei einem 24-Stunden-Lauf aber steht am Ende immer ein anderes Ergebnis auf sei-nem «Kilometerzähler»: Das differierte z. B. 1994 zwischen 109,169 Kilometern (Basel) und 158,023 Kilometern (Wörschach/Österreich). Seinen irrwitzigsten Lauf «riß er 1993 in La Rochelle runter», anders kann man die Verrücktheit dieses Unterfangens kaum beschreiben: «Ein Riesenspektakel: Sechstagelauf in der Halle, 200-Meter-Betonbahn. Da hab ich gelernt, auch mit zwei Stunden Schlaf zwischendurch kannst du was leisten. 661,2 Kilometer hab ich in La Rochelle geschafft. Alle sechs Stunden wird die Laufrichtung gewechselt, sonst kriegt man 'nen psychischen Drehwurm. *Aber 'ne kleine Macke haben Sie schon?* (stutzt) Ja sicher, natürlich. Das ist doch klar. Aber was soll's?»[4]

Die «kleine Macke» ist auch für einen «Vater-Sohn-Duathlon» der ganz besonderen Art verantwortlich, den Preisler zu seinen schönsten Lauferlebnissen zählt. 1980 war er mit seinem damals 14jährigen Sohn in 18 Tagen quer durch Deutschland getingelt, von der dänischen Grenze bis nach Oberammergau: der Sohn auf dem Fahrrad, der Vater – wie es sich gehört – auf Schusters Rappen. Horst Preisler wirkt nicht wie jemand, den eine «zwanghafte Sucht nach Selbstkontrolle» zu seinen Laufexzessen treibt. «Vorstoßen in bislang unbekannte Grenzbereiche menschlicher Leistungsfähigkeit», «Traumgrenzen, die wir knacken wollen»: so beschreibt Preisler seine Motive, und ähnlich klingen auch die Statements in eigener Sache von den Großen der Szene, ob Astrid Benöhr oder Birgit Lennartz, Charly Doll oder Peter Samulski. Professor Klaus Jung von der Universität Mainz hat in seinen Untersuchungen über Typologie und psychische Verfaßtheit von extremen Ausdauerleistern herausgefunden, daß sie in ihrer Mehrzahl durchaus nicht zur Kategorie der «introvertierten Typen» gehören, wie man vermuten könnte. «Nur eine Abweichung war ‹hoch signifikant›. Die wenigsten der Dauerrenner, so Professor Jung ‹wiesen psychosomatische Krankheitsbilder› auf. Ihre ‹psychische Streßtoleranz› im Berufsleben lag ‹weitaus höher› als bei vergleichbaren anderen Test-Gruppen. Die Läufer nahmen durchweg weniger Medikamente, gingen seltener zum Arzt und klagten weniger über körperliche Beschwerden.»[5]

Zwei Ultraläufe interessieren Horst Preisler noch brennend, weil sie in seinem Wettkampfbuch noch fehlen: die 1000 Kilometer von Sydney nach Melbourne und der über 430 Kilometer von Hiroshima nach Nagasaki führende Friedenslauf.

Anmerkungen

1 Der Spiegel 50/1987
2 Bernd Müllender im Gespräch mit Horst Preisler, in: ZEITmagazin 7/1995
3 ebd.
4 ebd.
5 Der Spiegel, a. a. O.

Horst Preisler: Das Duell

Am Anfang steht Sy Mah, die amerikanische Lauflegende, über Jahrzehnte der Mittelpunkt der Marathon-Laufszene. Universitätsprofessor von Beruf und Läufer, Trainer, Motor, Inspirator, ein Idol. Mit 524 Marathons (einschließlich Ultras) setzte er eine Weltmarke, die lange Zeit Bestand haben sollte. Das Schicksal hat es Sy Mah verwehrt, in dem geschilderten Sinne weiterzuwirken und seine Traumzahl zu erhöhen. Ende 1988 erlag er einem tückischen Leiden.

Diesen Traumrekord «auszulöschen», ist letzlich eine Frage von Ausdauer und Fleiß, von Beharrlichkeit und manchmal auch einem Schuß Dickschädeligkeit, von Gesundheit und Glück.

Jetzt ist der Zeitpunkt gekommen, an dem sein legendärer Rekord durch eine neue Marke ersetzt wurde. Es war am 1. Mai 1994 in Buffalo/USA. Dieses Ereignis war vorhersehbar. Zeit und Ort waren sorgsam ausgewählt. Der Amerikaner Frank Norm trat an die Stelle des in Kanada geborenen Sy Mah. Er wählte hierzu einen Marathon, der nahe seiner Heimatstadt Rochester, NY, lag, eine geglückte Wahl.

Schon bei der Einstellung des Rekordes war es Frank Norm möglich, einen anderen Akzent zu setzen, denn er konnte die Nummer 524 in Toledo/USA laufen, just in jener Stadt, in der Sy Mah zuletzt bis zu seinem Tod gelebt und gewirkt hatte. Für Sy Mah war die Nummer 524 das Ende. Da nahm ihm das Schicksal die Möglichkeit zu weiteren Läufen. Frank Norm aber ist weiter aktiv, und jeder seiner weiteren Marathons ist ein neuer Rekord. So war die Nummer 526 bereits für den 8. Mai in London geplant, und am 15. Mai war Frank in Toronto dabei.

Wir leben in einer transparenten Welt, und so war die Kunde von dem kommenden neuen «Weltrekord» längst zu mir nach Europa gekommen, und genauso kennt Frank einiges aus der europäischen Szene, jedenfalls soweit es die unmittelbare Konkurrenz betrifft. Das läßt Erinnerungen wach werden an ein deutsches Duell, das seinerzeit nicht nur die Medien (Stern) beschäftigte, zwischen Rolf Brokmeier und «Tarzan» Pohlan. Da wurden «unversöhnliche» Gegensätze aufgebaut, von unlauteren Methoden gesprochen.

Solche «Duelle» ergeben sich eigentlich ganz zwangsläufig, wenn man nur lange genug dabei ist. Dann sammelt sich ein Marathon an den anderen. Irgendwann hat man selbst Jubiläumsläufe, registriert und «feiert» sie, über die man vorher vielleicht sogar gelächelt oder sich mokiert hat.

Dann kommt vielleicht der Tag, an dem man mit den Zahlen anderer Läufer konfrontiert wird. Dafür sorgen schon andere. Plötzlich sieht man eine imaginäre Rangliste vor sich und ist mittendrin im Strudel. Berührt davon oder nicht, so etwas hat seinen Reiz, und solange dies nicht in persönliche Häßlichkeiten mündet, solange dies eine Nebensache bleibt und nicht zum zentralen Punkt des Laufens wird und damit von dessen Grundfreuden ablenkt, solange dies nicht so bierernst genommen wird – wer will etwas dagegen sagen? Vor allem ist es ja ein kräftiges Stück Ausdauer, was da praktiziert wird, um in diese «Höhen» zu gelangen. Jahre, Jahrzehnte sind dazu erforderlich, und so mancher Weggefährte hat sich zwischenzeitlich längst aus der Laufszene verabschiedet.

Ein wichtiges Datum soll hierzu der 3. Juli 1994 sein. Da möchte der Autor dieses Berichtes in Nanisivik, hoch im kanadischen Norden, seine Nummer 500 laufen (Ultras eingeschlossen, so wie es bei Norm und Mah auch ist). Dies ist der Auftakt zu dem persönlichen «Duell» mit Frank Norm. Mit ziemlicher Sicherheit ein Langzeit-Duell, solange beide laufen. Niemand kann sagen, wie es ausgeht. Es soll von meiner Seite ein offener Zweikampf sein. Dafür werden auch gemeinsame Freunde sorgen. Noch kenne ich Frank nicht persönlich, aber das kann sich ändern. Auch gemeinsame Läufe sind denkbar und von meiner Seite auch wünschenswert. Ein Hindernis ist sicher die räumliche Entfernung unserer Wohnorte.

Das Duell ist von außen an mich herangetragen worden. Nun nehme ich diese Herausforderung an. Sie ist aber nicht Mittelpunkt meines Laufens, eine Begleitung. Ich mache auch keine feste Planung, wann ich welche Zahl erreichen will, nur Gedanken. Zu viele Unwägbarkeiten liegen über allem. Wie leicht kann eine Verletzung einen zeitweise außer Kurs setzen, können familiäre Gegebenheiten die läuferischen Möglichkeiten beeinflussen. Geplante Läufe können ausfallen. Auch in der Vergangenheit habe ich nur dann bewußt zugelegt, wenn es darum ging, einen bestimmten Jubiläumslauf auch zu einem besonderen Laufereignis hinzubekommen. So wie jetzt die Nummer 500.

In das «Guinness Book of Records» (für das Frank Norm gemeldet wird) muß ich ja nicht unbedingt kommen. Eine solche Sache muß Spaß machen, und zu versuchen, an Frank Norm heranzukommen, macht derzeit Spaß, aber es ist nicht alles – nicht der Sinn meines Lebens.

Quelle: Erstdruck in Spiridon 6/94

41 Bananen
Der Spartathlon ...
Impressionen vom Ultralanglauf Athen – Sparta
Roger Repplinger

Die Entfernung von München nach Stuttgart beträgt 220 Kilometer. Zu kurz. Von Mannheim nach Nürnberg sind es 240 km. Zu kurz. Von Hamburg nach Essen: 250 km. Kommt hin, weil viele sich verlaufen. Stellen Sie sich vor, Sie müßten 250 km in 36 Stunden zurücklegen. Zu Fuß. Menschen, die so etwas machen, heißen Ultralangläufer. Die treffen sich an jedem letzten Septemberwochenende in Athen und laufen nach Sparta: 245 km. Spartathlon heißt der Spaß und fand letztes Jahr zum elften Mal statt.

«Es gibt nichts Vergleichbares», behauptet Spartathlet Reinhard Schmid. Ultra-Marathon heißt die Disziplin – und «Sangas» der Berg. Nach 153 Kilometern droht der 1200 Meter hohe Bergsattel der Nordkette des Parthenongebirges. Die Läufer erreichen den Sangas in der Nacht. Nach einem zehn Kilometer langen Anstieg sind sie oben. Finster und lausig kalt ist es auf dem Gipfel. Der Wind heult um eine kleine Kapelle, als hätte er Vater und Mutter verloren. In der Kapelle hocken Fallschirmspringer der Armee und Spartathlon-Helfer. Die Soldaten tunken Mullbinden in Olivenöl, das in Freßnäpfen schwimmt, zünden die Binden an und halten ihre Hände über die Flammen. Dabei kauen sie griechisches Kommißbrot, bei zwei Grad Außentemperatur.

Lichter kriechen den Trampelpfad zum Sangas hinauf. Sie stammen aus Taschenlampen, die der führende Läufer, der Bulgare Kantief Rousko, an seinem Kopf befestigt hat. Als erster erreicht er den Paß. Gegen Mitternacht ist er oben, klettert auf allen vieren über Geröll und glitschige Steine. Gut 24 Stunden vorher war er früh um sieben mit 107 anderen Läufern vor Athens altem Olympiastadion losgerannt. Inzwischen hat er die Führung übernommen.

John Folden ist nicht mehr dabei. Folden, Captain der Royal Air Force, schmökerte vor 14 Jahren in den Aufzeichnungen des griechischen Historiographen Herodot (485 bis 425 vor Christus) und stieß auf die Geschichte des Militärkuriers Pheidippides. Herodot erzählt, daß Pheidippides 490 vor Christus von Athen nach Sparta gerannt sei, um vom König von Sparta Hilfe für die bei Marathon von den Persern bedrängten Athener zu erbitten.

Was Folden nicht ruhen ließ, war Herodots Satz, Pheidippides hätte Sparta «am Tag, nachdem er Athen verlassen hatte», erreicht. Er stellte nach dem Herodot-Text und nach dem Wissen, das wir heute von der politischen Lage der Zeit des Pheidippides haben, eine Route auf. Der Sangas kommt vor, weil der König von Argos im Krieg mit Persien neutral geblieben war und Pheidippides deshalb durch das Parthenongebirge mußte. Folden rannte 1982, als erster Mensch nach Pheidippides, von Athen nach Sparta. Er war 56 Jahre alt, brauchte 36 Stunden und erreichte Sparta «am Tag, nachdem er Athen verlassen hatte».

Nach Foldens Lauf wurde der Spartathlon gegründet. Ein Einladungsrennen mit strengen Kriterien: Unbedenklichkeitsbescheinigung vom Arzt, Nachweis über Dauerleistungen in den letzten fünf Jahren. Die Teilnehmerzahl steigt. 1992, zum zehnjährigen Jubiläum, lief Folden die 245,1 km noch mal mit und gab nach 80 Kilometern auf. Von den über 100 Läufern aus mehr als einem Dutzend Ländern sehen meist nur knapp die Hälfte das Ziel. Wer «in der Zeit» bleiben will, muß es in 36 Stunden schaffen, das ist das Limit, wegen Herodots Satz «am Tag, nachdem er Athen verlassen hatte». Robert Meadowcroft, 56, Manchester, kam bis jetzt bei jedem Spartathlon rechtzeitig ins Ziel. Der Pensionär lebt – weil es zu Hause in Manchester so trüb ist – die Hälfte des Jahres auf Kreta. Als er zwei Stunden nach dem Führenden den Sangas angeht, hat er rund 20 Stunden in den Knochen. Immer allein. Nicht mal einer der Straßenköter wählte Meadowcroft als Begleiter aus. Anderen erging es besser.

Am Isthmus von Korinth, dem Kanal zwischen Peloponnes und Festland, 80 Kilometer nach dem Start, guckte sich 1992 eine schlappohrige Promenadenmischung den 41jährigen Griechen Michael Splagounias aus und folgte diesem auf dem Fuße bis zum Sangas. Wenn Splagounias pinkelte, bewachte der Hund die Straße, wenn Splagounias aß, saß der Hund da und paßte auf, und wenn Splagounias überholt wurde, knurrte der Hund. Splagounias kam nicht in Sparta an. Als der Hund aufgab, gab auch Splagounias auf. Meadowcroft mag keine Hunde. Er johlt, den Sangas abwärts, von «Wochenend und Sonnenschein», warnt vor dem «kleinen grünen Kaktus», der «sticht, sticht, sticht», und bittet, «laß mich dein Badewasser schlürfen». Der Italiener Luigi Luzietti schwört, daß er Meadowcroft unterwegs in einer Taverne habe sitzen sehen. Und es geht das Gerücht, der Mann habe in den Tüten, die von den Läufern an den Verpflegungsstellen deponiert werden, Bierdosen. Jeder hat einen Trick, um ins Ziel zu kommen. Reinhard Schmid, 36, war 1991 ausgestiegen. 1992 kam er 14 Tage vor dem Lauf ins Land, um sich zu akklimatisieren. Schmid überlegte, ob er nicht auf dem Sangas einen Umschlag mit 1000-Drachmen-Scheinen verstecken sollte: «Dann hätte ich mich hochgeschleppt, egal wie.» Schmid verwarf den Plan, wurde 1992 Zwanzigster und landete 1993 mit dem 4. Platz (unter 30 Stunden) einen Riesenerfolg.

Die Renntaktik ist wichtig. Schmid: «Der Spartathlon verlangt Disziplin. Man muß sich zusammenreißen. Man hat so viel Power und muß doch langsam laufen, Kraft und Energie Stück für Stück rauslassen, sonst geht man ein.» Die Läufer teilen das Rennen in Portionen ein: Niemand kann an 245 Kilometer denken, ohne aufzugeben. Martina Hausmann, 32, machte aus dem Spartathlon sechs Marathons, Markus Müller, 28, dachte in 41 Bananen. Alle sechs Kilometer eine Banane.

«Funktioniert nicht», winkt Busfahrer Nikolaus Oberle, 52, ab, «nach 150 Kilometern klappt das Rechnen nicht mehr, und mit den Bananen geht es drunter und drüber.» Oberle nimmt sich einen Punkt auf der vermuteten Wettkampfstrecke vor ihm und läßt sich anziehen wie von einem Magneten. Funktionierte 1992 auch nicht. Oberle gab auf. Dabei schaffte er einst den Hitze-Spartathlon: 43 Grad Asphalttemperatur. Auf den letzten Kilometern hatte bei jedem Schritt das Blut in den Schuhen gequietscht. Die schnitt Oberle dann vom geschwollenen Fuß. Aus den Socken fielen ihm seine Fußnägel entgegen. «Bis Weihnachten waren sie wieder dran», lacht Oberle.

1992 hatten sie ihn an einem der sechs Eliminations-Points, die jeder Läufer zur vorgegebenen Zeit passieren muß, aus dem Rennen genommen. «Als sie mir die Startnummer abnahmen, war es, als ob sie mir ein Stück meines Herzens rausrissen», seufzt Oberle. Er half von da an den anderen Deutschen. Damals waren 25 Japaner mit drei Verpflegungswagen unterwegs. Die Japaner lieben den Spartathlon wegen der Aura des Historischen, die ihn umgibt: eine Eskorte mit Palmenzweigen begleitet die Läufer auf den letzten 29 Kilometern. Das Ziel ist der Fuß der Leonidas-Statue in Sparta. Hier werden die Läufer mit Wasser aus einer Amphore gelabt und mit einem Lorbeerkranz geehrt. Dann fahren sie im Krankenwagen in die Wirklichkeit zurück: Untersuchung im Städtischen Krankenhaus. Da liegen sie und bekommen die Füße mit Desinfektionsmittel abgetupft. Der Spartathlon zeigt sein häßliches Gesicht: Ein Blick in den Spiegel sagt jedem Teilnehmer, wie er in 20 Jahren aussehen wird. Es dauert Tage, bis die Falten aus den Gesichtern verschwunden sind. Die Läufer gehen krumm, den Lorbeerkranz in der Hand, zittern am ganzen Leib, haben eigroße Schwellungen an den Achillessehnen, die Füße eine einzige Blase. Hier hängen die Läufer an Tropfinfusionen und bekommen Spritzen. Die Frage, was sie vom Spartathlon halten, beantworten die Ärzte des Städtischen Krankenhauses mit Schulterzucken. Und dann fragt doch einer: «Warum?» Die Befragte macht «pfft». Horst Preisler, 58, Personalchef des genossenschaftlichen Unfallkrankenhauses Hamburg-Boberg, ist ein alter Ultra-Mann und kam auch diesmal in der Zeit ans Ziel. Er hat seine Antwort gefunden: «Ich bin ein zögerlicher Mensch, vor großen Aufgaben verzage ich. Auch beim Spartathlon. Doch weil ich nicht aufgeben will, zwinge ich mich dazu, die Verzagtheit zu überwinden.» Preisler «erläuft» sich «das Wissen, wie ich mit meinen Schwächen fertig werde». Laufen als Selbsterfahrung.

Werner Sonntag benutzt den Langlauf als Seelenhygiene: «Beim Laufen quillt alles Schlechte, das in mir ist, hoch. Ich werde unglaublich aggressiv, ein richtiges Schwein. Aber ich laufe es mir von der Seele. Die Aggression wird nicht unterdrückt, sie kommt raus. Und danach geht es mir besser.»

Der Spartathlon 1992 gab Sonntag, mit 66 Jahren ältester Läufer, die Rolle des tragischen Helden. Er war 45 Minuten zu spät in Sparta und kam nicht in die Wertung. Keiner weiß, wann Pheidippides in Sparta ankam. So sind sportliche Regeln: manchmal willkürlich, aber bindend. Als Sonntag die Leonidas-Statue berührt, sind die Jungfrauen weg, Bürgermeister, Offizielle, Amphore und Lorbeerkranz. Nur der Sanitäter wartet.

Sparta lohnte übrigens Athens Boten Pheidippides die Eile nicht und bot Hilfe erst zum nächsten Vollmond an. Athen wartete nicht so lange und schlug die Perser ohne Spartas Hilfe.

(Quelle: Condition 3/94)

Im Gespräch mit *Runner's World, Spiridon, Der Läufer und LaufZeit*

Wir haben die Chefredakteure der großen deutschsprachigen Laufzeitschriften gebeten, einige Fragen «zum aktuellen Stand der Dinge» in gebotener Kürze zu beantworten. Thomas Steffens von *Runner's World*, Manfred Steffny von *Spiridon*, Jürg Wirz von *Der Läufer* aus der Schweiz und Klaus Weidt von der *LaufZeit* haben sich freundlicherweise an diesem «Ferninterview» beteiligt. Die Redaktion der *condition* sah sich aus Zeitgründen dazu außerstande.

Ist der große Laufboom vorbei, oder ist eine Stabilisierung auf hohem Niveau zu beobachten?

Runner's World:
Der «große Laufboom» wurde zur Zeit seiner Entstehung in der zweiten Hälfte der 70er Jahre gemessen an den Teilnehmerzahlen von Straßenläufen, vor allem über die Marathondistanz. Die großen dieser Marathonveranstaltungen haben sich gehalten und verzeichnen seit Jahren recht stabile Teilnehmerzahlen. Während die Teilnehmerzahlen an Laufveranstaltungen über verschiedenste Distanzen mit Wettkampfcharakter stagnieren, stieg in den letzten Jahren die Zahl der Freizeitjogger deutlich an, erkennbar an ihrer Präsenz in Parks oder stadtnahen Wäldern. Dies ist im Zusammenhang zu sehen mit dem Fitneßboom: Leute, die in Fitneßstudios gehen, joggen auch ein- bis zweimal pro Woche, nehmen aber nie (oder selten) an Wettkämpfen teil. Der «große Laufboom» hält also weiter an.

Spiridon:
Ja, Laufen als Modetrend ist «out». Die sportliche Basis wird vom Triathlon her untergraben, die gesundheitliche vom Walking. Dabei haben beide Sportarten mehr Probleme als die Grundsportart Laufen. Als wir vor 20 Jahren die *Spiridon* gründeten, gab es in Deutschland noch mehr Marathonläufer als Heroinsüchtige. Heute ist es umgekehrt. Aber was steht in der Tagespresse? Laufsucht ist gefährlich. Und wenn vom größten Marathon der Welt in New York berichtet wird, dann unter der Überschrift: Zwei Herztote in New York.

Der Läufer:
Drei der größten Schweizer Laufveranstaltungen erreichten 1994 neue Beteiligungsrekorde: der Course de l'Escalade in Genf (erstmals über 15000 Meldungen), der Grand Prix von Bern und der Schweizer Frauenlauf. Abwärts zeigt die Entwicklung beim traditionsreichsten Lauf des Landes, dem Gedenklauf Murten–Freiburg, aber auch bei zahlreichen kleineren Veranstaltungen, die Mitte der 80er Jahre die Spitze erreicht hatten. Gut organisierte Läufe, bei denen das ganze «Drum und Dran» stimmt, haben nach wie vor Wachstumsmöglichkeiten; dagegen ist es für die Veranstaltungen, die nichts Besonderes zu bieten haben, schwieriger geworden. Gemäß den mir vorliegenden Informationen und Zahlen nimmt die Zahl der Läuferinnen und Läufer noch immer zu. Es befinden sich darunter aber immer mehr sogenannte Gesundheitssportler, die nie daran denken, an einem Wettkampf teilzu-

nehmen. Eine Tendenz also weg vom verbissenen Leistungsstreben – siehe den Boom bei den Weihnachts- und Silvesterläufen, bei denen der Spaß für die meisten klar im Vordergrund steht.

Was spricht dafür, daß lukrative Halbmarathons den klassischen Stadtmarathons der 80er und 90er Jahre den Rang ablaufen könnten (Sponsoren, Vermarktung, geringerer organisatorischer Aufwand)?

Spiridon:
Wer zehn Kilometer laufen kann, will Marathon laufen und nicht Halbmarathon. Halbmarathon ist eine halbe Sache. Der Mythos Marathon ist stärker, wenigstens in Mittel- und Nordeuropa. Der Nürburgringlauf über die 23,8 Kilometer lange Nordschleife ist da eine Ausnahme; allerdings bedeutet er für die meisten einen zu langen Anfahrtsweg.

Der Läufer:
Seit es Weltmeisterschaften auf dieser Distanz gibt (1993), ist der Halbmarathon klar im Aufwind. So haben verschiedene Veranstalter die Länge ihrer Strecken entsprechend angepaßt (für die Schweiz zum Beispiel den Greifenseelauf). Der Halbmarathon ist für Sponsoren und Medien besonders interessant, weil sich alles in einem auch zeitlich überblickbaren Rahmen abspielt. Zudem ist es eine Distanz, die je nach Jahreszeit sowohl Bahnspezialisten (5000/10000 Meter) als auch Marathonläufern ins Konzept paßt. Aus der Sicht des Breitensports spricht sehr vieles für den Halbmarathon. Vor allem die Tatsache, daß der Trainingsaufwand weit weniger groß ist als für die 42,195 Kilometer. Halbmarathon ist für viele Hobbyläufer eine realistische Alternative. Und eine gesündere dazu.
Der klassische Marathon mit seiner Tradition und seinen Mythen wird aber immer einen besonderen Stellenwert behalten und für viele Läuferinnen und Läufer das «Maß aller Dinge» bleiben.

LaufZeit:
Der Halbmarathon hat sich nicht nur durchgesetzt, er wird auch oft von vielen dem klassischen Marathon vorgezogen. Die wenigsten können sich den zeitaufwendigen Trainingsumfang «leisten», um einen Marathon gut und mit ansprechendem Ergebnis durchzustehen. Einen Halbmarathon aber kann jeder bei einigermaßen regelmäßigem Lauftraining absolvieren. Dazu kommt, daß es bereits attraktive Halbmarathons gibt, die einen hohen Erlebnisgehalt bieten, wo viele Tausende zusammen laufen, wo die Streckenführung interessant ist – denken wir nur an den Berliner Halbmarathon. Es fehlt auch nicht an Vorbildwirkung bekannter Laufstars, die auf vielen internationalen Halbmarathon-Veranstaltungen von sich reden machen. Auch die Weltmeisterschaften auf der 21,1-Kilometer-Strecke haben zur Popularität dieser Distanz beigetragen.

Es wird nicht so sein, daß der Halbmarathon dem Marathon den Rang abläuft: Marathon ist und bleibt *die* Herausforderung für ambitionierte Läufer und Läuferinnen. Doch der Halbmarathon wird eine gleichberechtigte Position erobern.

Weshalb ist in der BRD der Stellenwert von Crossläufen so lausig gering, verglichen mit anderen Laufländern?

Spiridon:
Der Deutsche Leichtathletik-Verband hat – halbherzig – erst 1974 deutsche Crosslauf-Meisterschaften eingeführt. Bis dahin gab es Waldwege-Meisterschaften in «Jot-we-de». Den Querfeldeincharakter haben die wenig-

sten DM-Veranstalter kapiert, auch nicht, daß Matsch und Hindernisse die Beinkraft besser trainieren als Straßen- oder Hallenläufe im Winter. Der belgische Volksfestcharakter der Crossläufe wurde in Südeuropa aufgenommen, und dort sind jetzt auch die besten Langstreckler zu Hause. Bei uns ging man stur hierarchisch von Kreismeisterschaften über Landesmeisterschaften vor, statt eine attraktive Saison mit Pokalcharakter zu schaffen. Solche Vorschläge – auch aus meiner Feder – liegen dem DLV seit fast 30 Jahren vor. Nichts geschieht, wir laufen hinterher. Nie gab es einen Crosslauf-Kalender, weil es den DLV-Berufsbeamten gegen den Strich geht, von Oktober bis März eine Liste aufzustellen, wo man doch sonst alles von Januar bis Dezember geordnet hat.

Fast jeder Spitzen-Marathonläufer hat Crosslauf-Vergangenheit, Kapillarisierung der Muskulatur und Rhythmus-Unterbrechung, wie sie schon in der zweiten Hälfte eines 10 000-Meter-Laufes von Nutzen sind, lernt man halt nicht beim Laktattest auf dem Laufband, sondern nur in freier Natur, möglichst unter Wettkampfbelastung.

LaufZeit:
Der Stellenwert von Crossläufen in Deutschland mag «lausig gering» erscheinen. Aber man braucht nur den GutsMuths-Rennsteiglauf anzuführen, um zu anderen Einsichten zu gelangen. Dieser als «größter Cross Europas» bezeichnete Lauf auf dem Kamm des Thüringer Waldes über Strecken von 65, 42 und 21 Kilometern expandiert weiter. Hat er 1994 bereits die Teilnehmerschwelle von 10 000 erreicht, so wird die Teilnahme in den nächsten Jahren noch weiter ansteigen.

Erlebnisläufe, die von den Veranstaltern attraktiv und volksfestartig ausgerichtet werden, ziehen an. Dazu das Angebot, in einer schönen Landschaft laufen zu können: Da wird die Cross-Strecke dem Stadtasphalt vorgezogen. Landschaftsläufe haben sich in Schleswig-Holstein durchgesetzt und besitzen in den neuen Bundesländern ihre Tradition (so z. B. der Fünf-Seen-Lauf in Schwerin, der Harzgebirgslauf, Kyffhäuser-Berglauf, Brockenlauf, Sachsenlauf).

Doch nicht nur hier notieren wir eine wachsende Beliebtheit, die den Landschaftslauf (der nicht immer unbedingt Cross-Charakter haben muß) auszeichnet. Der Citylauf verliert seine dominierende Stellung, die er in der Vergangenheit oft hatte, ohne seine Bedeutung zu verlieren. Und so könnte es auch im Marathon sein. Diese Distanz wird gleichberechtigt in und außerhalb der Stadt zu finden sein. Im Frühjahr Rennsteig-Marathon, im Herbst Berlin- oder Frankfurt-Marathon.

Wie sind die herausragenden Leistungen mexikanischer Marathonläufer in den 90er Jahren zu erklären?

Der Läufer:
Mexiko weist viele Parallelen zu Kenia und noch mehr zu Kolumbien auf: ein armes Land, in dem das Laufen eine der wenigen Möglichkeiten bietet, aus der Anonymität auszubrechen und zu Wohlstand, ja sogar Reichtum zu kommen. Ein Land auch, das mit seinen klimatischen Voraussetzungen – und der Höhenlage – sehr gute Trainingsbedingungen bietet. Vor zehn Jahren waren die Mexikaner nur durch Rodolfo Gomez in der Weltspitze vertreten, jetzt sind sie die Kenianer des Marathons. Mit Andres Espinosa, Dionicio Ceron, Alejandro Cruz, Isidro Rico, Salvador Garcia und German Silva verfügten die Südamerikaner Ende 1994 über ein Sextett mit einer Bestzeit von unter 2 : 10 h – und eigentlich müßte man auch den Neu-US-Bürger Arturo Barrios dazuzählen. Wenn

man weiß, daß German Silva in ärmsten Verhältnissen aufgewachsen ist, als eines von 13 Kindern, in einem Haus ohne fließendes Wasser und Elektrizität, und als New-York-Sieger über 110 000 Mark kassierte, braucht man kein Hellseher zu sein, um vorauszusagen, daß die mexikanische Welle so schnell nicht verebben wird.

Wer hat momentan das Zeug dazu, die Weltbestzeiten von Ingrid Kristiansen (1985 in London 2:21:06 h) und Belayneh Densimo (1988 in Rotterdam: 2:06:50 h) zu verbessern?

Runner's World:
Dionicio Ceron hatte letztes Jahr das Zeug dazu, aber beim Marathon spielt eben auch das Wetter eine wichtige Rolle; vor allem aber läßt sich nicht – wie z. B. im Sprint – jede Woche ein solcher Lauf unternehmen. Nehmen wir einmal an, die Chinesin Wang lief ihre bisherigen Weltrekorde über 3000 und 10 000 Meter ohne Anabolikadoping, dann müßte sie sogar unter 2 : 20 h laufen können.

Spiridon:
Die Weltbestzeit von Densimo 1988 in Rotterdam ist unter ungewöhnlich günstigen Bedingungen zustande gekommen. Ich sehe sie derzeit auf einer korrekten Strecke nicht in Gefahr. Die 2:21:06 h von Ingrid Kristiansen sind dagegen reif. Der Chinesin Yunxia Wang traue ich eine Verbesserung auf Anhieb zu, auch eine der jungen Japanerinnen und Tegla Loroupe aus Kenia können es schaffen. Geht man davon aus, daß die Frauen in dem Ausdauerbereich zehn Prozent schwächer sind als die Männer, dann ist eine Zeit um 2 : 20 h sogar normal.

Sehen Sie im organisatorischen Zuschnitt und den Finanzkonzepten der großen Marathonläufe (London, New York, Boston, Rotterdam, Berlin) Fehlentwicklungen?

Runner's World:
London und New York profitieren vom Überhang der Interessenten gegenüber den Teilnehmern, die eine Startnummer erhalten. Die Masse der Teilnehmer in Medienmetropolen wie New York und London sorgt für ausreichende Finanzierung durch Sponsoren. Für die Teilnehmer ist es bisweilen eine Zumutung, was ihnen für ihren Aufwand (Startgeld, Reisekosten etc.) geboten wird: lange Warteschlangen, allerorten schlechte Verpflegung, lange Transportwege zum Start – vor allem im Vergleich zu kleineren, gemütlichen Veranstaltungen. Der Marathon quasi als Happening im Rahmen einer Städtereise.

Boston ist ein Klassiker mit Charme, wo Tradition eine wichtige Rolle spielt. Hier hat seit 1986 ein Hauptsponsor die Regie übernommen und sorgt dafür, daß dieser Marathon sportlich zu den herausragenden Rennen über diese Distanz zählt. Klares Medienkonzept, viel Geld für Topläufer.

Vergleichsweise amateurhaft (d. h. von «Teilzeit-Veranstaltern») werden die deutschen Marathons gemanagt. Ansätze zu einer professionelleren Handhabung zeigte vor über zehn Jahren der Hoechst-Marathon in Frankfurt (1981 – 1985), wo allerdings der Hauptsponsor kein klares Sponsoren- und Vermarktungskonzept hatte, sondern eher als «social sponsor» auftrat und ausstieg, als er merkte, daß dies zu teuer wurde. Daß ein Marathon wie der in Berlin trotz internationalem Zuschnitt, sportlicher Klasse und einer Live-Übertragung in der ARD jahrelang keinen Hauptsponsor findet, läßt mich fragen, ob hier nicht grundsätzliche Fehler in der Vermarktung gemacht werden, vor allem wenn man bedenkt, welchen Schub diese Veranstaltung weltweit beim erstmaligen

Durchqueren des Brandenburger Tores erhielt.

Spiridon:
Das Konzept des New York-Veranstalters Fred Lebow – der Marathon als große Runde durch die ganze Stadt – ist richtig für alle Marathons in Weltstädten. Da ist der Boom nicht zu Ende. Diese Läufe sind das Leitmodell der Langlaufszene und werden, wenn sie richtig gemanagt werden, die Sponsoren benutzen und sich nicht von ihnen benutzen lassen. Sie werden weiter groß bleiben, da zur Zeit nur ungefähr ein Prozent der Jogger Marathon läuft und damit ein großes Potential vorhanden ist.

Der Läufer:
Allgemein würde ich sagen, daß jene Veranstalter die besten Karten besitzen, die nicht von einem einzigen Hauptsponsor abhängig sind, sondern mehrere gleichwertige Sponsoren haben mit unterschiedlichen Vertrags-Laufzeiten. Wer erinnert sich nicht an die 80er Jahre, als New York und Chicago mit immer größeren Gagen die Stars der Marathonszene köderten und sich dabei gegenseitig an den Rand des Ruins trieben? Kaum war in Chicago der Hauptsponsor weg, verschwand der Marathon in der Anonymität. Die Organisatoren der größten Marathonläufe der Welt, New York und London, stehen mehr denn je vor der Frage, wie viele Teilnehmer sie zulassen wollen. Beim 25jährigen Jubiläum in New York wurden die Grenzen deutlich. Die Infrastruktur im Start-Ziel-Gelände ist für 32 000 Teilnehmer nicht geschaffen. Auch wenn es vielen in erster Linie um das «Happening» geht: «Anlaufzeiten» bis zur Startlinie von mehr als einer Viertelstunde sind nicht das, was man sich unter einem Marathonerlebnis vorstellt.

Wie ist das Potential der afrikanischen Läuferinnen und Läufer auf der Marathonstrecke einzuschätzen?

Der Läufer:
Die afrikanischen Läuferinnen und Läufer haben in der Vergangenheit schon oft bewiesen, daß sie von ihren Voraussetzungen her durchaus auch auf der Marathondistanz Weltklasseniveau erreichen können. Man denke nur an die beiden Kenianer Ibrahim Hussein (Sieger New York 1987, Boston 1988, 1991 und 1992) und Douglas Wakihuri (Weltmeister 1987) oder Juma Ikangaa aus Tansania, der 1982 als erster Afrikaner den Marathon unter 2 : 10 Stunden lief und zehn Jahre später noch Vierter in Boston wurde. Oder die Shahanga-Brüder. Die Liste beginnt mit dem Äthiopier Abebe Bikila, dem Sieger im olympischen Marathon 1960 in Rom, und sie ist im Laufe der Jahrzehnte doch recht lang geworden.

Trotz Hussein und Wakihuri war die Marathondistanz allerdings noch nie die Stärke der Kenianer. Das hängt zweifellos mit der Tradition zusammen: Kip Keino, der Begründer der kenianischen Lauferfolge, heute immer noch ein Nationalheld, nach dem die Stadien in Eldoret und Kapsabet benannt sind, war ein Bahnläufer (1500, 5000 und 3000-Meter Hindernis) – und ihm wollten sie alle nacheifern. Tegla Loroupes Sieg beim New York Marathon 1994 hat zwar eine historische Dimension – der erste Sieg einer Afrikanerin in einem bedeutenden Marathon –, aber viel wird er kaum ändern: Frauen, die Sport treiben, sind in Afrika immer noch suspekt. Kenia, das Land der Läufer, ist noch lange kein Land der Läuferinnen.

Wie stehen Sie zu den Kontrakten, die afrikanische Läufer und Läuferinnen mit ausländischen Trainern und Vermarktern schließen?

Runner's World:
Die in einigen Lauf- und einer Leichtathletikzeitschrift veröffentlichten Geschichten über den Trainer und Manager Volker Wagner waren von schlechtem journalistischem Stil gekennzeichnet. Allesamt waren sie unzureichend bzw. gar nicht recherchiert und grenzten teilweise an Rufmord. Es paßte halt in das Klischee: Arme Afrikaner werden von gewinnsüchtigen Weißen ausgebeutet. Die Athleten wurden genausowenig befragt, wie sie ihre Situation sehen, noch wurde untersucht, was mit dem von den Afrikanern gewonnenen Geld genau passiert, noch wie hoch die Provision des Managers ist. Eine differenziertere Betrachtung ist hier angebracht.

Spiridon:
Als ich über den Manager Volker Wagner und seine Truppe einmal ein paar kritische Worte schrieb, hat der mich gleich verklagt. Seine Anträge vor dem Landgericht Detmold wurden jedoch zurückgewiesen. Er ist für mich nicht der Bösewicht, als der er manchmal hingestellt wird, eher ein Eiferer mit guten Ansätzen. Aber es ist schon manchmal bedenklich, wie da ein Drei-Monats-Visum für jede Menge geldbringender Starts genutzt wird, und daß die zu viert oder fünft in einem PKW zusammengepferchten Läufer mitunter nicht einmal wissen, an welchem Ort und in welchem Land sie sich befinden. Solche Auswüchse sollten die Veranstalter als Geldgeber von vornherein eindämmen. Das gleiche gilt übrigens für oft über 1000 Kilometer weit anreisende Osteuropäer.

Ich persönlich sehe bei den Straßenrennen vor allem die Kenianer mit ihren mutigen Läufen von der Spitze weg als Bereicherung der Szene.

Eine Reihe mittelgroßer Marathons haben in den letzten Jahren das Zeitliche gesegnet (Bonn, Leipzig, Nürnberg, Bremen), unter anderem wegen des Rückzugs der Sponsoren. Wie sehen Sie das Verhältnis von Großmarathons zu Großsponsoren?

Runner's World:
Ein Marathon läßt sich dann vermarkten, wenn er ein passendes Konzept hat. Die Veranstaltungen in Bonn, Leipzig oder Nürnberg waren für mich von Anfang an Totgeburten, denn sie waren nicht mehr als eben «noch so ein Stadtmarathon». Vor allem konnten sie ihren Ansprüchen nicht gerecht werden, denn es gibt nur eine begrenzte Zahl von Menschen, die Marathon laufen können.

Spiridon:
Wo was los ist, kommen auch die Sponsoren und das Fernsehen hin. Die eigene Unfähigkeit, einen für die Region wichtigen Marathon zu etablieren, oder unnötiger Streit in der Organisation sind schuld am Sterben der mittleren Marathons. Selbst eine Stadt wie München ist für die große Runde zu klein. Die kleineren skandinavischen Metropolen Stockholm und Oslo leben gut mit einem Zwei-Runden-Kurs.

Fred Lebows Konzept taugt nur für die ganz Großen. Die anderen müssen sich etwas einfallen lassen, etwa einen Familienmarathon wie im amerikanischen Duluth, einen Japan-Tourismus-Marathon wie Honolulu oder einen weinseligen Karnevalsmarathon wie Médoc oder die neueste erfolgreiche Schöpfung, den Jungfrau-Marathon in der Schweiz in einer Höhe von bis zu 2000 Metern.

Der Läufer:
Die Konkurrenz ist in den letzten Jahren immer größer geworden, so daß sich die Spreu

zwangsläufig vom Weizen trennen mußte. Gut organisierte Marathonläufe werden auch in Zukunft Sponsoren finden und überleben. Sicher haben es dabei die etablierten wie Berlin oder Frankfurt einfacher als kleinere oder gar neue. Denn eines ist sicher: Ein Veranstalter muß den Sponsoren heute mehr bieten können als noch vor ein paar Jahren. Geschenke werden keine mehr verteilt. Sponsoring ist ein Geschäft, von dem beide Seiten in gleichem Maße profitieren wollen. Die Verhältnisse in Deutschland kenne ich nicht gut genug, um die Gründe für das Verschwinden einiger doch recht renommierter Veranstaltungen im einzelnen beurteilen zu können.

Claudia Schink: Das Ende

Das Ende ist immer hinten. Es steht am Schluß einer Handlung oder Erfahrung. Die Endlichkeit ist eine *Eigenschaft* der ausgedehnten oder dauerhaften Dinge und zeigt auf ihre Begrenztheit. Prinzipiell verweist das Ende immer auch auf ein Mehrsein über es hinaus ins Unendliche.

Der Körper des Läufers erwartet die Belohnung als Abschluß des erfolgreichen Handlungsvollzuges. Er wird trinken, zu Boden fallen, die Augenlider werden die Augen verschließen. Als Resultat der Verwirklichung des Ideals durch sinnvolles Zusammenwirken seiner Kräfte und Fähigkeiten wird sich ein Glücksgefühl einstellen, der Zustand vollkommener Befriedigung und Wunschlosigkeit. Der Lauf versinkt ins Vergessen und Imaginäre, er wird zur Illusion, gefälscht und *verfremdet von den Glücksgefühlen* des Sieges. Eine Hormonausschüttung wird die Schmerzen und Strapazen vergessen machen. Mit dem Ende des Marathons erlischt seine Wirklichkeit.

Der Läufer vollführt die *Endhandlung.* Das Ziel ist der Endzweck, dem alle Anstrengung diente und welcher die einzige Bestimmung des Läufers ist. Das Ende des Weges ist mit dem Ende des Laufens auch das Ende des Läufers. Das Ende beendigt die ganze Sache und hebt sie damit auf. Der Lauf als solcher ist dann bloße Erinnerung und reine Vorstellung, nichts Materielles verweist auf ihn. Der Marathonlauf war nur durch das Laufen in der Welt und nur während der Zeit des Laufens. Lediglich in der Bewegung wurde er real als dauerhafte Gegenwart. Das Ende bildet den Abschluß der Beziehung zwischen dem Läufer und der Strecke, dem Läufer und seiner Geschwindigkeit, zwischen dem Bewußtsein und dem Körper.

Ist das Ende erreicht, wird der Läufer kein Läufer mehr sein, sondern ein Steher, ein Lieger oder Sitzer. Am Ziel endet die Teleologie des Laufens.

Der Sieg

Der Ort ist erreicht.

Das Ziel ist geographisch bestimmt. Seine sämtlichen Punkte erfüllen die einzige und selbe Bedingung, Ziel zu sein. Als Ziel gilt der räumliche Bezugspunkt, der aus der Bewegungsrichtung des Laufenden erschlossen werden kann, wobei sein Verhalten mit dem Zieleinlauf beendet ist. Nun gilt es vor allem, nicht darüber hinaus zu schießen in den *jenseitigen* Raum. Der Läufer ist der einzige Zeuge seines Sieges und der allein anwesende Sachverständige. Das Erreichen des Zieles bestätigt seine Hypothese. Der Beweis (das Ergebnis des Verfahrens) überzeugt den Läufer von der Wahrheit seiner Behauptung. *Marathonum supero, quod erat demonstrandum.*

42,195 «There’s no finish line?» – Und ob!

Anhang

Marathonsieger bei Olympischen Spielen

1896 Athen	Spiridon Louis	Griechenland	2:58:50 (40 km)
1900 Paris	Michel Theáto	Frankreich	2:59:45 (40,26 km)
1904 St. Louis	Thomas Hicks	USA	3:28:35 (40 km)
1908 London	John Hayes	USA	2:55:18,4 (42,195 km)
1912 Stockholm	Kenneth McArthur	Südafrika	2:36:54,8 (40,2 km)
1920 Antwerpen	Hannes Kolehmainen	Finnland	2:32:35,8 (42,75 km)
1924 Paris	Alben Stenroos	Finnland	2:41:22,6 (42,195 km*)
1928 Amsterdam	Mohamed Boughera El Quafi	Frankreich	2:32:57
1932 Los Angeles	Juan Carlos Zabala	Argentinien	2:31:36
1936 Berlin	Kitei Son	Japan	2:29:19,2
1948 London	Delfo Cabrera	Argentinien	2:34:51,6
1952 Helsinki	Emil Zátopek	CSSR	2:23:03,2
1956 Melbourne	Alain Mimoun	Frankreich	2:25:00
1960 Rom	Abebe Bikila	Äthiopien	2:15:16,2
1964 Tokio	Abebe Bikila	Äthiopien	2:12:11,2
1968 Mexiko	Mamo Wolde	Äthiopien	2:20:26,4
1972 München	Frank Shorter	USA	2:12:19,8
1976 Montreal	Waldemar Cierpinski	DDR	2:09:55
1980 Moskau	Waldemar Cierpinski	DDR	2:11:03
1984 Los Angeles	Carlos Lopes	Portugal	2:09:21
1988 Seoul	Gelindo Bordin	Italien	2:10:32
1992 Barcelona	Hwang Young-cho	Südkorea	2:13:23

* Ab den Olympischen Spielen in Paris (1924) wurde die in London 1908 offiziell festgelegte Marathondistanz gelaufen.

Marathonsiegerinnen bei Olympischen Spielen

1984 Los Angeles	Joan Benoit	USA	2:24:52
1988 Seoul	Rosa Mota	Portugal	2:25:40
1992 Barcelona	Valentina Jegorowa	Rußland	2:32:41

Marathon-Weltmeisterschaften Männer

1983 Helsinki	Robert de Castella	Australien	2:10:03
1987 Rom	Douglas Wakihuri	Kenia	2:11:48
1991 Tokio*	Hiromi Taniguchi	Japan	2:14:57
1993 Stuttgart	Mark Plaatjes	USA	2:13:57

* Ab 1991 werden die Leichtathletik-Weltmeisterschaften alle zwei Jahre veranstaltet.

Marathon-Weltmeisterschaften Frauen

1983 Helsinki	Grete Waitz	Norwegen	2:28:09
1987 Rom	Rosa Mota	Portugal	2:25:17
1991 Tokio	Wanda Panfil	Polen	2:29:53
1993 Stuttgart	Juko Asari	Japan	2:30:03

Europameisterschaften Männer

1982	Gerard Nijboer	Holland	2:15:16
1986	Gelindo Bordin	Italien	2:10:54
1990	Gelindo Bordin	Italien	2:14:02
1994	Martin Fiz	Spanien	2:10:31

Europameisterschaften Frauen

1982	Rosa Mota	Portugal	2:36:04
1986	Rosa Mota	Portugal	2:28:38
1990	Rosa Mota	Portugal	2:31:27
1994	Manuela Machado	Portugal	2:29:54

Deutsche Marathon-Meister

1975	Günther Mielke	2:18:36,0
1976	Paul Angenvoorth	2:15:56,6
1977	Günther Mielke	2:15:18,3

1978	Reinhard Leibold	2:17:29,2
1979	Michael Spöttel	2:20:15,0
1980	Ralf Salzmann	2:16:22,0
1981	Ralf Salzmann	2:15:42,0
1982	Ralf Salzmann	2:18:45,0
1983	Ralf Salzmann	2:15:17,0
1984	Ralf Salzmann	2:14:25,0
1985	Herbert Steffny	2:12:12,0
1986	Wolfgang Krüger	2:15:20,0
1987	Guido Dold	2:17:52,0
1988	Udo Reeh	2:14:56,0
1989	Uwe Hartmann	2:15:20,0
1990	Josef Oefele	2:16:54,0
1991	Thomas Ertl	2:20:30,0
1992	Thomas Ertl	2:21:26,0
1993	Kurt Stenzel	2:13:25,0
1994	Stephan Freigang	2:16:35,0
1995	Konrad Dobler	2:12:57,0

Deutsche Marathon-Meisterinnen

1975	Christa Vahlensieck	2:45:43,0
1976	Christa Vahlensieck	2:40:28,0
1977	Christa Vahlensieck	2:34:47,5
1978	Christa Vahlensieck	2:38:32,8
1979	Liane Winter	2:59:29,0
1980	Christa Vahlensieck	2:36:47,0
1981	Charlotte Teske	2:33:13,0
1982	Monika Lövenich	2:42:24,0
1983	Monika Lövenich	2:43:03,0
1984	Susi Riermeier	2:38:13,0
1985	Charlotte Teske	2:32:38,0
1986	Heidi Hutterer	2:36:44,0
1987	Monika Lövenich	2:38:26,0
1988	Charlotte Teske	2:30:23,0
1989	Birgit Lennartz	2:41:23,0
1990	Gaby Wolf	2:36:47,0
1991	Sigrid Wulsch	2:48:28,0
1992	Manuela Veith	2:46:33,0
1993	Birgit Jerschabek	2:30:34,0
1994	Kathrin Weßel	2:36:29,0
1995	Romy Lindner	2:37:17,0

Quellen

Walter Mallmann: Olympischer Marathon, Mainz 1993

Manfred Steffny: Marathon-Training, Mainz 1993

Peter Matthews: Guinness Sport Records, London 1993

condition / Spiridon / Runner's World (diverse Ausgaben)

Plus minus Marathon – Termine attraktiver Laufveranstaltungen

Wir haben in dieser Auflistung Läufe aus dem In- und Ausland aufgeführt, die zu den bedeutendsten und/oder schönsten ihrer Art zählen. In der Mehrzahl handelt es sich um Marathonläufe; aber es finden sich darunter auch einige Läufe über kürzere Distanzen ebenso wie einige der bedeutenden Ultraläufe. Natürlich ist die Auswahl subjektiv. Wir verweisen auf den DLV-Straßenlaufkalender wie auf die entsprechenden Rubriken in den Laufzeitschriften – auch für die Aktualisierung der Meldeanschriften.

Wir haben darauf verzichtet, die Termine für 1995 aufzuführen; sie sind im kommenden Jahr «Schnee von gestern». Statt dessen haben wir uns zur Orientierung für die Kategorien Anfang (1.–10.), Mitte (11.–20.) und Ende (21.–31.) des jeweiligen Monats entschieden.

Laufveranstaltungen im Inland (Auswahl)

Arolsen
Advent-Wald-Marathon
Ende November
Meldeanschrift: Lauf-Treff-Arolsen,
Heinrich Kuhaupt,
Schöne Aussicht 29, 34454 Arolsen

Bad Füssing
Johannesbad-Winter-Thermen-Marathon
Anfang Februar
Meldeanschrift: Johannesbad-Kliniken,
AG Thermen-Marathon, Johannesstr. 2,
94072 Bad Füssing
Tel.: 08531/231; Fax: 232732

Berlin
Berlin-Marathon
Ende September
Meldeanschrift: Berlin-Marathon
SCC Berlin, Waldschulallee 34, 14055 Berlin
Tel.: 030/3025370; Fax: 3922382

25 km von Berlin
Anfang Mai
Meldeanschrift: Berliner Leichtathletik-Verband e. V.
Glockenturmstr. 1, 14053 Berlin
Tel.: 030/3051771; Fax: 3057279

Bertlich
Marathon-Serie Mitte Februar, Mitte September und Anfang Dezember
(zusätzlich 25 km, 21,1 km, 15 km, 10 km, 7,5 km, 5 km, 5 x 10 km-Staffel)
Meldeanschrift: SuS Bertlich
Heinrich-Obenhaus-Str. 45, 45701 Bertlich
Tel.: 0209/6149; Fax: 612749

Bochum
30 km
Anfang August
Meldeanschrift: Post SV Bochum,
Friedel Tholl,
Fritz-Ebert-Ring 12, 45527 Hattingen
Tel.: 02324/67797

Bonn
10 km-City Lauf Bonn
Mitte Mai
Meldeanschrift: AG Citylauf, Frank Piontek,
Konrad-Adenauer-Str. 2, 53359 Rheinbach

Borgholzhausen
Die Nacht von Borgholzhausen:
10 Englische Meilen (= 16090 m)
Mitte Juni
Meldeanschrift: TUS Solbad Ravensberg,
Friedhelm Boschulte,
Ravensberger Str. 6, 33829 Borgholzhausen
Tel.: 0 54 25 / 62 87; Fax: 71 35

Bräunlingen
Schwarzwald Marathon
Anfang Oktober
Meldeanschrift: OK Schwarzwald-Marathon,
PF 1608, 78157 Donaueschingen
Tel.: 07 71 / 125 82

Celle
Celler Wasa-Lauf:
20 km, 15 km, 10 km, 5 km, 2,5 km
Mitte März
Meldeanschrift: MTV Celle / Verkehrsverein Celle,
Markt 6, 29221 Celle
Tel.: 0 51 41 / 12 12

Darmstadt
Cup da Franco: 7,9 km
Ende Juni
Meldeanschrift: ASC Darmstadt,
Wilfried Raatz,
Am Gernböhl 1, 64405 Niedernhausen-Fischbachtal
Fax: 0 61 66 / 87 63

Deggendorf
Böhmweg-Lauf: 58 km
Anfang Oktober
Meldeanschrift: LV Deggendorf,
Wallnerlände 18, 94469 Deggendorf,
Tel.: 09 91 / 88 33

Dresden
Shell-City-Lauf: 10 km
Ende März
Meldeanschrift: Org.büro City-Lauf,
PF 16 01 36, 01287 Dresden

Düsseldorf
City-Lauf über die Kö: 10 km
Anfang September
Meldeanschrift: IG Kö-Lauf,
Karl-Heinz Engels,
Heinrichstr. 56, 40329 Düsseldorf
Tel.: 02 11 / 8 99 52 23 u. 63 53 96;
Fax: 8 92 90 69

Duisburg
Rhein-Ruhr-Marathon
Termin: Mitte September
Meldeanschrift: Stadtsportbund Duisburg,
Bertaallee 8, 47055 Duisburg
Tel.: 02 03 / 33 86 40; Fax: 34 00 79

Essen
Internationaler Marathonlauf
«Rund um den Baldeneysee»
Ende Oktober
Meldeanschrift: TUSEM Essen,
Gerd Zachäus,
Osnabrücker Str. 16, 45145 Essen
Tel.: 02 01 / 73 26 48

Frankfurt / M.
Termin: Ende Oktober
Meldeanschrift: Frankfurt Marathon
Hynspergstr. 9, 60322 Frankfurt
Tel.: 069 / 5 96 10 23; Fax: 5 96 29 67

Göppingen
Internationaler Staufer-Marathon
Ende April
Meldeanschrift: Sportkreis Göppingen,
PF 12 12, 73012 Göppingen

Griesheim
Internationaler Straßenlauf: Halbmarathon
Meldeanschrift: TuS Griesheim,
Heinz Heitzenröder,
Eichendorffstr. 14, 64354 Griesheim
Tel.: 06162/81917

Grünheide
Internationaler 100 km-Lauf
(plus 50 km, 10x10 km, 10x5 km)
Ende März
Meldeanschrift: SV Blau-Gelb Berlin,
Gert Schlarbaum,
Freiastr. 1, 10365 Berlin
Tel.: 030/5537878

Hamburg
Termin: April/Mai
Meldeanschrift: hanse-Marathon Hamburg
Postfach 606220
22254 Hamburg
Tel.: 040/616773; Fax: 614978

Hanau-Rodenbach
50 km
Anfang April
Meldeanschrift: SSC Hanau-Rodenbach,
Harry A. Arndt,
Südring 5, 63517 Rodenbach/Hanau
Tel.: 06184/56104

Heidelberg
Heidelberger Halbmarathon und
Altstadtlauf
Ende April
Meldeanschrift: TSG 78 Heidelberg,
Gerhard Ritzhaupt
Bachstr. 43, 69121 Heidelberg
Tel.: 06221/412819; Fax: 402411

Kandel
Internationaler Brooks-Bienwald-
Marathon
Mitte März
Meldeanschrift: TSV Kandel,
Karl Albert Mühl,
Haardtstr. 4, 76870 Kandel
Tel.: 07275/3506

Karlsruhe
Karlsruhe Marathon
Mitte September
Meldeanschrift: SVK Beiertheim 84/98,
Hilde Becker,
Postfach 4347, 76028 Karlsruhe

Kassel
Kasseler Marathon
Anfang April
Meldeanschrift: LAV Kassel, Joachim Störig,
Fontanestr. 23, 34233 Fuldatal
Tel.: 0561/817583

Lampertheim
Spargelfest-Lauf: Halbmarathon
Anfang Juni
Meldeanschrift: TV 1883 Lampertheim,
Klaus Herweck,
68623 Lampertheim
Tel.: 06206/56919

Leipzig
Leipzig Marathon
Ende März
Meldeanschrift: USC Leipzig,
Jahnallee 59, 04109 Leipzig

Lengenfeld
Göltzschtallauf: Halbmarathon
Anfang April
Internationaler Göltzschtal-Marathon
Anfang Oktober
Meldeanschrift: VfB Lengenfeld,
Reiner Milek
Straße der Freundschaft 3,
08485 Lengenfeld
Tel.: 03 76 06 / 24 09

Monschau-Konzen
Monschau Marathon im Naturpark
Nordeifel
Mitte August
Meldeanschrift: TV Konzen,
Günter Offermann,
Heerstr. 12, 52156 Monschau
Tel.: 0 24 72 / 59 13

München
Internationaler Olympia-City Marathon
Mitte Mai
Meldeanschrift: FVS Org.büro München,
Heckenrosenstr. 17, 82031 Grünwald
Tel.: 089 / 6 41 06 16; Fax: 6 41 06 15

Nürburgring
Internationaler Nürburgringlauf durch die
«Grüne Hölle»:
23,8 km und 9 km
Meldeanschrift: Verein Nürburgringlauf,
Gerhard Paech,
PF 249, 56002 Koblenz

Nürnberg
Nürnberg Marathon
Mitte Juli
Meldeanschrift: LLC Marathon Nürnberg,
Jochen Kraft,
Stadtweg 48, 90453 Nürnberg

Paderborn
Internationaler Osterlauf: Halbmarathon
Karsamstag
Meldeanschrift: SC Grün-Weiß 1920 Paderborn, Horst Wiczynski,
Schützenweg 54, 33102 Paderborn
Tel.: 0 52 51 / 5 80 94; Fax: 5 61 54

Regensburg
Regensburg Marathon
Mitte September
Meldeanschrift: LLC Marathon Regensburg,
Dr. Franz-Josef Bücken,
Joh.-Seb.-Bach-Str. 15, 93128 Regenstauf
Tel.: 0 94 02 / 66 83

Schmiedefeld
Guthsmuts-Rennsteiglauf:
65 km, 42,195 km, 21,1 km
Mitte Mai
Meldeanschrift: Guthsmuts-Rennsteiglauf,
Volker Kittel, PF 14, 98574 Schmalkalden

Schwäbisch-Gmünd
Schwäbisch-Gmünder-Alb-Marathon über
die Dreikaiserberge
Ende Oktober
Meldeanschrift: DJK Schwäbisch-Gmünd,
Erich Wenzel,
Schweriner Str. 14,
73529 Schwäbisch-Gmünd,
Tel.: 0 71 71 / 4 36 72 u. 60 33 70

Schwerin
Schweriner Fünf-Seen-Lauf
Ende Juni
Meldeanschrift: Fünf-Seen-Lauf,
Manfred Strauß,
Fasanenweg 38, 19057 Schwerin,
Tel.: 03 85 / 61 21 65

Steinfurt-Burgsteinfurt
Marathon
Mitte März
Meldeanschrift: Turnerbund Burgsteinfurt, Günter Feistel, Stegerwaldstr. 57, 48565 Steinfurt

Trier
Internationaler Trierer Stadtlauf
Ende Juni
Meldeanschrift: PSV Trier, Ausoniusstr. 5, 54292 Trier
Tel.: 0651/74900

Wernigerode
Brocken-Marathon
Mitte Oktober
Meldeanschrift: Harz-Gebirgslauf 1978 e. V. Postfach 1304, 38843 Wernigerode
Tel.: 03943/33035

Wolgast
Insel Usedom-Marathon
Anfang September
Meldeanschrift: SV Usedom, Jürgen Schütz, Makarenkostr. 3, 17438 Wolgast
Tel.: 03836/600641 u. 200720

Laufveranstaltungen im Ausland (Auswahl)

Amsterdam
Amsterdam Marathon
Ende September
Meldeanschrift: P. O. Box 94610, NL-1090 GP Amsterdam

Atlanta
Peach Tree Road Race (10 km)
Anfang Juli
Meldeanschrift: Atlanta Track Club, 3097 E. Shadowlawn Ave. Atlanta, GA 30305, USA

Barcelona
Barcelona Marathon
Mitte März
Meldeanschrift: Jonqueres 16–9–C, E-8003 Barcelona

Bern
Grand Prix Bern (Altstadtlauf)
Mai
Meldeanschrift: Ryffel Running, Münstergasse/PF 4014, 3011 Bern/SUI

Biel
100 km von Biel
Anfang Juni
Meldeanschrift: 100 km-Lauf von Biel, PF 437, CH-2501 Biel

Boulder
Bolder Boulder (10 km)
Ende Mai
Meldeanschrift: Frank Shorter, 1129 Peak Street, Boulder, CO 80302, USA

Boston
Boston Marathon
Mitte April
Meldeanschrift: BAA Boston Athletic Association, P. O. Box 1996 (als Postfachnr. jeweils das Jahr der Teilnahme angeben), Hopkinton, MA 01748, USA

Chicago
America's Marathon Chicago
Oktober
Meldeanschrift: America's Marathon Chicago, 214 West Erie St., Chicago, ILL 606010/USA

Davos
Swiss-Alpine Marathon
(67 km, 2300 m Höhendifferenz)
Ende Juli
Meldeanschrift: Swiss-Alpine Marathon,
PF 41, CH-7270 Davos Platz

Dublin
Dublin Marathon
Ende Oktober
Meldeanschrift: 109 Old County Road,
Crumlin, Dublin 12 / IRL

Fribourg
Murten – Fribourg (17,15 km)
erster Sonntag im Oktober
Meldeanschrift: C. A. Fribourg,
Casa Postale 189, 1701 Fribourg / SUI

Fukuoka
Fukuoka International Open Marathon
Championship
(Elitelauf mit hohem Aufnahmestandard)
Dezember
Meldeanschrift: Japan Amateur Athletic
Federation,
1 – 1 – 1 –, Jinnan, Shibuya-ku, Tokio, Japan
Tel.: (81-3) 34 81-23 00;
Fax: 34 81-24 49 / 24 48

Honolulu / Hawaii
Honolulu Marathon
Dezember
Meldeanschrift: Honolulu Marathon Assoc.,
3435 Waialae Avenue, Room 208,
Honolulu, Hawaii 96816-2698

Interlaken
Jungfrau-Marathon
Ende September
Meldeanschrift: Jungfrau-Marathon,
PF, CH-3800 Interlaken

Kopenhagen
Kopenhagen Marathon
Ende Mai
Meldeanschrift: Lobskontoret,
NDR Fasanvey 152,
DK-2000 Frederiksberg

Lissabon
Lissabon Marathon
Ende November
Meldeanschrift: Xistarca,
Trav. Paulo Martins 9,
1300 Lissabon / POR

London
London Marathon
Mitte April
Meldeanschrift: Sport Tours International,
91 Walkden Road, Walkden,
GB–Manchester M 28 5 DQ

Los Angeles
Los Angeles Marathon
Anfang März
Meldeanschrift: 11110 W. Ohio Avenue,
Suite 100, Los Angeles, CA 90025 / USA

Madrid
Madrid Marathon
Ende April
Meldeanschrift: Linneo 4,
E-28005 Madrid

Mailand
Stramilano
Mai
Meldeanschrift: Club «Fior di Roccia»,
Via Madonnina 19, 20121 Milano / ITA

Malta
Malta Marathon
Mitte November
Meldeanschrift: Sportsmans Travel International,
Malta Running Challenge,
Barry M. Whitmore,
P. O. Box 112, Valetta / MAL

New York
New York City Marathon
Anfang November
Meldeanschrift: NYRRC,
P. O.Box 1766, GPO,
New York, NY 10116, USA

Paris
Paris International Marathon
Anfang April
Meldeanschrift: Sports Leader,
12 Avenue Jean-Baptiste Clement,
F-921000 Boulogne
Tel.: 0033 / 1 / 46053636; Fax: 46052479

Rotterdam
Rotterdam Marathon
Mitte April
Meldeanschrift: Stichting Rotterdam Marathon, P. O. Box 1627,
3000 BP Rotterdam, Niederlande

San Francisco
Bay to Breakers (12 km):
mit 70000 – 100000 Teilnehmern
Frühsommer
Meldeanschrift: Examiner Bay to Breakers,
P. O. Box 42000, San Francisco,
CA 94142 / USA
San Francisco Marathon
Ende Juli
Meldeanschrift: P. O. Box 77148,
San Francisco, CA 94107

Stockholm
Ende Mai / Anfang Juni
Meldeanschrift: Stockholm Marathon,
P. O. Box 10023,
S-10055 Stockholm

Tokio
Tokio International Marathon
(Elitelauf für Frauen)
November
Meldeanschrift: Asahi Shimbun,
5–3–2, Tsukiji, Chuo-ku, Tokio, Japan
Tel.: 813 / 3545-0355; Fax: 3248-6636

Turin
Turin Marathon
April
Meldeanschrift: Turin Marathon,
Corso Unità d'Italia, N. 133 / a,
10127 Turin / ITA

Turku
Paavo Nurmi Marathon
Anfang Juli
Meldeanschrift: Paavo Nurmi Marathon,
Urheilupuisto,
FIN-20810 Turku / FIN

Wien
Vienna City Marathon
Meldeanschrift: Enterprise Sport Promotion,
Trautsongasse 6, A-1080 Wien,
Tel.: 0043 / 1 / 4026917; Fax: 4036241

Pietermaritzburg
Comrades Marathon: 87,4 km
(findet abwechselnd als Bergauf-Lauf von Durban nach Pietermaritzburg – 676 m über dem Meeresspiegel – oder umgekehrt als Bergab-Lauf statt)
Mai
Meldeanschrift: Comrades Marathon,

P. O. Box 100621,
Scottsville, 3209 Natal, Republik Südafrika

Interessenverbände

DSB Deutscher Sportbund
Haus des deutschen Sports,
Otto-Fleck-Schneise 12,
60528 Frankfurt a. M.
Tel.: 069/6700-0; Fax: 674906

Deutscher Sportärztebund
Handschuhsh. Landstr. 82,
69121 Heidelberg

IGL Interessengemeinschaft der
Langstreckenläufer e. V.
IGL-Geschäftsstelle Elisabeth Reinmuth,
Schillerstr. 30, 42553 Velbert

Verband der langlaufenden Ärzte und
Apotheker e. V.
Spandauer Damm 130
Tel.: 030/30352650
Fax: 030/30352651

Anmerkung:
Die Informationen wurden folgenden Laufzeitschriften entnommen:
Runner's World, LaufZeit, Spiridon und Distance Running, herausgegeben von der Association of International Marathons and Road Races and the International Amateur Athletic Federation.

Laufzeitschriften

condition
Magazin für Lauf- und Ausdauersport
Offizielles Organ der Interessengemeinschaft der Langstreckenläufer e. V. (IGL) und der Deutschen Ultramarathon-Vereinigung
Chefredakteur: Stefan Höhle
Redaktionsanschrift:
Postfach 4068, 55030 Mainz
Telefon: 06131/992356
Telefax: 06131/992100
Erscheint monatlich bzw. zweimonatlich (10 Ausgaben).

Der Läufer
Die Zeitschrift für den Lauf- und Ausdauersport
Chefredakteur: Jürg Wirz
Herausgeber/Verlag/Redaktionsadresse:
AT Zeitschriftenverlag «Läufer»,
Bahnhofsstrasse 39–43,
CH 5001 Aarau,
Telefon: 064/266161
Telefax: 064/266213
Erscheint monatlich.

LaufZeit
Journal für Laufen, Triathlon und Fitneßtraining
Chefredakteur: Klaus Weidt
Herausgeber/Verlag/Redaktion:
LaufZeit Verlags GmbH, Storkower Str. 147,
10407 Berlin
Telefon/Telefax: 030/4235066
Erscheint monatlich.

Runner's World
Chefredakteur: Thomas Steffens
Redaktion: Bayerwaldstr. 7, 81737 München,
Telefon: 089/627149–11
Telefax: 089/627149–22
Erscheint elfmal im Jahr.

Spiridon
Laufmagazin
Chefredakteur: Manfred Steffny
Redaktion/Abonnementsverwaltung:
Linienstr. 12, Postfach 104527,
40036 Düsseldorf
Telefon: 0211/726364
Telefax: 0211/786823
Erscheint monatlich.

Die Autoren

Harald Krämer (links), geb. 1953, lebt in Hamburg. Werbetexter.
1991 Gründung des kleinsten Laufclubs der Welt: Zátopek 46.

«Das macht richtig Spaß, als Langstreckenläufer allein draußen, und keine Seele da, die dir die Laune verdirbt oder sagt, du sollst was machen oder da ist ein Stück rein von der nächsten Straße ein Laden zu knacken. Manchmal denk ich, ich bin noch nie so frei gewesen wie in den beiden Stunden, wenn ich den Weg draußen vor den Toren lang trotte und bei der lautlosen breitbauchigen Eiche wende. Alles ist tot, aber gut, weil's tot ist, bevor's lebendig wird, und nicht tot, nachdem's lebendig war.»
(Alan Sillitoe, Die Einsamkeit des Langstreckenläufers)

Klaus Zobel (rechts), geb. 1944, lebt in Bonn. Buchhändler.
Formulierte die programmatischen Ziele von Zátopek 46: «Spaß, Eleganz, Mittelmaß»

«Ich schlüpfte in Turnhose und Laufschuhe und joggte drei Meilen auf der unbefestigten Straße... Ich war alt genug, um zu wissen, daß es zum größten Teil einfach narzißtische Eitelkeit war, aber ab einem gewissen Alter genießt man die Gnade, sich nicht mehr für alles rechtfertigen zu müssen. Manchmal ist es einfach ein gutes Gefühl, älter als ein halbes Jahrhundert zu sein und immer noch voll dabei, mit leichten Abnutzungserscheinungen und ein paar Narben vielleicht, aber immer noch auf der Höhe, und wo die Kraft und der Elan der Jugend fehlen, kam man mit Tricks und Routine ins Ziel.»
(James Lee Burke, Weißes Leuchten)

Fotonachweise

S. 11 Mit freundlicher Genehmigung der CIC Video GmbH, Eschborn / Ts.

S. 12 Illustration aus: W. Cierpinske / V. Kluge, Meilenweit bis Marathon, Berlin o. J.

S. 17, 22, 33 Deutsches Sportmuseum e. V., Köln

S. 27 Schirner

S. 40 ff. David Lindroth

S. 57, 58 Foto aus: Faszination Rennsteiglauf, Gera 1992

S. 65 Bongarts

S. 68 Rosemarie Herburger (Mit freundlicher Genehmigung des Luchterhand Literaturverlags)

S. 77, 121 Julius Hannappel (Privatfotos)

S. 83 Lunge Lauf- und Sportschuhe GmbH, Hamburg

S. 86 New Balance

S. 89 oben: Nike: EKIN-Broschüre; unten: Der Läufer 4 / 95

S. 94, 95, 97 Mit freundlicher Genehmigung von Nike

S. 110, 158 Standfotografien aus dem Video: Der Marathon, Köln 1994
(Text: Claudia Schink, Kamera und Läufer: Mic Enneper, Sprecher: Frank Albrecht)

S. 113 Abbildung aus: Stephan Oettermann, Läufer und Vorläufer, Frankfurt / M. 1984

S. 117 Faksimile aus dem Boston Traveler (Quelle: Spiridon 8 / 78)

S. 119 Bongarts

S. 133 Foto des Zieleinlaufs beim Post-Marathon 1992 in Bonn (Mit freundlicher Genehmigung von Elisabeth Oberli-Schuh)

S. 139 Lucie Sommer

S. 143 Bongarts

S. 145 Heidrun Frantz (Privatfoto)

S. 146 f. Ausschreibung 10. Shell hanse-Marathon 1995

S. 152 dpa / Werner Baum

S. 161 Sturm (Spiridon 6 / 78)

S. 183 Claudia Velasco

S. 185 Klaus Zobel

S. 190 Ausschreibung New York City Marathon 1994

S. 195, 199, 200, 201 Bernd Hollmann

S. 203 Thomas Steffens

S. 213 Privatfoto Hartmut Falkenberg

S. 219 Focus / Heiner Müller-Elsner (Runner's World 3 / 95)

S. 229 dpa

S. 235 Presse-Bild Zentrale

S. 245 argum / Falk Heller

S. 247 Bongarts

S. 272 Illustration: Katja Maasböl

S. 285 Ines Baron